ABC der Tiere
Handbuch 1

Herausgegeben von
Klaus Kuhn

Bearbeitet von
Rosmarie Handt,
Klaus Kuhn, Kerstin Mrowka-Nienstedt

Illustriert von
Ingrid Hecht, Heike Treiber

Das Lesen mit dem farbigen Silbentrenner
und das Schreiben mit zwei Farben sind
die wesentlichen Elemente für den Erfolg.

Klaus Kuhn

Mildenberger

I. Zur Methode
Stoffverteilungsplan

Kapitel

Bezugsmöglichkeiten

Alle Titel des Mildenberger Verlags erhalten Sie unter: www.mildenberger-verlag.de oder im Buchhandel. Jede Buchhandlung kann alle Titel direkt über den Mildenberger Verlag beziehen. Ausnahmen kann es bei Titeln mit Lösungen geben: Hinweise hierzu finden Sie in unserem aktuellen Gesamtprogramm.

Impressum

Bestell-Nr. 1403-70
ISBN 978-3-619-14370-2

überarbeitete Auflage 7 6 5 4
Jahr 2017 2016 2015 2014

www.mildenberger-verlag.de
E-Mail: info@mildenberger-verlag.de

Illustrationen: Ingrid Hecht, 30163 Hannover
Heike Treiber, 79199 Kirchzarten
Druck: Herter Druck GmbH, 79341 Kenzingen
Gedruckt auf umweltfreundlichen Papieren

I. ABC der Tiere 1: Konzeption – Silbenmethode mit Silbentrenner®

Inhalt

1. Zum Lehrgang ABC der Tiere 1 gehören

1.1 Artikelübersicht

	Bestell-Nr.
Schülermaterial Leselehrgang	
Lesen in Silben (Silbenfilbel®), Leselehrgang, Druckschrift, 96 S., vierf., FeEbd	1403-90
Arbeitsheft, Teil A und B, je 80 S., vierf., Gh, 2 Kartonbeilagen „Mini-Silbenschieber mit Lautgebärden" und „Silbenschieber mit Wortautomat", CD-ROM ABC der Tiere 1	1403-91
Silbenschieber, klein, aus Holz, 3 Schieberzungen, beidseitig bedruckt	1403-85
Lesezirkus, Lesematerial mit Textverständnisfragen, Druckschrift, 80 S., vierf., FeEbd, Kartonbeilage „Lauttabelle"	1403-92
Silbenkärtchen, Leseteppiche, Domino, 16 Bogen, teilw. mehrf. und gestanzt, kt	1402-93
CD-ROM zum Leselehrgang, DVD-Box, Booklet 16 S.	
Klassenversion, Einzellizenz (Installation auf einem PC)	1403-95
Klassenversion, Schullizenz (Installation auf allen Schul-PCs)	1403-97
Onlinelizenz, Zugriff über Schulnetzwerk und von zu Hause	1403-98
Wortkarten, 320 DIN-A8-Wortkarten, vierf., in 5-Fächer-Lernbox aus Pappe	1403-96
Klatsch die Silbe!, Spiele zum Einüben des Silbenklatschens, Einzel-Set, 1 Spielplan, 2 Setzer, 1 Würfel, 24 Silbentaler, 1 Spielkartenset, Anleitung, im Schiebeverschlussbeutel	1402-89
Klatsch die Silbe!, 10er-Set	1402-99
Schülermaterial Schreiblehrgang	
ABC der Tiere 1 – Schreiblehrgang Druckschrift, Teil A und B, je 64 S., vierf., Gh, Kartonbeilage „Lauttabelle"	1403-81
Schreiblehrgang, Grundschrift Teil A, B (Einübung der Buchstaben, je 64 S.) und C (Einübung der Verbindungen, 24 S.), Kartonbeilage „Lauttabelle", vierf., Gh	1403-72
Schreiblehrgang Lateinische Ausgangsschrift (LA), 64 S., eins. bedr., vierf., gl., gel., Beilage: Lauttabelle, Sammelmappe	1403-82
Schreiblehrgang Vereinfachte Ausgangsschrift (VA), 64 S., eins. bedr., vierf., gl., gel., Beilage: Lauttabelle, Sammelmappe	1403-83
Schreiblehrgang Schulausgangsschrift (SAS), 64 S., eins. bedr., vierf., gl., gel., Beilage: Lauttabelle, Sammelmappe	1403-84
Arbeitsheft „Spontane Schreibung von Doppelkonsonanten", 24 S., mehrf., Gh	1402-95
Schreibheftchen: Mein Tierbüchlein, 16 S., mehrf., DIN A5, Gh	1402-96
Lehrermaterial Lese- und Schreiblehrgang	
Handbuch, methodisch-didaktische Kommentare, 542 S., inkl. 241 Kopiervorlagen, Ringbuch	1403-70
Handbuch Teil B, 197 Kopiervorlagen, Lateinische Ausgangsschrift (LA)	1402-71
Handbuch Teil B, 197 Kopiervorlagen, Vereinfachte Ausgangsschrift (VA)	1402-72
Handbuch Teil B, 197 Kopiervorlagen, Schulausgangsschrift (SAS)	1402-73
Schwungübungen, 88 S., 82 KVs, Spiralb.	1403-71
Arbeitsblätter Lesezirkus, 48 S. , 32 KVs, Lösungen, Gh	1403-74
ABC der Tiere 1 – 57 Transparentfolien zu den Arbeitsheften inkl. Folien als PDF auf CD-ROM	1403-75
Silbenschieber, zur Demonstration, Groß- und Kleinbuchstaben, aus Holz	1402-74

38 **Ankerbilder der Buchstaben**, DIN A4, kt, Druckschrift, LA/VA/SAS zum Aufkleben	1402-75
20 **Folien für die spontane Schreibung der Doppelkonsonanten**, Ringb.	1402-76
ABC der Tiere 1 und 2 – Die Lernkontrollen als Word-Datei, CD-ROM, Einzellizenz	1403-88
ABC der Tiere 1 und 2 – Die Lernkontrollen als Word-Datei, CD-ROM, Schullizenz	1403-89
Arbeitsblätter zur Differenzierung, insgesamt 244 S., 238 Kopiervorlagen, Druckschrift, Ringbuch	1403-77
Fit für den Schulbeginn, Übungsmaterial inkl. Schuleingangstest, 32 Kopiervorlagen, Gh	1402-78
Musik-CD, 24 Lieder des Lehrgangs, 6 Sequenzen mit den Kontrastpaaren, Vokal und Instrumental	1403-80
ABC der Tiere – Poster zu den Ankertieren, DIN A0, gefaltet auf DIN A4	1402-69
ABC der Tiere – Poster „Das stumme h", DIN A0, gefaltet auf DIN A4	1402-87
Häuschen-Stempel Typ A, B, C, Größe 65 x 40 mm, Holz	8500-20
Silben-Generator – Lese-Texte für Leseanfänger selbst erstellen, CD-ROM in DVD-Box, Booklet 16 S.	
Einzellizenz (Installation auf einem PC)	1403-79
Schullizenz (Installation auf allen Schul-PCs)	1403-78
Netzwerklizenz (Installation auf allen Schulservern/-PCs)	1403-76
ABC der Tiere – Das Kompendium Eine Einführung in die Silbenmethode mit Silbentrenner, 112 S., vierf., Br	1402-64
Die Silbe im Anfangsunterricht Deutsch – Festschrift 10 Jahre ABC der Tiere, 6 Beiträge zur Silbenmethode, 120 S., Br	1402-65

Zusatzmaterialien

Silbenstift, zweifarbig, Ø Mine 6,25 mm, VPE 12 Stifte	1402-66
Silben-Sudoku, 72 KVs, 112 S., Spiralbindung	1402-20
Tiergeschichten mit Mia und Mio – 32 S., vierf., FeEbd, 17 x 23,5 cm	
Tiergeschichten mit Mia und Mio – Band 1	1402-40
Tiergeschichten mit Mia und Mio – Band 2	1402-41
Tiergeschichten mit Mia und Mio – Band 3	1402-42
Tiergeschichten mit Mia und Mio – Band 4	1402-43
Tiergeschichten mit Mia und Mio – Band 5	1402-44
Tiergeschichten mit Mia und Mio – Band 6	1402-45
Tiergeschichten mit Mia und Mio – Band 7	1402-46
Tiergeschichten mit Mia und Mio – Band 8	1402-47
Tiergeschichten mit Mia und Mio – Band 9	1402-48
Tiergeschichten mit Mia und Mio – Band 10	1402-49
Band 1–10, Komplettbezug	1402-50
Arbeitsblätter zu allen Geschichten, 139 KVs, 192 S., Spiralbindung	1402-51

Weitere Materialien zur Silbenmethode

Fördern und Fordern – Lesen! Lesen! 1, Texte und handlungsorientierte Erarbeitungen, 120 S., 107 KVs, Spiralb.	1200-13
Der kleine Silbenzauber: Die verrückten Silbenwesen, Ein Lege- und Lesespiel, 36 Spielkarten, mit Anleitung	1402-28
Hexe Trixi mit dem Zauberbesen – Schauen, Hören, Lesen, 1 CD-ROM, inkl. Lehrertool, DVD-Box, Booklet 64 S.	
Klassenversion, Einzellizenz bis zu 40 Kinder pro Installation anmeldbar	1400-30
Klassenversion, Schullizenz bis zu 40 Kinder pro Installation anmeldbar	1400-31
Homeversion, Einzellizenz bis zu 3 Kinder pro Installation anmeldbar	1400-32
Klassenversion, Demo-Version (21 Tage lauffähig), Prospekt inkl. CD-ROM	1400-33

Weitere Informationen unter: **www.hexe-trixi.de**

1.2 Download-Angebote Klasse 1

www.abc-der-tiere.de/handbuch-1

Die Download-Angebote sind zum Teil farbig.
Einige Download-Angebote liegen zusätzlich als Kopiervorlagen in schwarz-weiß vor.

Übersicht über die Download-Angebote (alle Downloads DIN A4):

	HB-Seite			Dateiart	
Kapitel I	19	3.3.2	Häuschen A, B, C	gif	
	58	3.13.	Informationsmaterial für Eltern zu ABC der Tiere – auch als KV, S. 58	PDF	Word
	51	3.11.1.	Arbeitsblätter zur Förderung	PDF	
	87	4.12.	Arbeitsblätter zur Differenzierung Ergänzungen zu Arbeitsblätter zur Differenzierung, Erst-Ausgabe (Bestell-Nr. 1402-77)	PDF PDF	
	91	4.16.	Mini-Silbenschieber, farbig und s/w Silbenschieber – farbig und s/w	PDF PDF	
	103	7.	Stoffverteilungsplan – auch als KV, S. 103ff.	PDF	Word
Kapitel II		**Fibelseite**			
	125	S. 4/5	Vorlagen für Silbenkarten zum Laminieren: Mu mu Mi mi Namensschild: Mi mi Bild: Katze, Kuh – farbig und s/w	PDF PDF PDF	
	130	S. 6/7	Vorlagen für Silbenkarten zum Laminieren: Mo mo	PDF	
	138	S. 8/9	Vorlagen für Silbenkarten zum Laminieren: Ma ma	PDF	
	142	S. 10/11	Vorlagen für Silbenkarten zum Laminieren: Me me	PDF	
	146	S. 12/13	Vorlagen für Silbenkarten zum Laminieren: Starter L, l Vorlage für Wort- und Bildkarten: Ma ma La ma	PDF PDF	
	151	S. 14/15	Vorlage für Karten mit den Vokalen als Großbuchstaben	PDF	
	155	S. 16/17	Vorlagen für Silbenkarten zum Laminieren: Starter T, t Vorlage für Wort- und Bildkarte: To to, Seehund	PDF PDF	
	159	S. 18/19	Vorlagen für Silbenkarten zum Laminieren: Starter R, r Vorlage Bild: Wecker	PDF PDF	
	163	S. 20/21	Vorlagen für Silbenkarten zum Laminieren: Starter S, s Vorlage für Vokale als Kleinbuchstaben in Blüten	PDF PDF	

	HB-Seite			Dateiart	
	168	S. 22/23	Vorlagen für Silbenkarten zum Laminieren: Starter W, w	PDF	
	172	S. 24/25	Vorlagen für Silbenkarten zum Laminieren: Starter D, d	PDF	
	179	S. 26/27	Vorlagen für Silbenkarten zum Laminieren: Starter N, n Vorlagen für Namenskarten: Ni na, Ne na	PDF PDF	
	186	S. 30/31	Vorlagen für Silbenkarten zum Laminieren: Starter Sch, sch	PDF	
	201	S. 38/39	Vorlagen für Silbenkarten zum Laminieren: Starter K, k	PDF	
	205	S. 40/41	Vorlagen für Silbenkarten zum Laminieren: Starter B, b	PDF	
	209	S. 42/43	Vorlagen für Silbenkarten zum Laminieren: Starter F, f Vorlage für Fische	PDF PDF	
	217	S. 46/47	Vorlagen für Silbenkarten zum Laminieren: Starter G, g	PDF	
	222	S. 48/49	Vorlage: Riese beim Doktor	PDF	
	226	S. 50/51	Vorlagen für Silbenkarten zum Laminieren: Starter P, p Vorlage für Parkplatzschild für OHP	PDF PDF	
	230	S. 52/53	Vorlage für Bild- und Wortkarten: Hase, Henne, Haus, Hund, Hose, Himmel, Heft	PDF	
	246	S. 60/61	Vorlage für Wortkarten: Zoo, Streichelzoo, Zebra, Ziege, Häschen, Löwe, Elefant, Giraffe, Pinguin, Krokodil, Meerkatze, Bär, Tiger, Papagei	PDF	
	250	S. 62/63	Bildimpuls: Max und Moritz	PDF	
	273	S. 76/77	Wortkarten: Ponybuch, Teddy, Reitkarte, Labyrinth, Sylvia, Party; Poster „Party für Sylvia“	PDF	
Kapitel III	297		Zahlwörter – auch als KV	PDF	
	298		Farbwörter – auch als KV	PDF	
	299		ß-Wörter – auch als KV	PDF	
	300f.		h-Wörter – auch als KV	PDF	
Kapitel VII	465		Die Lautgebärden (Gebärdenkarten zum Falzen mit Erklärung auf der Rückseite, DIN A5)	PDF	
			Die Gebärden als Bilddateien: gif	ZIP	
			Die Lautgebärden (Gebärdenkarten ohne Erklärung, DIN A4)	PDF	
Kapitel VIII	499		Wochenplan – auch als KV	PDF	Word

2. ABC der Tiere – Jedes Kind kann lesen und schreiben lernen

Lesen und schreiben sind die unbedingten Voraussetzungen für die Zukunft jedes einzelnen Kindes. Jede weitere Bildung baut auf diesen Kompetenzen auf. Die Grundlagen für das Beherrschen der Kulturfertigkeiten Lesen und Schreiben werden in der Grundschule, ja in den ersten Monaten der 1. Klasse, gelegt.

Die Silbenmethode im Original

ABC der Tiere ist der Lehrgang mit der Silbenmethode. Im Jahr 2000 erschien die erste Silbenfibel®. Seither hat ABC der Tiere immer mehr Lehrerinnen und Lehrer überzeugt. An diesem Erfolg versuchen andere Lehrgänge anzuknüpfen. Sie bieten fragmentarisch Silbentrennung als Lesehilfen an, richten beim Schreiben aber weiterhin ihr Hauptaugenmerk auf den einzelnen Laut (Anlauttabelle) und nicht auf die Silbe.

Lesen und schreiben lernen mit der Silbe

ABC der Tiere bietet das komplette Konzept, das die Vorteile der Silbenmethode – und zwar für das Lesen und das Schreiben – vollständig erschließt. Der Silbentrenner ist die entscheidende Hilfe für Leseanfänger. Das synchrone, syllabische Sprechschreiben reguliert den Schreibprozess. Die spontane Schreibung von Schärfung wird allen Kindern durch die rhythmische Arbeit mit den Kontrastwörtern vermittelt.
Die Materialien von ABC der Tiere fördern und fordern die Kinder des ganzen Leistungsspektrums gleichermaßen.
Weiterführende Informationen zur Silbenmethode aus Sicht der Wissenschaft finden Sie in den 6 Beiträgen der Festschrift „Die Silbenmethode im Anfangsunterricht Deutsch“ (Bestell-Nr. 1402-65).

Individuell und differenziert

Sowohl entdeckendes Lernen und individuelle Übungseinheiten als auch systematische, am Gegenstand orientierte Lehre verbinden sich in einer ausgewogenen Dramaturgie des Unterrichts. Eine angemessene Leistungsorientierung spornt alle Schüler an, da jedem ein Weg zur Bewältigung der eventuell auftretenden Schwierigkeiten gewiesen wird. Denn jedes Erfolgserlebnis stärkt die Kinder. Auf dieser Grundlage kann mit der Silbenmethode jedes Kind lesen und schreiben lernen, ohne eine LRS-Symptomatik zu entwickeln.
Aus den umfangreichen Arbeitsmaterialien kann jede Lehrerin und jeder Lehrer eine motivierende und effektive Auswahl für ihre / seine Klasse treffen.

Erfolgreich unterrichten

Mit dem Lehrgang ABC der Tiere kann ein lebendiger Unterricht mit allen Sinnen durchgeführt werden. Alle Kinder können flüssige Leser und sichere Schreiber werden. ABC der Tiere ermöglicht den Lehrerinnen und Lehrern einen erfolgreichen und abwechslungsreichen Unterricht.

Schülerzentriert unterrichten

Silbenklatschen, Wortrhythmen wahrnehmen, Silbenschreiben, Lesen von gebundenen Versen, Silbenaufbau als Grundlage einer systematischen Begründung der Orthografie – alles Bausteine unserer Methode, um die Schüler zu einem sowohl intuitiven als auch bewussten Umgang mit der Schriftsprache zu führen.

Schüler brauchen eine aktive Lehre

In vielen Fällen ist es notwendig, dass die Lehrerin / der Lehrer sich nicht auf die Rolle der Moderatorin / des Moderators beschränkt – besonders dann, wenn schwächere Schüler Hilfestellung und systematische Darstellung des Lerninhaltes benötigen. Aktive Teilnahme am Unterricht durch Einbringen der fortgeschrittenen Fähigkeiten der Lehrerin / des Lehrers kann zur Steigerung der Motivation und Leistungsfähigkeit der Schüler beitragen. Der Anreiz komplexer motorischer Übungen (Seilspringen, Jonglieren, Musizieren) fordert Schüler heraus und fördert schwächere durch gezielte Unterstützung.

Strukturiertes lernen

Individuelle Komponenten des Lernens dürfen nicht falsch verstanden werden, indem die Kinder allein und sich selbst überlassen werden. Die Möglichkeiten der Modellierung des Lernprozesses durch systematische Strukturierung der aktiven Lehre eröffnen allen Kindern die notwendigen Lernchancen. In ihrer Freizeit begegnen sie im Sportverein, im Instrumentalunterricht oder im Ballet Lehrerinnen und Lehrern / Trainerinnen und Trainern, welche klare und überschaubare Übungsziele vorgeben und die Ausführung der nachfolgenden Übungseinheiten mit eventuellen Korrekturen begleiten. Die Kinder und Jugendlichen akzeptieren die Anforderungen, weil sie ihre Leistung steigern möchten. Sie erwarten, dass die Fußballtrainerin / der Fußballtrainer sich nicht darauf beschränkt, das Trainingsgelände vorzubereiten und einen Ballschrank zu öffnen – sie wollen Spiele gewinnen. Dazu sind sie auf das Wissen und die Erfahrung der Trainerin / des Trainers angewiesen. Sie erwarten, dass sie / er dieses Wissen mit ihnen teilt und sie trainiert.

Mit diesem anschaulichen Vergleich wird die Absurdität des heute zu oft gehörten Vorwurfs „lehrerzentrierter Unterricht“ sehr deutlich. Nicht durch das „Zurücknehmen“ der Person der Lehrerin oder des Lehrers, sondern erst durch das aktive Begleiten des Lernprozesses durch die Lehrerin / den Lehrer wird der Unterricht wahrhaft „schülerzentriert“.

3. Konzept und Methode

Fordern und fördern

ABC der Tiere ist ein grundständiger Lehrgang, mit dem alle Kinder flüssig lesen und sicher schreiben lernen. LRS-Erscheinungen sollen präventiv bearbeitet und nicht im zusätzlichen Förderunterricht kompensiert werden. Die differenzierte Förderung ist integrativer Bestandteil des Lehrgangs. Die Materialien fördern und fordern starke und schwache Kinder gleichermaßen.
ABC der Tiere ist ein analytischer Silbenlehrgang. Das Lesen und das Schreiben erfolgt in Silben. Die amerikanische Schrifterwerbsforschung (Liberman u.a. 1974) hat nachweisen können, dass Kinder vor dem Schrifterwerb die Silbe als rhythmische Einheit wahrnehmen können. (vgl. S. 29)

Analytischer Silbenlehrgang

Die analytische Silbenmethode schließt an den Fähigkeiten der Kinder an und führt über den zweifarbigen Silbentrenner sehr schnell zur Beherrschung der Leseregeln. Beim zweifarbigen Schreiben werden die Leseregeln zu Schreibregeln. Die Kinder erlernen von Anfang an intuitiv die Grundlagen der Orthografie.
Die Lese- und Schreibfertigkeiten werden im Anfangsunterricht durch Wiederholungen automatisiert. Im Zuge der inneren Differenzierung üben die Schüler angepasst an ihr persönliches Leistungsniveau, mit abwechslungsreichen Übungen und der nötigen Unterstützung durch die Lehrkraft.

Grundlegende Kompetenzen

Folgende Kompetenzen sind die Voraussetzung für das Gelingen von Lesen- und Schreibenlernen:

- **Seitigkeit**: Das Körperschema muss geklärt sein.
- **Koordination**: Der eigene Körper und die Bewegungen müssen beherrscht werden.
- **Synchronisation**: Motorik und Artikulation müssen synchron durchgeführt werden können.
- **Graphomotorik**: Die feinmotorischen Bewegungsabläufe der Schreibhand müssen ausgeführt werden können.

Diese Kompetenzen werden vor allem in der Anfangsphase des Lese- und Schreibunterrichts – besser schon davor – entwickelt und trainiert.

3.1. Silbentrenner

Die Materialien des Lehrgangs ABC der Tiere für Klasse 1 und 2 enthalten durchgängig den Silbentrenner. Dieser wird in allen Materialien durch Zweifarbigkeit markiert: blau – rot oder schwarz – grau.
Wörter ohne Silbentrenner müssen erst leise „durchprobiert" werden, um durch „trial and error" die richtige Lösung zu finden. Das bedeutet für viele Kinder, dass sie keinen flüssigen Leserhythmus finden. Das Lesen bleibt „zäh". Freude am Lesen kann sich so nicht entwickeln.

Vorteil Silbentrenner Lesen

Die methodische Überlegenheit des Lese- und Schreiblehrgangs mit Silbentrennung besteht darin, dass Leseanfänger unbekannte Wörter sofort in der richtigen Silbenunterteilung lesen und dadurch den Sinn schneller erfassen. Lesen macht Spaß.

Schreiben

Beim zweifarbigen Schreiben werden die Leseregeln intuitiv zu Schreibregeln. Deshalb lautet unser Unterrichtsprinzip: **Vom Lesen zum Schreiben.**

3.1.1. Markieren die farbigen Silben die Worttrennung?

Silbentrenner = Sprech-Silben

Die farbigen Silben zeigen die Sprech-Silben eines Wortes an. In den allermeisten Fällen ist das identisch mit der möglichen Worttrennung am Zeilenende. In erster Linie gibt es einen Unterschied bei der Trennung einzelner Vokale (a, e, i, o, u; z.B. E-va, O-fen, Ra-di-o): Nach der aktuellen Rechtschreibung werden diese am Zeilenende nicht abgetrennt. Da diese Wörter aber mehrere Sprech-Silben haben, sind diese auch mit zwei Farben gekennzeichnet: Eva, Ofen, Radio, beobachten.

3.1.2. Historischer Rückblick

1525: Valentin Ickelsamer

Schon Valentin Ickelsamer hat um 1525 in seinem Lehrbuch zur deutschen Sprache „Die rechte weis auffs kürzist lesen zu lernen …" die Silben als Wortbausteine benannt und mit dem Silbentrenner gearbeitet.

19. Jhdt.

Seit Beginn des 19. Jahrhunderts wurde der obligate Silbentrenner in Fibeln aller europäischen Länder angewandt. Er ist allen drei Lesebüchern (siehe Abb. 1 bis 3) gemeinsam. Jede Trennstelle wird in der verbundenen Schreibschrift durch eine Unterbrechung des Schriftzuges, in der Druckschrift durch einen vergrößerten Abstand markiert.

1. Kinderfibel, Verlag Konkordia AG, Bühl/Baden, 1941 (Abb. 1)
2. Kinderfibel des Kantons Basel-Stadt im franz. Besatzungsgebiet Deutschlands, Lehrmittelverlag Offenburg-Mainz, 1946 (Abb. 2)
3. „Wir lernen Lesen/Eine Fibel für Stadt und Land", Herder Verlag, Freiburg, 1951 (Abb. 3)

Abb. 1: Kinderfibel, Verlag Konkordia AG, Bühl/Baden, 1941

z Z z Z
Ziege Zeisig Zange
Zahn Zaun Ziegel Zelt
Zimmer Zwiebel Zwetschge
zwei zehn zwölf zwanzig
2 10 12 20
zweiundzwanzig

Ei ne Zie ge woll te über ei nen Steg hin über. Zu glei cher Zeit woll te ei ne an de re Zie ge her- über. Mit ten auf dem Steg ka men sie zu sam men. Trot zig sprach die er ste: „Wei che mir aus, ich war zu erst auf dem Ste ge!" Wie geht es wei ter?

Abb. 2: Kinderfibel des Kantons Basel-Stadt im franz. Besatzungsgebiet Deutschlands, Lehrmittelverlag Offenburg-Mainz, 1946

Die arme Wandtafel

Was muß sie sich alles gefallen lassen!
Frau Kreide spaziert auf ihr herum und macht allerlei Krickelkrakel.
Herr Schwamm patscht ihr ins Gesicht, daß das Wasser nur so herunterläuft.
Herr Lappen reibt nach Herzenslust auf ihr herum. Selbst vor den Kindern ist sie nicht sicher. In jeder Pause treiben sie Spaß mit ihr. So geht es Tag für Tag.
Nur am Sonntag hat die gute Wandtafel endlich einmal Ruhe.

Abb. 3: „Wir lernen Lesen / Eine Fibel für Stadt und Land", Herder Verlag, Freiburg, 1951

3.2. LRS-Prävention und systematische Orthografie

Die Arbeit mit dem Unterrichtswerk ABC der Tiere ruht auf zwei Säulen:

A Lesen und Schreiben in Silben ist eine sehr wirksame Methode, um LRS von Anfang an zu vermeiden. Leistungsstarke Kinder werden auf diesem Weg nicht „gebremst“. Im Gegenteil: Sie werden in ihrem Lernfortschritt noch beschleunigt.
Beim Übergang vom Lesen mit Silbentrenner zur „normalen“ Schrift entstehen keine Schwierigkeiten.

B Der Kernbereich der deutschen Rechtschreibung ist in der Silbenstruktur der Wörter begründet. Diese Einsicht führt alle Kinder zum bewussten Rechtschreiben.

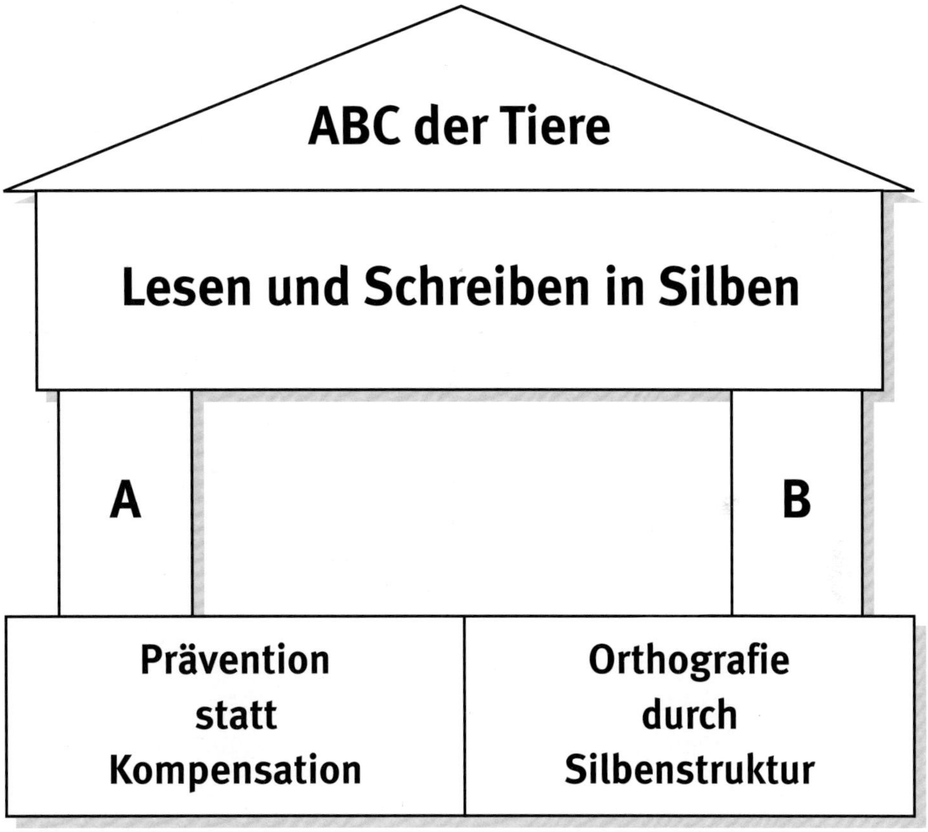

3.2.1. Säule A: Prävention durch individuelle Förderung von Anfang an!

Prävention im Regelunterricht

Unsere positiven Erfahrungen mit der Silbenmethode im kompensatorischen Förderunterricht führten zwingend zu der Überlegung, präventiv im Regelunterricht nach der analytischen Silbenmethode zu verfahren. Wir trafen uns in einem regionalen Kontaktkreis mit der gemeinsamen Zielformulierung: Wir wollen so unterrichten, dass kein Kind eine LRS-Symptomatik entwickelt. Uns war und ist natürlich bewusst, dass Kinder mit nicht ausreichender Vorbereitung oder individuellen Schwächen in den „Vorläuferleistungen“ bei uns in die ersten Klassen eingeschult werden.

Vorbereitungsphase Kindergarten

Daher organisierten wir eine Vorbereitungsphase im letzten Kindergartenjahr. In Zusammenarbeit mit den Erzieherinnen werden die Kinder nach dem Programm „Fit für den Schulbeginn“ (vgl. S. 82) trainiert. Während dieser intensiven Vorbereitungsphase (von Oktober bis zur Einschulung) lernen nicht nur die Kinder die Schule kennen. Die durchführenden Lehrerinnen / Lehrer haben die Gelegenheit, ihre zukünftigen Erstklässler in verschiedenen Übungssituationen zu beobachten und Rückschlüsse für die individuelle Förderung zu ziehen.

Wichtige Beobachtungsfelder sind:

- allgemeine Koordinationsschwäche
- linkswendige Tendenz beim Malen und Beobachten (z.B.: linkes Auge am Okular des Fernrohres) in Verbindung mit rechtshändigem Agieren
- allgemeine Richtungsunsicherheit
- undeutliche Artikulation
- ungrammatikalische Sprechweise

Generelle und individuelle Hilfen

Die Erkenntnisse aus diesen Beobachtungen lassen wir sowohl in generelle als auch in individuelle Hilfen beim Lesen einfließen:

1. Die große Schrift und die Zwischenräume erlauben ein Mitführen des Zeigefingers der Schreibhand. Werden diese Begleitbewegungen synchron zum Silbensprechen ausgeführt, wird die Blickrichtung (Hand führt Auge) und die Augensteuerung stabilisiert. Das Lesen am Bildschirm bietet als einziges Medium die Silben in „Echtzeit“ an (vgl. S. 93). Das Auge richtet sich automatisch auf das neu erscheinende Objekt (Silbe). Lesen kann nur gelingen, wenn die Augensteuerung in gezielten Ruckbewegungen nach rechts gelingt.
2. Das Platzieren der Silbenkärtchen (vgl. S. 73) von links nach rechts verdeutlicht dem Leseanfänger immer wieder die Leserichtung und übt das schnelle automatische Erfassen und Lesen der Silben.
3. Die Darstellung der Minisilben z.B.: „mu“ auf dem Silbenschieber (vgl. S. 91) in Verbindung mit den Begriffen „Starter – Klinger“ vermittelt die Richtung. Die inverse Form „um“ wird damit vermieden.
4. Der Leseteppich (vgl. S. 73) dient ebenfalls der „Verflüssigung“: Die stereotypen Abfolgen „ma-me-mi-mo-mu“ zusammen mit der Hilfe „Lass beide zusammen heraus – ohne Luft dazwischen.“ führen rasch zum automatisierten Silbenlesen.
   Im fortgeschrittenen Stadium, beim Lesen am PC (vgl. S. 93), werden die Silbenteppiche immer wieder neu angeordnet, um dem Auswendiglesen zu begegnen.
5. Der farbige Silbentrenner generell ist die entscheidende Hilfe für Leseanfänger. Wörter werden ohne Verzögerung in ihren Silben wahrgenommen und verstanden. Frustrierende Unterbrechungen des Leseflusses werden weitgehend vermieden.

Das Schreiben wird durch das silbenweise Vorgehen mit dem zweifarbigen Wendestift (vgl. S. 72) enorm stabilisiert.

1. Die Standardmodelle der Silben in der deutschen Sprache bestehen aus Konsonant – Vokal (Starter – Klinger) und Konsonant – Vokal – Konsonant (Starter – Klinger – Stopper). Diese automatisierten Modelle werden durch das dem Schreiben unmittelbar vorausgehende Sprechen der jeweiligen Silbe, des jeweiligen Wortes abgerufen.
2. Kinder mit LRS-Risiko lernen beim Lesen die Leseregeln kennen. Nach den relativ einfachen Starter-Klinger-Silben, z.B. in To-ma-te, folgt der entscheidende „Knackpunkt" in der Leseentwicklung: die Starter-Klinger-Stopper-Kombination in der geschlossenen Silbe, z.B.: in Wol-ke. Häufig lesen Kinder „Woool – keee" mit gespanntem Vokal, weil sie die drei Buchstaben der ersten Silbe „Wol" nicht simultan verarbeiten können. Sie verstehen das Wort nicht und verschriften einzelne Laute des Wortes. Die Durchgliederung eines Wortes in einzelne Laute überfordert aber gerade Kinder mit Segmentierungsschwäche. Aus diesem Grund geben wir der analytischen Silbenmethode im Anfangsunterricht den Vorzug. Wenn Kinder die „Silbenschule" erfolgreich durchlaufen haben (besonders befähigte Kinder sind von sich aus auf diesem Stand) können sie auch mit der Lauttabelle neue Buchstaben in dieses Schema integrieren.

3.2.2. Säule B: Orthografie mit der Silbenmethode

ABC der Tiere bietet ein einzigartiges Konzept zur sicheren Beherrschung der Orthografie. Die Schreibung des deutschen Standardwortes wird vom Silbenschnitt her definiert. Das automatisierte Schreiben der Standardsilben und das Gefühl für den Sprechrhythmus (siehe S. 20) führen zur Beherrschung der Orthografie für alle Kinder.

Motivation durch Leistung

„Üben" und „kreativer Umgang mit Sprache" sind keine Gegensätze – sie bedingen sich gegenseitig. Erst die sichere Beherrschung bestimmter Fertigkeiten ermöglicht das kreative Experimentieren. Auch im Freizeitbereich (Musik, Sport) erfahren Kinder, dass Erfolge durch gezieltes Training erreicht werden. Die Freude an der erbrachten Leistung stellt eine hohe Motivation für kommende Aufgaben dar. Diese Einstellung wollen wir auch im Klassenzimmer kultivieren:
Ich kann richtig lesen und schreiben. – Mir macht lesen und schreiben Freude.

Die Unterschiede in der Leistungsfähigkeit der einzelnen Kinder werden durch das strukturierte Vorgehen in der Anfangsphase vermindert. Begabte Schülerinnen und Schüler sind durch die „Arbeitsblätter zur Differenzierung" und vielfältige Leseangebote in verschiedenen Schwierigkeitsgraden gefordert.

Systematische Schreibung der Doppelkonsonanten und Dehnungs-h

Die Einsicht in die Silbenstruktur bietet die Möglichkeit, die Orthografie des Deutschen systematisch zu unterrichten. Ohne Merkwortlisten und Regelwerk wird ein sicheres Schreiben angebahnt. Mithilfe unseres Trainingsprogramms „Kontrastpaare“ befähigen wir Kinder zum spontanen Schreiben der Doppelkonsonanten (einschließlich tz und ck). Die Begründung zur Schreibung des Dehnungs-h wird ebenfalls aus der Silbenstruktur gewonnen und kann im Laufe des zweiten Schuljahres vermittelt werden. Wenn außerdem die Großschreibung von Nomen gesichert ist, werden die Kinder bereits mit Beendigung der Grundschule zu kompetenten Schreibern.

Sichere Schreibung des Standards

Die Forderung für den Rechtschreibunterricht muss lauten: sicheres Schreiben des Standards. Für Schülerinnen und Schüler ist es leichter, in einer systematischen Weise mit der Rechtschreibung umzugehen. Sie sind unbefangener als Erwachsene mit ihrer langen, oft widersprüchlichen Erfahrung mit diesem Thema.

Hauptfehlerquellen

Wenn wir die Schreibfehler vieler Schülerinnen und Schüler über einen längeren Zeitabschnitt beobachten, stellen wir fest, dass die Großschreibung nach Artikel, die Schärfung, die Dehnung und die sogenannten „Leichtsinnsfehler“ die Hauptfehlerquellen ausmachen. Die Bezeichnung „Leichtsinnsfehler“ ist irreführend: Kein Kind macht in Prüfungssituationen „leichten Sinnes“ Fehler. Es handelt sich dabei vielmehr um Steuerungsfehler, weil das Silbenschreiben nicht automatisiert ist.

Bei gesicherter Schreibung des Standards erreicht jede Schülerin und jeder Schüler eine befriedigende Schreibkompetenz. Alle peripheren Sondergrafien können dann erschlossen werden.

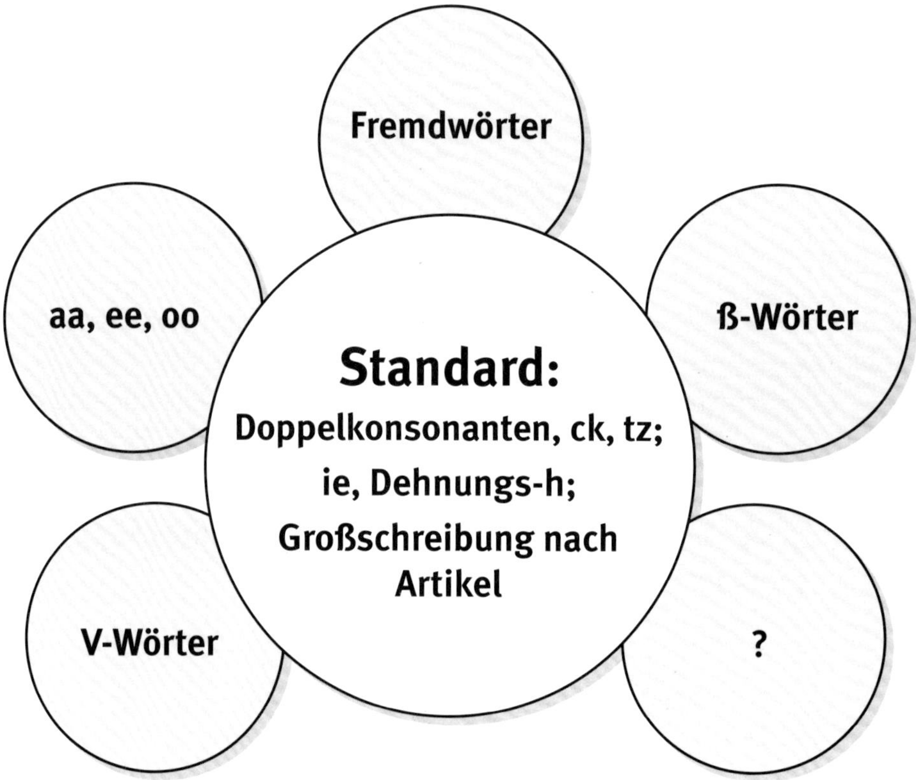

3.3. Rechtschreiben durch Einsicht in die Silbenstruktur

Schrift ist ein Zeichensystem für Leser

Die Einsichten in die Silbenstruktur und die systematische Darstellung der Orthografie verdanken die Autoren den Arbeiten von Utz Maas, dessen Kernaussage lautet: **Schrift ist ein Zeichensystem für Leser.**

Orthografische Markierungen werden als willkommene Hilfe beim Lesen und nicht als lästige Behinderung beim Schreiben betrachtet.
Die Schrift zielt auf den syllabisch strukturierten Sprechakt. Nur wer den Silbenschnitt erkennt, kann deutsche native Wörter mit der richtigen Betonung (Trochäus) lesen und verstehen. Solange Leseanfänger die Wörter überdehnen und ohne Akzent lesen, lautieren sie lediglich den Text ohne ihn zu verstehen. Die Orthografie klärt den Silbenschnitt und ermöglicht dem Leser so das Verständnis.

Orthografie am Silbenschnitt

Die didaktische Reduktion lautet:

1. Deutsche Wörter sind zweisilbig.
2. Deutsche Wörter sind trochäisch.
3. Die betonte erste Silbe ist offen (le-sen) oder geschlossen (Sil-ben).

Offene und geschlossene Silbe

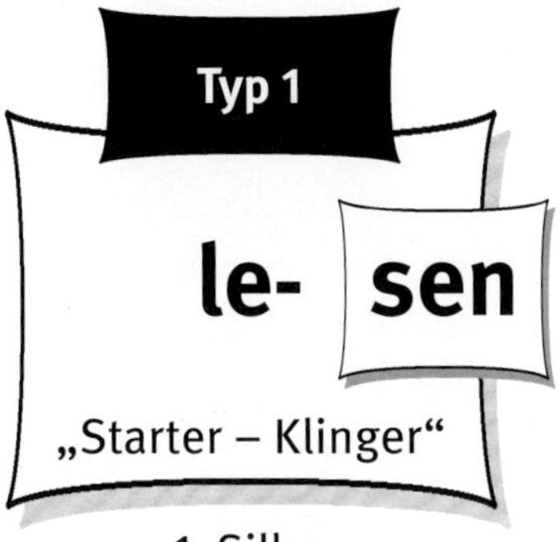

1. Silbe
offen
loser Anschluss
gespannter Vokal

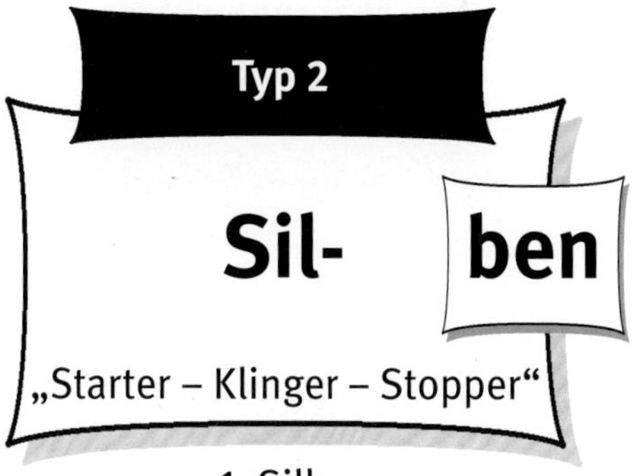

1. Silbe
geschlossen
fester Anschluss
ungespannter Vokal

Der Vokal der betonten offenen Silbe in „le-sen" wird gespannt („lang") gesprochen. Die Buchstaben der ersten Silbe bezeichnen wir mit **Starter** „l" und **Klinger** „e".

Bei „Sil-ben" besteht die erste Silbe „Sil" aus dem **Starter** „S", dem **Klinger** „i" und dem **Stopper** „l".
Die Silbe ist geschlossen, der Vokal wird ungespannt („kurz") gesprochen.

Leseregel

Die offene Silbe wird mit gespanntem („langem"), die geschlossene Silbe mit ungespanntem („kurzem") Vokal gesprochen. Diese Leseregeln erwerben die Kinder in der Lesepraxis. Beim lauten Lesen können falsche Artikulationen sofort korrigiert werden.

2. Silbe: immer mit „e"

Die zweite Silbe wird reduziert gesprochen und grundsätzlich mit „e" geschrieben. Damit wird die unterschiedliche Laut-Buchstaben-Relation in der ersten und zweiten Silbe bewusst thematisiert und nicht – wie bei Anlautkonzepten – vernachlässigt.

Die Einführung der beiden Silbentypen ermöglicht den Kindern im ersten Schuljahr einen intuitiven Zugang zur Orthografie – Leseregeln werden zu Schreibregeln.

Was ist ein gespannter Vokal?

„gespannt“ – „ungespannt“

Mit Ausnahme von „a“, der immer ungespannt ist, kommen alle Vokale in einer gespannten und einer ungespannten Form vor. Um das auszuprobieren, legen Sie Ihren Daumen an den Unterkiefer und sprechen Sie „Wiese“. Sie fühlen, wie das Zungenband sich nach unten spannt, im Gegensatz zu „wissen“.

Beispiele

Minimalpaare:	**gespannt**		**ungespannt**
	ihn	–	in
	Heer	–	Herr
	Mus	–	muss
	wohne	–	Wonne
	Hüte	–	Hütte
	Höhle	–	Hölle

3.3.1. Silbentrenner zeigt Leseregeln

Der zweifarbige Silbentrenner verdeutlicht die **Leseregeln** für den Leseanfänger. Der farbige Silbentrenner zeigt den jeweiligen Silbentyp an. Dadurch gelingt das sinnerfassende Lesen.

Knackpunkt: fester Anschluss

Während der lose Anschluss in offenen Starter-Klinger-Silben (wa – we – wi – wo – wu, Wo-ge, Wa-gen) keine besondere Schwierigkeit darstellt, bereitet der feste Anschluss in geschlossenen Starter-Klinger-Stopper-Silben (wal – wel – wil – usw., Wol-ke, Wol-le) vielen Kindern Mühe. Sie lesen die Silben und Wörter mit überdehnten, gespannten Vokalen „Woolkee, Woolee“ und verstehen daher die Begriffe nicht. Die Leseregel des festen Anschlusses („Starter – Klinger – Stopper = kurz“) ist der entscheidende Knackpunkt der Leseentwicklung. Die Starter-Klinger-Stopper-Kombinationen mit Silbenschieber und Leseteppichen müssen deshalb von allen Kindern erfolgreich absolviert werden.

Die Einführung der Silbentypen im Unterricht

1. Stufe: Konsonant – Vokal

			Mögliche Wörter:
1. Stufe: Konsonant – Vokal (KV)	mu mi mo ma me	Starter-Klinger-Silben werden ganzheitlich gelernt. Klinger werden analysiert. Gebärden unterstützen den Lernprozess.	Mimi, Momo, Mio, Mia, Mama, Oma, Memo, im, am
	la ta ra sa wa	Weitere Starter treten auf. Die Silben werden automatisiert. Die Konsonanten werden noch nicht isoliert. Gebärden unterstützen den Lernprozess.	Lama, Muli, Limo, Lilo, lila, Timo, Tila, Toto, Tomate, Ria, Salami, Tilo, Lisa

2. Stufe Konsonant – Vokal – Konsonant

			Mögliche Wörter:
2. Stufe: Konsonant – Vokal – Konsonant (KVK)	del tim rin wor las mit	Starter-Klinger-Stopper-Silben werden automatisiert. Konsonanten werden analysiert. Leseregel: „Starter – Klinger – Stopper = kurz“ wird beachtet.	Name, Doris, malen, lesen, Nase, Nadel, Nudel, Esel, Tinte, Tante, Rosen, Dosen, Sonne, Tanne, Wanne, Mantel, raten

3.3.2. Die 3 Häuschentypen A B C

Leseregeln werden zu Schreibregeln

Beim silbenweisen Schreiben mit zwei Farben werden die Leseregeln zu Schreibregeln, Orthografie gelingt intuitiv. In der Garage steht immer ein „e“. Fehlschreibungen wie: Schüla, Käfär, Roiba, Kiersche usw. werden vermieden.

Übrigens: Dreisilbige Wörter schreiben wir nicht mit „ie“ oder „h“: Lawine, Gardine, Tribüne usw.

Zur methodischen Darstellung der entsprechenden **Schreibregeln** setzen wir das Häuschenmodell von Christa Röber in abgewandelter Architektur ein.

Offene Silbe

Häuschen A: 1. Silbe offen: Der Vokal ist bei losem Anschluss gespannt.

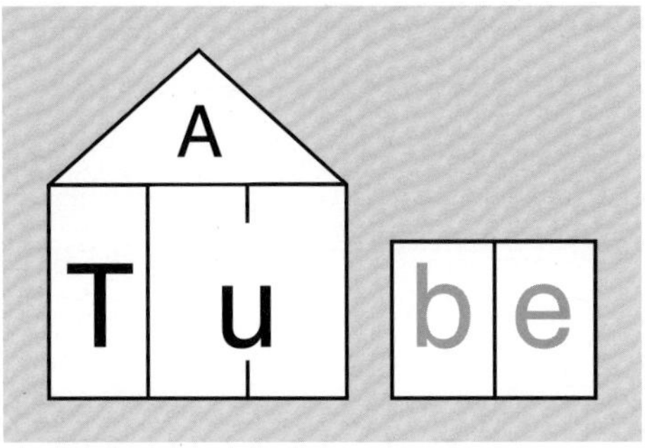

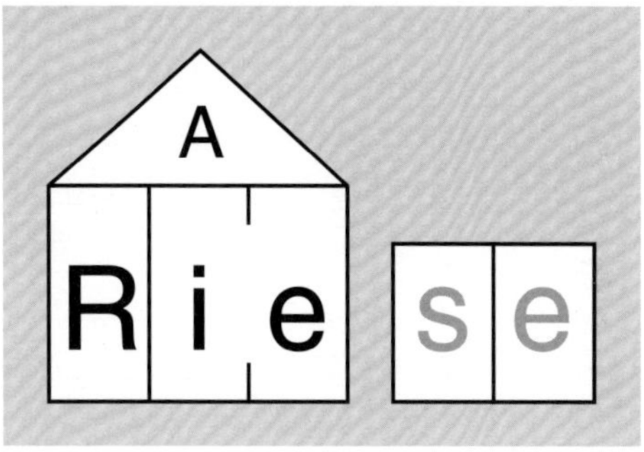

Geschlossene Silbe

Häuschen B: 1. Silbe geschlossen: Der Vokal ist bei festem Anschluss ungespannt.

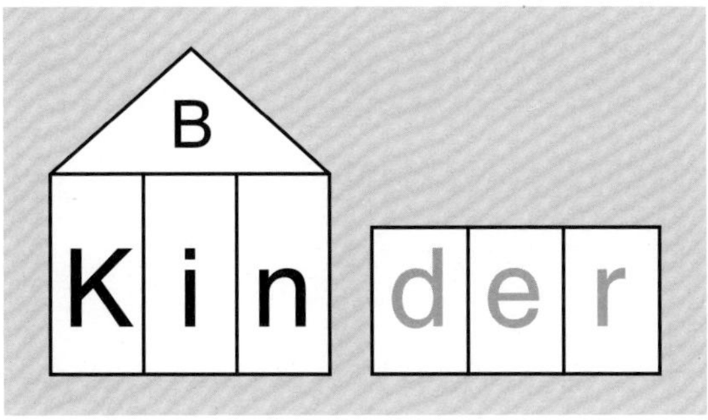

Download

Zur Erstellung eigener Arbeitsblätter finden Sie die Häuschen als gif-Datei zum Download unter:
www.abc-der-tiere.de/haeuschen

Doppelkonsonanten

Die spontane Schreibung der Doppelkonsonanten ergibt sich durch Unterscheidung der Wortrhythmen (vgl. 3.3.3.). Die Schreibung der Doppelkonsonanten wird erst in Klasse 2 systematisch erarbeitet.

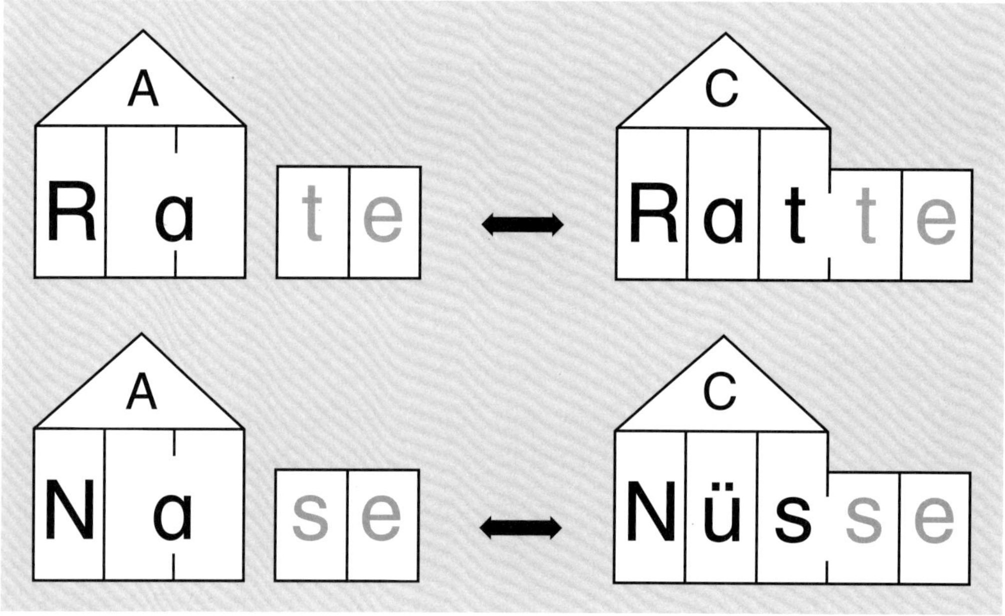

3.3.3. Wortrhythmus – Vorübungen zur Schreibung der Doppelkonsonanten

Kontrastpaare

Die spontane Schreibung der Doppelkonsonanten ist erst möglich, wenn den Kindern die sichere Unterscheidung von gespannten (langen) und ungespannten (kurzen) Vokalen in der betonten Silbe gelingt. Die Übungsreihe „Kontrastpaare“ soll sie dazu befähigen.

Wir stellen immer 2 Wörter, welche im Rhythmus kontrastieren – ein Kontrastpaar – einander gegenüber. So ist die Entscheidung immer eindeutig zu treffen, welches Wort mit gespanntem (langem) und welches mit ungespanntem (kurzem) Vokal gesprochen wird: Käfer – Koffer.

Der zweisilbige trochäische Aufbau der deutschen Wörter legt eine Übung im 4/4-Takt nahe. Die Rhythmisierung im 4/4-Takt ist hilfreich, da die Betonung auf der 1. und 3. Zählzeit des 4/4-Taktes mit der natürlichen Wortbetonung (Trochäus) zusammentrifft. Die Kinder lernen einen einfachen Rhythmus klatschen (—— —— ● ● „U“), der auf 1 und 2 das „langsame“ und auf 3 das „schnelle“ Wort aufnimmt. Die 4. Zählzeit wird mit „U“ belegt, damit das „schnelle“ Wort nicht falsch (Ko-fer) silbiert wird. Dieser Fehler würde die Übung wertlos machen.

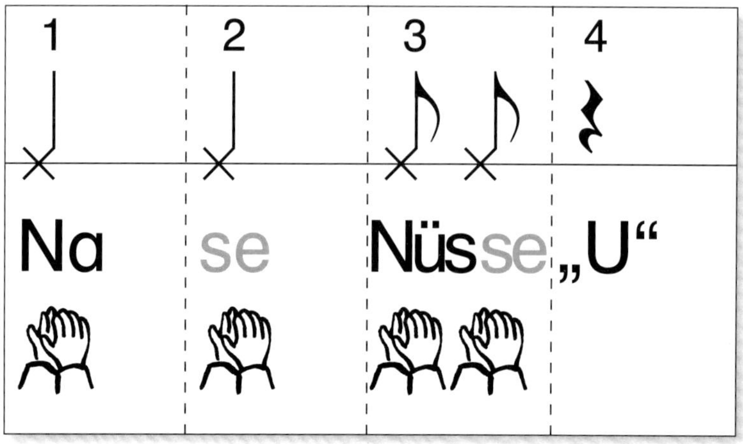

Dieses rhythmische Sprechen und Klatschen sollten die Kinder im Rahmen der Frühförderung schon im Kindergarten üben.
Im fortgeschrittenen Stadium führen wir diese Sprechspiele im Gehen durch. Wir schreiten die vier Grundschläge und sprechen und klatschen die Kontrastpaare im Takt. Diese rhythmischen Übungen werden regelmäßig in Klasse 1 durchgeführt (siehe beiliegende DVD: Eine Einführung in die Silbenmethode).

Video-DVD

3.3.4. Exkurs: Spontane Schreibung der Doppelkonsonanten – Häuschenschreibung

Kontrastpaare mit Häuschenschreibung

Die rhythmischen Vorübungen finden ihre praktische Anwendung in den schriftlichen Übungen zur spontanen Schreibung der Doppelkonsonanten in Klasse 2. Eine Reihe der Kontrastwörter und die dazugehörigen Häuschen sehen folgendermaßen aus:

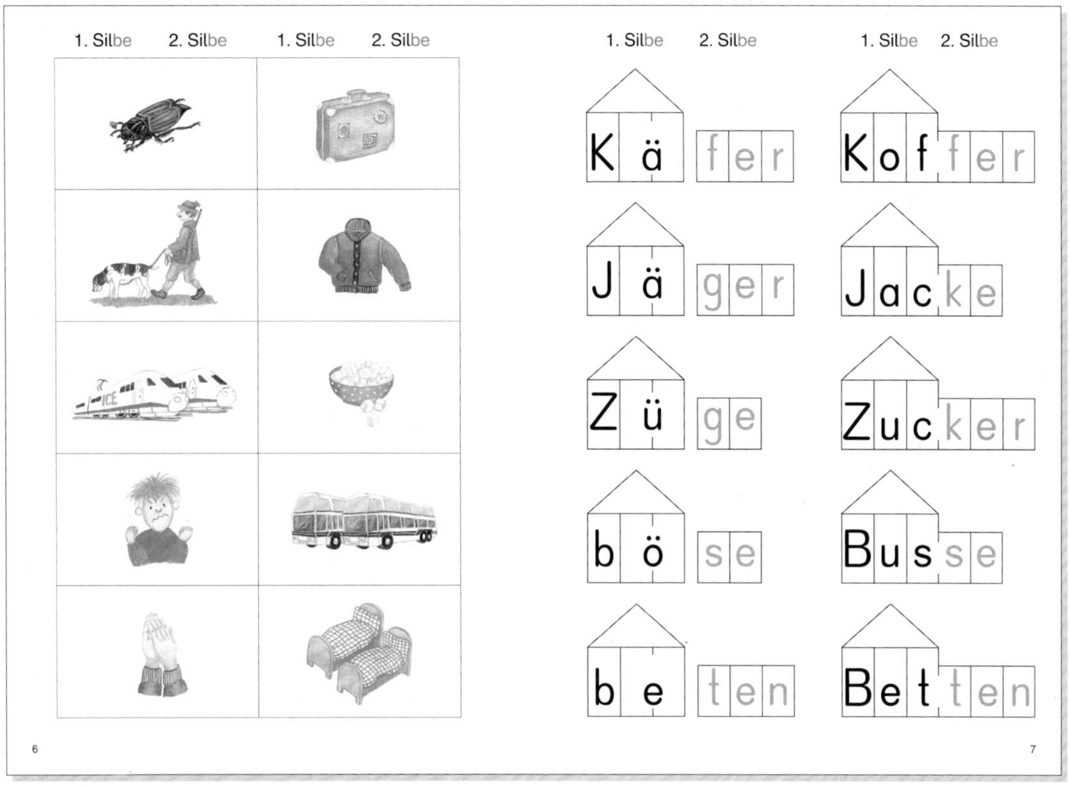

Die Wörter auf der linken Seite haben eine offene betonte Silbe mit gespanntem (langem) Vokal. Ich kann die Trennstelle deutlich hören, dementsprechend ist die Garage vom Haus getrennt.

Die Wörter auf der rechten Seite werden mit ungespanntem Vokal gesprochen und mit Doppelkonsonanten geschrieben. Ich nehme die Trennstelle (eine gedachte Stelle zwischen den Doppelkonsonanten) nicht wahr, dementsprechend ist die Garage angebaut.

Werden die sprechrhythmischen Übungen mit Gehen im Takt durchgeführt, ist die Zuordnung der Kontrastwörter zu den passenden Häuschen ganz eindeutig. Käfer wird auf zwei Schritte gesprochen, Koffer dagegen auf einen Schritt. Der vierte Schritt im 4 / 4-Takt wird mit einem Ausruf belegt (siehe beiliegende DVD: Eine Einführung in die Silbenmethode).

Video-DVD

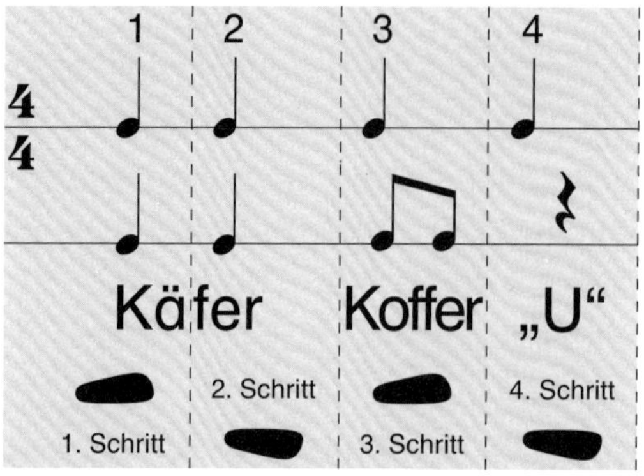

Die Regel lautet: Wörter auf einen Schritt schreiben wir mit Doppelkonsonanten.

Die Doppelkonsonanten-Probe

Steht ein Kind jetzt also vor der Frage: Wie schreibe ich „Tasse“?, dann probiert es den Kontrast mit dem bekannten Rhythmus: Tase (2 Schritte) oder Tasse (1 Schritt). Es heißt natürlich Tasse, also 1 Schritt, also Doppelkonsonant.

Hinweise zur Häuschenschreibweise

Das Haus steht für die betonte Silbe, die Garage für die unbetonte. Bei Wörtern auf zwei Schritte ist Haus und Garage getrennt – zwei Gebäude (Häuschentyp A, B), bei Wörtern auf einen Schritt ist die Garage mit dem Haus verbunden – ein Gebäude (Häuschentyp C). Die Silben werden in 2 Farben geschrieben.

Das Haus hat drei Zimmer. Der Vokal steht immer im mittleren Zimmer. In der Garage steht immer ein „e“. Konsonantenhäufungen am Anfang oder Ende teilen sich immer ein Zimmer.

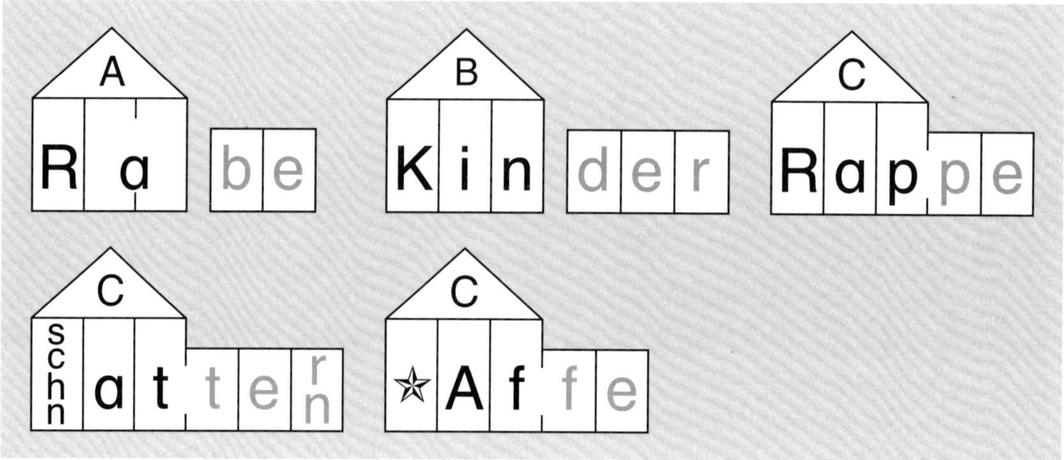

tz und ck

Die Häuschenschreibweise klärt dann auch Probleme wie Kanzel (tz ?) oder Ranke (ck ?). Das Häuschen ist durch die erste Silbe vollständig belegt, also kein tz wegen n-z und kein ck wegen n-k.

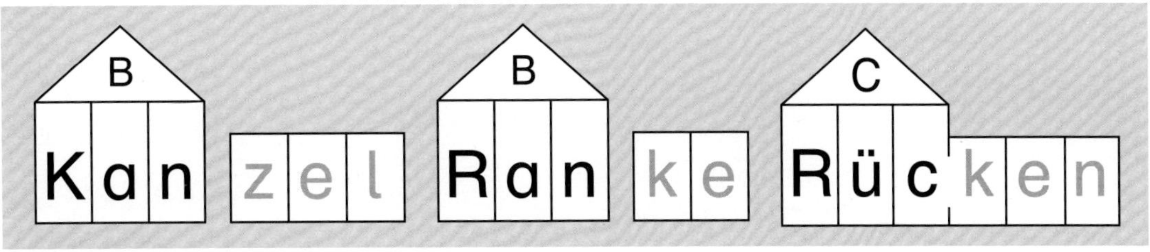

Anmerkung:
Wir schreiben Rüc-ken, wegen der Struktur der Silbenschrift, wie sie in der Häuschenschreibweise dargestellt wird. Im Lesebuch wird nach der Sprechsilbe Rü-cken markiert, was auch der reformierten Rechtschreibung geschuldet ist.

Vokal als Starter

Wörter wie Esel, Eber, Affe, Ente ... beginnen mit keinem Starter, sondern mit einem Klinger. Das widerspricht aber nicht der gelernten Silbenstruktur der Wörter im Deutschen. Im Schriftbild, z.B. bei der Schreibung der Wörter in Silbenhäuschen, ersetzen wir den fehlenden Starter durch ein „neutrales Zeichen“, etwa ein Sternchen: ★E - sel, ★Af - fe.
Der „fehlende“ Anlaut (Starter) ist phonetisch erklärbar mit dem Glottisschlag – ein Sprachlaut, der durch Verschlussbildung der Stimmbänder und eine explosive Lösung des Verschlusses (Knacklaut) bei der Artikulation des nachfolgenden Vokals (Klingers) gebildet wird.

3.4. Schärfung und Dehnung in der Silbenstruktur

Utz Maas führt zur Unterscheidung der Minimalpaare Schote – Schotte, Hüte – Hütte den „losen und festen Anschluss“ ein. In „Hüte“ ist das „t“ lose an den Vokal „ü“ angeschlossen, in „Hütte“ dagegen fest. Mit dieser Unterscheidung können wir den lautbezogenen Bereich der Orthografie systematisch erschließen.

Silbenstruktur

Die folgenden vier für die Silbenstruktur typischen Wörter sollen das verdeutlichen:

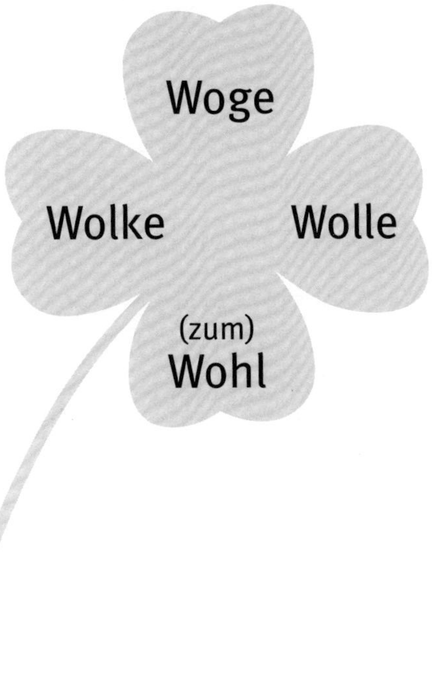

Silbenstruktur

	1. Silbe	Anschluss	Vokal
1. Woge	offen	lose	gespanntes „o“
2. Wolke	geschlossen	fest	ungespanntes „o“
3. Wolle	geschlossen	fest	ungespanntes „o“
4. (zum) Wohl Einsilber auf l m n r	geschlossen	lose durch „h“	gespanntes „o“

1. Zwischen dem betonten Vokal und dem „e“ der zweiten Silbe steht ein Konsonant mit losem Anschluss an das gespannte „o“, die Trennstelle der Silben ist deutlich wahrnehmbar.
2. Zwischen dem betonten Vokal und dem „e“ stehen zwei Konsonanten, die Trennstelle ist deutlich wahrnehmbar, das „l“ hat festen Anschluss an das ungespannte „o“.
3. Zwischen dem betonten Vokal und dem „e“ hören wir ein „l“ mit festem Anschluss an das ungespannte „o“, die Trennstelle ist nicht wahrnehmbar. Es stehen dabei zwei Konsonanten „ll“ – ein Doppelkonsonant – zwischen dem Vokal und dem „e“ der zweiten Silbe wie in Muster 2.
4. Das einsilbige Wort hat einen konsonantischen Endrand, das „o“ ist jedoch gespannt. Das Dehnungs-h signalisiert dem Leser: gespannter Vokal.

1. Woge

Woge ist der einfachste Fall in der Lese- und Schreibentwicklung. Die Abfolge Konsonant – Vokal (im Sprachgebrauch der Schüler: Starter – Klinger) wird mit gespanntem (langem) „o“ gelesen und bereitet keine Schwierigkeiten.

2. Wolke

Die betonte Silbe in **Wolke** stellt jedoch für viele Kinder die entscheidende Hürde auf dem Weg zum flüssigen Lesen dar. Sie lesen „Woolkee“ mit gespanntem Vokal. Um das ungespannte „o“ in der Starter-Klinger-Stopper-Kombination richtig zu lesen, müssen Leseanfänger mindestens drei Buchstaben simultan verarbeiten. Die geschlossene Silbe wird in dieser Phase durch systematisches Training mit Silbenschieber, Silbenkärtchen und Leseteppichen entsprechend dem jeweiligen Leistungsvermögen der Kinder geübt. Das erfolgreiche Durchlaufen dieser Phase ist für die erfolgreiche Leseentwicklung von entscheidender Bedeutung.

3. Wolle

Die Schreibregel zur Konsonantenverdoppelung in **Wolle** wird in der ersten Klasse nicht systematisch entwickelt. Tauchen im Arbeitsheft Wörter mit Doppelkonsonanten auf, werden sie durch Hilfen wie Suchsel, Silbenpool usw. gesichert und beim Schreiben explizit (Wol-le) mitgesprochen.
Beim Lesen mit Silbentrenner sollen die Kinder bis zur Beherrschung der Starter-Klinger-Stopper-Silben, also bis Silbenfibel Seite 24/25, explizit Wol-le lesen.

Leseregel für Doppelkonsonanten

Der Übergang vom Anfangsstadium des Silbenlesens mit Pausen über das explizite Lesen (Schwa-Silbe) zum flüssigen Lesen ist fließend und individuell verschieden. Sobald die Kinder das ungespannte „o“ können, überlesen sie die vorläufige Trennung von selbst und erreichen die Leseregel für Doppelkonsonanten: ungespannter Vokal.

4. (zum) Wohl Die auftretenden Wörter mit Dehnungs-h (z.B. **Wohl**) werden in der ersten Klasse auf einem Wandplakat dargestellt: Entsprechend der Systematik der h-Schreibung (Einsilber auf l, m, n, r) werden die Wörter kommentarlos auf den entsprechenden Blüten festgehalten. Alternativ kann das Poster „ABC der Tiere – Das stumme h" verwendet werden (Bestell-Nr. 1402-87, zu beziehen beim Mildenberger Verlag). Die Schüler nehmen die Endbuchstaben und die Einsilbigkeit wahr.

Leseregel für Dehnungs-h

Leseregel für Dehnungs-h

Das h signalisiert den losen Anschluss. Auch diese Leseregel erwerben die Kinder in der Lesepraxis. Beim lauten Lesen können falsche Artikulationen sofort korrigiert werden.

Unsere Wörter mit h

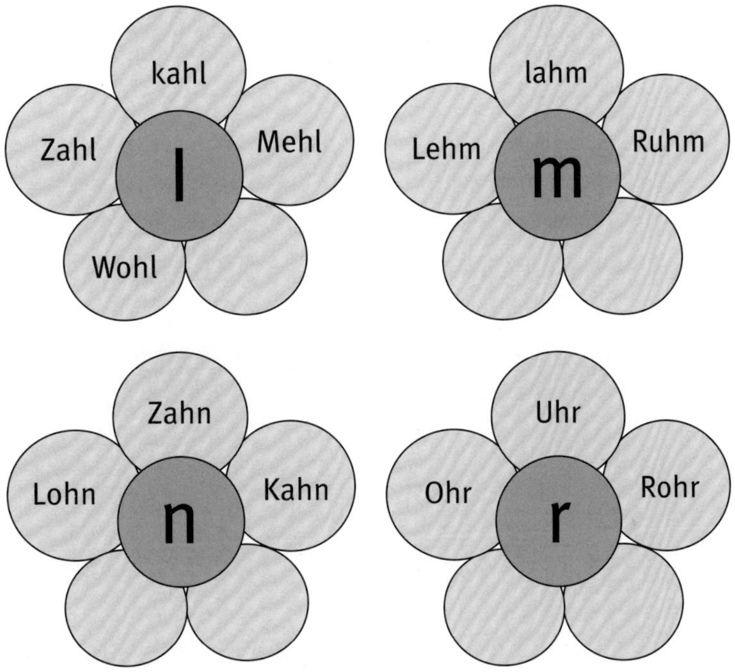

Lese- und Schreibregeln Die Leseregeln der Wörter mit Schärfung und Dehnung werden demnach in Klasse 1 gelernt, die Schreibung aber noch durch Hilfen abgesichert. Wenn im zweiten Schuljahr alle Kinder den Sprechrhythmus der Wörter sicher beurteilen können, werden die Schreibregeln spontan leistbar (siehe beiliegende DVD: Eine Einführung in die Silbenmethode).

3.4.1. Zur Systematik der h-Schreibung

Aus der Regel, den betonten Vokal in geschlossenen Silben ungespannt zu sprechen, ergibt sich umgekehrt die Notwendigkeit, einen gespannten Vokal in geschlossenen Silben zu markieren: h-Schreibung

‹Er zahlte an der Kasse.›
„Zalte" ohne „h" würde wie ‹Zelte› gesprochen.

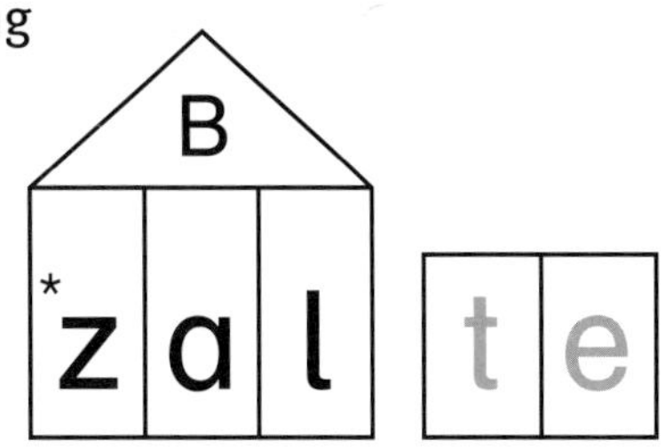

Das stumme h blockiert den festen Anschluss des l an das a:
Er zahlte an der Kasse.

* falsche Darstellung zur Demonstration

Konstante Stamm-schreibung

Die deutsche Orthografie verlangt die konstante Stammschreibung.
Wegen der Form „wir rennen“, die den Doppelkonsonanten fordert, schreiben wir alle übrigen Formen „er rennt, ich rannte, ich bin gerannt,“ ebenfalls mit „nn“, obwohl diese übrigen Formen auch ohne „nn“ mit festem Anschluss gelesen würden: „gerant“ wie Rand, Wand, Land. Die konstante Stammschreibung unterstützt den Leser beim Erfassen des Sinns: Bei Formen mit „nn“ denken wir gleich an „rennen“.

Was uns bei der Schärfungsschreibung vertraut ist, gilt in gleicher Weise für die Dehnung. Starter-Klinger-Stopper-Kombinationen werden in der Regel mit ungespanntem (kurzem) Vokal gelesen. Soll dagegen ein einsilbiges Wort auf l, m, n, r mit gespanntem (langem) Vokal gesprochen werden, muss das dem Leser angezeigt werden, wie in Sohn, Lehm oder Zahl.

Einsilbige Form = Stützform der h-Schreibung

Fällt also der Wortstamm auf eine Silbe, wird eine Markierung des gespannten Vokals notwendig: Zahl – Lehm – Zahn – Rohr. Das gilt auch für zusammengesetzte Wörter: Feuerwehr, Zahlschein, Fahrkarte, Wohnwagen usw.

Die Plural-Form „Zah-len“ benötigt zur Absicherung des gespannten „a“ keine Markierung. „Za-len“ würde richtig gelesen wie: Do-sen, Tu-ben, Na-sen. Kennen die Schüler die Begründung der h-Schreibung (einsilbige Stützform) nicht, neigen sie zur Generalisierung des „Dehnungs-h“ (Dohsen, Tuhben) und produzieren Schreibfehler.

l, m, n, r

Die Sonoranten l, m, n, r kommen als Endrand der betonten Silbe häufig vor und gehen dabei eine besonders enge Verbindung mit dem Vokal ein (Son-de, Lampe, Kin-der). Da in diesen Fällen immer ein ungespannter Vokal gelesen wird, ist es sinnvoll, die „langen“ Einsilber (Sohn, Zahl, Lehm, Rohr) mit einem „stummen“ Buchstaben zu markieren.

h-Regel

Die Regel lautet: Einsilber, die auf l, m, n, r enden, schreiben wir mit h.
Wenn Jakob Grimm sich noch fragte, warum kühn mit h, grün aber ohne h geschrieben wird, schließen wir die h-Schreibung für Wörter mit Doppelstartern (**Qu**al, **Sp**ur, **Kr**an) aus. Die Sub-Regel lautet: Schreibe bei Doppelstarter (Qual, Spur usw.) kein Dehnungs-h!

Ausnahmen davon sind nun wenige Wörter, welche früher, vor der Rechtschreibreform von 1901, mit „Th“ geschrieben wurden (Thal – Tal, Thür – Tür, Thon – Ton usw.). Die Funktion der Th-Schreibung als Dehnungsmarkierung wurde bei der Reform 1901 übersehen. Das macht für uns eine zweite Sub-Regel nötig: Schreibe bei Starter T kein Dehnungs-h!

Genau andersherum ist es bei den „Ausnahmen“ Stuhl, Stahl, Pfahl. Diese Abweichungen sollten aber nur dann im Unterricht thematisiert werden, wenn die Kinder von selbst auf diese Fragen kommen.

Diese h-Regel ist in Klasse 3 auch auf alle Verbstämme wie dehn(en), bohr(en) oder rahm(en) und Zusammensetzungen, z.B. dehnbar oder Bohrfutter, anwendbar.

3.4.2. ie-Schreibung

Eine Sonderstellung nimmt der gespannte (lange) Stammvokal „i" in der offenen Silbe ein. Er wird immer mit „ie" („Wie-se, Zie-ge") gekennzeichnet.
Übrigens: Für dreisilbige Wörter (italienische Lehnwörter) wie Lawine gilt das nicht.

3.5. Die Gebärden

Brücke zwischen Laut und Buchstabe

Im Anfangsunterricht sind Lautgebärden sehr hilfreich. Sie schlagen die Brücke zwischen dem Buchstaben und dem Laut. Sie ermöglichen uns eine eindeutige Identifizierung der Konsonanten, ohne – wie in der Anfangsphase der Silbenmethode gefordert – ihren Laut isoliert bekannt zu geben.

Um eine Silbe mit Lautgebärden anzuzeigen, werden die Gebärden kombiniert. Es gibt viele verschiedene Vorschläge für Gebärden. Für uns war die optische Entsprechung, z.B. auf welcher Seite des „a" ist der Balken, sowie der Artikulationsort und die Artikulationsdynamik, z.B. von p, t oder k, für die Wahl der Lautgebärden ausschlaggebend.

Für manche Kinder kann es hilfreich sein, wenn sie die Gebärden gemeinsam mit dem Lehrer vor einem Spiegel trainieren, um die Mundstellung direkt zu sehen und nachzuahmen.
Die Vorstellung der Gebärden, zum Teil mit Animation, finden Sie unter: www.abc-der-tiere.de/gebaerden

3.6. Zur Reihenfolge der Buchstabeneinführung

Verminderte Verwechslungsgefahr

Oft wird die Frage gestellt, warum mit dem a nicht auch gleich das d oder mit dem m nicht auch gleich das n eingeführt würde. Das mache doch keinen großen Unterschied.
Nach jahrelangen Beobachtungen haben sich einige Fehlerquellen ganz deutlich gezeigt: Kinder mit LRS-Risiko verwechseln gerne m und n, ie und ei, d und b, E und 3 aufgrund ihrer Seitigkeitsproblematik; g und k, d und t, b und p mangels artikulatorischer oder auditiver Unterscheidungsfähigkeit. Durch einen größeren zeitlichen Abstand zwischen der Einführung dieser kritischen Buchstabenpaare werden die Fehler deutlich reduziert.
Sobald beide Buchstaben dann eingeführt sind, werden sie bewusst einander gegenübergestellt, damit im Kontrast der Unterschied deutlich wird. Von besonderer Bedeutung ist in diesen Fällen die klare und deutliche Artikulation.

3.6.1. Das Alphabet

Selbstverständlich müssen die Kinder im Verlauf des Schuljahres auch das Abc (Alphabet) und die einzelnen Buchstaben erlernen.
Das geschieht bereits ab den Silbenfibelseiten 4, 5 mit der Analyse der Vokale und wird mit der Einführung in weitere Texte kontinuierlich fortgesetzt, bis die Kinder alle Buchstaben kennen.

Verankerung

Die Ankertiere und die Tiergeschichten mit Mia und Mio können in dieser Phase des Kennenlernens der Buchstaben als fördernde Unterstützung sehr gut eingesetzt werden. Die Kinder verbinden die Buchstaben mit dem entsprechenden Tierbild. (vgl. 4.19, S. 92)

3.6.2. Die Vokale

Vokale isoliert lautieren

Nach der Einführung der Silben ‹mu› und ‹mi› (Silbenfibelseiten 2 bis 5), die immer als Silbeneinheit, als Ganzes gesprochen werden, werden die Vokale ‹u› und ‹i› isoliert lautiert.
Ebenso werden die Gebärden für die Vokale ‹u› und ‹i› gelernt.
Der Anlaut (hier Starter) ‹m› wird nicht isoliert lautiert. Hier wird nur die Gebärde (siehe Kapitel VII: Lautgebärden) vermittelt.
‹m› wird ausschließlich in der Koartikulation mit einem Vokal in der Silbe gesprochen. Die Silbe ‹mu› entsteht keinesfalls durch Synthese der Laute für ‹m› und ‹u›.
In der Folge wird beim Kennenlernen der weiteren Vokale gleichermaßen verfahren – alle Vokale werden isoliert lautiert und die Konsonanten nur mit Handzeichen / Lautgebärden als Buchstaben eingeführt. Im Deutschen klingen nur die Vokale. Deshalb bezeichnen wir sie als Klinger.

3.6.3. Die Konsonanten

Konsonanten NICHT isoliert lautieren

Wenn wir im Unterricht Konsonanten isoliert lautieren – hier ist nicht das Alphabetisieren gemeint –, geben wir den Kindern eine falsche Information. Im Zusammenhang einer sinnfreien Klangsilbe oder eines Wortes klingen Konsonanten durch die Verschmelzung mit den folgenden Vokalen immer anders, als wenn sie einzeln als Laut den Schülern vorgestellt werden. Vielen Kindern fällt das sogenannte „Verschleifen“ schwer, sie können mehrere Buchstaben nicht im Zusammenhang verarbeiten. Bleibt diese Schwierigkeit weiterhin bestehen, werden diese Kinder zu lautierenden Lesern.

Sie verlauten die Buchstabenkette, ohne den Silbenschnitt und damit die Betonung im Wort wahrzunehmen. Daraus resultiert im Endeffekt das bekannte monotone Lesen eines Textes. Sinnerfassendes Lesen ist auf diesem Weg nicht zu erzielen. Erst wenn alle Kinder Klangsilben und die daraus entstehenden Namen (Momo, Memo, Toto, Timo usw.) automatisiert aussprechen können – in der Regel nach zehn bis zwölf Unterrichtswochen – können wir gefahrlos für alle Kinder der Klasse Konsonanten einzeln lautieren.

3.7. Methoden mischen?

Methodische Konsequenz

Die Silbenfibel „ABC der Tiere“ mit dem Arbeitsheft und dem Schreiblehrgang ist konsequent nach der analytischen Silbenmethode aufgebaut.
Das Lesen wird durch die Unterstützung des obligatorischen Silbentrenners und das automatisierte Silbenlesen schnell und sicher aufgebaut. Der systematische Aufbau (siehe 3.3.1., S. 18) klärt und sichert die Leseregeln (siehe 3.4., S. 23).
Durch das generelle zweifarbige Silbenschreiben werden die Leseregeln zu Schreibregeln. Das explizite Mitsprechen wird nach und nach durch die Einsicht in die Silbenstruktur abgelöst.
Andere aktuelle Lehrgänge mischen die Silbenmarkierung beim Lesen mit phonetischem Schreiben mit einer Anlauttabelle.

Überforderung

Wir machen die Erfahrung, dass diese Arbeitsmethoden für viele Kinder nicht erfolgsfördernd sind. Das Ausgliedern von einzelnen Lauten stellt für viele Schreibanfänger eine Überforderung dar, sie müssen zu viele Lernschritte alleine bewältigen.

3.8. Was sagt die Wissenschaft?

Ein Lehrgang für das Lesen- und Schreibenlernen muss sich an den wissenschaftlichen Erkenntnissen der Fachgebiete messen lassen: An der Schrifterwerbsforschung für die altersgemäßen Leistungen der Kinder, an der Sprachforschung (Linguistik) für die inhaltliche Richtigkeit und Angemessenheit, an der Hirnforschung (Neurowissenschaften) für die methodische Umsetzung.
Zum zehnjährigen Jubiläum von ABC der Tiere ist eine Festschrift (Die Silbe im Anfangsunterricht Deutsch, Bestell-Nr. 1402-65) erschienen mit wissenschaftlichen Beiträgen zum Thema.

3.8.1. Schrifterwerbsforschung

Die Schrifterwerbsforschung hat gezeigt, dass die phonetische Analyse einzelner Buchstaben für Lese- und Schreibanfänger nicht zu leisten ist. Dazu das Zitat von Frau Prof. Dr. Christina Noack aus ihrem Beitrag zur Festschrift:

Silbe kann intuitiv wahrgenommen werden

„Die amerikanische Schrifterwerbsforschung hat bereits vor vier Jahrzehnten experimentell nachweisen können, dass die Silbe als rhythmische Einheit für Kinder bereits vor dem Schrifterwerb intuitiv wahrnehmbar ist – im Gegensatz zum Laut (vgl. Liberman u.a. 1974). Diese Erkenntnis hat sich international durchgesetzt und wird aktuell im Rahmen der sprachlichen Frühförderung genutzt, wenn die Kinder mit Reimen und Versen spielerisch mit sprachlichen Strukturen umgehen lernen. Ziel entsprechender Förderprogramme ist häufig die Herausbildung der sogenannten ‚phonologischen Bewusstheit' (PB), die als wichtige kognitive Voraussetzung für das Lesen- und Schreibenlernen gilt. Die Forschung unterscheidet zwischen PB im engeren und im weiteren Sinn. PB im weiteren Sinn bezieht sich auf die Fähigkeit, Wörter zu syllabieren, aber auch Silben in den konsonantischen Anfangsrand und den Reim zu gliedern: *bl au*. PB im engeren Sinne bezieht sich auf die kognitiv sehr viel anspruchsvollere Aufgabe, Silben in ihre Laute zu zerlegen.
Amerikanischen Untersuchungen zufolge sind Schriftanfänger hierzu kaum in der Lage."

Phonologische Bewusstheit

3.8.2. Sprachforschung (Linguistik)

Die Sprachforschung erkennt als zentrales strukturierendes Element der deutschen Sprache die Silbe und setzt deshalb auch hier den didaktischen Schwerpunkt. Dazu das Zitat von Frau Prof. Dr. Christina Noack:
„Alternative Konzepte, die nicht den Laut, sondern die Silbe als ‚Grundeinheit der phonographischen Repräsentation' (Maas 2000, S. 82) verstehen, werden noch zu wenig eingefordert.

Orthografie kodiert Silbenstrukturen

Einige wenige Arbeiten setzen allerdings bei der Silbe an, nicht beim Phonem. Röber (2009) etwa geht davon aus, dass die deutsche Orthografie im Bereich der Wortschreibung primär Silbenstrukturen kodiert. Ein Argument, welches dafür spricht, ist die positionsabhängige Korrespondenz zwischen Graphemen und Phonemen: So entspricht *<r>* nur dann dem konsonantischen */r/*, wenn es im Silbenanlaut steht. Im Endrand dagegen ist es im Standarddeutschen vokalisch als [ɐ] zu realisieren, vgl. ‹rühren› – [ry:.rən], *<rührte>* – [ry:ɐ.tə]. Wie oben bereits gesehen, weist das *<e>* ein weites Spektrum an unterschiedlichen Funktionen auf, was für den Leseunterricht zunächst einmal unübersichtlich und schwer vermittelbar erscheint; mithilfe silbenstruktureller Beschreibungen lassen sich die unterschiedlichen Funktionen jedoch ordnen:

- Vollvokale (gespanntes */e/* und ungespanntes */ɛ/*) gibt es nur in betonten bzw. betonbaren Silben, vgl. Esel */ʔe:.zl̩/*, Ente */ʔɛn.tə/*.
- In reduzierten Silben entspricht *<e>* entweder dem Schwavokal */ə/*, einem Nullphonem, wenn es vor *<m>*, *<n>* oder *<l>* steht, oder */ɐ/* wenn es in Verbindung mit *<r>* steht, vgl. Ente [ʔɛn.tə], Esel [ʔe:.zl], Eber [ʔe:.bɐ].

Wie solche Regularitäten gemeinsam mit den Kindern entwickelt und ihnen vermittelt werden können, stellt Winkler (2004) in einem Praxisbericht dar.

Anlautmethode

Bereits Stephani wies darauf hin, dass es beim Lesen darauf ankomme, Silbenstrukturen zu erfassen, da eine korrekte Rekodierung sonst nicht möglich sei. Leseexperimente mit Pseudowörtern belegen, dass kompetente Leser die Silbenstruktur i.d.R. richtig erfassen (vgl. Röber 2009). Schwache Leser leisten dies jedoch bis in die Sekundarstufe hinein nicht ausreichend, sondern gehen weitgehend segmentorientiert vor; d.h. sie übersetzen jedes Zeichen auf der graphematischen Ebene mit einer lautlichen Einheit, und zwar in der Regel mit dem jeweiligen Default-Fall, wie in sogenannten Anlauttabellen. Charakteristisch für diese Lesweise ist z.B. die Rekodierung von Vokalbuchstaben als gespannte Vokale (vgl. die folgenden Beispiele aus Noack 2010):

(2) [ˈki:.ˌfɛ:ɐn] ➞ ‹Kiefern›
[ˈpi:l:.ˈtse:] ➞ ‹Pilze›
[ˈkno:s.pən] ➞ ‹Knospen›

Dieses Klammern an die einzelnen Buchstaben erinnert stark an die Leseversuche von Erstklässlern, nachdem der Unterricht ihnen entsprechende Strategien vermittelt hat. Eine solche Praxis, die offenkundig nachhaltige Probleme bei schwachen Lesern schafft, wurde in der Fachliteratur immer wieder angeprangert: *„Das Kind sieht die Buchstabenfolge GLÜHBIRNE, es lautiert sie [ge...lüü...biiirrr...neee] und versucht, diese Klangfolge als phonetische Folge zu verstehen, idealerweise* [gly:bi^{a}nə], *ein phonetischer Ausdruck, der ersichtlich sehr weit entfernt ist von dem Lautierten"* (Günther 1998, S. 104f.)."

3.8.3. Hirnforschung

Neue wissenschaftliche Untersuchungen zum Erwerb kognitiver Fähigkeiten zeigen den klaren Nutzen systematischer Trainingsmethoden. Sie erhöhen den Lernerfolg dramatisch. Das gilt für jede Art von Lernen: sei es Fußball spielen, Ballett tanzen, Kopfrechnen oder lesen und schreiben.

Das Gehirn

Homunculus

In den Neurowissenschaften wird der Begriff Homunculus gebraucht, um Repräsentationen von Körperteilen bestimmten Gehirnarealen zuzuordnen. Diese Projektionen vom Körper auf das Gehirn entsprechen den sensorischen und motorischen Rindenfeldern. Die Größe des Zellgebietes im Rindenfeld entspricht nicht genau dem Ausmaß des Areals im Körper. Für besonders feinmotorische Körperabschnitte (z.B. Hände, Mund) stehen recht große Rindenareale zur Verfügung.

Training

Der Homunculus, der durch die symbolische Nachzeichnung der mit den Cortexarealen assoziierten Körperteilen entsteht, ist also gegenüber der tatsächlichen Körpergestalt stark verzerrt. Die „großen" Körperteile sorgen für eine starke Hirnaktivität. Starke Hirnaktivität bei gleichzeitiger Wiederholung sorgt für eine Verfestigung der Verknüpfungen im Gehirn: Das Gelernte wird dauerhaft aufgenommen.

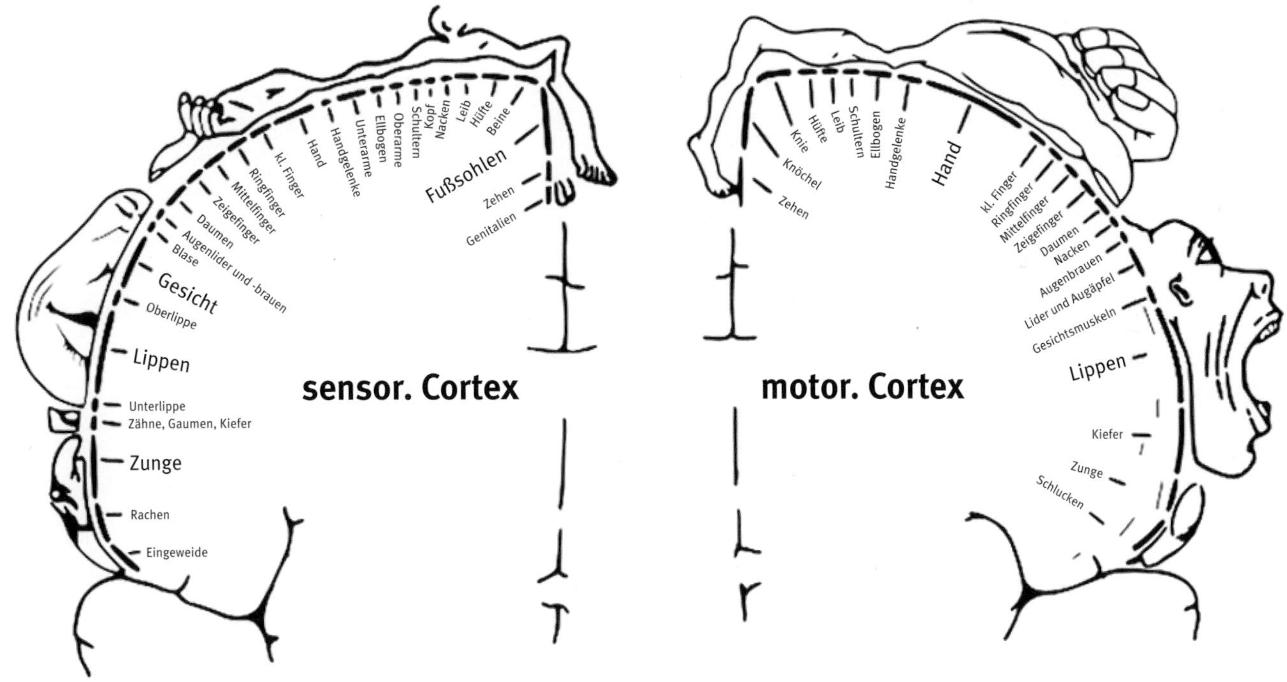

3.8.4. Wissenschaftliche Quellen

Bosch, Bernhard (1937): Grundlagen des Erstleseunterrichts. (Wiederabgedruckt in: Giese, Heinz W. (Hg.) (2003): Lesen lernen. Diskussionsbeiträge aus 50 Jahren. Bernhard Bosch zum 100. Geburtstag. – Duisburg: Gilles & Francke.)

Dummer-Smoch, Lisa / Hackethal, Renate (1988): Kieler Leseaufbau, Kiel, Veris-Verlag

Eisenberg, Peter – Potsdam: „Der Laut und die Lautstruktur des Wortes" und **„Der Buchstabe und die Schriftstruktur des Wortes"** in Der Duden Bd. 4: Die Grammatik, Mannheim, Bibliographisches Institut & F. A. Brockhaus AG)

Enders, Angela (2006): Weg mit der Schrift – Über die Dominanz der gesprochenen Sprache

Grümmer, Christiane/Welling, Alfons (2002): Die Silbe und ihre Bedeutung für das Schriftsprachlernen – ein Bericht über angloamerikanische Forschungen. In: Tophinke, Doris/Röber-Siekmeyer, Christa (Hg.): Schärfungsschreibung im Fokus. Baltmannsweiler: Schneider Hohengehren, S. 15 – 54

Günther, Hartmut (1998): Phonographisches Lesen als Kernproblem der Dyslexie. In: Weingarten, Rüdiger/Günther, Hartmut (Hg.): Schriftspracherwerb. Baltmannsweiler: Schneider Hohengehren, S. 98 – 115

Ickelsamer, Valentin (1527): Die rechte weis auffs kürtzist lesen zu lernen. In: Fechner (Hg.): Vier seltene Schriften des 16. Jahrhunderts. (Wiederabdruck Hildesheim: Olms 1972)

Kohler, Klaus-Jürgen (1995): Einführung in die Phonetik des Deutschen. Berlin: Erich Schmidt.

Kretschmann, Marlies (1993): So lernst du lesen und schreiben. München, Ehrenwirth Verlag

Lange, Richard (1909): Praktisches Handbuch für den Rechtschreibunterricht. Leipzig: Dürr

Liberman, Isabelle Y./Shankweiler, Donald/Fischer, F. William/Carter, Bonnie (1974). Explicit syllable and phoneme segmentation in the young child. In: Journal of Experimental Child Psychology 18 (2), S. 201 – 212

Maas, Utz (2000): Orthografie – Materialien zu einem erklärenden Handbuch zur Rechtschreibung des Deutschen, Osnabrück, unveröffentlicht

Meumann, Ernst (1982): Psychologie des Lesens und der Rechtschreibung. Hg. v. Eckart Scheerer. Bochum: Kamp

Noack, Christina (2008): Wenn der Hont auf dem Faarat Kuren holt: Junge Sprachexperten auf dem Weg zur Schrift. In: Denkler, Markus u.a. (Hg.): Frischwärts und unkaputtbar. Sprachverfall oder Sprachwandel im Deutschen, Münster: Aschendorff 2008, S. 203 – 220

Noack, Christina (2010): Orthografie als Leserinstruktion: Die Leistung schriftsprachlicher Strukturen für den Dekodierprozess. In: Ursula Bredel, Gabriele Hinney, Astrid Müller (Hg.), Schriftkompetenz und Schriftsystem: linguistisch, empirisch, didaktisch. Tübingen: Niemeyer, S. 151 – 170

Reyer, Wilhelm (1912): Grundlagen des ersten Lesens. Leipzig: Wunderlich

Röber-Siekmeyer, Christa (1993): Die Schriftsprache entdecken, Weinheim und Basel, Beltz Verlag

Röber, Christa (2009): Die Leistungen der Kinder beim Lesen- und Schreibenlernen. Grundlagen der Silbenanalytischen Methode. Baltmannsweiler: Schneider Hohengehren

Röber-Siekmeyer, Christa / Pfisterer, Katja (1998): Silbenorientiertes Arbeiten mit einem leseschwachen Zweitklässler
In: Weingarten, Rüdiger / Günther, Hartmut (Hg.): Schriftspracherwerb. Baltmannsweiler: Schneider Hohengehren, S. 36–61

Stephani, Heinrich (1803): Kurzer Unterricht in der gründlichsten und leichtesten Methode Kindern das Lesen zu lehren. Erlangen: Palm Stephani, Heinrich (1814): Ausführliche Beschreibung meiner einfachen Lese-Methode. Erlangen: Palm

Winkler, Karin (2004): Die Systematik einer silbenanalytischen Darstellung der Schrift im Anfangsunterricht – Ein Praxisbericht.
In: Bredel, Ursula / Siebert-Ott, Gesa / Thelen, Tobias (Hg.): Schriftspracherwerb und Orthografie. Baltmannsweiler, S. 22–30

3.8.5. Die Umsetzung in ABC der Tiere

Der konsequente Einsatz der Silbe beim Lesen wie beim Schreiben deckt sich mit den Ergebnissen der Schrifterwerbsforschung und der Sprachforschung. Auch die Ergebnisse der Hirnforschung sind berücksichtigt. Das Training der Sprache gleicht dem Training für jeden Sport, jedes Instrument, jedes Handwerk. Es gibt bestimmte Abläufe, die separat durch Wiederholung geübt werden. Nur so erwächst das Können und die Sicherheit. Die Kontrolle erfolgt immer sofort. Dass ein Anfänger im Sport, am Instrument oder im Beruf dauernd Fehler macht, wird nicht akzeptiert und ihm auch nicht zugemutet. Zu Recht wird ihm die Hilfe der Korrektur immer sofort gegeben. Ausgerechnet beim Lesen- und Schreibenlernen, den entscheidenden Kompetenzen, sollen die Kinder allein gelassen werden?

ABC der Tiere ist das Trainingskonzept für Lese- und Schreibanfänger. Zentraler Punkt des Trainings ist das automatisierte Silbenlesen. Die wichtigste Übung dafür ist das Silbensprechen und synchrone Silbenklatschen.

Systematisch lernen

Da die deutsche Schrift nach systematischen Regeln funktioniert, ist es möglich systematische Übungen für das Erlernen der Sprache anzubieten. Jedes Training besteht aus Wiederholung und Festigung. Die didaktische Kunst liegt darin, dieses Training motivierend und abwechslungsreich zu gestalten.

Motiviert lernen

Wie sieht also das motivierte Lernen auf Grundlage der neurowissenschaftlichen Erkenntnisse aus? Sehen wir uns nochmals den Homunculus an.

Für unsere Überlegung sind die Bereiche für das Gesicht und die Hände ausschlaggebend. Zusammengenommen stellen sie den überwiegenden Teil der Großhirnrinde dar. Alle Aktivitäten in diesem Bereich, in unserem Fall „Silbensprechen und synchrones Klatschen“ lösen demnach größtmögliche Hirnaktivitäten aus: das Großhirn ist für das Lernen optimal aktiv. Darin ist wohl auch die ausgezeichnete Motivation und Nachhaltigkeit des Lernens mit „Rhythmischen Kontrastpaaren“ neurologisch begründet.

3.9. PISA, LRS und Legasthenie

Die aktuelle Situation ist jedem Praktiker und bildungspolitisch Interessierten bekannt. Die Zahl der Kinder, die Schwierigkeiten beim Lesen- und Schreibenlernen haben, steigt kontinuierlich. Gleichzeitig steigt auch die Zahl der sogenannten Legastheniker. Wie sind die einzelnen Phänomene zu beurteilen?

3.9.1. PISA

Seit den 80er-Jahren können wir beobachten, dass etwa 25 % der Schüler keine ausreichenden Fertigkeiten im Lesen und Schreiben erwerben. Diese Beobachtung wurde durch die PISA-Studie bestätigt. Die Schulbehörden versuchen die mangelhaften Leistungen der LRS-Schüler durch Fördermaßnahmen zu kompensieren.

PISA 2003

Nach dem alarmierenden Ergebnis von PISA 2000 konnten auch in PISA 2003 keine substanziellen Verbesserungen bei der Lesekompetenz festgestellt werden. Deutliches Fazit der Studie: Einer systematischen Förderung der Lesekompetenz kommt in Deutschland eine herausragende Bedeutung zu (PISA 2003, Seite 4: Kurzfassung der Ergebnisse). Warum Deutschland nur im Mittelfeld platziert ist, machen erschreckende Details der Studie deutlich, wie z.B. die Feststellung, dass über 20 % der 15-Jährigen einfachste Texte nicht lesen und verstehen können. Klares Urteil: Der Anteil an schwachen Lesern in Deutschland ist insgesamt zu hoch.

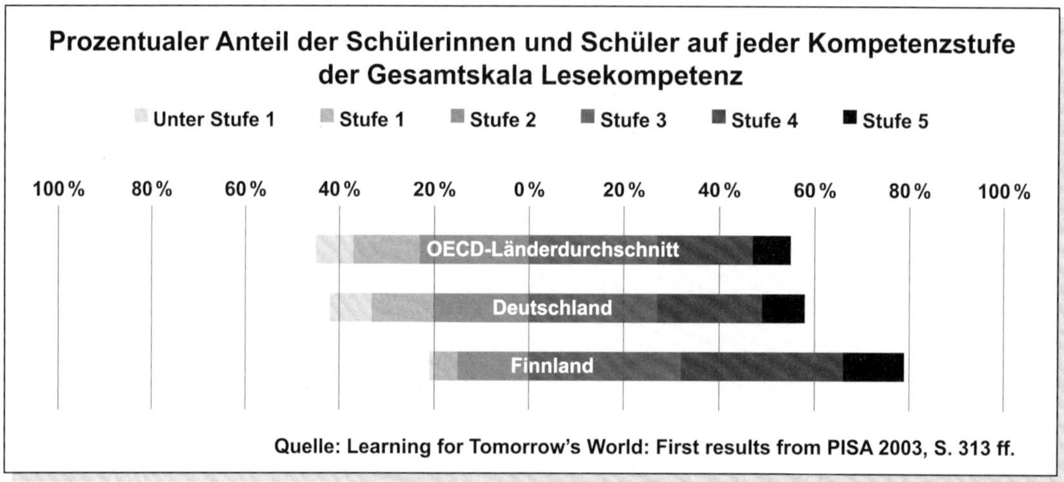

Schaut man genauer auf die Verteilung der Schülerzahlen in den fünf Kompetenzstufen, ergibt sich folgendes Bild: Wenn es gelingt, die schwachen Leser so weit zu fördern, dass sie nicht unter oder in die Kompetenzstufe 1 fallen, können wir im Gesamtergebnis zu den Spitzenländern aufrücken. In den Kompetenzstufen 3, 4 und 5 halten unsere Schülerinnen und Schüler dem internationalen Vergleich jetzt schon stand.

PISA 2006

In PISA 2006 befindet sich Deutschland im OECD-Durchschnitt. Die Streuung der Leseleistungen ist in Deutschland aber am größten. Auch die aktuellen Ergebnisse weisen also wieder darauf hin, dass der Anteil der schwachen Leser noch zu hoch ist.

Informationen zu PISA:
www.pisa.oecd.org, http://pisa.ipn.uni-kiel.de, www.bildungsserver.de

3.9.2. LRS und Legasthenie – unvermeidbar?

Es ist keine Frage, dass immer mehr Kinder eine sogenannte LRS-Symptomatik oder sogenannte Legasthenie entwickeln. Der Anteil an schwachen Lesern und Schreibern ist zu groß (siehe PISA). Allzu schnell wird dieses Phänomen aber als unvermeidbares Problem, ja sogar als genetisch bedingte Krankheit bezeichnet – womit dann auch jedes Bemühen um eine Veränderung der Situation als sinnlos abgetan wird.

Erfolgreiche Einzelförderung bei Legasthenie

In der Einzelförderung schwerster Fälle von sogenannten Legasthenikern konnten wir zeigen, dass silbenorientiertes Arbeiten in einem Intensivkurs über einige Monate zu guten Lese- und Schreibleistungen führt (siehe Beispiele S. 41).

Dabei werden zunächst die wenig entwickelten „Vorläuferleistungen" dieser Kinder trainiert, die sich auf die Lese- und Schreibfähigkeiten auswirken. Diese sind als Ursachen für die Lese- und Schreibprobleme anzusehen und können konkret behandelt werden. Je früher, desto besser.
Was also sind die Ursachen? Und wie kann den Kindern wirksam geholfen werden?

3.9.3. Die Ursachen für die aktuellen Probleme

Neben der Klassengröße und den nicht ausreichenden Deutschkenntnissen von Kindern mit Migrationshintergrund sind die Ursachen auch in der Wahl der Methode zu sehen. Es darf als gesichert gelten, dass Kinder mit LRS-Risiko in einem systematischen Silbenlehrgang die besten Ergebnisse erzielen. Aus diesem Grund arbeiten alle erfolgreichen Fördermaßnahmen mit Silben.

3.9.3.1. Didaktische Entscheidung: Die Wahl der Methode

Grundlegend für die erfolgreiche Lese- und Schreiberziehung ist dann aber die Wahl der Methode. Diese Entscheidung sollte nicht ideologisch, sondern auf Grund sachlicher Erwägungen getroffen werden.

Lesekundige lesen völlig anders, als es Kindern mit bestimmten Methoden im Anfangsunterricht beigebracht wird. Zum Beispiel sind Methoden wie „Lesen durch Schreiben" am einzelnen Laut orientiert. Die Anfänger sollen dabei aus einzelnen Anlauten den Wortlaut durch eigenständige Synthese erzeugen.

Fehlerpotenzial: phonetische Analyse – Synthese

Dem Leseanfänger wird dabei die phonetische Analyse und Synthese – zwei Arbeitsgänge mit großem Fehlerpotenzial – aufgebürdet. Für einen Großteil der Kinder stellt das eine Überforderung dar. Schlechte Leser behalten dieses Handicap des Anfängers: Sie reihen die Buchstaben aneinander, verstehen aber nicht den Sinn. Wer nur einzelne Buchstaben lernt, kann Probleme beim Lesen und Schreiben bekommen.
Lesekundige dagegen sind in der Lage, Buchstaben als Zeichen der Schrift in größeren Zusammenhängen (Silben) zu nutzen.

Analytische Silbenmethode

Die Silbenmethode setzt genau hier an, indem sie den Anfängern von vorneherein den Zugang zum Lesen über die Silbe ermöglicht. So werden die oben beschriebenen Fehlerquellen vermieden und die Kinder gelangen schnell zu motivierenden Leseerfolgen.

Daneben weisen die Hinweise aus der Fachliteratur und die eigenen Beobachtungen der Autoren auf zwei Gesichtspunkte hin, die für ein LRS-Risiko ursächlich sind: Richtungsunsicherheit aufgrund einer nicht eindeutig entwickelten Seitigkeit und mangelnde Koordination von Sprache und Bewegung.

3.9.3.2. Seitigkeit

Rechtswendige Kultur

Wir leben in einer rechtswendigen Kultur. Das gilt universal für das Niederlegen von Buchstaben, Zahlen oder Noten und in allen Bereichen des täglichen Lebens. Diese Rechtswendigkeit ist ein Kulturdiktat, das Rechtshändigkeit begünstigt. Die Probleme, die sich daraus ergeben können, sind offensichtlich.

Eindeutige Lateralisierung

Beim Lesen und Schreiben sind die Seitigkeit von Auge und Hand (Händigkeit) zu beachten. Ein Kind, dessen rechtes Auge dominant ist (Es schaut mit dem rechten Auge durch ein Fernrohr.) mustert das Umfeld von der Körpermitte aus nach rechts. Ist es auch Rechtshänder, bereitet ihm unser Kulturdiktat keine Probleme. Auch linkswendiges Sehen und Linkshändigkeit sind unproblematisch. Man spricht in beiden Fällen von der eindeutigen Lateralisierung der neurologischen Bahnungen.

Kreuzdominanz

Problematisch wird es in folgendem Fall: Linkswendige Seitigkeit im Sehen bei Rechtshändigkeit – oder andersherum. Diese neurologische Bahnung wird Kreuzdominanz genannt. Dies ist sehr ungünstig: Sehen und Handeln zielen nicht in die gleiche Richtung. Diese Kinder zeigen fast immer Probleme beim Lesen, Schreiben und auch Rechnen. Sehr oft werden diese Menschen als Legastheniker bezeichnet oder sind nur aufgrund ihrer hohen Intelligenz mit viel Anstrengung in der Lage, dieses Defizit zu kompensieren.
Dabei kann diesen Kindern mit geeigneten Übungen von vorneherein – je früher, desto besser – wirksam geholfen werden.

Experiment zur Seitigkeit

In der Präsentation im Internet können Sie dazu ein Experiment durchführen.

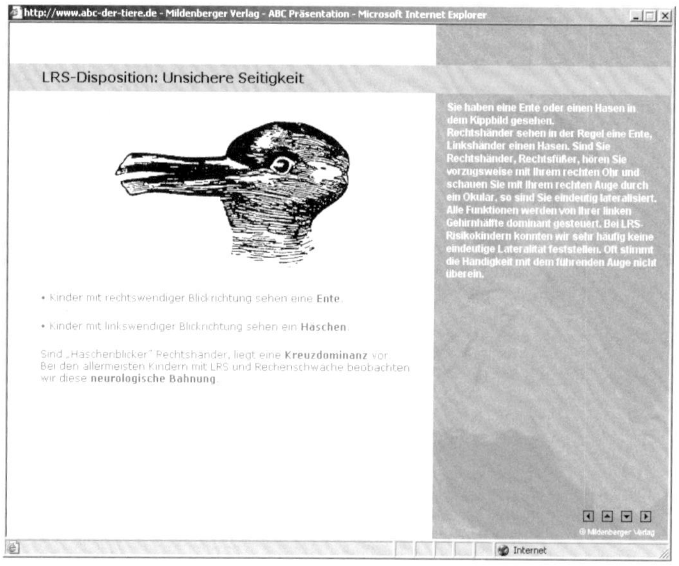

Quelle: Interaktive Präsentation von Klaus Kuhn, Menü LRS-Disposition, www.abc-der-tiere.de

Sie haben eine Ente oder einen Hasen in dem Kippbild gesehen.
Rechtshänder sehen in der Regel eine Ente, Linkshänder einen Hasen. Sind Sie Rechtshänder und Rechtsfüßer, hören vorzugsweise mit Ihrem rechten Ohr und schauen mit Ihrem rechten Auge durch ein Okular, so sind Sie eindeutig lateralisiert. Alle Funktionen werden von Ihrer linken Gehirnhälfte dominant gesteuert. Bei LRS-Risikokindern kann sehr häufig keine eindeutige Lateralität festgestellt werden. Sehr oft stimmt die Händigkeit mit dem führenden Auge nicht überein. Sind „Häschenblicker" Rechtshänder, liegt eine Kreuzdominanz vor. Bei den allermeisten Kindern mit LRS und Rechenschwäche beobachten wir diese neurologische Bahnung.

Beispiele aus Anfang Klasse 1

Beispiele

Die Schreibversuche von Markus (siehe S. 42) zeigen übereinstimmend mit anschließenden Erhebungen, dass bei Markus ein deutlicher Mangel in der Beurteilung von Seitigkeit vorlag. Er verwechselte d mit b, g mit p, ie mit ei, das große E mit der Zahl 3 usw.

d	b
g	p

Er kannte alle Buchstaben, konnte diese aber nicht zusammen in Silben verarbeiten.

Basiszeichen 1. Kategorie **T, o, m, a, t, e**

Diese Buchstabenfolge konnte auch „Tom – ade" heißen. Das silbenweise Sprechen und Klatschen von Wörtern gelang nicht. Aus diesen Beobachtungen ergab sich die Arbeit in den ersten Stunden. Übungen zur Seitigkeit und zum Silbieren mit synchronem Klatschen, Ballwerfen und Seilspringen standen im Vordergrund.

Erst als Markus die Wörter sicher silbieren und klatschen konnte, wurden diese mit zwei Farben silbenweise aufgeschrieben und später gelesen.

Basiszeichen 2. Kategorie **To ma te**

Basiszeichen 3. Kategorie **Tomate**

Kindern mit LRS-Risiko bereitet die Aneinanderreihung (Synthese) der Buchstaben in Schreibrichtung Schwierigkeiten. Die schwach ausgeprägte Wahrnehmung der Silben verhindert das flüssige Lesen sowie die Schreibsteuerung durch explizites Mitsprechen.

Befund:
Rechtshänder-Linksäuger; starke LRS; auch Geschwister und Mutter betroffen.

Der Floh in der Mitte war vorgegeben (Kopf links). Jessica hat rechtshändig die beiden oberen Tiere aus einem Bilderbuch abgezeichnet. Ihre Mutter wollte helfen und malte den Pfau (Kopf rechts). Jessica und ihre beiden Brüder hatten starke LRS-Störungen, ebenso die Mutter. Diese Ausrichtung der Tiere lässt sich bei LRS-Kindern sehr häufig beobachten. (Das „Legasthenie-Gen" ist hier eine Seitigkeitsunsicherheit. Diese kann durch Übungen korrigiert werden.)

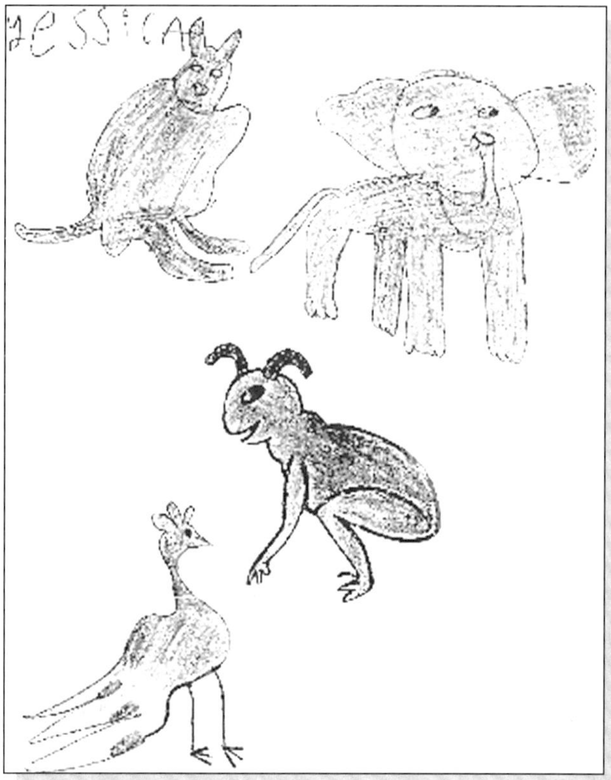

Befund:
Rechtshänder-Rechtsäuger; lernt schnell lesen und schreiben.

Das Bild von Bianca zeigt eine für Rechtshänder typische Ausrichtung. Alle Tiere werden von links nach rechts gezeichnet; so verläuft unsere Schrift. Solche Kinder zeigen keine Unsicherheit bei der Beurteilung der Seitigkeit. Sie lernen meist schnell und sicher lesen und schreiben.

Rechenschwäche

Befund:
Rechtshänder-Linksäuger; hat neben starker LRS auch eine Rechenschwäche.

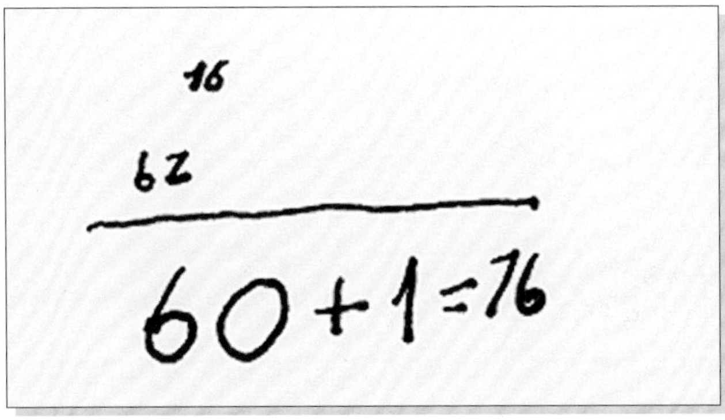

Verkehrter Zahlenstrahl

Fabian zeigte deutliche Unsicherheiten beim Schreiben von Ziffern und Zahlen. Neben einer stark ausgeprägten LRS-Symptomatik hatte er eine langwierige Rechenschwäche.

Beginnt der Zahlenstrahl vor dem inneren Auge eines Kindes rechts und öffnet sich nach links, werden zunächst alle Ziffern spiegelbildlich geschrieben. Viel schwerwiegender ist jedoch der Umstand, dass Bewegungen nach links einen Zuwachs bedeuten, während an der Tafel die Addition nach rechts demonstriert wird. Bleibt ein Schüler mit dieser Irritation ohne Unterstützung, muss er beinahe zwangsläufig eine Rechenschwäche entwickeln.

3.9.3.3. Motorik

Von gleicher Bedeutung wie die Seitigkeit ist das sichere Beherrschen des eigenen Körpers. Viele Kinder können nicht auf einem Bein stehen oder sind nicht in der Lage, den Pinzettengriff, eine wichtige Voraussetzung für eine sichere Schreibhaltung, auszuführen. Solche großen Defizite in der Grob- wie in der Feinmotorik müssen behoben werden. Ohne die Beherrschung dieser Techniken ist jede weitere Anstrengung für das Lesen- und Schreibenlernen sinnlos.

3.9.4. Training zur Behebung der Defizite

Um erfolgreich in einen Lese- und Schreiblehrgang einsteigen zu können, sollten die Schulanfänger ihre Motorik beherrschen und ihre Seitigkeit auf unser Kulturdiktat hin trainiert haben. Sie sollten die Raumlage sicher beurteilen und Wörter silbieren können. Die Malhand bzw. die Schreibhand sollte im Vorschulalter ermittelt werden.

Körperschema

Je schwächer das Körperschema eines Menschen – aus welchen Gründen auch immer – entwickelt ist, umso schwerer tut er sich bei allen komplexen Tätigkeiten; und dazu zählt das Schreiben und Lesen genauso wie Seilspringen, Jonglieren und jegliche sportliche oder musikalische Betätigung. Es empfiehlt sich daher, alle LRS-Fördermaßnahmen mit umfangreichen Bewegungsspielen zu begleiten.

Seitigkeit

Eine große Hilfe für Kinder mit Seitigkeitsproblemen ist schon, wenn ein Stofftier links auf den Arbeitstisch gestellt wird, als Zeichen: „Hier, auf dieser Seite, ist der Anfang." Wichtige Übung ist z. B. das Erkennen der Seitenlage bei bildlichen Darstellungen.

„In die gleiche Richtung zeigende Objekte mit der gleichen Farbe ausmalen."

Alle Übungen mit dem Silbenschieber sind eine gute Übung zur Richtungsklärung: Der Starter ist links.

Motorik

Bewegungsspiele fördern nicht nur die Motivation der Kinder, es greift die bestehende Schwierigkeit an der Wurzel. Viel Wert wird auf die Qualität der Bewegung gelegt – alles soll kontrolliert und bewusst durchgeführt werden: Beim Jonglieren wird immer mitgezählt, Seilspringen kann auf Musik im Takt erfolgen. Die Körperwahrnehmung der Kinder wird dadurch enorm gesteigert.

Feinmotorik

Feinmotorische Übungen, die für das Schreiben vorbereiten, sind z. B.:

- das Jonglieren mit Tüchern / Bällen,
- zweihändiges Malen mit Partner,
- Malen / Schreiben nach Musik.

Zur Kräftigung der Handmuskulatur: der fressende Ball (In einen Tennisball wird ein „Mund" eingeschnitten, sodass er geöffnet und geschlossen werden kann. Der Ball wird von den Kindern mit Murmeln gefüttert.)
Speziell für das Training der Pinzettenhaltung: Sortieren von Erbsen oder Bohnen etc. mit großen Pinzetten

Koordination und Synchronisation

Der Zusammenhang von Rhythmus und Sprachgedächtnis ist Klaus Kuhn als Musik- und Deutschlehrer sehr früh aufgefallen. Kinder, welche im Musikunterricht keinen Takt halten oder keinen Rhythmus klatschen können, haben beim Schreiben häufig mehr Schwierigkeiten als andere Kinder.
Mittlerweile gibt es eine Reihe von Untersuchungen zu dieser Fragestellung.
Die Ergebnisse von Breuer und Weuffen aus dem Buch „Lernschwierigkeiten am Schulanfang", erschienen 1993 im Beltz Verlag, verdeutlichen dies.

Tab. 5: Rhythmus und Sprachgedächtnis (n = 37)

Rhythmusdifferenzierung	Sprachgedächtnis		
	gut	durchschnittlich	schwach
gut	6	14	0
schwach	0	9	8

Die Autoren konnten nachweisen, dass schwache Rhythmusdifferenzierung mit einem schwachen Sprachgedächtnis einhergeht.
Diesen Zusammenhang stellen wir beim Silbenklatschen, bei Abzählversen, beim Gehen im Silbentakt und beim Lesen von Versen mit Akzentbetonung fest und können durch gezieltes Üben gegensteuern.

Koordination Koordination von Sprache und Bewegung:

- synchrones Ballwerfen und Sprechen
- Silbenklatschen – Silbensprechen
- Abzählverse mit synchronem Deuten
- synchrones Silbieren und Gehen
- Verse mit Akzentbetonung lesen

Artikulation Die Kinder müssen ihren gesamten Sprechapparat und die Atmung beherrschen. Dazu ist das Training der korrekten Aussprache nötig. Lieder singen und Reime sprechen sind auch hier eine gute Übung. Die Ankertiere wurden bewusst so gewählt, dass die Artikulation und der gesamte Sprechapparat trainiert werden. (vgl. 4.11., S. 81 und 4.16., S. 90)

3.9.5. Fallbeispiele: Zur Situation der Kinder

Die deutliche Mehrheit der Kinder, die im Rahmen der Förderung betreut wurden, waren kreuzdominant (vgl. 3.9.3.2., S. 36): Bei eindeutiger Rechtshändigkeit ist das linke Auge führend. Die innere Vorstellung von Schrift und Zahlenstrahl ist daher linkswendig. Im Unterricht verwechseln sie dann d/b, ie/ei, E/3.
Kleine Wörter lesen sie häufig von rechts nach links. Ziffern schreiben sie anfangs spiegelverkehrt.
Ihre Motorik ist nicht altersgemäß entwickelt. In der Koordination zeigen sie deutliche Schwächen. Oft berichten ihre Mütter von schweren Komplikationen bei der Geburt.
Zwei Beispiele sollen das Ausmaß der Schreibstörungen und die Möglichkeiten der Förderung aufzeigen.
Wir sind allerdings der Meinung, dass durch geeignete Prävention der hohe Aufwand bei der Kompensation von LRS vermieden werden kann.

Markus – ein „typischer Legastheniker" in Klasse 2

Nach dem ersten Halbjahr in Klasse 2 suchte die Mutter Hilfe für ihren Sohn Markus. Er konnte nicht lesen, das Schreiben gelang nur bei wenigen auswendig gelernten Wörtern. Markus sollte auf Förderschultauglichkeit überprüft werden. Er zeigte zu diesem Zeitpunkt eine stark ausgeprägte Schulangst und hatte beim Lesen- und Schreibenlernen resigniert. Er galt als typischer „Legastheniker". Das Diktat Nr. 4 vom 17.11.1994 zeigt den Stand vor Beginn der Förderung (S. 42).

Hier der Text des Diktates von Seite 42:
Zwei Freunde
Mario und Petra haben zusammen Hausaufgaben gemacht. Nun wollen sie mit Petras Pudel spielen. Doch der will keine Puppe sein und rennt weg. Da holt Petra Papier. Jeder malt einen großen Papagei.

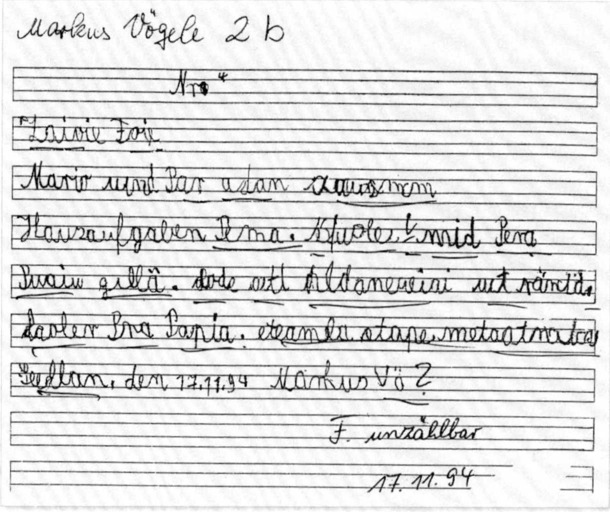

Markus –
Diktat Nr. 4 vom 17.11.1994

Analyse der Schreibversuche

Mangel an Seitigkeit

Die Schreibversuche zeigen, dass bei Markus ein deutlicher Mangel in der Beurteilung von Seitigkeit vorlag. Er verwechselte d mit b, g mit p, ie mit ei, das große E mit der Zahl 3 usw. Er kannte einige Buchstaben, konnte diese aber nicht zusammen in Silben verarbeiten. Das silbenweise Sprechen und Klatschen von Wörtern gelang nicht.

Die Förderung

2 Stunden pro Woche

Aus diesen Beobachtungen ergab sich die Arbeit in der Anfangsförderung. Übungen zur Seitigkeit und zum Silbieren mit synchronem Klatschen, Ballwerfen und Seilspringen standen im Vordergrund. Konnte Markus Wörter sicher silbieren und klatschen, wurden diese mit zwei Farben silbenweise aufgeschrieben und später gelesen. Markus erhielt einmal wöchentlich 30 Minuten Einzelunterricht. Die Mutter war anwesend und lernte das Prinzip der Methode kennen. Sie übte mit Markus dreimal pro Woche ca. 20 Minuten.

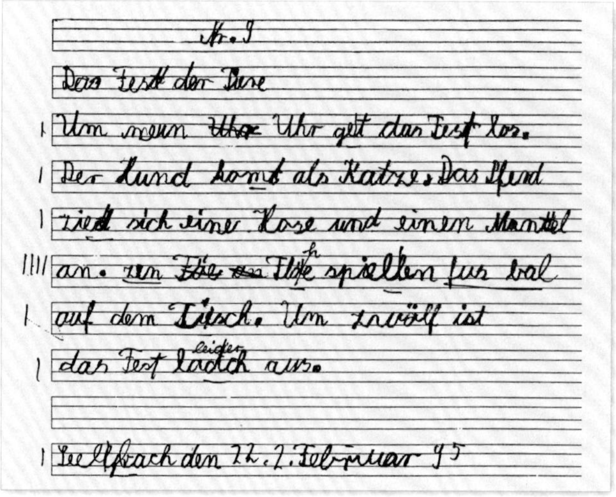

Markus –
Diktat Nr. 9 vom 22.02.1995

Erste Erfolge nach 3 Monaten

Wie das Diktat vom 22.02.1995 zeigt, hat Markus nach zirka 3 Monaten Förderung die lautschriftliche Ebene erreicht. Das Diktat wurde unabhängig von der Förderung in der Klasse geschrieben.

Fördermaßnahmen erfolgreich in Klasse 2 beendet

Markus erhielt bis zum Ende der 2. Klasse wöchentlich eine Übungsstunde. Seine Mutter hat weiterhin die häuslichen Übungen unterstützt. In den Klassen 3 bis 6 erhielt Markus keinen Förderunterricht mehr. Er entwickelte sich in den folgenden Schuljahren ohne zusätzlichen Förderunterricht weiter.
In der 6. Klasse hatte er im Diktat vom 15.12.1998 keinen einzigen Fehler und war nach Aussage seiner Lehrerin der beste Leser in der Klasse.

Markus – Diktat Nr. 2 vom 15.12.1998

Diktat Nr. 2

Der Wald

Vom Wald ~~Vom Wald~~ geht zu ~~zur~~ jeder Jahreszeit ein Zauber aus. Im Frühjahr erfreuen wir uns im Laubwald am Spiel von Licht und Schatten. Im Sommer suchen wir Kühlung unter dem dichten Blätterdach. Die Laubfärbung begeistert uns im ~~Herbst~~ Herbst. Auch der Nadelwald und der Mischwald haben ihre Eigenart und Schönheit. Der Wald ist Lebensraum für ~~Tiere~~ Tiere und Pflanzen. Kräuter, Sträucher und Bäume nutzen Luft und Licht und nehmen ~~Nä~~ Nährstoffe aus dem Boden auf. Zahlreichen Tieren bietet der Wald Unterschlupf und Nahrung. Sie fressen Früchte, ~~Sa~~ Samen und Gräser.
Unzählige Insekten gibt es im Gras, ~~in~~ in den Büschen und auf den Bäumen. Sie bestäuben Blüten, ~~verbreiten~~ verbreiten ~~Samen~~ Samen und tragen dadurch zur Erhaltung des Waldes bei. Der Wald ist für den Menschen in vielfältiger Weise ~~le~~ lebensnotwendig. Er verbessert die Luft und speichert Wasser. Er verhindert Lawinen und Bodenzerstörungen. Der Wald bedeutet Erholung für uns Menschen.

Fehler: 0
Note: 1 Gü

Vöjcke

Annegret

Annegret ist die Tochter eines Kollegen. Im zweiten Halbjahr von Klasse 2 suchte er bei uns Hilfe und zeigte uns „Loni, die kleine weiße Ente". Die Arbeit war im freien Schreiben entstanden. Annegret kannte zu diesem Zeitpunkt nur einige Buchstaben. Sie war nicht in der Lage, ma oder mu zu lesen oder nach Diktat zu schreiben. Annegret hatte eine massive Schreibunlust und war nur durch Ballspielen vor jeder Übungseinheit zur Mitarbeit zu bewegen. Umfang und Art der Fördermaßnahme glichen der Arbeit mit Markus.

Annegret – Schreibversuche 2. Halbjahr Klasse 2

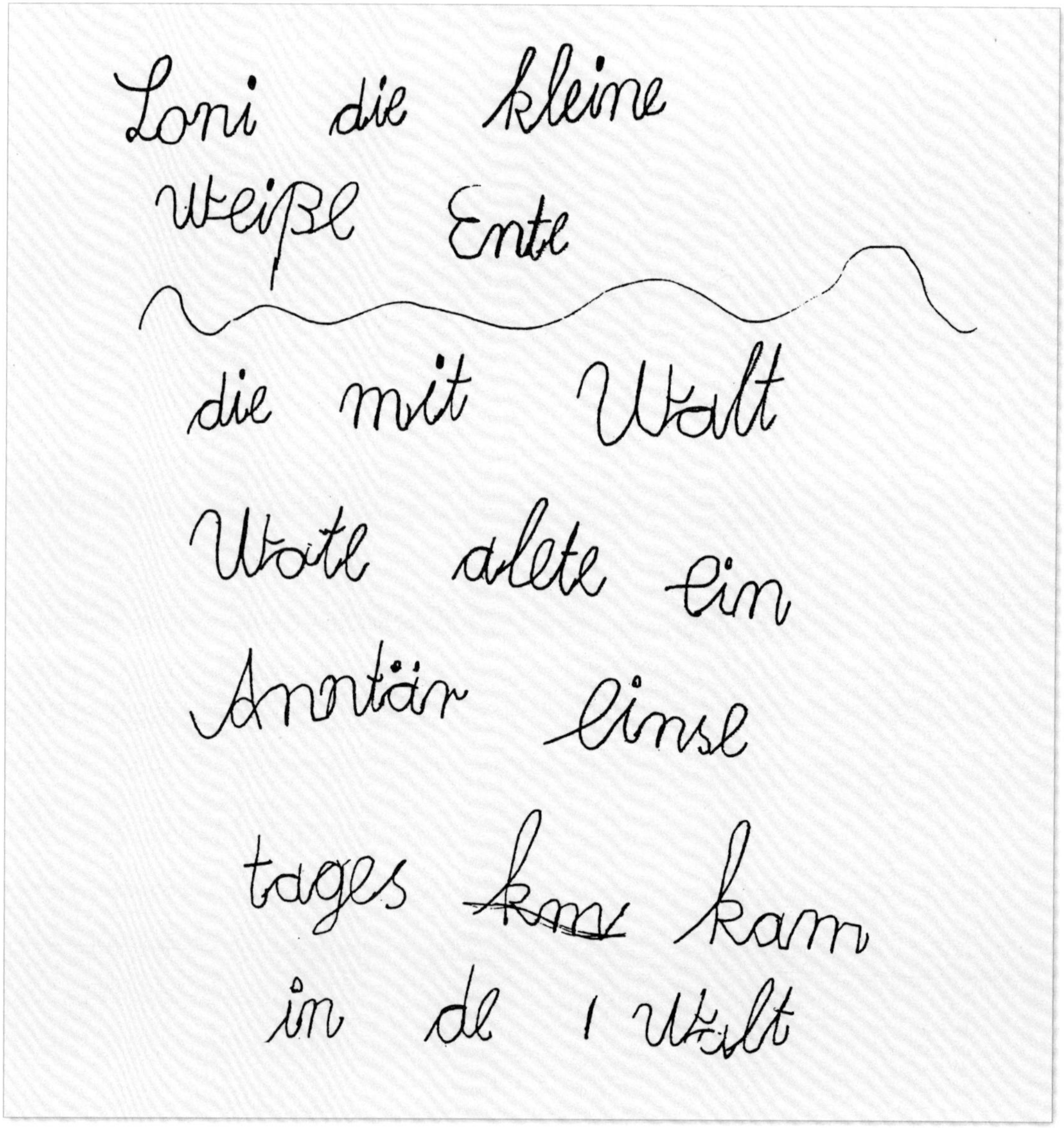
Loni die kleine
weiße Ente
die mit Walt
Wate alete ein
Anntär einse
tages ~~kam~~ kam
in de i Walt

Annegret – Diktat Nr. 1 in Klasse 3 vom 05.10.1994

Annegret konnte jetzt lesen und nach vorheriger Übung richtig schreiben. Spontane Konsonantenverdoppelung gelang erst teilweise. Das Schreiben in Silben wurde ansatzweise im Klassenunterricht übernommen.

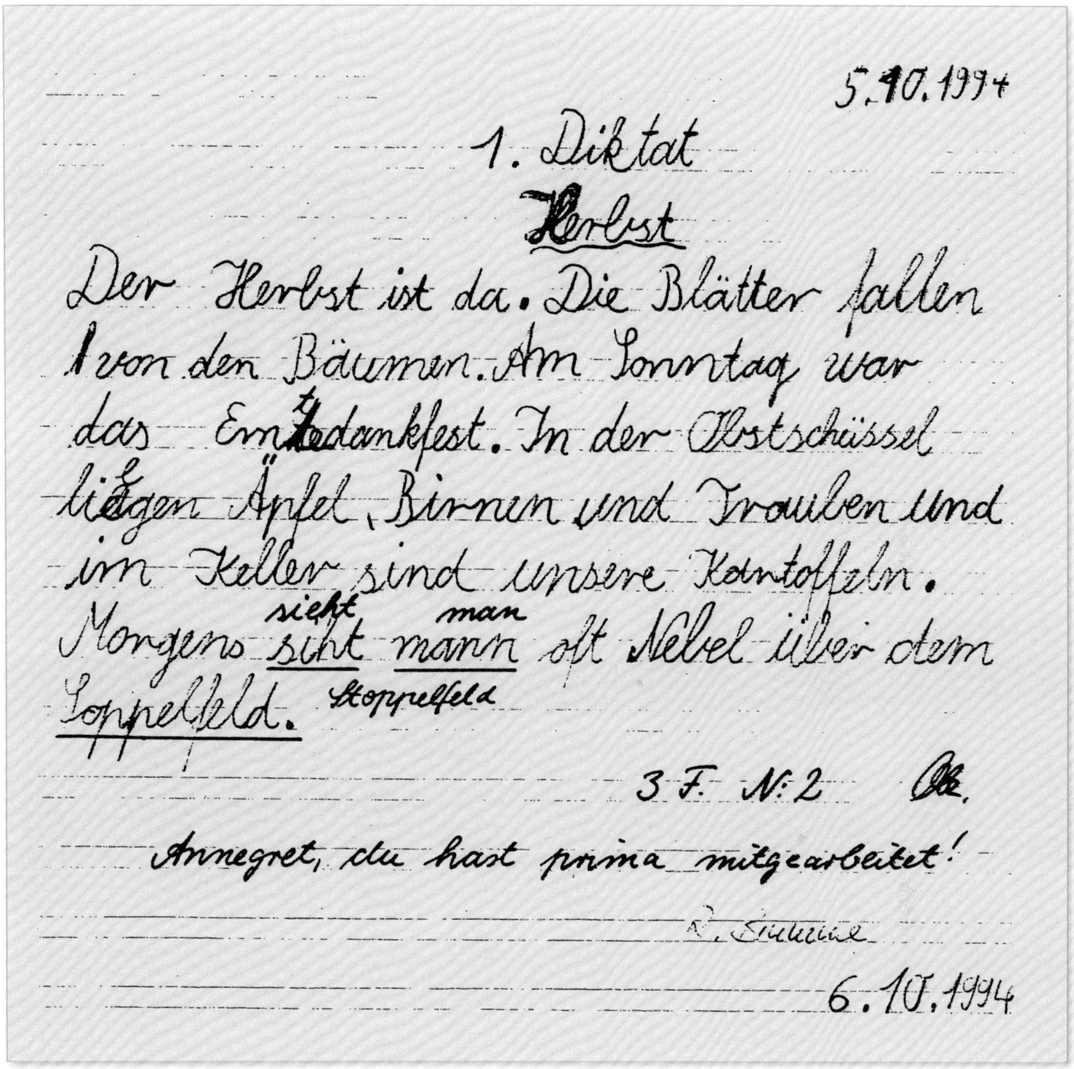

5.10.1994

1. Diktat

Herbst

Der Herbst ist da. Die Blätter fallen
von den Bäumen. Am Sonntag war
das Erntedankfest. In der Obstschüssel
liegen Äpfel, Birnen und Trauben und
im Keller sind unsere Kartoffeln.
Morgens ~~siht~~ sieht ~~mann~~ man oft Nebel über dem
~~Soppelfeld.~~ Stoppelfeld

3 F. N: 2 Ok.

Annegret, du hast prima mitgearbeitet!

6.10.1994

Annegret – Diktat Nr. 6 vom 19.06.1998

Annegret konnte nun sicher schreiben und lesen und besuchte mit Erfolg die Realschule.

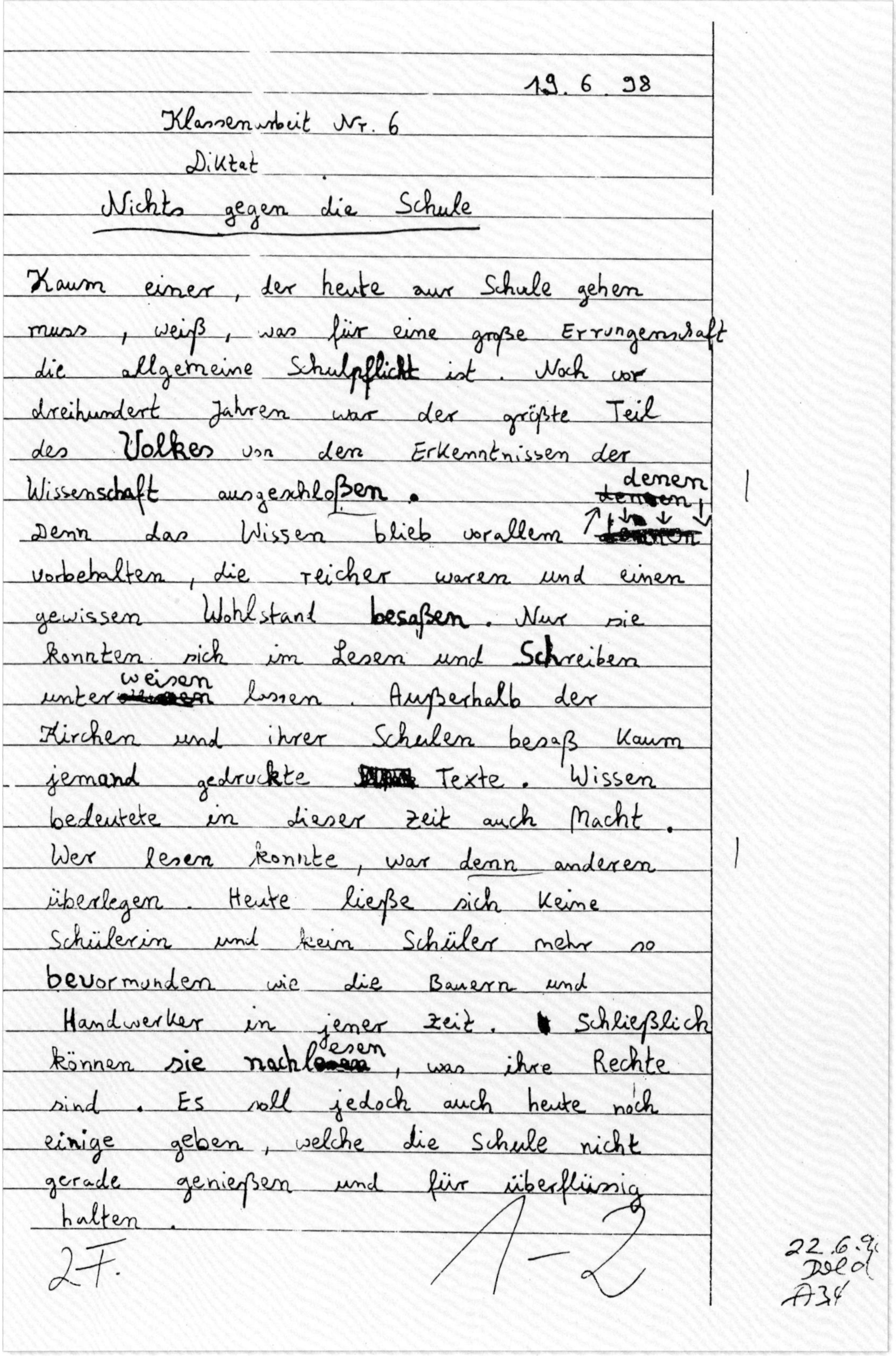

19. 6. 98

Klassenarbeit Nr. 6

Diktat

Nichts gegen die Schule

Kaum einer, der heute zur Schule gehen muss, weiß, was für eine große Errungenschaft die allgemeine Schulpflicht ist. Noch vor dreihundert Jahren war der größte Teil des Volkes von den Erkenntnissen der Wissenschaft ausgeschloßen. Denn das Wissen blieb vorallem denen vorbehalten, die reicher waren und einen gewissen Wohlstand besaßen. Nur sie konnten sich im Lesen und Schreiben unterweisen lassen. Außerhalb der Kirchen und ihrer Schulen besaß kaum jemand gedruckte Texte. Wissen bedeutete in dieser zeit auch Macht. Wer lesen konnte, war denn anderen überlegen. Heute ließe sich keine Schülerin und kein Schüler mehr so bevormunden wie die Bauern und Handwerker in jener zeit. Schließlich können sie nachlesen, was ihre Rechte sind. Es soll jedoch auch heute noch einige geben, welche die Schule nicht gerade genießen und für überflüssig halten.

2 F. 1 – 2

22.6.98

Annegret – Urkunde vom 20.7.1999

Heimschule St. Landolin
Ettenheim

Urkunde

Annegret Brumme

R 7e

erhält einen

Preis

für hervorragende Leistungen

Ettenheim, den 20. Juli 1999

E. Jostkleigrewe, OStD

3.10. Voraussetzungen – Frühförderung

Einem ganzheitlichen Ansatz wird in der Anfangsphase der Vorzug gegeben. Wer in einem Reigentanz oder einem Lied Silbenschnitt, Wort-Akzent, Wort-Rhythmus und Endreim erfährt, ist für das Lesen und Schreiben gut vorbereitet.

Das Beherrschen solcher Übungen ist die unbedingte Voraussetzung für das Lesen- und Schreibenlernen. Diese Übungen sind also immer bei Bedarf anzuwenden; sei es mit der ganzen Klasse, wenn allen Kindern diese Fertigkeiten fehlen, oder in der Einzelförderung.
Im Idealfall sollte das rhythmische Erleben der Sprache in der Vorschule bereits praktiziert werden.

Die Übungen knüpfen an den bereits vorhandenen Fertigkeiten der Kinder an:

Reime

Aufsagen von Kinderreimen, auch Abzählreimen wie:
ene – me – ne – mu und raus bist du,
me – mi – mo – mu und raus bist du,
ri – ra – rutsch, wir fahren in der Kutsch,
mu – mu – mu so ruft die bunte Kuh ...

Lieder

Singen und Singenlernen von Kinderliedern, z.B.:
Alle meine Entchen schwimmen auf dem See ...
Kuckuck, kuckuck ruft's aus dem Wald ...
Fuchs du hast die Gans gestohlen ...
Hoppe, hoppe Reiter, ...
Backe, backe Kuchen, der Bäcker hat gerufen ...

Hinzu kommt „Das synchrone Sprechen und Klatschen der Silben".
Dabei kommt es darauf an:

Synchrones Sprechen und Klatschen

1. Silben zu sprechen, zu erfassen und zu üben, bis diese automatisiert sind, um „Buchstabenadditionen", die Kindern beim Lesen- und Schreibenlernen immer wieder schwerfallen, zu umgehen,
2. die Betonung des deutschen Standardwortes, 1. Silbe betont, 2. Silbe unbetont (Trochäus), bewusst zu sprechen,
3. die Koordination von Silbensprechen und Motorik – durch Sprechen und synchrones Klatschen der Silben – zu erleben.

Die Koordination von Sprechen in Silben und Handmotorik beim Schreiben muss automatisiert werden. Vorbereitende Übungen stellen Abzählverse, Sing- und Spiellieder und die Spiele „Klatsch die Silbe" (vgl. 4.11., S. 81) dar.

Diese Fertigkeiten sollten die Kinder beherrschen, wenn sie eingeschult werden. Falls Kinder hier Schwierigkeiten haben, muss vor jedem weiteren Unterricht das Beherrschen dieser Fertigkeiten trainiert werden.

3.10.1. Kooperation KiGa

Die unter 3.10. genannten Übungen bedürfen keiner besonderen Vorkenntnisse und können von jeder Erzieherin / jedem Erzieher durchgeführt werden.
Darüber hinaus gibt es noch Übungen, die in direkter Kooperation mit der Grundschule durchgeführt werden sollten, damit in der Grundschule direkt darauf aufgebaut werden kann.
Wenn diese Übungen nicht bereits im Kindergarten durchgeführt wurden, empfiehlt es sich, diese Übungen in den ersten Wochen des Anfangsunterrichts durchzuführen. Sie sind das Fundament, auf dem alles Weitere aufbaut.
Darauf hinzuweisen ist, dass bei der Arbeit im Kindergarten die Konsonanten nicht personifiziert werden und immer nur in Silben gesprochen wird (vgl. S. 28).

Rhythmusübungen

Im Kindergarten können auch bereits Rhythmusübungen als Vorbereitung zur spontanen Schreibung der Doppelkonsonanten durchgeführt werden (vgl. 3.3. 3, S. 20).

Kontrastpaare

Anhand der Folien „Spontane Schreibung der Doppelkonsonanten“ (vgl. 4.8., S. 77 und 4.15., S. 90) sollen die Kinder die Kontrastpaare nach dem Vorsprechen durch die Erzieherin / den Erzieher zuerst nachsprechen und dabei bereits den unterschiedlichen Sprachrhythmus erfassen (Käfer – Koffer).
Durch gleichzeitiges Sprechen und Klatschen können die rhythmischen Übungen ausgebaut werden.

Artikulation und synchrones Silbenklatschen

Das Spiel „Klatsch die Silbe“ trainiert das synchrone Sprechen und Klatschen.

Ankertiere

Von großer Bedeutung ist die korrekte Artikulation der Tiernamen der Ankertiere. Diese wurden bewusst so gewählt, dass der gesamte Sprechapparat trainiert wird. (vgl. 4.11., S. 81 und 4.16., S. 90)

Vorbereitung zum Schuleingangstest

Prävention

Der Schuleingangstest ist ein wichtiger Indikator, um präventiv fördern zu können. Er dient ausschließlich der Feststellung von Defiziten, um sofort reagieren zu können.
Die Übungsmaterialien zur Einschulung sind gleichzeitig eine Förderung der grundlegenden Kompetenzen für das Lesen, Schreiben und Rechnen. Die Übungen sind sehr einfach gehalten und können problemlos im Kindergarten durchgeführt werden.
In Kooperation mit den Kindergärten sollten die Kinder im Vorschuljahr einmal pro Woche – eine Unterrichtsstunde – üben bzw. unterrichtet werden.

3.10.2. Der Schuleingangstest

Um das erste Schuljahr erfolgreich zu bestehen, sind folgende „Vorläuferleistungen" für das Lesen, Schreiben und Rechnen von Bedeutung:

Vorläuferleistungen

- Festigung der Händigkeit und Koordination
- synchrones Silbensprechen und Klatschen
- simultanes Erfassen von Mengen
- sichere Beurteilung von Seitigkeit und Raumlage
- Verbesserung von Artikulation und Sprachgedächtnis
- soziale Integration in die Gruppe

„Fit für den Schulbeginn" enthält Übungsmaterialien zur Einschulung und einen Schuleingangstest. Die Übungsinhalte dieser Vorbereitung entsprechen den Aufgabenstellungen der Teststationen. (vgl. 4.12., S. 82)

Lehrerinnen und Lehrer, die den Test durchführen, sollten mit Beobachtungen und der Arbeit in den 1. und 2. Klassen vertraut sein.
Sie bringen so ihre persönliche Erfahrung und Kompetenz für die Beurteilung und die Prognose für die ihnen anvertrauten Kinder ein.
Da die Kinder mit den Aufgabenstellungen im Wesentlichen vertraut sind und die testenden Lehrerinnen / Lehrer kennen, kann die Durchführung in Gruppen von maximal 4 Kindern erfolgen.

In einer Zeit von 40 Minuten Dauer sollte von zwei Lehrkräften – eine Leiterin, die den Test durchführt und eine Protokollantin – der Test absolviert werden. Anschließend sollten diese sich in etwa 10 Minuten über die Bewertung austauschen.

Bewertung

Die Grundlage für die Ergebniserfassung (Aufzeichnung des Testverlaufs) und die Bewertung ist die Führung eines Testbogens. Die Ergebnisse der Teststationen werden mithilfe einer Bewertungsskala von 1 bis 5 erfasst.
In der Auswertung des Testbogens wird ein Polaritätsprofil erstellt, das eine Beurteilung der einzelnen Leistungen im Vergleich zur Gruppe und dem Standard ermöglicht, der an der jeweiligen Schule vorausgesetzt wird.

Typisches Profil eines LRS-Risikokindes

Station 1	Beobachtung	Auswertung						
Ballwurf	Händigkeit rechts links							
	Koordination	synchron	·	·	·	X	·	asynchron
2-Zeiler	Texterfassung	schnell	·	X	·	·	·	nach Wiederh.
	Silbentakt	synchron	·	·	·	X	·	asynchron
Station 2	**Beobachtung**							
Fisch	Arbeitstempo	zügig	·	·	·	X	·	zögernd
	Ausführung	genau	·	·	·	·	X	ungenau
Station 3	**Beobachtung**							
Domino	Mengenerfassung	simultan	·	·	X	·	·	abzählend
Station 4	**Beobachtung**							
Silbenbärchen	Silbenerkennung	spontan	·	·	·	X	·	mit Hilfe
	Fingersprache	synchron	·	·	·	·	X	asynchron
Station 5	**Beobachtung**							
Raumlage	Erfassung	direkt	·	·	·	X	·	zögernd
Station 6	**Beobachtung**							
Schlange	Text	unverändert	·	·	·	·	X	verändert
	Koordination	zügig	·	·	·	·	X	asynchron

Die Schule entscheidet durch ihr spezielles Förderangebot und ihre Methodenwahl, ob Kinder mit gewissen Ausfällen im Bereich der „Vorläuferleistungen" erfolgreich eingeschult werden können.

3.11. Differenzierung

ABC der Tiere ermöglicht die Förderung starker und schwacher Schüler. Das gesamte Material von ABC der Tiere ermöglicht das differenzierte Lernen. Darüber hinaus sind folgende Angebote zu nennen.

3.11.1. Differenzierungsmaterial für schwache Schüler

Treten Probleme auf, so ist zuerst immer an die Förderung der Seitigkeit und des Silbensprechens zu denken (vgl. 3.9.3., S. 35). Dies sind die elementaren Grundlagen. Erst wenn diese geklärt sind, kann eine weitere Förderung sinnvoll sein. Der Lehrgang ABC der Tiere ist darauf ausgelegt schwache Kinder „mitzunehmen". Für Kinder mit besonders großem Förderbedarf ist dennoch weiteres Material vorhanden. Die Arbeitsblätter zur Differenzierung sind eine große Fundgrube (vgl. 4.13., S. 87).

Einfache Hilfen

Manchmal kann es auch schon genügen, wenn ein Arbeitsblatt zum Teil abgedeckt wird, damit nur eine Aufgabe wahrgenommen werden kann.

Häufig wiederholte Leseübungen am gleichen Text führen dazu, dass Kinder nicht mehr lesen, sondern den Text auswendig aufsagen. Mit dem Leselineal kann der Text wieder silbenweise in das Blickfeld der Kinder gerückt werden.

Das Leselineal kann aus einem Pappstreifen leicht hergestellt werden.

CD-ROM

Auch die CD-ROM eignet sich sehr gut, weil hier im eigenen Tempo geübt werden kann. Außerdem ist das Medium Computer für viele Kinder eine zusätzliche Motivation (vgl. 4.20., S. 93).

Förderung in der Praxis

Am Kooperativen Bildungszentrum hatte Klaus Kuhn die Möglichkeit, Kinder mit LRS-Risiko zu unterstützen. Aus drei 1. Klassen kamen zwischen 5 und 10 Kinder dreimal pro Woche 30 Minuten zum Stützunterricht. Ihre Eltern waren sporadisch bis regelmäßig anwesend und lernten die Prinzipien der Silbenmethode kennen.

Während jeweils ein Kind etwa 6 Minuten im Lesen unterrichtet wurde, bearbeiteten die anderen Kinder Arbeitsblätter zur Automatisierung des Silbenschreibens. Die drei nachfolgenden Arbeitsblätter finden Sie auch zum Download (Download-Angebot S. 6).

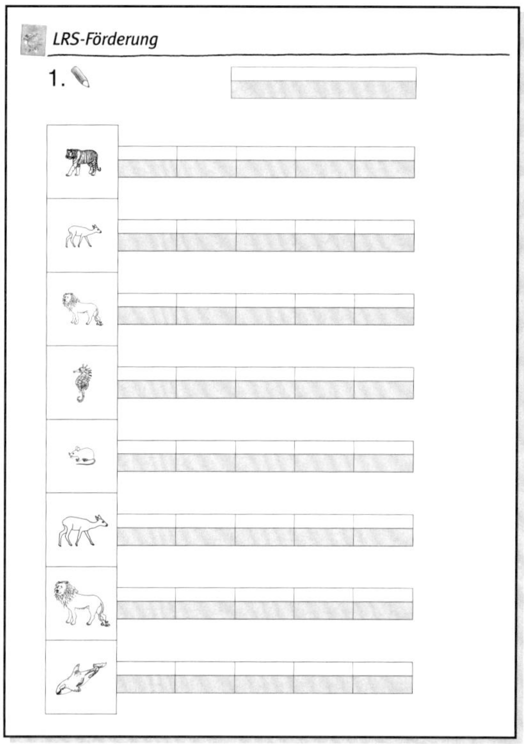

Gleichzeitig zum Schreiben sollen die Silben leise gesprochen werden (ta, te, ti, to, tu). Die Starter werden je nach Abbildung klein- oder großgeschrieben.

Diese Seite wird in gleicher Weise eingesetzt. Hier sind jedoch Starter und Stopper festgelegt (lan, len, lin, lon, lun). Die Kinder sprechen die Silbe unmittelbar vor dem Schreiben.

Solche „Etüden“ helfen Kindern, das Sprechen und Schreiben zu synchronisieren und damit eine flüssige Schreibroutine zu erlangen.
Die Gefahr bei solchen Aufgaben ist die gedankenlose schematische Bearbeitung. Solche Arbeitsblätter werden nur im Anfangsstadium von LRS-Risiko-Kindern bearbeitet. So schnell wie irgend möglich wird zu den Arbeitsblättern aus dem Differenzierungsmaterial übergegangen (vgl. 4.13., S. 87).

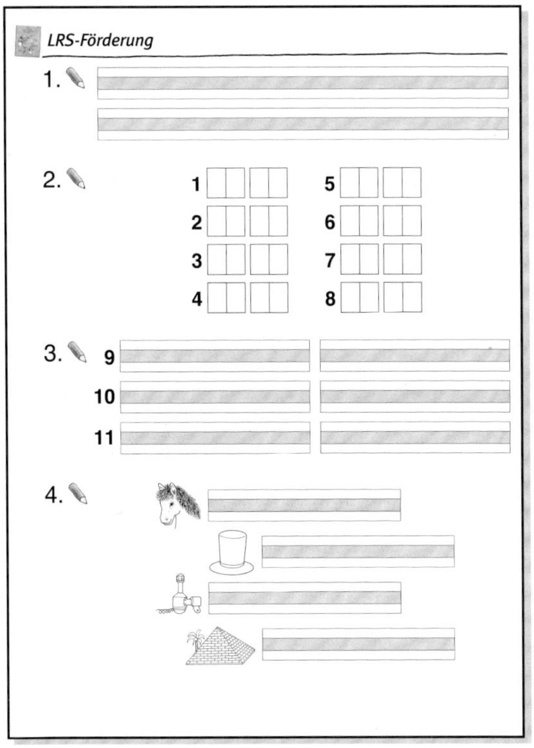

Der Schwerpunkt dieser Seite liegt auf dem Schreiben nach Diktat. In den beiden ersten Zeilen wird nur die erste Silbe angegeben, der Rest der Zeile ist Schreibroutine.

Im 2. Block werden zwei Silben gemeinsam diktiert und geschrieben. Die Fantasiewörter erlauben kein auswendig gelerntes Verschriften, man muss genau zuhören.

Im 3. Block werden Tiere und Verben aus den aktuellen Silbenfibelseiten diktiert.

Im letzten Abschnitt schreiben die Kinder frei, nachdem sie die Wörter in Silben gesprochen und geklatscht haben.

3.11.2. Differenzierungsmaterial für starke Schüler

Das Angebot für starke Schüler ist sehr umfassend und muss individuell ausgesucht werden. Auch bei starken Schülern ist es von größter Bedeutung, dass sie die Übungen zur Automatisierung mitmachen. Zu klären sind immer die Seitigkeit und Koordination und daraus ggf. Fördermaßnahmen. Nur bei einem Kind, das bereits flüssig und sinnentnehmend die Texte aus dem Lesezirkus (vgl. 4.6., S. 73) lesen kann, kann auf die Durchführung der Übungen verzichtet werden.

Material

Besonders viel Material findet sich in den Arbeitsblättern zur Differenzierung (vgl. 4.13., S. 87). Darüber hinaus sind die Dominos und die Silbenkärtchen (Wörter legen) ein sehr sinnvolles Angebot (vgl. 4.7., S. 73).

Weitere Möglichkeiten bieten die Silben-Sudokus (vgl. 5., S. 100) und, sofern die Möglichkeiten vorhanden sind, die Software ABC der Tiere (vgl. 4.20., S. 93) und Hexe Trixi (vgl. 5., S. 100).

Geschichten mit Silbentrenner

Für gute Leser eignen sich der Lesezirkus, das Lesebuch 2, die Tiergeschichten mit Mia und Mio, Zeit für Geschichten, SuperStars und die Leseraben-Bände mit dem Silbentrenner. Zu allen Titeln liegen auch Arbeitsblätter zum Leseverständnis vor.

Selbstständiges Schreiben

Starke Schüler, die das Silbenlesen automatisiert haben, können auch mithilfe der Lauttabelle selbstständig schreiben. Es ist aber wichtig die Ergebnisse zu kontrollieren, damit sich keine Fehlschreibungen verfestigen.

3.12. Freie Arbeit / Methodische Hinweise

Im Folgenden sollen einige methodische Hilfen für den Anfangsunterricht vorgestellt werden, die die Motivation und damit den Lernerfolg aller Kinder erhöhen.

Indianerspiele

Motivation

Die Welt der Indianer kann im Anfangsunterricht ein wichtiger Motivationsbereich sein. Besonders die Vokale lassen sich gut in dieser Spielwelt einführen. Die Vokale sind die Indianerlaute. Nur Vokale kann ich anhaltend ausrufen und durch rhythmisches Schlagen mit der Hand gegen den Mund unterbrechen. Die Bedeutung der Vokale wird durch verschiedene Aktionen hervorgehoben. Es gibt den Indianerkopfschmuck, der zu Beginn nur aus einem Band besteht. Mit jedem Vokal kommt eine neue Feder hinzu. Es werden Amulette mit Vokalen gebastelt und die Indianerkinder mit den Vokalen ausgemalt und zum Leporello zusammengefasst (S. 303 – 308). Und natürlich ganz wichtig: das Indianergeheul. Es schult die Artikulation, kräftigt die Atmung und verankert die Vokale.

Wurfpfeile mit Saugnäpfen

Das Spiel mit Wurfpfeilen ist sehr beliebt. An der Tafel werden Zielkreise mit Vokalen gezeichnet. Wird eine Scheibe getroffen, muss der Vokal als Indianergeheul angestimmt werden; nur dann zählt der Treffer.

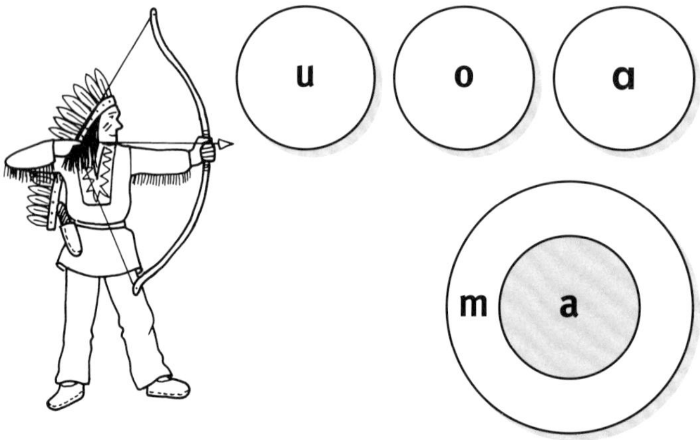

Mit Wurfpfeilen (Saugnäpfe) müssen diese Scheiben getroffen werden. Zur Bestätigung wird das entsprechende Geheul angestimmt.

Zur Unterscheidung von Vokal und Silbe:
Innenkreis: Indianergeheul;
Außenkreis: Sprechen der Silbe ma

Auf der nächsten Stufe werden zwei konzentrische Zielkreise mit einem Vokal im Innen- und einem Konsonant im Außenkreis angeboten.
Je nach Treffer wird nun der Vokal oder die Silbe (**nicht** der Konsonant) lautiert.

Um die weiteren Konsonanten – die Starter – einzuführen, werden 2 oder 3 Zielkreise angeboten. Dieses Spiel hat einen hohen Aufforderungscharakter. In der Anfangsphase ist es sehr gut geeignet, die Aufmerksamkeit auch „wilder Jungs“ auf Silben zu lenken.

Unterscheidung der Starter

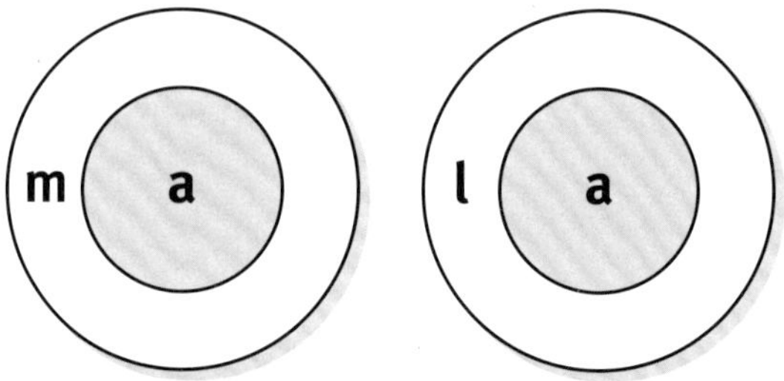

Geheime Botschaft / Gebärden-Diktat

Ein sehr gutes Training für die Lautgebärden ist das Gebärden-Diktat. Wenn im Indianerspiel Feinde in der Nähe sind, gibt der Häuptling lautlose Anweisungen mit Gebärden bekannt und die Stammesangehörigen schreiben sie auf. Später, wenn die Gefahr entdeckt zu werden vorbei ist, wird die Botschaft vorgelesen und auf ihre Richtigkeit geprüft.

Ideen / Anregungen

Im Folgenden sind stichwortartig weitere Ideen und Anregungen genannt:

Lesen

- Fächer mit Vokalen und Gebärden (Lehrer macht Gebärden, Kinder zeigen Laut)
- Lese-Malaufgaben
- Bilderbücher
- Erstlesebücher
- Zaubertiere

Optische Wahrnehmung

- Legespiele
- Finde-den-Unterschied!-Bilder
- Ketten nach Vorlage auffädeln

Akustische Wahrnehmung

- Hördosen
- Memo-Spiel mit Filmdosen

Sensorische Wahrnehmung

- Tastkästen
- Fühl-Memo-Spiel

Weiteres

- Zu einem bestimmten Buchstaben Dinge in der Klasse finden und mit Klebepunkten versehen
- Spiel: selbst gebastelte Drehscheibe mit gelernten Buchstaben: Wörterraten

3.13. Elternarbeit

Kooperation

Wie in allen schulischen Bereichen ist es auch beim Lesen- und Schreibenlernen eine nicht zu unterschätzende Hilfe, wenn die Kinder – und auch die Lehrerin / der Lehrer – Unterstützung durch die Eltern erfahren. Dazu ist in erster Linie wichtig, dass die Eltern das Konzept des Lehrgangs möglichst gut nachvollziehen können. ABC der Tiere bietet darüber hinaus auch viele Möglichkeiten für das Lernen zu Hause.

Elterninformation

Sicher möchten Sie die Eltern auf einem Elternabend oder per Brief über die Methode für das Lesen- und Schreibenlernen informieren. Folgende Punkte sind gerade für Eltern interessant und können einen guten Einstieg bieten: Wichtige Vorübungen zum Körperschema sind: Balancieren, Seilspringen, Jonglieren, Einrad fahren etc. Wichtige sprachliche Vorübungen sind: Lieder singen, Reime sprechen, Silbenklatschen (also synchrones Sprechen und Klatschen). Das Thema Seitigkeit (vgl. 3.9.3.2., S. 36) lässt sich sehr schön mit dem Versuch, wie in der Präsentation beschrieben, darstellen.

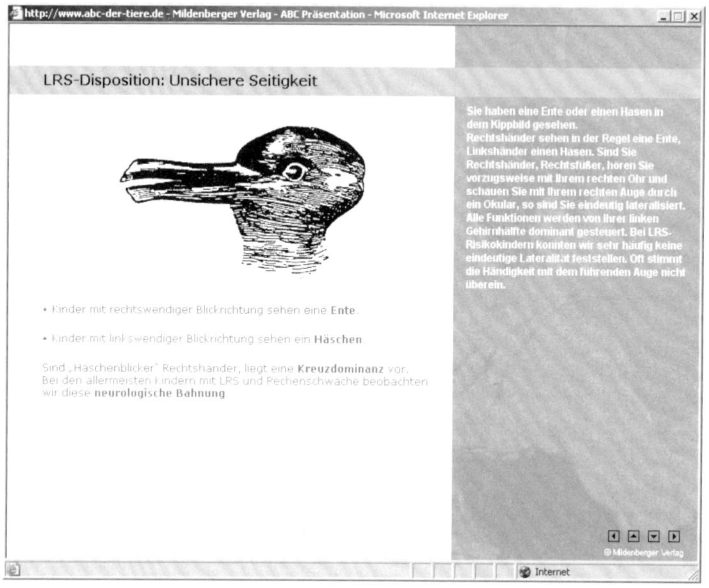

Quelle: Interaktive Präsentation von Klaus Kuhn, Menü LRS-Disposition, www.abc-der-tiere.de

Die optische Gliederung durch Zwischenräume oder Silbentrenner erhöht die Wahrnehmungsleistung. Das lässt sich sehr gut mit einem Versuch in der Präsentation zeigen.

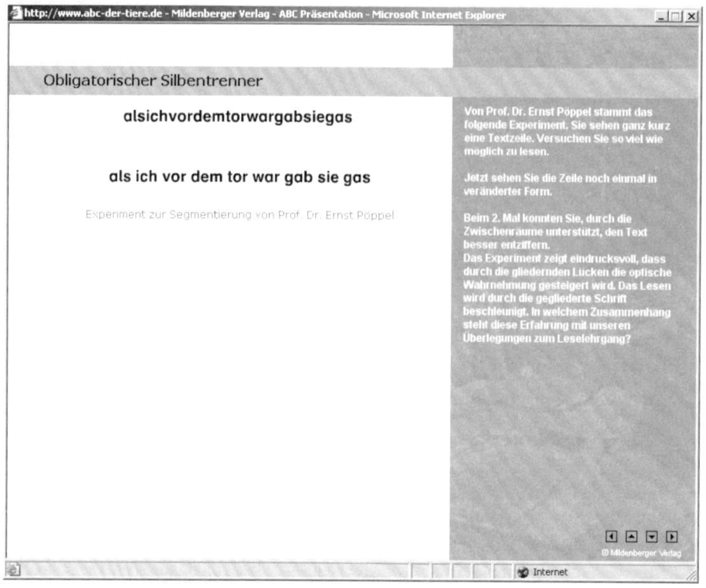

Quelle: Interaktive Präsentation von Klaus Kuhn, Menü LRS-Disposition, www.abc-der-tiere.de

Informationsmaterial für Eltern

Einführende Informationen sind auf einer Kopiervorlage zusammengefasst (Seite 58). Sie finden diese auch als PDF zum Download und als Word-Datei, falls Sie die Vorlage verändern möchten (Download-Angebot S. 6).

Sehr ausführlich wird das Konzept auch speziell für Eltern vorgestellt auf: **www.abc-der-tiere.de**

Selbstverständlich senden wir Ihnen gerne den Prospekt zu ABC der Tiere zu. Bitte fordern Sie diesen an unter:

Tel.: 0781/91700
Fax: 0781/917050
Mail: info@mildenberger-verlag.de
oder bestellen Sie direkt auf: www.mildenberger-verlag.de
(Der Versand kann 5 Werktage dauern.)

Elternmitarbeit

Die Eltern können und sollen gerne zu Hause den Unterricht unterstützen. Wobei es keinesfalls notwendig ist, stundenlang zu Hause zu üben.
Gedacht ist vielmehr an die Unterstützung und Motivierung für Übungen zur Motorik (Jonglieren, Einrad fahren ...) zur Feinmotorik (Perlen fädeln, kleine Dinge sortieren ...), an ein Umfeld mit Liedern, Reimen, Lesen und Vorlesen, aber auch konkret an Spiele wie das Silbenklatschen, Übungen mit den Silbenkärtchen oder dem Einsatz der Software ABC der Tiere.
Das alles macht Spaß, dauert nicht lange und ist doch eine große Hilfe für die Kinder.
Wichtig: Um Verwirrungen für die Kinder zu vermeiden, sollen die Eltern darauf hingewiesen werden, dass die Konsonanten in den ersten Wochen nicht einzeln lautiert werden und immer nur Silben gesprochen werden (vgl. S. 28)!

Förderung mit Elternhilfe

Bei Kindern, die im Schuleingangstest (vgl. 3.10.2., S. 50 und 4.12., S. 82) auffällig waren oder bei denen sich in den ersten Schulwochen größere Probleme zeigen, ist die Einbindung der Eltern dringend zu empfehlen. Nur so kann sichergestellt werden, dass die Kinder regelmäßig auch zu Hause 2- bis 3-mal wöchentlich ca. 20 Minuten üben.

Elterninformation zu ABC der Tiere 1

ABC der Tiere – der Lese- und Schreiblehrgang nach der Silbenmethode

Jedes Kind kann lesen und schreiben lernen

So macht Lesenlernen Spaß. Mit den farbigen Silben lernen alle Kinder besser und schneller lesen und die Rechtschreibung fällt ihnen leichter.

Lesen in Silben

Durch die farbige Kennzeichnung der einzelnen Silben lernen die Kinder leichter lesen. Das gelingt folgendermaßen:

1. Die einzelnen Wörter werden in Buchstabengruppen aufgeteilt. Diese kleinen Gruppen sind leichter zu erfassen als das ganze Wort.
2. Die Buchstabengruppen sind ganz besondere Einheiten: Sie zeigen die Sprech-Silben an. Die Sprech-Silben sind der Schlüssel, um ein Wort richtig lesen und verstehen zu können.

Zum Beispiel können bei dem Wort „Giraffe“ auch die ersten drei Buchstaben „Gir“ als Gruppe gelesen werden: Gir - af - fe. Das könnte dann der Name einer besonderen Affenart sein.
Mit den farbigen Silben dagegen werden sofort die richtigen Buchstabengruppen erkannt: Giraffe. Beim Lesen ergibt sich automatisch der richtige Sinn. Es ist das Tier mit dem langen Hals gemeint.

Warum ist das so?

Beim Lesen in **Sprech-Silben klingen** die Wörter so, **wie** wir sie **sprechen** und **hören**. So kann der Sinn der Texte leichter entschlüsselt werden – Lesen macht Spaß!
Sobald das Lesen flüssig gelingt, können auch alle Texte ohne farbige Silben sicher erfasst werden. Durch das Training erkennen die Kinder die Sprech-Silben automatisch.
Dadurch lesen alle Leseanfänger leichter und besser – und auch die nicht so starken Leser können schneller Erfolge erzielen.

Rechtschreibung

Die farbigen Silben helfen nicht nur beim Lesen, sondern auch bei der **Rechtschreibung**. Sie machen die Struktur der deutschen Schrift sichtbar. Der Leseanfänger nimmt von Anfang an die Silbengliederung der Wörter wahr – aus Leseregeln werden Schreibregeln.
Rhythmusübungen sind ein zweiter ganz wichtiger Baustein für das sichere Beherrschen der Rechtschreibung. Wie das funktioniert sehen Sie in einem Film auf:
www.abc-der-tiere.de/film

Markieren die farbigen Silben die Worttrennung?

Die farbigen Silben zeigen die Sprech-Silben eines Wortes an. In den allermeisten Fällen ist das identisch mit der möglichen Worttrennung am Zeilenende. In erster Linie bei der Trennung einzelner Vokale (a, e, i, o, u; z. B. E-va, O-fen, Ra-di-o) gibt es einen Unterschied: Nach der aktuellen Rechtschreibung werden diese am Zeilenende nicht abgetrennt. Da diese Wörter aber zwei Sprech-Silben haben, sind diese auch mit zwei Farben gekennzeichnet: Eva, Ofen, Radio, beobachten.

Übungen für zu Hause

Wenn Sie Ihren Kindern helfen wollen, dann können Sie mit vielen spielerischen Übungen wichtige Grundlagen legen.
Singen Sie Lieder, sprechen Sie Reime, machen Sie Fingerspiele, Abzählreime und Silbenklatschen (das synchrone Klatschen und Sprechen der Silben).
Wichtig für die Motorik sind alle Übungen, die die Koordination herausfordern wie Jonglieren, Einrad fahren, Balancieren und so weiter.
Lesen Sie viel vor und lesen Sie gemeinsam mit Ihrem Kind. Die Silbenfibel®, der Lesezirkus und weitere Leseangebote mit dem farbigen Silbentrenner unterstützen das Lesen.
Sprechen Sie immer nur in Silben, also mu, ma, la, oder Wörtern! Achten Sie darauf, dass Sie die Konsonanten (Mitlaute, z. B. m) nicht isoliert nennen, also nicht m = em. Vokale (Selbstlaute, z. B. u) können isoliert benannt werden, also u = u.
Die Software ABC der Tiere bietet umfangreiche Trainingsmöglichkeiten. Die Kinder arbeiten erfahrungsgemäß sehr gerne damit und erzielen schnell große Fortschritte.
Eine Demo-Version mit 270 MB können Sie kostenlos herunterladen unter:
www.mildenberger-verlag.de/abc-demo

Weitere Übungsangebote sind:

- das Silben-Sudoku, das auf die Fibel abgestimmt ist. www.mildenberger-verlag.de/sudoku
- die Software Hexe Trixi, Informationen zur Vollversion finden Sie unter: www.hexe-trixi.de

Weitere Informationen zur Silbenmethode mit Links zu Erfahrungsberichten auf amazon und Ebay finden Sie auf: www.silbenmethode.de

4. Materialbeschreibung

Zu vielen Materialien finden Sie kostenlose Leseproben auf **www.mildenberger-verlag.de/abc-der-tiere**

4.1. Silbenfibel® (1403-90)

In der Silbenfibel werden die Silben als Ganzheit eingeführt. Das erleichtert allen Kindern das Lesen- und das orthografisch korrekte Schreibenlernen. Die Silbenfibel setzt beim Wissensstand der Leseanfänger an und trainiert sie systematisch und aufbauend in klaren nachvollziehbaren Schritten.

Die Silbenfibel® im Überblick:

- Illustrationen für vielfältige Gesprächsanlässe
- Einbindung der Silbenschule in den illustrativen Kontext
- Einführung von Ganzwörtern
- 3-stufige Differenzierung bis zum Abschluss der Silbenschule durch zusätzliche Wort-Bild-Texte und Illustrations-Texte
- Ankertiere und Lautgebärden im Anhang

Die ersten Leseerfahrungen machen die Kinder mithilfe des Moduls Silbenschule: Hier werden die Mitlaute nur in Koartikulation mit Selbstlauten gelesen. Die Leseanfänger sollen in diesem Modul die Minisilben aus Vokal und Konsonant ganzheitlich und nicht über den Prozess der Synthese erfassen.

Die Silbenfibel unterstützt in einzigartiger Weise den Leselernprozess der Schülerinnen und Schüler, indem das flüssige Dekodieren von Silben erlernt wird. Dadurch werden die Grundlagen für das sinnerfassende Lesen gelegt.

Zielsetzung

Die Silbenfibel® hat folgende zentrale Zielsetzungen im Blick:

- Aufbauen der Lesemotivation
- Stabilisieren der technischen Lesefertigkeit
- Entwickeln des verstehenden Lesens

Schon von Seite 8/9 an wird das Leseangebot durch das Modul Wort-Bild-Kombination erweitert. Kleine sinntragende Einheiten nehmen Bezug auf die Szene der doppelseitigen Illustration. Die Einführung naiver Ganzwörter dient dem gleichen Ziel, dem Leseanfänger das Lesen als Verstehensprozess näherzubringen. Kinder mit Vorerfahrungen im Lesen finden in den Illustrationstexten auf Hinweisschildern oder Plakaten ihre Herausforderung.

Die Elemente der Silbenfibel

Ganzwörter

In den Kassetten links oben befinden sich Ganzwörter, die im Text markiert werden. Es handelt sich um Wörter, die noch nicht eingeführte Buchstaben enthalten oder Besonderheiten aufweisen (z.B. „im“ und „am“ kann von vielen Kindern nur schwer von „mi“ und „ma“ unterschieden werden). Die Ganzwörter werden den Kindern speziell erklärt.

Einführung der Silben und Buchstaben

Die eingeführten Silben und Buchstaben befinden sich auf den Doppelseiten immer in der Kassette oben rechts. Die Lesetexte enthalten immer nur die bis zu dieser Doppelseite eingeführten Silben und Buchstaben.

Wort-Bild-Sätze

Damit die Kinder rasch sinntragende Sätze lesen können, werden ab Seite 8 Wort-Bild-Kombinationen angeboten. Diese Wort-Bild-Sätze werden gelesen, nachdem die Kinder die Silbenreihen flüssig lesen.

Die Silbenschule

Die ersten Leseerfahrungen machen die Kinder mithilfe des Moduls Silbenschule: Hier werden die Mitlaute nur in Koartikulation mit Selbstlauten gelesen. Die Leseanfänger sollen in diesem Modul die Minisilben aus Vokal und Konsonant automatisiert und nicht über den Prozess der Synthese erfassen.

Die Silbenschule

Auf den ersten Seiten erscheinen Silben, also Buchstabenkombinationen aus einem Mitlaut und einem Selbstlaut (a, e, i, o, u). Der Mitlaut kann – darauf weist ja schon seine Bezeichnung hin – nur zusammen mit einem Selbstlaut gelesen werden. Beim Lesen der Silben wird gleichzeitig der Zeigefinger der Schreibhand in einem Bogen unter der Silbe mitgeführt. Wenn möglich wird die Silbenschule in den illustrativen Kontext eingebunden: Hier erzeugt der Seelöwe Toto „die Silben“ mit der Hupenorgel.

Illustrations-Texte

Ein weiteres Leseangebot sind die in den Illustrationen enthaltenen Texte. Sie können noch nicht eingeführte Buchstaben enthalten.

Ganzwörter

„malt“ wird als Ganzwort eingeführt, weil es nicht aus offenen Silben zusammengesetzt ist. Eingeführte Ganzwörter werden auf den Folgeseiten nicht mehr markiert.

Einführung der Silben und Buchstaben
Nachdem die Silbenschule erfolgreich durchlaufen ist, können ab S. 27 auch die Mitlaute isoliert bekannt gegeben werden.

Lesetexte mit dem farbigen Silbentrenner
Wenn die Silbenschule (S. 2 bis 27) erfolgreich durchlaufen ist, sind die weiteren Texte mit dem zweifarbigen Silbentrenner ausgestattet. Der farbige Silbentrenner markiert die Sprech-Silben. Der Silbentrenner ermöglicht den Kindern sehr schnell flüssig und sinnverstehend zu lesen.

Die Phasen des Lesenlernens (Klasse 1 / ab 5 Jahren)

Die moderne Sprachforschung zeigt, dass die funktionellen Regelkreise (Sehen, Sprechen, Hören, Schreiben) innerhalb elementarer Lernstufen ausgebildet werden. Das Spiel mit Silben ist demnach keine primitive Vorstufe, sondern Träger der übergeordneten Ganzheiten (Lesen / Schreiben).

Elementare Lernprozesse werden nicht wie die abgebrannten Stufen einer Rakete nach Gebrauch abgestoßen und wertlos, sie begleiten uns ein Leben lang.

Sukzessiver Aufbau der Lesekompetenz:

- Kontrolle der Augenbewegung und Artikulation
- Richtungssicherheit und Zeilenbewusstheit
- Erkennen und Lautieren der elementaren Silbenmuster / Buchstaben
- Zweisilbige Wörter lesen (Trochäus)
- Satzmodelle mit richtiger Satzmelodie lesen
- Größere Zusammenhänge erkennen und wiedergeben

Das Lesetraining folgt diesem Modell. Die Fertigkeiten der 1. und 2. Stufe sind von enormer Bedeutung. Linkswendiges Lesen und Verwechseln der Buchstaben d / b, ie / ei, E / 3 sind typische Fehler schwacher Leser. Sind die Leistungen bis Stufe 3 automatisiert, gelingt mit „freiem Kopf“ das sinnentnehmende Lesen.

Aus diesem Grund beginnt „Lesen in Silben“ mit dem Erkennen und Lautieren der elementaren Silbenmuster.

Die 5 Phasen des Lesenlernens gemäß der Silbenmethode

Phase 1: mu – mi – mo – ma – me (Seiten 2 bis 11 im Leselehrgang)

Am ersten Schultag lesen die Kinder „mu“. Sie machen die erste Leseerfahrung in der Schule mit einer Kombination von zwei Buchstaben, ohne dass diese **isoliert** gesprochen werden. Ziel ist nicht das Verschleifen der Buchstaben, sondern das ganzheitliche Lesen von Silben.

Sie führen den Zeigefinger der Schreibhand synchron zum Sprechen unter der Schrift in Silbenbögen mit. Das unterstützt die Augenfolgebewegung in Leserichtung, was für Kinder mit **linkswendiger** Blickrichtung von entscheidender Bedeutung ist.

In der zweiten Einheit lesen die Kinder „mi“ und „mu“ gemischt. Jetzt müssen beide Kombinationen unterschieden werden. Sie lernen die Vokale „u“ und „i“ isoliert zu sprechen. Das Wiedererkennen der Vokale wird ab jetzt durch **Handzeichen** unterstützt. Das „m“ dagegen wird nicht isoliert gesprochen.

Der grafische Teil der Fibel gibt immer wieder Sprechanlässe. Wort-Bild-Sätze zur Förderung des sinnentnehmenden Lesens stellen den Bezug zur Illustration her (ab Silbenfibel S. 8/9). Schrift wird von Anfang an als sprachliches Handeln verstanden.

Der große Abstand zwischen den Silben erleichtert die Augensteuerung. Das synchrone Mitführen des Zeigefingers der Schreibhand sichert die Richtung von links nach rechts. Die Koordination von Sehen, Deuten und Sprechen ist aus neurodidaktischer Sicht unverzichtbar für einen flüssigen Leseprozess.

Schon in diesem Stadium lesen die Kinder mit den Eltern Silbenkärtchen: ma – me – mi – mo – mu in ständig variierter Reihenfolge. Die Silbenkärtchen bieten auch die Möglichkeit, Silben nach Diktat zu legen.

Werden z.B. vier Kärtchen in eine Reihe gelegt, können sie anschließend gelesen werden. Der Zeigefinger der Schreibhand wird synchron zum Lesen in einer girlandenförmigen Bewegung unter der Zeile mitgeführt.

Die Silbenkärtchen eignen sich auch für das Memo-Spiel und Bingo.

Auch die Silbenschieber kommen jetzt zum Einsatz.
Die erste Schieberzunge mit Konsonanten nennen wir **Starter**, die zweite mit den Vokalen **Klinger**, die dritte mit den Konsonanten **Stopper**. Alle auftretenden Schwierigkeiten können am Silbenschieber gelöst werden. Für den Einstieg wird der Mini-Silbenschieber mit **Starter** und **Klinger** verwendet. Der Mini-Silbenschieber ist eine Beilage im **Arbeitsheft**. Auch Eltern können mit ihren Kindern damit zu Hause üben, ohne dass der störende Effekt des Auswendiglernens auftritt. In der Praxis hat sich dieses Hilfsmittel als besonders wirkungsvoll erwiesen.

Silbentexte, Silbenkärtchen, Handzeichen, Silbenschieber, Silbenteppich, CD-ROM und Spiellieder bieten viele Möglichkeiten, die Starter-Klinger-Kombinationen (Silben) zu verankern.

Die Vokale werden einzeln gesprochen, aber nicht die Konsonanten als Anlaute. Gelingt das Lesen einer Klangsilbe nicht spontan, geben wir als Hilfe das Handzeichen für die Artikulation des Konsonanten (Starter) zusammen mit dem Hinweis: „Lass beide zusammen heraus – ohne Luft dazwischen.“

Das Lesen mit der CD-ROM bietet den Vorteil, dass die Silben in „Echtzeit“ auf dem Bildschirm erscheinen. Das Training der Blickrichtung wird direkt in das Lesen integriert. Das Abrufen der Silben über die Leertaste fördert die Synchronisation von Hand, Augen und Mund.

Phase 2: la – ta – ra – sa – wa (Seiten 12 bis 23 im Leselehrgang)

In der sechsten Einheit wird der Starter (Anlaut) „l“ eingeführt. Er wird gemeinsam mit den Vokalen gelesen. Anweisung: „Wir lassen sie zusammen heraus!“ Wenn nötig, nehmen wir die Mundstellung zur Artikulation des Starters – unterstützt durch Handzeichen – stumm ein. Wörter und Namen werden innerhalb der Silbenschule mit dem zweifarbigen Silbentrenner geschrieben.

Wir vereinzeln oder „personifizieren“ in diesem Stadium noch keine Konsonanten (Starter). Es darf keine mentale Barriere zwischen Konsonant und Vokal errichtet werden – das Verschleifen wird dadurch zum Problem!

Außerdem begegnen wir so der Gefahr, dass die Konsonanten mit den üblichen Lautkombinationen benannt werden (z.B. „em“ für „m“).

In der achten Einheit wird der Starter „t“ eingeführt. Bei vielen Kindern ist die Fähigkeit, ein kräftiges „tu“ auszusprechen, infolge einer flachen Atmung (Vitalkapazität) nicht voll entwickelt.

Die Hupenorgel soll zu einem kräftigen Luftstoß beim Sprechen anregen. Wir führen den Handrücken zum Mund, um den Luftstoß zu spüren. Diese Bewegung wird gleichzeitig zum verankernden Handzeichen.

Wir sind der Meinung, dass die Unterscheidungsschwierigkeiten zwischen t – d, k – g, p – b generell mit einer flachen Atmung zusammenhängen: Was ich nicht klar artikulieren kann, werde ich auch nicht sicher schreiben können.

Phase 3: di – del – du – del – da – del (Seiten 24 und 25 im Leselehrgang)

Jetzt tauchen bekannte Starter auch als Stopper auf.

Richtungsschwache Kinder neigen dabei zum linkswendigen Lesen: Aus „Tim“ wird „mit“. Die Begriffe Starter, Klinger, Stopper bringen Richtung in die Silbe.

Außerdem wird die zentrale Stellung des Vokals von Anfang an bewusst gemacht. Als Stopper werden die Konsonanten akustisch isoliert und analysiert. Der Silbenschieber mit Starter – Klinger – Stopper (Beilage im Arbeitsheft) ermöglicht hierzu die bekannten Übungen wie beim Mini-Silbenschieber.

Die Silbe aus Starter und Klinger (offene Silbe) wird lang gelesen. Das Silbenmuster Starter – Klinger – Stopper (geschlossene Silbe) wird immer mit kurzem Vokal gelesen.

Gelingt eine Starter-Klinger-Stopper-Kombination (z.B. mel) nicht spontan, gehen wir einen Schritt zurück zur Starter-Klinger-Kombination (z.B. me). Danach wird dem Schüler wieder die ursprüngliche Silbe (mel) angezeigt und der Stopper l mit der Gebärde für l gleichzeitig ausgeführt. In aller Regel führt diese Hilfe zum erwünschten Ziel. In der Stopper-Position ist es für die Konditionierung des Ablaufes nicht störend, wenn wir das l beim Sprechen deutlich hervorheben.

Das zögernde „Dehnsprechen" bei geschlossenen Silben wird für viele Kinder in der Folge zu einer **Rechtschreibfalle**, weil eine zentrale Information der Schrift „Lies geschlossene Silben mit kurzem Vokal!" nicht beachtet wird.

Grundsätzlich sollen die Kinder die beiden Silbenmuster spontan erfassen und lesen. Buchstabenweises Synthetisieren kann diese Muster nicht erkennen und führt nicht zu einem flüssigen, sinnerfassenden Lesen.

Phase 4: Übergang von der Silbenschule zu Wörtern und Sätzen (Seiten 26 bis 29 im Leselehrgang)

Wir achten darauf, dass beim Lesen die Silben deutlich artikuliert werden (explizites Silbensprechen). Dem Erraten ganzer Wörter und Vernachlässigen von Endungen wird so wirksam begegnet. Die Struktur zur Schreibung deutscher Standardwörter wird mit Häuschen analog zum Silbenschieber eingeführt.

Bei geschlossenen Silben wie z.B. in „Sil – be" achten wir auf eine schwungvolle, kurze Artikulation des Klingers in der ersten Silbe im Gegensatz zu der offenen Silbe in dem Wort „le – sen", wo ein langer Klinger in der ersten Silbe gesprochen wird. Aus dieser Regel leitet sich auch die Forderung der Silbensprache ab, Wörter wie „Teller" immer mit kurzem Vokal in der Stammsilbe zu lesen.

Wenn im zweiten Halbjahr der ersten Klasse das Lesen bei allen Kindern flüssiger wird, verzichten wir auf das silbenweise Lesen. Eine nachteilige Auswirkung in der Phase der Umstellung haben wir nie beobachtet.

Neben den positiven Auswirkungen auf die Lesefertigkeit ist die Silbensprache als Schreibsteuerung aus unserer Sicht nicht zu ersetzen.

Phase 5: Mehrfachkonsonanten, Doppellaute und Anlauthäufungen (Seite 30ff. im Leselehrgang)

Nachdem die vierte Phase bewältigt ist, geht es nun darum, bei Konsonantenhäufungen Sicherheit zu erlangen.

Wichtige Übungsformen sind der Silbenschieber und die verschiedenen Leseteppiche. Alle Buchstabenverbindungen, die spontan nicht gelingen, werden in formalen Übungen automatisiert.

Das spielerische Angebot der CD-ROM motiviert die Schüler, täglich kurze Übungseinheiten zu absolvieren. **Das tägliche Üben kann durch nichts ersetzt werden.** Die Schriftgröße und der Zeilenabstand werden im Laufe des Lehrganges geringer. Abwechslungsreiche Texte und eine kindgerechte Grafik unterstützen den Lernerfolg.

4.2. Arbeitsheft (1403-91)

Das Arbeitsheft A und B ist das Arbeitsmaterial für die Kinder im 1. Schuljahr und begleitet sie chronologisch. Auf den vierfarbigen Seiten werden alle methodisch wichtigen Übungen eingeführt und vertieft. Die Fußnoten geben konkrete Hinweise für die Durchführung.

Das Arbeitsheft ist in zwei Teile aufgeteilt, damit es für die Kinder leichter zu handhaben ist. Teil A wird im ersten Schulhalbjahr eingesetzt, Teil B im zweiten. Die Arbeitseinheiten (4 Seiten pro Fibel-Doppelseite) beziehen sich auf die Szenen der Fibel und unterstützen den Lese- und Schreibprozess mit silbenmethodischen Übungen. Die konsequente Arbeit mit dem Arbeitsheft ermöglicht allen Schülern den Unterrichtserfolg.

Zusammengefasst ist das Arbeitsheft:

- zentrales Arbeitsmittel
- durchgängig mit farbigem Silbentrenner ausgestattet
- Angebot für viele Gesprächsanlässe
- geeignet für verschiedene Sozialformen, z.B. Partner- oder Gruppenarbeit

Das Arbeitsheft enthält als Beilagen:

- Mini-Silbenschieber mit Gebärden (Karton)
- Silbenschieber/Wortautomat (Karton)
- Lernsoftware ABC der Tiere 1 Homeversion (CD-ROM)

Das Arbeitsheft im Überblick:

- 2 Hefte mit jeweils 80 Seiten, durchgängig vierfarbig illustriert
- 2 Beilagen: Mini-Silbenschieber, Silbenschieber/Wortautomat
- abgestimmt auf Silbenfibel und Schreiblehrgang Druckschrift
- systematische Einbindung der Gebärden und Häuschenschreibweise
- vielfältige, silbenmethodische Übungen
- Fußnoten mit Durchführungshinweisen und ggf. Lösungen
- selbsterklärend durch Symbole, Beispiele und Wiederholung

Die Elemente im Arbeitsheft

Gebärden, Mini-Silbenschieber

Gebärden

Die Gebärden als Brücke zwischen Laut und Zeichen ermöglichen einen handlungsorientierten Zugang zur Schrift. Für viele Kinder ist das der „Königsweg" zur schnellen Verankerung der Buchstaben.

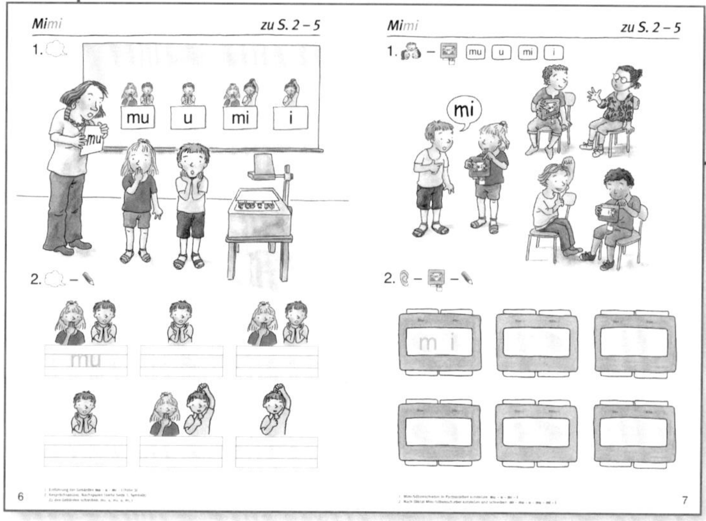

Mini-Silbenschieber

Der Mini-Silbenschieber (Beilage) unterstützt das Automatisieren der Silben und Wörter aus Konsonant-Vokal-Verbindungen. Die Silben werden nach Vorgabe eingestellt und ins Heft geschrieben.

Silben heraushören

Beim Aufgabentyp „Klatschen – Hören – Ankreuzen" (ab Seite 5) lernt das Kind eine bestimmte Silbe aus einem mehrsilbigen Wort zu isolieren.
In der 5. Unterrichtswoche wird im anschließenden Aufgabentyp „Klatschen – Hören – Schreiben" (ab Seite 21) das silbenweise Schreiben der Wörter angebahnt und mit zunehmendem Buchstabenrepertoire zum silbenweisen Schreiben vollständiger Wörter erweitert.

Silbenschule – Leseteppich, Silbenschieber, Wortautomat

Silbenschule – Leseteppich

Die Silbenschule aus der Silbenfibel wird im Arbeitsheft in Form des Leseteppichs aufgegriffen. Beim Lesen der Silben wird gleichzeitig der Zeigefinger der Schreibhand in einem Bogen unter der Silbe mitgeführt. Die Augenbewegung von links nach rechts wird dadurch unterstützt.

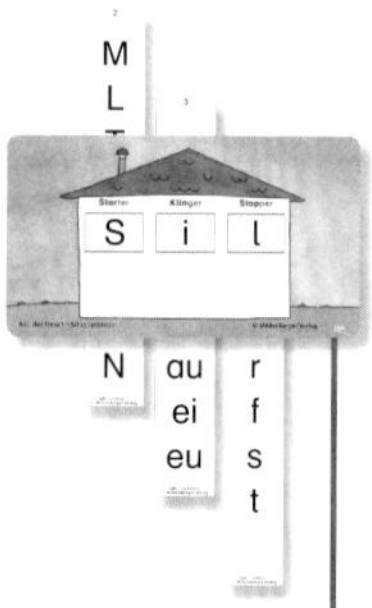

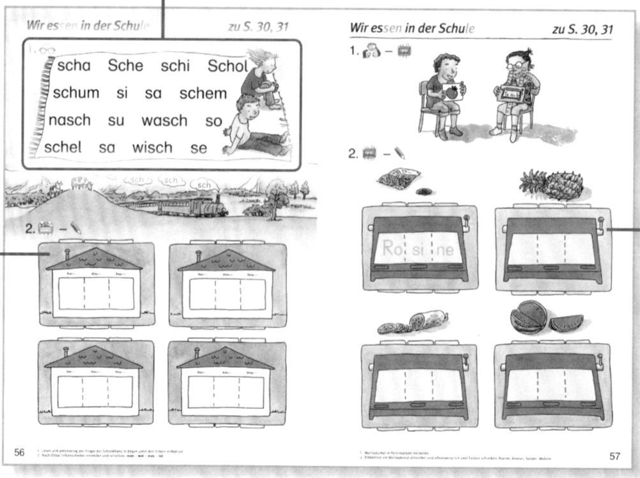

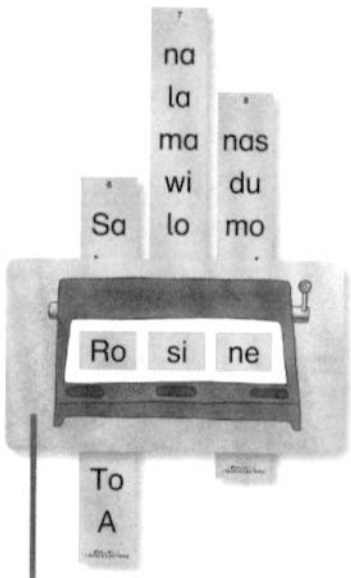

Silbenschieber

Mit dem Silbenschieber (Beilage) werden die Konsonant-Vokal-Konsonant-Verbindungen trainiert und ins Arbeitsheft geschrieben.

Wortautomat

Mit dem Wortautomat (Beilage) können die Kinder spielerisch aus den Silben Wörter bilden und ins Arbeitsheft schreiben.

Häuschenschreibweise

Mit der Einführung der Häuschenschreibweise lernen die Kinder an einem einfachen Modell systematisch die Struktur der Schrift kennen. Damit lernen sie von Anfang an, kompetent und sicher orthografisch korrekt zu schreiben.

Fußnoten

Auf jeder Seite sind Fußnoten enthalten. In den Fußnoten sind weitere Hinweise zur Durchführung und ggf. Lösungen enthalten.

Erklärende Symbole – Jahrgangsübergreifende Klassen

Die Übungssituationen und einzelnen Arbeitsaufträge sind durch erklärende Illustrationen und Symbole gekennzeichnet. Schon in den ersten Unterrichtsstunden können die Kinder selbstständig mit dem Material arbeiten. Die wiederkehrenden Aufgabentypen sind den Kindern vertraut und vermitteln Sicherheit bei der Bearbeitung. Entsprechend des Lernzuwachses werden neue Aufgabentypen eingeführt.

Mit dem neuen Arbeitsheft sind verschiedene Sozialformen des Lernens möglich: Einzel- und Gruppenarbeit, Klassengespräch, Abteilungsunterricht in jahrgangsübergreifenden Klassen durch die Kombination mit dem Spracharbeitsheft 2, jahrgangsübergreifende Arbeitsphasen beim Vorlesen, bei sprechrhythmischen Übungen von Versen, bei unterstützenden Partnerübungen mit dem Silbenteppich, den Silbenkärtchen beim Silbenklatschen, beim Lesetraining mit der CD-ROM ABC der Tiere und dem gemeinsamen Singen der Lieder.

Lesen und Schreiben

Der obligatorische Silbentrenner (zwei Farben) vermittelt den Kindern – zunächst noch unbewusst – die Leseregeln deutscher Wörter: richtige Betonung und Silbenteilung. Beim Schreibvorgang werden daraus bewusste Schreibregeln. Die Kinder werden immer wieder aufgefordert, Wörter und Sätze mit zwei Farben zu schreiben. Das muss nicht zwingend mit den Farben Blau und Rot geschehen. Die Kinder können auch ihre Lieblingsfarben wählen, solange diese gut lesbar sind.

Gedichte, Reime, Wortspiele

Die Leseteppiche werden nach Abschluss der Silbenschule durch Gedichte, Reime und Wortspiele ersetzt, an denen das laute, flüssige und richtig betonte Lesen trainiert wird.

Gestütztes Schreiben

Die Silbenübungen ermöglichen den Kindern rasch das eigenständige Schreiben. Die Kinder orientieren sich an einem Text, einem Silben- oder Wörterpool und schreiben mit dieser Unterstützung Wörter und Sätze. Im Mittelpunkt steht dabei von Anfang an das orthografisch korrekte Beherrschen der Schrift.

Vielfältige Übungsformen

Die verschiedenen Übungsformen werden eingeführt und in Abständen wiederholt. Dadurch ist das Angebot der Übungsformen sehr abwechslungsreich und die Kinder erhalten Sicherheit in der Bearbeitung der Aufgabentypen.

4.3. Schreiblehrgang Druckschrift (1403-81)

Der Schreiblehrgang in Druckschrift bietet für die einzuführenden Silben / Buchstaben jeweils drei Seiten an. Ausgehend von der normgerechten Ausführung der Buchstaben werden Silben, Wörter und erweiterte Aufgaben angeboten. Auf der ersten Seite erscheinen die Gebärde und das Ankertier zum jeweiligen Laut. Entsprechend dem obligatorischen Silbentrenner in der Fibel schreiben die Kinder auch im Schreiblehrgang prinzipiell mit zwei Farben oder dem Wendestift.

Der Schreiblehrgang ist so konzipiert, dass er von den Kindern selbstständig bearbeitet werden kann.

Als Beilage ist eine alphabetische Lauttabelle mit den Ankertieren und den Hinweisen zur Benutzung der Lauttabelle für das Lesen und Schreiben enthalten.

Bei den Schreiblinien klären große Abbildungen oder große Schreibbeispiele in der Schreibzeile auf der linken Seite die Schreibrichtung. Für Linkshänder steht am rechten Rand über der Schreibzeile der jeweilige Buchstabe, die Silbe oder das Wort in verkleinerter Schriftgröße. So erhalten Linkshänder eine Schreibhilfe. Die grundlegende Schreibrichtung wird klar angezeigt. Das ist besonders für Kinder mit einer LRS-Disposition eine wichtige Hilfe.

Die Verankerung der Buchstaben kann zusätzlich unterstützt werden: Es besteht die Möglichkeit, bei der Einführung der Buchstaben und Laute die Tiergeschichten von Mia und Mio zu integrieren.

Der Schreiblehrgang im Überblick:

- 2 Hefte mit jeweils 60 Seiten
- vielfältige und abwechslungsreiche Übungen
- Integration der Gebärden
- vierfarbige, motivierende Illustrationen, abgestimmt auf Silbenfibel, Arbeitsheft und Tiergeschichten zu den Ankertieren (vgl. 4.19., S. 92)

Gebärden
Die Gebärde als Brücke zwischen Buchstaben und Laut stellt für viele Kinder eine handlungsorientierte Hilfe beim Verankern des Buchstabens dar.

Nachspurbuchstabe groß
Der Nachspurbuchstabe gibt dem Kind die Möglichkeit, die normgerechte Schreibrichtung mit dem Zeigefinger der Schreibhand zu erfahren. Die eventuellen Schwierigkeiten der Handhabung des Schreibstiftes sollen diese erste Orientierung nicht beeinträchtigen.

Ankertier
Das Ankertier, in den „Tiergeschichten mit Mia und Mio“ in eine spannende Vorlesegeschichte integriert, schafft die für das Lernen günstige emotionale Grundstimmung.

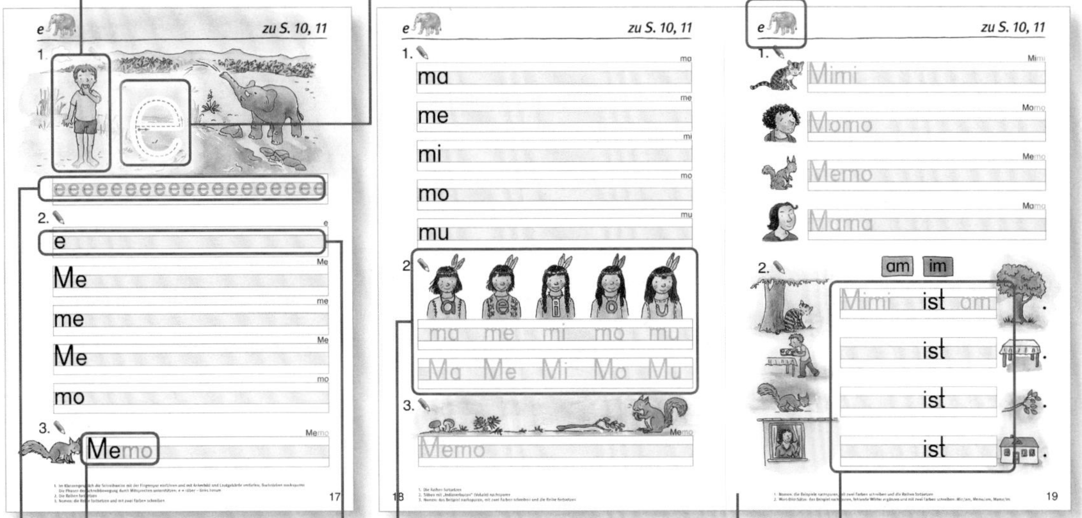

Namen und Wörter
Alle Namen und Wörter werden gemäß den Forderungen der Silbenmethode mit zwei Farben geschrieben.

Indianerlaute
Die Indianer repräsentieren die zentrale Bedeutung der Selbstlaute. Die Mitlaute werden als Klein- und Großbuchstabe mit den Indianerlauten geübt.

Nachspurübungen
Die Nachspurübungen regulieren das Schriftbild.

Erweiterte Schreibübungen
Abwechslungsreiche Übungsformen sind in den Schreiblehrgang eingebaut und schaffen neue Motivation in der Schreibroutine.

Nachspurbuchstabe klein
Durch die Schreibzeile wird die normgerechte Schreibweise mit Stift eingeübt.

Buchstabenzeile
Die Schreibzeile festigt die normgerechte Schreibweise ohne Hilfen.

Ziel des Schreiblehrganges ist die Fähigkeit, eine Sprech-Silbe spontan in eine Buchstabenfolge umzusetzen. Von einfachen Silben ausgehend werden nach dem Modell „Konsonant – Vokal – Konsonant“ Schritt für Schritt weitere Kombinationen entwickelt. Da die meisten schwachen Schreiber Defizite in der Koordination mitbringen, ist es besonders hilfreich das gleichzeitige Silbensprechen und Silbenschreiben zu erarbeiten. Orthografie durch Silbenstruktur: Der Kernbereich der deutschen Rechtschreibung ist in der Silbenstruktur der Wörter begründet. Diese Einsicht führt die Kinder zum bewussten Rechtschreiben.

Dem obligatorischen Silbentrenner entspricht beim Schreiblehrgang die Verwendung von zwei Farben. Die Silbe wird ohne abzusetzen geschrieben. Oberzeichen werden nach jeder Silbe gesetzt.

Der Wechsel des Farbstiftes, bzw. das Drehen des Wendestiftes nach jeder Silbe erleichtert dem Schüler die Eigenkontrolle und erlaubt dem Lehrer eine nachträgliche Kontrolle des Schreibprozesses. Der Wechsel des Stiftes verhindert zudem eine verkrampfte Schreibhaltung. Der „Pinzettengriff“ als richtige Fingerhaltung wird trainiert und automatisiert.

Die Phasen des Schreibenlernens gemäß der Silbenmethode

Vorübungen

Bei Schulanfängern sind oft Schwierigkeiten bei der Stifthaltung und beim Malen zu beobachten. Viele freie Schwungübungen ohne Zeilen helfen eine flüssige Bewegung zu erlernen. Grundlegende Elemente der Schrift wie Arkaden, Girlanden, Links- und Rechtskreise werden in immer kleinerer Ausführung automatisiert. Die Schreibung der Grundelemente wird durch synchrones Zählen oder Sprechen von Versen gesteuert. Das phasenweise Einführen der Buchstaben wird dadurch vorbereitet.

Beispiel:

1 2 3
hopp hopp hopp usw.

Diese Schreibübungen können auch im Klassenverband praktiziert werden. Das Tempo wird langsam gesteigert, bis der gewünschte Schreibfluss erreicht ist. Diese Phasensteuerung der Schreibbewegung wird auf die Buchstaben und Silben übertragen.

Beispiel: mu *mu*

1 2 3 Schwung ab   1 2 3 u. Schwung ab

Durch die phasengesteuerten Schreibübungen werden die Silbenmodelle automatisiert.

Phase 1: mu – mi – mo – ma – me

Nachdem die Buchstaben m, u und i eingeführt sind, beginnen wir gleich mit dem Schreiben von Silben. Wie bei den Schwungübungen steuern wir die Schreibbewegung durch synchrones Mitsprechen wie: mu „eins – zwei – drei – Schwung – ab“. Dieses anfängliche Mitsprechen dient der flüssigen graphomotorischen Ausführung der ersten Schreibversuche und ist nicht zu verwechseln mit dem expliziten Silbensprechen zur Schreibsteuerung im fortgeschrittenen Stadium. Gelingt das zügige Schreiben weniger Silben, beginnen wir mit dem Schreiben nach Gehör. Die Lehrerin diktiert zunächst einzelne Silben, die Kinder sprechen die Silbe nach und schreiben sie ohne zu zögern. Gelingt das Schreiben nicht spontan, helfen wir mit Handzeichen oder lassen die Silbe auf dem Silbenschieber – oder Mini-Silbenschieber (Beilage Arbeitsheft) – einstellen. Alle Silben entsprechen in diesem Stadium dem Muster „Starter – Klinger“.

Phase 2: del – mit – los (Starter – Klinger – Stopper)

Neben dem Bearbeiten der Übungsblätter ist das Schreiben von ständig variierten Silbenreihen nach Gehör oder auswendig gekonnten Reihen (Silbenteppich) ein unverzichtbares Element der täglichen Routine: nur so kann das Silbenschreiben nach Diktat automatisiert werden. Tägliche Übungen können wie folgt gestaltet werden:

1. Schritt:
Die Lehrerin / der Lehrer nennt die Silbe „sal". Die Kinder schreiben die Silbenkette salselsilsolsul mit zwei Farben und sprechen jede Silbe vor dem Schreiben.

2. Schritt:
Die Lehrerin / der Lehrer nennt eine zweite Silbe „be" (Endsilbe). Die Kinder schreiben die Silbenkette salbeselbesilbesolbesulbe mit zwei Farben und sprechen jede Silbe vor dem Schreiben.

3. Schritt:
Die Lehrerin / der Lehrer fragt: „Wer findet die zwei Wörter in der Kette?" Die Kinder schreiben Salbe und Silbe mit großen Anfangsbuchstaben und zwei Farben.

Auf diese Art kann der neue Buchstabe der Woche gleich im Silbenkontext geübt werden. Mit zunehmender Routine nehmen solche Übungen immer weniger Zeit in Anspruch und führen alle Kinder zum automatisierten Silbenschreiben.

Phase 3: Von Einzelsilben zu Wörtern – Fallbeispiele

An dieser Stelle des Lernprozesses können wieder Seitigkeitsprobleme auftreten (z. B. Salaman red).

Wird eine geschlossene Silbe, z. B. „der", nicht unmittelbar nach dem Sprechen geschrieben (weil ein Buchstabe nicht verankert ist), treten häufig Fehlschreibungen auf. Das Zögern nach dem Sprechen verhindert, dass der elementare Regelkreis zwischen Sprechen und Schreiben aufgebaut wird. In diesem Fall ist es langfristig immer günstiger, eine Stufe im Schwierigkeitsgrad zurückzugehen, als bei hohen Anforderungen schleppend zu arbeiten, da neuronale Verknüpfungen nur innerhalb eines Zeitfensters von etwa drei Sekunden aufgebaut werden können.

Zur Schreibsteuerung sprechen wir in Silben und schreiben mit zwei Farben. Die Arbeit mit den beiden elementaren Silbenmustern erschließt uns in den folgenden Schuljahren die wichtigsten Regeln der Orthografie: ie, stummes h, Doppelkonsonanten, tz (alias zz) und ck (kk).

In rhythmischen Übungen mit Kontrastpaaren (Wie-se – wis-sen, Kä-fer – Kof-fer, Sä-ge – Sä-cke, Käu-ze – Kat-ze usw.) entwickeln wir die akustische Differenzierungsfähigkeit der Kinder. Sie sind dann in der Lage, Dehnungen und Schärfungen spontan zu schreiben.

Das Silbenmuster Starter – Klinger – Stopper wird von den Kindern immer kurz gesprochen. Wir vermeiden in diesem Stadium einsilbige Wörter wie Hut, Mut, Ton und Tür, die als ehemalige th-Wörter unserer Regel nicht entsprechen. Zweisilbige Formen dieser Wörter sind unproblematisch. Ebenso diktieren wir Sätze im Plural, wenn Auslautverhärtungen und Doppelkonsonanten vor „t“ Schwierigkeiten bereiten würden.

Also nicht: Der Hund bellt. **Sondern: Die Hunde bellen.**

Den Satz im Plural können die Kinder mit der verfügbaren Strategie richtig schreiben. Erst wenn Sicherheit auf diesem Niveau erreicht ist, behandeln wir die Schreibung von Ableitungen.

Beim Schreiben nach Gehör wie auch beim freien Schreiben wird die **Lauttabelle** zu Hilfe genommen. Damit gelingt es jedem Kind, die Buchstaben zu verankern. Die Kontrolle erfolgt durch das Kind selbst. Die Wörter werden silbierend gelesen und bewusst auf die Übereinstimmung mit dem entsprechenden Silbenmuster überprüft.

Wenn dieser Prozess:

1. silbenweises Vorsprechen,
2. unverzügliches Schreiben mit wechselnden Farben,
3. silbierendes Lesen und Kontrolle des Silbenmusters

zum Ritual (verinnerlicht) wird, gelingt das Schreiben ohne Auslassungen und Verdreher.

Die Kinder gewinnen Sicherheit und Selbstvertrauen nach dem Motto:
„Ich kann selbst herausfinden, wie man richtig schreibt!“

Diese Einstellung lässt keine Angst vor Fehlern aufkommen und trägt als selbst bestimmtes Handlungskonzept viel zur Schreibmotivation bei.

4.4. Schreiblehrgänge Verbundene Schriften (1403-82, -83, -84)

Die Schreiblehrgänge für die verbundenen Schriften enthalten auch die Beilage mit der alphabetischen Lauttabelle und den Hinweisen zur Benutzung der Lauttabelle für das Lesen und Schreiben.

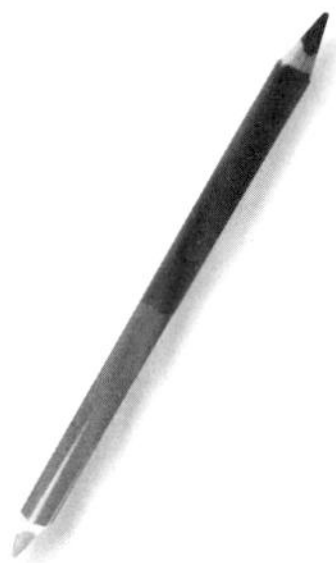

4.5. Silbenstift (1402-66)

Das Schreiben der Silben in zwei Farben hat für den Schreibanfänger zwei große Vorteile: Zum einen reguliert und strukturiert es den Schreibprozess, wodurch die Rechtschreibung gestützt wird; zum anderen verhindert der Farbwechsel ein Verkrampfen der Schreibhand und fördert gleichzeitig die Hand- und Fingermotorik. Der Silbenstift ist dreiflächig. So ergibt sich automatisch die richtige Fingerhaltung beim Schreiben (Pinzettengriff).

Der zweifarbige Wendestift ist dicker und dadurch leichter zu greifen. Zudem ist er sehr weich, sodass kein starker Druck beim Malen / Schreiben notwendig ist. Selbstverständlich können auch zwei separate Farbstifte verwendet werden.

4.6. Lesezirkus (1403-92) und Arbeitsblätter (1403-74)

Der Lesezirkus enthält Lesetexte mit unterschiedlicher Länge und Schwierigkeitsgrad. Zu jeder Geschichte sind Aufgaben zum Leseverständnis enthalten. Die Aufgaben zum Leseverständnis liegen auch als Kopiervorlagen vor.
Zudem enthält er eine Beilage mit einer strukturierten Lauttabelle. Diese dient zum selbstständigen Erlesen auch unbekannter Buchstaben und für Fortgeschrittene zum selbstständigen Schreiben.

Der Lesezirkus bietet zusätzlichen Lesestoff zur inneren Differenzierung in Klasse 1. Die Texte können entsprechend dem Leistungsstand des einzelnen Kindes flexibel eingesetzt werden. Wenn Kinder das Modul „Silbenschule" aus der Silbenfibel erfolgreich abgeschlossen haben, sind sie anhand der Lauttabelle in der Lage, selbstständig Wörter mit neuen Buchstaben zu lesen, was eine hohe Motivation darstellt.

Selbstverständlich können fortgeschrittene Schüler mithilfe der Lauttabelle auch neue Wörter schreiben. Wir empfehlen auf das normgerechte Schreiben neuer Buchstaben zu achten. Die Silbentrennung sollte auch beim Schreiben – „Aus Leseregeln werden Schreibregeln!" – mit zwei Farben zur Anwendung kommen. Die für das sogenannte „Freie Schreiben" typischen Fehlschreibungen, wie Schüla für Schüler, werden so weitgehend vermieden.

4.7. Silbenkärtchen, Leseteppiche, Domino (1402-93)

Silbenkärtchen

Die Silbenkärtchen sind in den ersten Wochen von größter Bedeutung. Mit ihnen kann das Silbenlesen sehr gut automatisiert werden. Sie sind deshalb das Hauptarbeitsmittel der ersten 10 Wochen. Auch in der Förderung mit älteren Kindern ist die Arbeit mit den Silbenkärtchen unverzichtbar. Entscheidend ist das automatisierte Erfassen des Schriftbildes, das sofort die richtige Artikulation hervorruft. Die Silbeneinheit muss als Ganzes wahrgenommen und gesprochen werden. Dieser ganzheitliche Zugriff verhindert das Synthetisieren, welches für schwache Kinder eine große Hürde darstellt.

Verschiedene Spielvarianten sind z.B. das Legen und Sprechen von Silbenketten, Memo-Spiele (mit identischen Karten oder Groß- / Kleinschreibung), das Legen und Sprechen von „Indianerwörtern", Bingospiele.

Variationen: Ansagen, Vertauschen, Umdrehen

Mit Silbenkärtchen zum chorischen Lesen

1. **2 Stapel**: Mu / mu und Mi / mi werden zu Beginn sortiert und nach Ansage gelegt.

a)

Mu	mu	mu	mu
Mi	mi	mi	mi

b)

Mu	mu	mu	mi
Mi	mi	mi	mu

c)

Mu	mi	mu	mi
Mi	mu	mi	mu

Variationen für das chorische Lesen, z. B.: Alle „mu“ umdrehen;
beim Lesen sind die umgedrehten Kärtchen stumm!

2. **3 Stapel**: Mu / mu, Mi / mi, Mo / mo

Mi	mi	mu	mo
Mo	mo	mi	mo
Mu	mu	ma	mi

Variationen: Namen erkennen; Kärtchen umdrehen: Memo-Spiel

3. **4 Stapel**: Mu / mu, Mi / mi, Mo / mo, Ma / ma

Ma	ma	mo	mu
Mi	mi	mu	ma
Mo	mo	mi	mo
Mu	mu	ma	mi

Wir legen die Kärtchen nach Ansage. Alle Kärtchen werden eingesetzt. Das erleichtert die Kontrolle.

Weitere Spielmöglichkeiten:
- Muster von der Tafel nachlegen
- Schnell-Leseübung
- Namen erkennen
- Kärtchen umdrehen
- Memo-Spiel
- Bingo

4. **5 Stapel**: Mu / mu, Mi / mi, Mo / mo, Ma / ma, Me / me

Ma	ma	mo	mu
Mi	mi	me	ma
Mo	mo	mi	me
Mu	mu	ma	mi
Me	mo	me	mu

Aus den so sortierten Kärtchen werden wieder alle weiteren Lesespiele entwickelt. Jetzt werden die Starter der Silben trainiert. Wer kann Namen oder Wörter legen?

5. **Nur jeweils 1 Starter als Kleinbuchstabe**
   Es bleiben Mu / mu, Mi / mi, Mo / mo, Ma / ma, Me / me.
   Die Stapel werden nach Indianern (Vokalreihe) sortiert.
   Jetzt rücken die Starter ins Blickfeld.

Ma	Me	Mi	Mo	Mu
ma	me	mi	mo	mu
La	Le	Li	Lo	Lu
la	le	li	lo	lu
Ta	Te	Ti	To	Tu

In der Förderung von älteren Kindern kann der Einsatz z.B. so aussehen, dass das Kind Silbenkärtchen wie ma, me, mi, mo, mu erliest, danach abdeckt und dann aufschreibt. In kleinsten Lernschritten, um wieder eine Motivation aufzubauen, kann so die Graphem-Phonem-Relation erlernt werden.

Leseteppich (Silbenteppich)

Die Anordnung der Silben auf den Leseteppichen orientiert sich an der Reihenfolge der eingeführten Buchstaben.
In der Silbenmethode werden die „Namen“ der Konsonanten übergangen. Sie werden als Starter mit den Vokalen zusammen lautiert. Diese Buchstabenkombinationen entstehen also nicht durch Synthese der einzelnen Laute, sie werden als kleine „Ganzheiten“ gelesen. Als Hilfe stehen die Gebärden zur Verfügung, mit denen jeder Konsonant bezeichnet werden kann, ohne ihn isoliert zu lautieren. Zusätzlich wird der Hinweis gegeben: „Lass beide zusammen heraus – ohne Luft dazwischen.“

Die Automatisierung dieser Silben wird durch die Arbeit an den Leseteppichen erreicht: Die Silben werden zeilen- und spaltenweise und auch diagonal gelesen. Das Tempo wird dabei kontinuierlich gesteigert. Die häufige Wiederholung führt zu dem Konstanzerlebnis, das die Basis für flüssiges, sinnerfassendes Lesen bildet. Das geht von einfachen Silben mit nur einem Konsonant als Starter bis zu Silben mit Konsonantenhäufungen.

In der Unterscheidung von ma und la oder von la und ta bzw. ra, sa oder wa wird der Lautwert der Starter deutlich. Dies gilt auch für die anderen Vokale. Werden nach etwa 8 bis 10 Unterrichtswochen diese Starter-Klinger-Kombinationen flüssig gelesen und geschrieben, folgt die nächste Stufe: die Starter-Klinger-Stopper-Kombinationen.
Dieses Prinzip wird in den Silbenteppichen fortgesetzt. Alle Buchstabenkombinationen können so automatisiert werden.

ma	me	mi	mo	mu
la	le	li	lo	lu
ta	te	ti	to	tu
ra	re	ri	ro	ru
sa	se	si	so	su
wa	we	wi	wo	wu
da	de	di	do	du

mal	mei	mes	mut	mau
lal	lei	les	lut	lau
tal	tei	tes	tut	tau
dal	dei	des	dut	dau
ral	rei	res	rut	rau
sal	sei	ses	sut	sau
wal	wei	wes	wut	wau
schal	schei	sches	schut	schau
kal	kei	kes	kut	kau

Alle neu hinzukommenden Schwierigkeiten – hier die Doppellaute ei und au – werden in die Silbenteppiche aufgenommen. In einem sinnvollen Silbenfibeltext können solch gehäufte Wiederholungen neu zu lernender Buchstabenkombinationen gar nicht auftreten. Die Leserichtung auf den Silbenteppichen steigert die Anforderungen vom Lesen in Zeilen über Spalten zu Treppen.

gla	gei	gle	gut	gro
kla	kei	kle	kut	kro
dal	dei	del	dut	dro
bla	bei	ble	but	bro
fla	fei	fle	fut	fro
wal	wei	wel	wut	wor
pla	pei	ple	put	pro
pfla	pfei	pfle	pfut	pfro
schla	schei	schle	schut	schro

Eine weitere Schwierigkeitsstufe stellt die Differenzierung des Starters in Mehrfachkonsonanten und Konsonant-Kombinationen wie beispielsweise pfro und schro dar. Der schematische Aufbau der Übungen tritt dabei in den Hintergrund. Die Silbenteppiche können von 2 Kindern gemeinsam gelesen werden, wobei ein Kind liest und das andere Kind kontrolliert. Sie sind auch als Wettkampf auf Zeit einzusetzen. Wer schafft es am schnellsten fehlerfrei alle Zeilen, Spalten oder Treppen zu lesen?
Die Vorlagen können auch auf DIN A3 hochkopiert und an der Wand aufgehängt werden. Weitere Silbenteppiche als Kopiervorlage in Kapitel III.

Domino

Das Dominospiel arbeitet mit Wort-Bild-Zuordnungen. Es enthält Tiernamen und Verben, die die Tiere charakterisieren. Es wird entweder mit den Nomen oder den Verben gespielt. Die Wörter sollen deutlich artikuliert werden. Natürlich empfiehlt sich synchrones Silbenklatschen. Das Dominospiel ist eine Vorbereitung zum Schreiben vollständiger Satzstrukturen im Schreibheftchen „Mein Tierbüchlein“ (vgl. 4.9., S. 81).

4.8. Spontane Schreibung der Doppelkonsonanten: Arbeitsheft (1402-95) und Folien (1402-76)

Für das gemeinsame Üben im Klassenverband liegen alle Arbeitsblätter des Schülerheftes auch als Folien vor. Die Kontrastpaare sind nicht notwendigerweise Minimalpaare. In den Kontrastpaaren werden Wörter gegenübergestellt, die ähnlich klingen, sich aber im Rhythmus (offene – geschlossene Silbe) unterscheiden. Die vorgegebenen Paare können jederzeit durch eigene ersetzt werden – vorausgesetzt, sie erfüllen diese Bedingungen. Die Zusammenstellung der Paare trainiert dabei jedes Phänomen zu den Doppelkonsonanten einschließlich ck, tz, Umlaute und Diphthonge. Die gewählten Wörter stammen größtenteils aus dem Grundwortschatz und sind so auch als Wortschatzarbeit zu verstehen.

Rhythmusübungen mit den Kontrastpaaren

In der Kooperation mit dem Kindergarten sollten Klatsch- und Sprechübungen bereits vor der Einschulung stattfinden. Zuerst wird die Bedeutung der Bilder besprochen. Die Kinder sollen die Bedeutung nicht spontan erkennen, sie müssen nur wissen, für welche Begriffe die Bilder stehen.

In der ersten Übungsphase werden die Wörter im Takt geklatscht. Je nach den Möglichkeiten der Kinder und der Erzieherin bzw. des Erziehers können diese Übungen mit unterlegtem Beat begleitet werden. Als Instrumente bieten sich Trommel, Gitarre oder Klavier an. Mit Musikbegleitung ist die Motivation und auch der Lernerfolg erheblich größer.

Durch das rhythmisierte Klatschen der Kontrastpaare lernen die Kinder die unterschiedlichen Rhythmen von Wörtern wie „Käfer“ und „Koffer“ kennen. Diese rhythmische Erfahrung wird durch die spielerische Wiederholung zu einem „Ohrwurm“ und ermöglicht später die spontane Schreibung der Doppelkonsonanten. Die Kontrastpaare sollten abwechselnd während der ganzen Grundschulzeit regelmäßig geübt werden. Es macht den Kindern Spaß, lockert auf und ist von entscheidender Bedeutung für die Orthografie. Für den besonderen Schwung empfiehlt sich die musikalische Begleitung. Am besten natürlich direkt mit einem Instrument oder mit CD (vgl. 5.12).

Schreiben in Silbenhäuschen

In der 2. Übungsphase werden die Wörter in Silbenhäuschen geschrieben. Dies funktioniert so: Entsprechend der zwei Prototypen (Käfer – Koffer) verwenden wir zwei verschiedene Silbenhäuschen. In das Haupthaus schreiben wir die betonte Silbe, in der Garage steht die unbetonte 2. Silbe.
Hin und wieder schreiben wir die Endsilbe zuerst in die Garage nach dem Motto: Da muss ich nicht nachdenken; der Vokal ist immer „e“.
Im Haupthaus ist für „lange“ Vokale ein Doppelzimmer eingerichtet: „Der lange Vokal macht sich breit.“ Im Häuschen C ist die Garage angebaut. Die Trennstelle zwischen den Doppelkonsonanten ist nicht zu hören. Im 3. Zimmer wohnt immer der „Zwilling“. Er stoppt den Vokal.
Im Arbeitsheft „Spontane Schreibung der Doppelkonsonanten“ ist den Abbildungen der Kontrastpaare eine entsprechende Seite mit Häuschen gegenübergestellt. Die Schülerinnen und Schüler lernen ihre rhythmischen Erfahrungen in die richtige Schreibung umzusetzen.

Die Wörter werden in die entsprechenden Häuschen geschrieben.

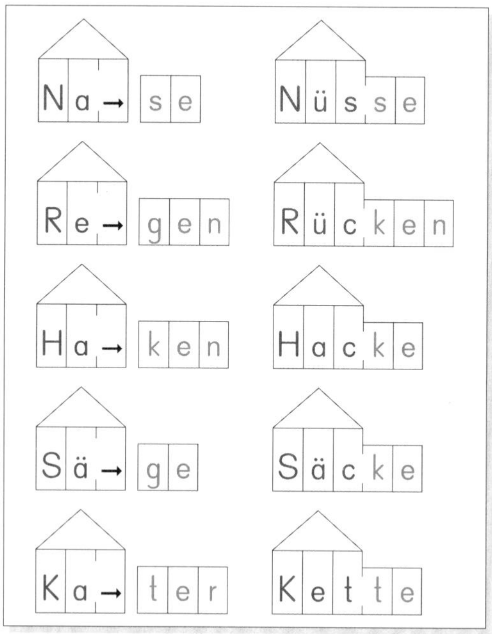

ie-Wörter

Wörter mit langem und kurzem „i“ werden auf dieser Seite angeboten. Der Starter wird immer in das erste Zimmer geschrieben. Bei Mehrfachkonsonanten wie „sch“ wird von oben nach unten ebenfalls in das erste Zimmer geschrieben. Sollte der Platz nicht ausreichen, können die Silbenhäuschen vergrößert werden. Eine weitere Möglichkeit ist die Verwendung der Häuschen-Stempel (Bestell-Nr. 8500-20). Die Motivation wächst, wenn selbst gestempelte Häuschen beschriftet werden.

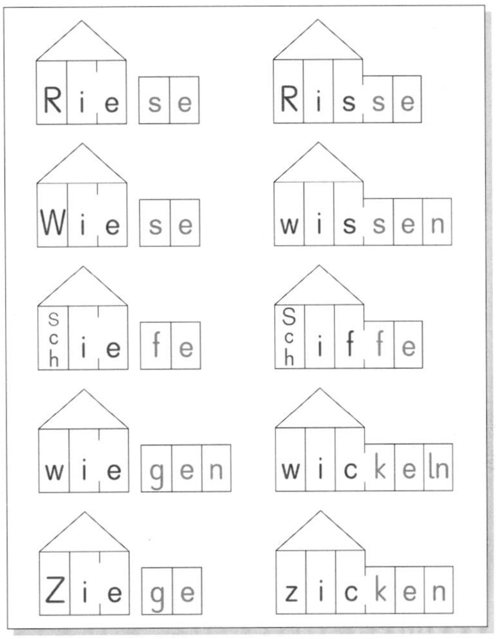

tz-Wörter

Die Darstellung der Diphthonge als „lange“ Vokale ist mit den Häuschen sehr deutlich. Der Doppellaut besetzt natürlich beide Zimmer und lässt für einen „Zwilling“ keinen Platz. Die Herkunft des „tz“ vom ehemaligen „zz“ macht die Schreibung plausibel. Bei Schnauze wird der Anfangsrand „Schn“ von oben nach unten in das erste Zimmer geschrieben.

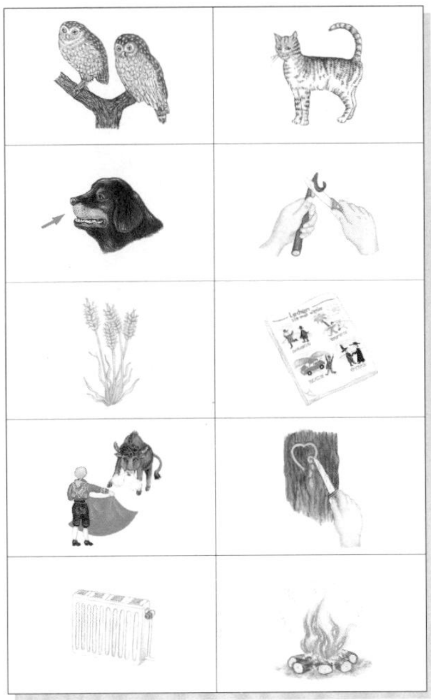

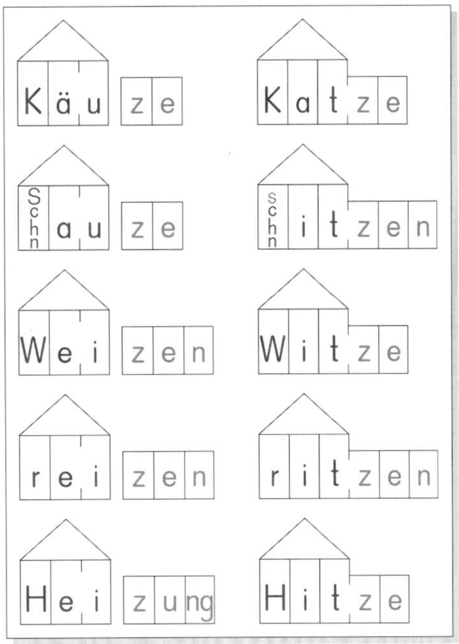

Welches Häuschen ist das richtige?

In der 3. Übungsphase entscheiden die Kinder, in welches Häuschen das abgebildete Wort geschrieben wird. Im Sprachgebrauch der Kinder werden folgende Fragen gestellt:

Hat Tasse einen Stopper? Ist Tasse ein langsames oder schnelles Wort? Hat Tasse einen Zwilling im 3. Zimmer? Wird das „a" gestoppt? usw.

Manchen Kindern macht es auch Spaß, die Wörter mit ihrem falschen Kontrastpartner zu kombinieren: Tase mit Tasse, Tube mit Tubbe usw., um dann die Entscheidung für die richtige Schreibung noch sicherer treffen zu können.

Das Wort der Abbildung wird in das entsprechende Häuschen geschrieben.

Das passende Verb wird in das entsprechende Häuschen geschrieben, z. B. schnappen.

Was tun die Tiere?

Bei „schnappen" wird der Mehrfachkonsonant „schn" von oben nach unten in das 1. Zimmer geschrieben. Um das Schema des Silbenbaus, Anfangsrand – Vokalkern – Endrand, zu bewahren, bleibt der dreiteilige Aufbau von Haus und Garage auch in den Fällen erhalten, in denen mehrere Konsonanten im Anfangs- oder Endrand erscheinen.

4.9. Mein Tierbüchlein (1402-96)

Das Tierbüchlein wird gegen Ende der Klasse 1 eingesetzt.
Es ist in zwei Kapitel unterteilt:

1. Wie Tiere heißen
2. Was Tiere tun

Vom Dominospiel kennen die Kinder die Tiernamen und die passenden Verben. Im Tierbüchlein halten sie das schriftlich (mit 2 Farben!) fest. Das Heft stellt dann eine Sammlung von Nomen und vollständigen Satzstrukturen dar.

Ein Satz lautet z.B.: Die Enten watscheln. Dieser enthält die Struktur: Subjekt Prädikat; Großschreibung am Satzanfang und nach Artikel bzw. von Namen; Punkt am Satzende.

Innerhalb kurzer Zeit, max. zwei Wochen, ist das Heft vollständig beschrieben. Der exakte zeitliche Einsatz des Heftes muss sich nach den Gegebenheiten der jeweiligen Klasse richten.

4.10. Wortkarten – eine Wörterkartei zum Üben (1403-96)

Die Wortkarten in der 5-Fächer-Lernbox sind die ideale Übungsergänzung. Damit können die Wörter und Strategien unabhängig vom Kontext trainiert werden.

4.11. Klatsch die Silbe (1402-89, -99)

Mit den Spielen lernen die Kinder die Ankertiere kennen und sie trainieren das Silbenklatschen. Das Silbenklatschen ist die entscheidende Grundlage für das Lesen- und Schreibenlernen.

Das Spielprinzip ist sehr einfach gehalten. Die Kinder setzen sich anhand der Namen der Ankertiere intensiv mit der Silbenstruktur der Wörter auseinander. Das Spiel fördert die gegenseitige Hilfe und Kontrolle.

„Klatsch die Silbe!“ eignet sich sehr gut für den Kindergarten und die Vorschule. Es kann und soll aber auch in der Grundschule eingesetzt werden, wenn die Kinder das Silbenklatschen noch nicht ausreichend beherrschen.
Folgende Vorläuferleistungen für das Lesen, Schreiben und Rechnen werden trainiert:

- Festigung der Händigkeit und Koordination
- synchrones Silbensprechen und Klatschen
- simultanes Erfassen von Mengen
- sichere Beurteilung von Seitigkeit und Raumlage
- Verbesserung von Artikulation und Sprachgedächtnis
- soziale Integration in die Gruppe

Je nach Alter und Lernstand der Kinder können mit dem großen Spielplan verschiedene Varianten gespielt werden. Mit den Karten lassen sich verschiedene Varianten Klatsch die Silbe! als Kartenspiel, Silben-Quartett und Silben-Stechen spielen.

4.12. Fit für den Schulbeginn (1402-78)

Vorläuferleistungen und Schuleingangstest
Das Übungsheft „Fit für den Schulbeginn“ enthält Arbeitsblätter, Mengenbildanker, Bildkarten für Reimwörter und Dominokarten, die genau die wichtigen Vorläuferleistungen trainieren: Festigung der Händigkeit und Koordination; synchrones Silbensprechen und Klatschen; simultanes Erfassen von Mengen; sichere Beurteilung von Seitigkeit und Raumlage; Verbesserung von Artikulation und Sprachgedächtnis; soziale Integration in die Gruppe.
Idealerweise werden diese Übungen bereits im letzten Kindergartenjahr regelmäßig durchgeführt. Das Material eignet sich aber auch für die Förderung in Klasse 1 und 2.
In diesem Material ist auch ein Schuleingangstest enthalten. Dieser Test kann sowohl mit Kindern durchgeführt werden, denen die Übungen bereits aus dem Kindergarten vertraut sind, wie auch mit Kindern, denen diese Übungen im Zusammenhang mit dem Test zum ersten Mal begegnen. Die Ergebnisse geben immer ein differenziertes Bild über den Stand des jeweiligen Kindes und den etwaigen Förderbedarf.

Im Einzelnen soll durch die Übungen erreicht werden:

- die Ermittlung der Mal- und Schreibhand
- Mit welcher Hand wird ein Ball gefangen? Welche Hand hält den Malstift?
- Die schwungvolle und lockere Hand soll die Mal- und Schreibhand werden.
- die Koordination von Singen und Bewegung der Mal- und Schreibhand
- die Koordination von Sprechen und Zeigen der Schreibhand
- das Klatschen und Sprechen der rhythmischen Kontrastpaare
- das Erfassen von Mengen
- das Erkennen von Silben
- die phonetische Wahrnehmung
- das Erkennen der Seitenlage
- das Üben der Graphomotorik

Der vorliegende Test wurde in Seelbach entwickelt. In einer Kooperation mit den Kindergärten wurden Kinder im Vorschuljahr einmal pro Woche in der Schule unterrichtet. Die Aufgabenstellungen der 6 Stationen entsprechen den Übungsinhalten dieser Vorbereitungsmaßnahme. Diese „Vorläuferleistungen“ sind aus unserer Sicht für einen erfolgreichen Besuch der 1. Klasse ausschlaggebend.
In 10-jähriger Praxis hat dieser Test zu sehr treffsicheren Prognosen der Schulreife geführt. Wichtig ist, dass die durchführenden Lehrerinnen und Lehrer über mehrere Jahre mit dem Test und der Beobachtung der Kinder in den Klassen 1 und 2 betraut sind. Diese persönliche Erfahrung steigert die Kompetenz bei der Beurteilung und der Prognose ganz erheblich.

Da den Kindern die Aufgabenstellungen im Prinzip vertraut sind und sie die testenden Lehrerinnen und Lehrer kennen, ist es möglich 4 Kinder in einer Gruppe zu testen. Eine Person führt den Test durch, eine zweite führt das Protokoll.
Im Folgenden wird von Testleiterin und Protokollantin gesprochen, damit sind natürlich auch die Testleiter und Protokollanten gemeint.

1. Station

Die Kinder sitzen der Testleiterin gegenüber und werfen ihr mit einer Hand einen Softball zu. Gleichzeitig stellen sie sich vor: „Ich heiße ...!“ Die Hilfe für das Werfen mit einer Hand lautet in der Übungsphase: „Wir werfen den Ball am Ohr vorbei!“ Die Protokollantin stellt die Wurfhand fest und achtet auf die Koordination von Werfen und Sprechen. Laufen beide Prozesse gleichzeitig oder versetzt ab? Die Testleiterin spricht einen Zweizeiler vor. Die Kinder wiederholen den Vers und schlagen im Silbentakt auf die Knie. Wenn nötig, wird der Text von der Testleiterin wiederholt. Die Protokollantin achtet auf die Wiedergabe der Kinder und das synchrone Klatschen.

Begrüßung / Namensschilder

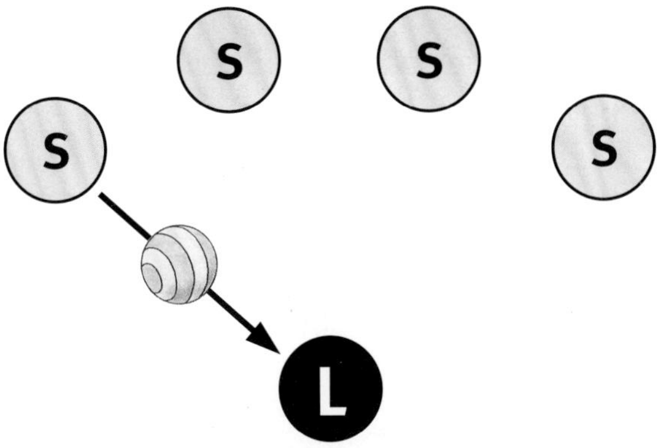

Ballwurf
(mit einer Hand) + „Ich heiße ...!“

Beobachtung: rechte Hand – linke Hand
Koordination: flüssig – stockend

2-Zeiler:
1 2 3 4 5 6 sie-ben
in der Schu-le wird ge-schrie-ben.

Texterfassung:
schnell – nach Wiederholung

Alle Kinder sprechen (chorisch)
und schlagen auf die Knie im Silbentakt.

Silbentakt:
synchron – asynchron

2. Station

In der zweiten Station stehen auch Linkshänderscheren zur Verfügung. Die Kinder schneiden einen Fisch aus. Die Protokollantin beobachtet das Arbeitstempo und die Ausführung, ob z.B. genau an den Linien geschnitten wird, die Flossen abgetrennt werden usw.

Schere / Fisch

teilweise Fisch ausschneiden lassen

Beobachtung:
Arbeitstempo: zügig – zögernd
Durchführung: genau – ungenau

3. Station

Für die Vorbereitungsphase wurden bis zur Menge 6 Dominokarten entwickelt, welche sich in mehreren Variationen immer weiter von der Anordnung auf dem Würfel entfernen. Mit diesen Karten wird auch der Test durchgeführt. Die Testleiterin teilt jedem Kind 3 Karten aus und beginnt, indem sie eine Karte in die Mitte legt. Die Kinder sollen ihre Karten zu einer Straße anlegen. Die Protokollantin stellt fest, ob die Kinder die Mengenbilder spontan erfassen oder ob sie die einzelnen Elemente auf den Karten abzählen.

Domino
Anweisung:

„Wir legen gemeinsam eine Straße.
Ich gebe jedem Kind zunächst drei Karten."
Kann nicht abgelegt werden, wird jeweils eine weitere Karte ausgegeben.

Beobachtung Mengenerfassung:
simultan – abzählend

Wird eine Möglichkeit schnell gesehen – werden Karten übersehen?

4. Station

In der Vorbereitungsphase spielt das Silbieren eine herausragende Rolle. Es stehen Holzleisten mit einer Nut zur Verfügung, in welche Bärchen in Schreibrichtung eingestellt werden. Die Rückseite der Bärchen ist nicht bemalt.

Die Testleiterin teilt jedem Kind ein mehrsilbiges Wort mit. Das Kind soll für jede Silbe ein Bärchen aufstellen und das Wort wiederholen. Dabei zeigt es mit der Malhand synchron auf die Bärchen. Die Protokollantin beurteilt die Silbenerkennung und die Synchronität von Sprechen und Zeigefinger.

Zur Durchführung der einzelnen Stationen (im Folgenden wird von Testleiterin und Protokollantin gesprochen, damit sind natürlich auch die Testleiter und Protokollanten gemeint):

Silbenbärchen
Anweisung:

„Wie viele Bärchen braucht man für das Wort Win-ter-man-tel?"
„Wiederhole das Wort und zeige auf das zugehörige Bärchen!"
Jedes Kind 1 Wort.
Wörter: Win-ter-man-tel, Au-to-rei-fen, Hun-de-lei-ne, Kin-der-gar-ten, Mö-bel-wa-gen, Gar-ten-lau-be, Mor-gen-rö-te

Beobachtung Silbenerkennung:
spontan – mit Hilfe

Wiederholung:
mit Zeigefinger und Sprache
synchron – asynchron

5. Station

Die Erfassung der Raumlage – links oder rechts – nimmt in der Vorbereitung einen breiten Raum ein. An vielen ähnlichen Aufgabenstellungen wird diese Fähigkeit gefördert. Die Testleiterin zeigt allen Kindern eine Übungsaufgabe: „Welcher Hund passt nicht in die Reihe?“ Nachdem die Lösung besprochen ist, soll jedes Kind an einem eigenen Tisch eine Aufgabe lösen. Mit Spielsteinen werden die entsprechenden Tiere markiert. Die Protokollantin notiert die Ergebnisse.

Raumlage	**Beobachtung**:
Anweisung:	Erfassung der Raumlage
„Welcher Hund passt nicht in die Reihe?“	zögernd – direkt

Zuerst eine Probeaufgabe für alle: Ein Hund passt nicht.

Jedes Kind erhält zeitgleich einen Streifen. „Welche passen nicht in die Reihe?“

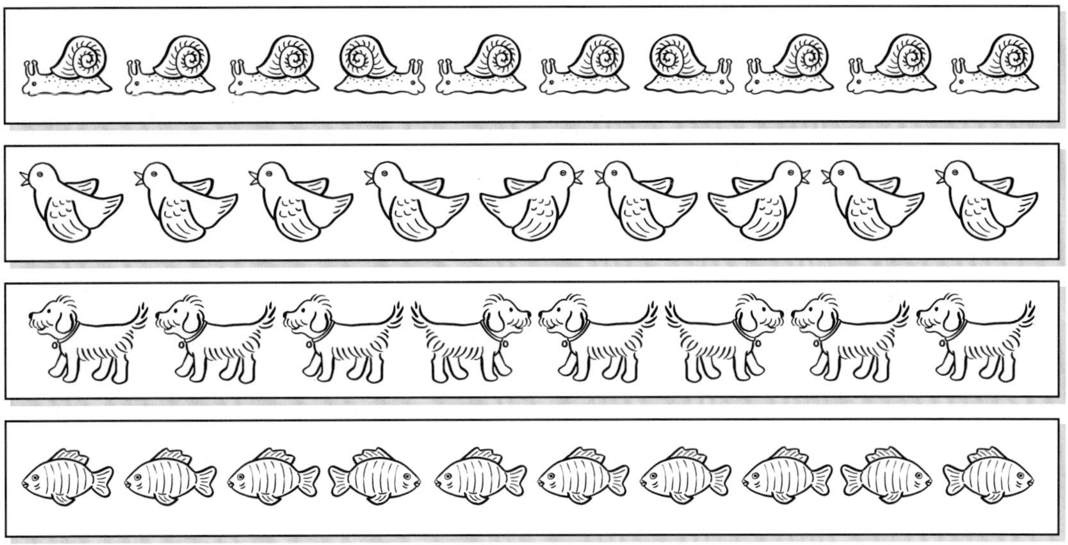

6. Station

Die Koordination von Sprache und Hand ist für die erfolgreiche Teilnahme am 1. Schuljahr von herausragender Bedeutung. Deshalb wird sie im vorliegenden Test in verschiedenen Situationen und Schwierigkeitsgraden überprüft.

Die Kinder sollen einzeln den Zweizeiler der 1. Station aufsagen und synchron zum Silbensprechen mit der Malhand über die Zickzacklinie der Schlange fahren. Die Protokollantin achtet auf den Text und die Koordination von Silbensprechen und Zeigefinger.

Schlange
Anweisung:

„Sprich den Vers von vorhin.
Fahre mit dem Zeigefinger in Silben
über die Schlange."

Beobachtung Textwiedergabe:
flüssig – verändert

Koordination:
flüssig – passt nicht

Wird der Text flüssig und unverändert wiedergegeben?
Gelingt die Koordination von Silbensprechen und Zeigefinger?

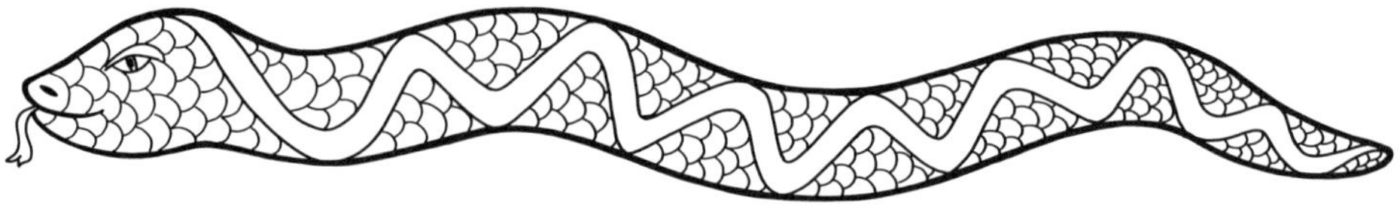

Die Durchführung in Gruppen zu vier Kindern dauert zirka 40 Minuten. Die Testleiterin und die Protokollantin sollten sich etwa 10 Minuten Zeit nehmen, um sich über die Bewertungen auszutauschen.

Das vorgeschlagene Polaritätsprofil ermöglicht eine Beurteilung der einzelnen Leistungen im Vergleich zur Gruppe und dem Standard, welcher an der jeweiligen Schule vorausgesetzt wird. Die aufnehmende Schule entscheidet durch ihr spezielles Förderangebot und ihre Methodenwahl, ob Kinder mit gewissen Ausfällen im Bereich der „Vorläuferleistungen" erfolgreich eingeschult werden können.

Die übersichtliche Darstellung auf der Fläche einer „Postkarte" ist sehr praktikabel und bildet die Leistungsfähigkeit zutreffend ab.
Die mehrjährige Erfahrung in der Vorbereitungsphase und der Durchführung der Testaufgaben schärft bei den Lehrerinnen und Lehrern den Blick für die wesentlichen Voraussetzungen der Kinder für eine erfolgreiche Schullaufbahn.

Typisches Profil eines LRS-Risikokindes

Station 1	Beobachtung	Auswertung						
Ballwurf	Händigkeit rechts links							
	Koordination	synchron	•	•	•	X	•	asynchron
2-Zeiler	Texterfassung	schnell	•	X	•	•	•	nach Wiederh.
	Silbentakt	synchron	•	•	•	X	•	asynchron
Station 2	**Beobachtung**							
Fisch	Arbeitstempo	zügig	•	•	•	X	•	zögernd
	Ausführung	genau	•	•	•	•	X	ungenau
Station 3	**Beobachtung**							
Domino	Mengenerfassung	simultan	•	•	X	•	•	abzählend
Station 4	**Beobachtung**							
Silbenbärchen	Silbenerkennung	spontan	•	•	•	X	•	mit Hilfe
	Fingersprache	synchron	•	•	•	•	X	asynchron
Station 5	**Beobachtung**							
Raumlage	Erfassung	direkt	•	•	•	X	•	zögernd
Station 6	**Beobachtung**							
Schlange	Text	unverändert	•	•	•	•	X	verändert
	Koordination	zügig	•	•	•	•	X	asynchron

Oft wird die Frage gestellt:
Ist auch nach der Einschulung die Vorbereitung auf den Schuleingangstest noch sinnvoll / notwendig?

Notwendig und damit sinnvoll ist er auch dann noch, weil in jedem Fall die Ergebnisse der Testleistung jedes Kindes mit einem entsprechenden Polaritätsprofil erfasst werden kann und – falls erforderlich – weitere Fördermaßnahmen folgen sollen. Auch hier gilt, dass die Vorbereitungsphase unbedingt nachgeholt werden muss, damit alle Kinder mit den Aufgabenstellungen vertraut sind.
Erfahrungen dazu zeigen, dass auch der „verspätete Test" eindeutige Ergebnisse aufzeigt und erforderliche bzw. notwendige Förderung noch rechtzeitig beginnen kann.

4.13. Arbeitsblätter zur Differenzierung (1403-77)

Zu jeder Silbenfibelseite gibt es Arbeitsblätter zur inneren Differenzierung mit verschiedenen Schwierigkeitsstufen. Hier wird jeweils nur eine Variante vorgestellt und erläutert. Die hier gezeigten Arbeitsblätter finden Sie zum Ausdrucken zum Download (Download-Angebot S. 6).

Auf der Seite 11 (unten) wird in der 1. Aufgabe das Wortbild Momo gesucht. In der 2. Aufgabe wird die Unterscheidung von Silbe und Vokal (Indianerlaut) durch Gebärden verdeutlicht.

Die 3. Aufgabe ist bei der Silbenmethode wichtig, da die Schüler nicht wie beim freien Schreiben gezwungen sind, Wörter auf die einzelnen Laute abzuhören. Vom Laut zur Schrift wird durch das Schreiben nach Diktat in die Arbeit einbezogen.

In der 4. Aufgabe üben die Schüler das synchrone Sprech-Schreiben. Die Verwendung von zwei Farben ist zur Sicherung des Arbeitens in automatisierten Silben von großer Bedeutung. Außerdem kann der Lehrer nachträglich die korrekte Durchführung an den Farben erkennen.

Momo zu S. 6, 7

1. Mo mo

2. mo o

3.

4. Momo
Momo
Mimi
Mimi

1. „Momo" finden und jeweiliges Feld farbig ausmalen
2. Silben nachspuren nach und sprechen – Hilfen: mo – Lass beide zusammen heraus, ohne Luft dazwischen. o – Indianergeheul!
3. Nach Diktat schreiben: **mu mu mi mo** – Beim Schreiben Silben mitsprechen
4. Nomen: die Reihen fortsetzen undmit zwei Farben schreiben – Beim Schreiben Silben mitsprechen

KV 5 © Mildenberger Verlag · Bestell-Nr. 1403-77 11

Tila und Toto — zu S. 16, 17

1\. Wir lesen im Sauseschritt

1234	Ta	Te	Ti	To	Tu
1234	ta	me	te	mo	ti
1234	to	ma	tu	mi	mu
1234	Tila	Toto	Timo		
1234	Emu	Ole	Uta		
1234	Ali	Ute	Emil		

2\.

3\.

1. Lesen und gleichzeitig den Finger der Schreibhand in Bögen unter den Silben mitführen
2. Zu den Gebärden Nomen mit zwei Farben schreiben: Tila, Ute
3. Bildwörter synchron sprechen und klatschen und mit zwei Farben schreiben: Limo, Lama, Oma, Tomate

30 © Mildenberger Verlag · Bestell-Nr. 1403-77 KV 24

Die 1. Übung soll das Lesen beschleunigen. Die Lehrkraft zählt vor und regelt so das Tempo der Zeile. Durch das chorische Lesen im Takt werden ab der vierten Zeile die Namen mit trochäischer Betonung gelesen.

Die 2. Übung festigt die Gebärden als Brücke zwischen Laut und Buchstaben.

In der 3. Aufgabe sprechen die Kinder die Wörter selbst und schreiben mit zwei Farben. Ziel ist wieder das automatisierte Silbenschreiben.

Bald ist Ostern — zu S. 52, 53

1\.

Die Eltern malen die ______ Eier mit bunten Farben an. ______ Kinder helfen der Mama. Sie backen Hasen im ______ Ofen. Mutter hat ______ Schokoriegel gekauft. ______ im Garten werden alle Süßigkeiten in ein ______ Nest gelegt.

süße – weißen – Draußen – Fleißige – großes – heißen

2\. Der Hase und der Igel

◯ Der Igel sagte zu seiner Frau: Komm mit, ich will mit dem Hasen um die Wette laufen.

◯ Der Hase wurde immer müder und fiel tot um.

◯ Als der Hase am Ende des Ackers ankam, rief die Igelfrau: Ich bin schon da.

◯ An einem Sonntagmorgen traf der Hase den Igel.

1. Passende Wörter einsetzen
2. Bilder den Sätzen zuordnen

KV 123 © Mildenberger Verlag · Bestell-Nr. 1403-77 129

In der 1. Aufgabe werden die passenden Wörter aus dem Wörterpool ausgewählt.
In Anlehnung an den Silbenfibeltext und die Abbildungen wird das Verständnis für den Satzzusammenhang gefordert.

In der Bildergeschichte vom Hasen und Igel muss die ganze Erzählung durchschaut werden: Mit welcher List gelingt es dem Igel, den Hasen zu überlisten?

Der kleine Vampir — *zu S. 70, 71*

Valentin wohnte mit seinen Eltern in einer alten Villa.
Am liebsten spielte er auf dem großen Speicher.
Eines Tages durchsuchte er eine alte Kiste. Was war das?
Zwischen Stoffresten lag ein kleiner Vampir und schlief.
Vorsichtig trug er den Winzling in sein Zimmer.
In einer Schachtel hinter dem Vorhang
konnte er den Tag verschlafen.
Heimlich versorgte Valentin seinen Draki mit Milch.
Niemand sollte davon erfahren.
In der Nacht öffnete er immer das Fenster,
damit Draki seine Flugversuche machen konnte.
Vor Sonnenaufgang kehrte der kleine Nachtschwärmer zurück
und fiepte leise.
Eines Nachts kam Draki schon vor Mitternacht zurück
und fiepte aufgeregt. Was wollte er sagen?
Da hört Valentin auch schon Schritte im Garten.
Vom Fenster aus sieht er zwei dunkle Gestalten.
Schnell weckt er seine Eltern.
Vater schaltet das Licht ein und verjagt so die Diebe.
Nun lüftet Valentin sein Geheimnis:
„Der kleine Vampir hat die Einbrecher bemerkt.
Er wohnt hinter meinem Vorhang. Darf er bleiben?"

Schreibe die Antworten in dein Heft.

1. Was entdeckt Valentin auf dem Speicher?
2. Warum soll niemand von Draki erfahren?
3. Warum kommt Draki vor Mitternacht zurück?
4. Darf Draki bei Valentin bleiben? Was meinst du?
5. Willst du auch eine Draki-Geschichte erfinden?

KV 211 © Mildenberger Verlag · Bestell-Nr. 1403-77 217

Auf dieser Seite wird eine Geschichte von einem kleinen Vampir erzählt. Bei den Fragen zum Text handelt es sich um die Schwierigkeitsstufe „C", welche das anspruchsvollste Niveau der Textarbeit und des kreativen Schreibens darstellt. Dieser Schwierigkeitsgrad ist auf die schnellsten Lernerinnen und Lerner abgestimmt.

Auf dem Bauernhof — *zu S. 56, 57*

1.

Wir lesen im Sauseschritt

1		2		3		4
Al	le	mei	ne	Häs		chen
ha	ben	wei	ße	Näs		chen.
Gro	ße	Oh	ren	hel	les	Fell
hop	peln	auf	der	Wie	se	schnell.
Fres	sen	ger	ne	Blatt	um	Blatt
mei	ne	Häs	chen	wer	den	satt.

Die Geschichte vom Raben Jakob — *zu S. 66, 67*

1.

Wir lesen im Sauseschritt

Der	Ja	gu	ar	lau	ert,	2x
jetzt	schleicht	er	sich	an.		2x
Das	Äffchen,	das am	Boden	kau	ert,	2x
springt	weg, so	schnell es	eben	kann.		2x

Das rhythmische Lesen von Versen fördert durch den Wechsel von betonten und unbetonten Silben den Lesefluss. Im fortgeschrittenen Stadium kann das Lesen mit Klatschen oder Gehen auf die Betonung begleitet werden.

Verse zielen auf das Zeilenende. Aus dem „punktuellen" Ablesen wird mehr und mehr ein zusammenhängender, die Satzmelodie berücksichtigender Vortrag.

In den Arbeitsblättern zur Differenzierung wird für jede Schulwoche eine Aufgabe „Wir lesen im Sauseschritt" angeboten.

4.14. Kopiervorlagen Verbundene Schriften (1402-71, -72, -73)

Die Kopiervorlagen enthalten die Seiten des jeweiligen Schreiblehrgangs. Sie dienen als Reserve, falls einzelne Schüler ihre Blätter unbrauchbar gemacht oder vergessen haben. Zusätzlich sind noch einige Seiten zur Differenzierung enthalten.

4.15. Folien (1403-75)

Mithilfe der Folien können die Übungen aus dem Arbeitsheft sehr gut in der Klasse eingeführt und im Klassenverband durchgeführt werden.

Der Folienordner enthält:

- alle Vorlagen zu den Gebärden
- die Bilder zu den Rhythmusübungen
- die Vorlagen für die Übungen zur Häuschenschreibung
- die alphabetische und die strukturierte Lauttabelle
- die Hinweise zur Benutzung der Lauttabellen für das Lesen und Schreiben
- alle Folien als PDF auf CD-ROM

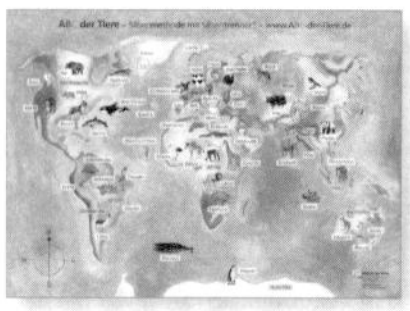

4.16. Ankerbilder (1402-75), Poster der Ankertiere (1402-69)

Die Ankerbilder enthalten alle 38 Ankertiere auf DIN-A4-Format. Jeweils der große und der kleine Buchstabe in Druckschrift und das entsprechende Tier der Lauttabelle wird vorgestellt. Auf zwei Freiflächen können die Schreibschriftbuchstaben zum Zeitpunkt der Einführung aufgeklebt werden. Es liegen alle Schreibschriften (LA, VA, SAS) bei. Das Poster in DIN A0 enthält alle Ankertiere und weitere Tiere mit ihren silbierten Namen auf einer Weltkarte.

Die Ankerbilder und die Anlautscheibe sind nicht zu verwechseln mit Anlauttabellen aus den Konzepten „Lesen durch Schreiben". Deshalb stößt die Ausführung der Lauttabelle bei Kollegen, welche den Einsatz solcher Tafeln in reinen Anlautkonzepten kennen, teilweise auf folgende Kritik:
„Warum sind so schwierige Wörter wie Orang-Utan auf der Scheibe?"
„Die Kinder verwechseln Papagei und Kakadu!"
„Die Abbildungen von Wal und Delfin sind zu ähnlich!"
„Das x bei Boxer ist kein Anlaut!"

Die Verwendung der gewählten Abbildungen und Begriffe wird plausibel, wenn die pädagogischen Intentionen wahrgenommen werden.
Es ist nicht wichtig, dass die Kinder die Tiernamen kennen. Die korrekten Namen werden den Kindern mitgeteilt. Sind die Tiernamen bekannt, gibt es auch keine Probleme mehr, dass der Affe Orang-Utan heißt. Die Namen wurden gewählt, um 2 Phänomene zu trainieren: das Silbieren und die Artikulation. Die langen Wörter wie Chamäleon und Orang-Utan sind als sogenannte Schwungwörter geeignet, Silbieren zu lernen. Die Unterscheidung von P – B und K – G oder T – D ist nur möglich, wenn Kinder mit flacher Atmung lernen, harte Verschlüsse zu artikulieren. Für beide Phänomene (silbieren und artikulieren) sind Wörter wie Papagei und Kakadu hervorragend geeignet. Das Training der klaren Artikulation schult auch die akustische Wahrnehmung. Denn nur, was ich artikulieren kann, kann ich wahrnehmen.

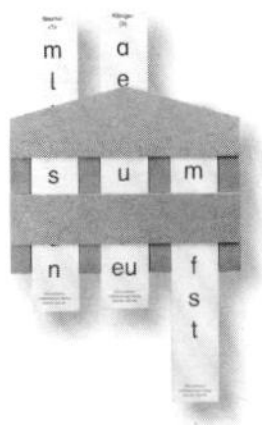

4.17. Silbenschieber (1402-74, 1403-85)

Der Silbenschieber ist ein wichtiges Hilfsmittel für das automatisierte Silbensprechen. Er ist in den ersten Monaten und bei der Einführung neuer Buchstaben ein ständiger Begleiter. Sobald Kinder in das Lautieren zurückfallen, anstatt silbenweise zu sprechen, dient der Silbenschieber der intensiven Förderung.
Der Silbenschieber aus Holz ist für die Lehrerhand (Bestell-Nr. 1402-74) und kleiner auch für die Schülerinnen und Schüler (Bestell-Nr. 1403-85) erhältlich.
Das Arbeitsheft enthält einen Mini-Silbenschieber als Beilage (vgl. 4.2., S. 65).
Mit einfachen Mitteln kann auch ein Mini-Silbenschieber gebastelt werden, sodass jeder Schüler einen eigenen Silbenschieber hat. Das ist sowohl im Unterricht als auch für das Lernen zu Hause sinnvoll.
Die Anordnung der Buchstaben auf dem Silbenschieber orientiert sich an der Reihenfolge der Einführung.
Am Silbenschieber können die Vokale, die elementaren Silben „Starter – Klinger" ma, me, mi ... und „Starter – Klinger – Stopper" mal, mat, mas ... – geübt werden.
Die erste Schieberzunge mit Konsonanten nennen wir Starter, die zweite mit den Vokalen Klinger, die dritte mit dem Konsonanten Stopper.

Gelingt eine Starter-Klinger-Stopper-Kombination (z.B. mel) nicht spontan, gehen wir einen Schritt zurück zur Starter-Klinger-Kombination (z.B. me). Danach wird dem Schüler wieder die ursprüngliche Silbe (mel) angezeigt und der Stopper l mit der Gebärde für l gleichzeitig ausgeführt. In aller Regel führt diese Hilfe zum erwünschten Ziel. In der Stopper-Position ist es für die Konditionierung des Ablaufes nicht störend, wenn wir das l beim Sprechen deutlich hervorheben. Die Gefahr, das Anlautstottern zu provozieren, ist nur bei dem zögerlichen und wiederholten Lautieren des Starters gegeben. Die Lehrerin / der Lehrer achtet in jedem Fall darauf, dass die Starter-Klinger-Stopper-Kombinationen flüssig gelesen werden. In der betonten ersten Silbe des deutschen Standardwortes (z.B. Kin-der) ist dies unbedingt erforderlich, um das irritierende „Dehnsprechen" (Kiiindeer) zu vermeiden.

Für die ersten 6 Wochen wird nur der Starter ‹m› verwendet. (Achtung: nicht von ‹m› [em] sprechen, ‹m› ist der Starter von ‹mu›). Dann ‹l› zur Differenzierung (ma – la). Ist diese Strukur verstanden und automatisiert, können die weiteren Starter schnell eingeführt werden.
Der Mini-Silbenschieber ist eine gute Hilfe für die Schülerhand. Er liegt als Beilage im Arbeitsheft oder als Download (Download-Angebot S. 6) vor.

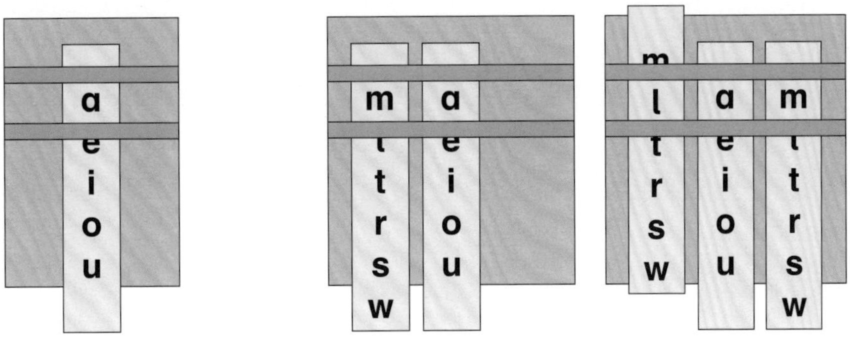

4.18. Lieder und Kontrastpaare (1403-80)

Das Singen macht den Kindern Spaß, erhöht die Motivation und verbessert den Lernerfolg. Vor allem das regelmäßige Üben und Wiederholen der Kontrastpaare ist entscheidend für die Beherrschung der Orthografie. Die CD enthält alle 24 Lieder des Handbuches und 6 Sequenzen mit Kontrastpaaren. Die Titel liegen als Vokal- und Instrumentalversion vor. So können die Lieder und Kontrastpaare geübt und dann mit Musik-Begleitung in der Klasse gesungen werden.

4.19. Tiergeschichten mit Mia und Mio (1402-40 bis -50) und Arbeitsblätter (1402-51)

Die insgesamt zehn Bände enthalten abwechslungsreiche, lustige und spannende Geschichten, die umfangreich illustriert sind. Die Tiergeschichten mit Mia und Mio sind weiteres Lesematerial mit dem farbigen Silbentrenner.

Insgesamt enthalten die zehn Bände 38 Geschichten. Von Band 1 bis Band 10 steigt der Schwierigkeitsgrad der Geschichten auf zwei Arten an:

- Die Texte enthalten immer mehr unterschiedliche Buchstaben.
- Die Textmenge der Geschichten wird größer.

Die Geschichten in Band 1 enthalten nur eine begrenzte Anzahl unterschiedlicher Buchstaben. Die Menge der verwendeten Buchstaben vergrößert sich fortlaufend. Die Einführung der Buchstaben orientiert sich an der Einführung der Buchstaben in der Silbenfibel.

Die Geschichten in Band 1 haben eine Länge von ca. 4 Seiten. In Band 10 haben die Geschichten einen Umfang von ca. 12 Seiten.

Die Geschichten in Band 1 – 10
Band 1 mit Affe, Elefant, Igel, Maus, Tiger, Wal
Band 2 mit Delfin, Fisch, Gans, Kakadu, Schildkröte
Band 3 mit Kröte, Löwe, Nashorn, Papagei, Pfau
Band 4 mit Auerhahn, Hase, Kühe, Reh, Uhu
Band 5 mit Bär, Eichhörnchen, Seepferdchen
Band 6 mit Specht, Storch, Zebra
Band 7 mit Känguru, Orang-Utan, Schlange
Band 8 mit Eule, Jaguar, Katze
Band 9 mit Qualle, Vogel, Yak
Band 10 mit Boxer, Chamäleon

Die Arbeitsblätter

Zu jeder der 38 Tiergeschichten liegen jeweils 3 Arbeitsblätter vor. Die Arbeitsblätter haben verschiedene Funktionen und Niveaustufen:

AB 1 enthält in erster Linie Übungen zum Ankerlaut. Dadurch entsteht eine enge Verknüpfung mit dem Schreiblehrgang, die zur Vertiefung der Laute genutzt werden kann.

AB 2 enthält Aufgaben zum Leseverständnis.

AB 3 begleitet die Kinder bei der Textproduktion. Mit oder ohne Wörterpool sind die Kinder eingeladen, eigene Geschichten zu erfinden und zu schreiben.

4.20. Lernsoftware (1403-94)

Die Arbeit mit der CD-ROM motiviert die Schüler in besonderer Weise. Die mannigfaltigen Übungsmöglichkeiten regen durch ihren spielerischen Aufbau zum täglichen Üben an. Dadurch werden die basalen Graphem-Phonem-Zuordnungen automatisiert, was die Voraussetzung für sinnerfassendes, flüssiges Lesen darstellt. Der Bildschirm ist das einzige Medium, das Silben in Leserichtung in der selbst gewählten Geschwindigkeit präsentieren kann. Dadurch wird das Blickrichtungstraining und die Auge-Hand-Koordination in den Leseprozess integriert. Alle Übungen sind nach kurzer Erläuterung spielbar oder sind sogar selbsterklärend. Jederzeit kann die Hilfe geöffnet werden, in der die aktuelle Ansicht oder das aktuelle Spiel erklärt werden. Die Software enthält 17 Übungsformen. Die Software enthält die Übungen zur Silbenfibel® und Silbenfibel® Förderausgabe.

Demo Kostenlose Demo-Version unter:
www.mildenberger-verlag.de/abc-der-tiere-cd-rom

Auswahlfenster Lesetexte

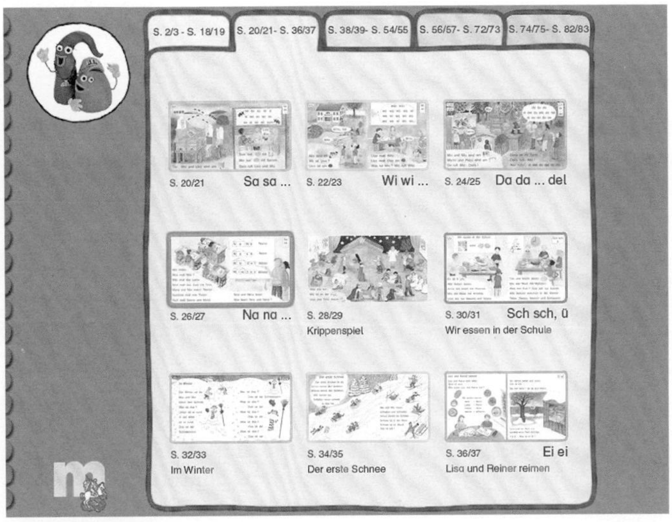

Lesetexte
Ausgangspunkt der Übungen auf der CD-ROM sind immer die Doppelseiten der Silbenfibel® oder der Silbenfibel® Förderausgabe. Die Ausgabe der Silbenfibel® kann immer gewechselt werden. Die jeweiligen Lesetexte der Doppelseiten sind auch auf der CD-ROM enthalten und erscheinen, sobald eine Doppelseite gewählt wurde. Die CD-ROM kann damit auch völlig unabhängig von den gedruckten Lehrgangsmaterialien verwendet werden.

Auswahlfenster Übungen zu den Lesetexten

Übungen zu den Lesetexten
Nach dem Lesetext der Silbenfibel®-Doppelseiten werden alle Übungen angezeigt, die zu dieser Doppelseite angeboten werden. Folgende Übungen werden bei jeder Doppelseite angeboten (siehe S. 94):

- Fibeltext zum Mitlesen
- Der Rhythmus macht's!
- Dreier-Memo-Spiel
- Ankertiere

ABC der Tiere 1: Konzeption – Silbenmethode mit Silbentrenner®

Fibeltext zum Mitlesen
silbenweise Anzeige des Lesetextes

Zum Einstieg lesen die Kinder den Fibeltext und soweit angeboten den Silbenteppich aus dem Arbeitsheft. Dabei ist zuerst kein Text zu sehen. Durch Drücken auf die Leertaste wird der Text silbenweise eingeblendet und dabei vorgelesen. Der Ton kann abgestellt werden, damit das Kind alleine laut vorlesen kann.

Der Rhythmus macht's!
Kontrastpaare sprechen

Am Anfang sind die zwei Bilder eines Kontrastpaares zu sehen. Sobald die Leertaste gedrückt wird, wird der Rhythmus als Einleitung einmal eingespielt. Dann soll synchron zum Rhythmus geklatscht und gesprochen werden. Dabei wird auch das Kontrastpaar vorgesprochen. Mit einem Klick auf den Lautsprecher kann das Vorsprechen abgestellt werden, sodass nur noch der Rhythmus zu hören ist.
Mit der Leertaste kann das Kontrastpaar immer wiederholt werden. Mit Klick auf den Daumen wird ein neues Kontrastpaar eingeblendet.
Zuletzt werden alle drei Kontrastpaare auf einmal eingeblendet und mit Klick auf die Leertaste am Stück rhythmisch gesprochen.

Dreier-Memo-Spiel
Bild, Wort und Silbenanzahl zuordnen

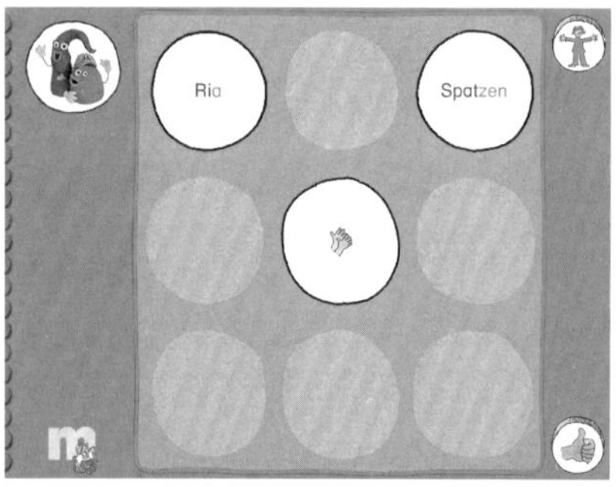

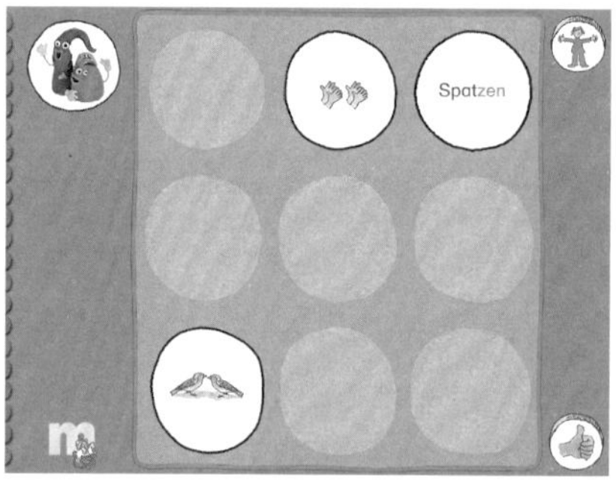

Unter den 9 Kärtchen sind Bilder, Wörter und Klatschhände verborgen. Beim Dreier-Memo-Spiel muss das passende Bild und Wort mit der richtigen Silbenanzahl (Klatschhände) geöffnet werden.

Ankertiere
Silbenanzahl erkennen

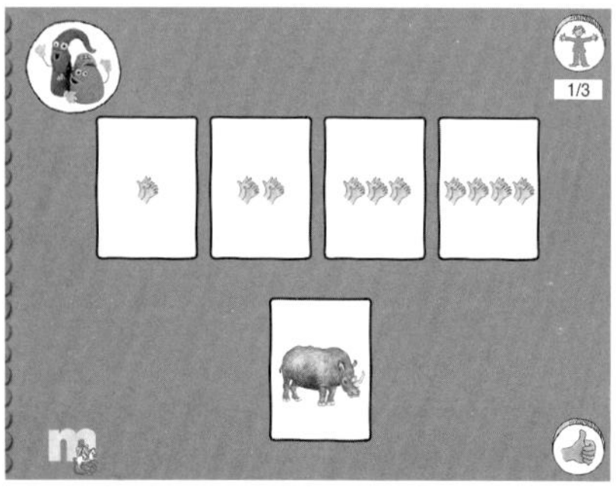

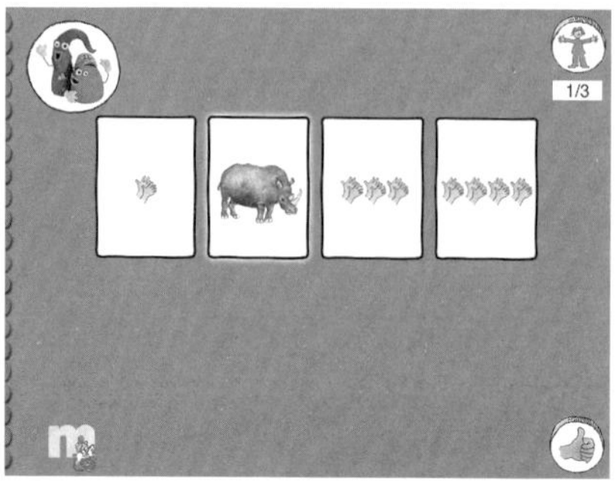

Wie viele Silben hat der Name des Ankertiers? Einfach die Karte mit dem Ankertier auf die richtige Anzahl Klatschhände legen.

Der fliegende Silbenteppich

silbenweise Anzeige der Silben und Vokale

In dieser Übung können immer wieder neue Silbenteppiche erzeugt werden. Der Teppich ist zunächst leer. Durch Drücken der Leertaste werden die Silben und Vokale eingeblendet und dabei vorgelesen. Der Ton kann abgestellt werden, damit das Kind alleine laut vorlesen kann. Die Silbenteppiche enthalten die bis zu dieser Silbenfibel®-Doppelseite eingeführten Silben und Vokale.

Gebärdenschule

Silben oder Wörter anhand Gebärden erkennen

In der Gebärdenschule werden Silben und Wörter als Gebärden gezeigt. Die Silben und Wörter müssen dann, wenn nötig mit zwei Farben, richtig geschrieben werden.

Silbenbogen

Anzahl der Silben erkennen / Silben identifizieren

Ein Begriff wird als Bild und gesprochenes Wort vorgestellt. Wie viele Silben hat das Wort? Zuerst muss die richtige Anzahl an Silbenbögen gewählt werden.
Im nächsten Schritt muss dann eine Silbe herausgehört werden und ihre Position im Wort am richtigen Silbenbogen markiert werden.
Im fortgeschrittenen Stadium muss dann für einen bestimmten Bogen aus mehreren Silben die richtige ausgewählt werden. Dabei muss dann auch die Groß- und Kleinschreibung beachtet werden.

ABC der Tiere 1: Konzeption – Silbenmethode mit Silbentrenner®

Silbenpuzzle
Anfangs- oder Endsilbe erkennen

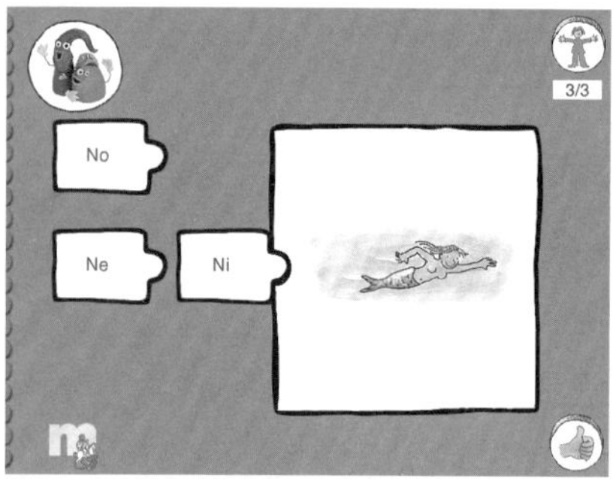

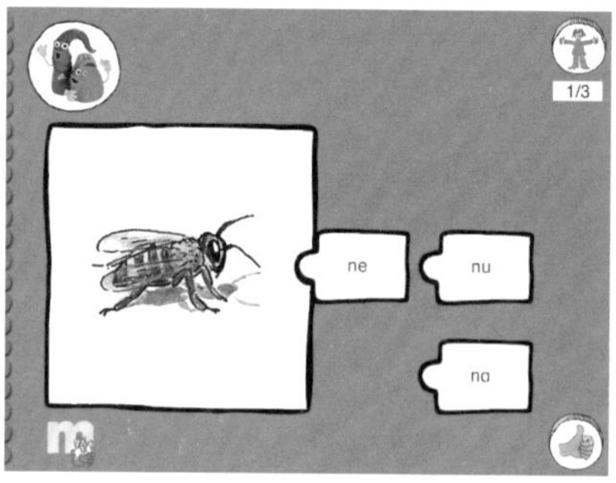

Beim Silbenpuzzle ist genaues Hinhören gefragt: Beginnt das gesuchte Wort mit No, Ne oder Ni? Hört es mit ne, nu, oder na auf? Der Spieler muss genau hinhören, um die richtige Silbe mit dem Bild zu verbinden.

Silben-Memo
Silbenpaare finden

Aus 20 verdeckten Kärtchen müssen jeweils Silbenpaare gefunden werden. Dann ist das Bild komplett zu sehen.

Silbenraster
Silben lesen

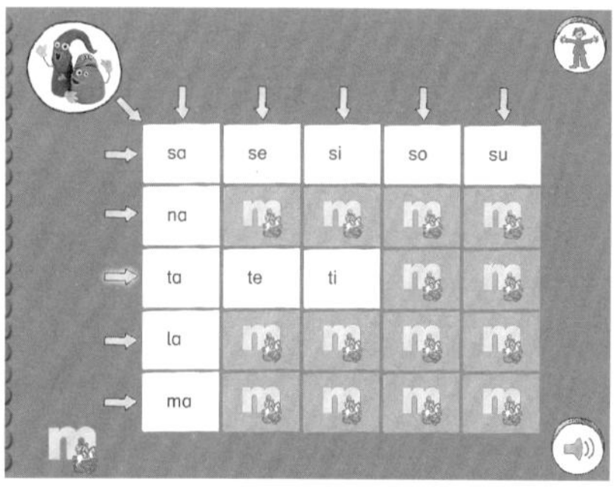

Hinter den 25 Kärtchen befinden sich Silbenreihen. Diese können mit den gelben Pfeilen in Reihen, Spalten und der Diagonale geöffnet werden. Durch Drücken der Leertaste werden die Kärtchen der jeweiligen Reihe aufgedeckt und dabei vorgelesen. Der Ton kann abgestellt werden, damit das Kind alleine laut vorlesen kann. Die Silbenreihen enthalten die bis zu dieser Silbenfibel®-Doppelseite eingeführten Silben. Sind alle Silbenreihen gelesen, werden beim nächsten Durchgang andere Silbenreihen in anderer Reihenfolge angezeigt.

Silbenschieber
Silben mit dem Silbenschieber einstellen

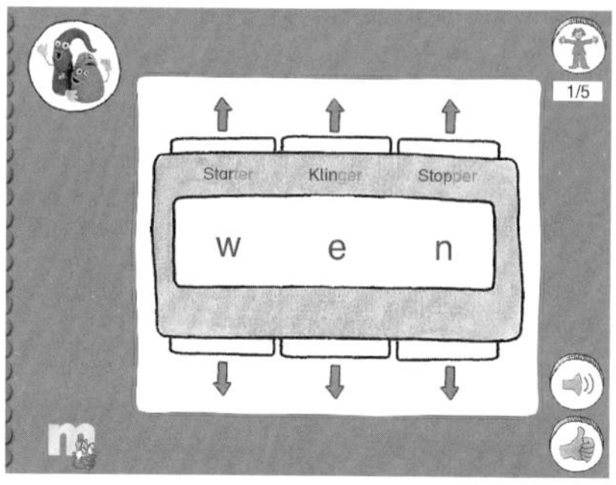

Eine gesprochene Silbe muss am Silbenschieber richtig eingestellt werden. Am Anfang werden nur offene Silben gesprochen und der Mini-Silbenschieber wird eingestellt. Später werden dann auch geschlossene Silben gesprochen, die am Silbenschieber eingestellt werden.

Wortautomat
Wörter erkennen

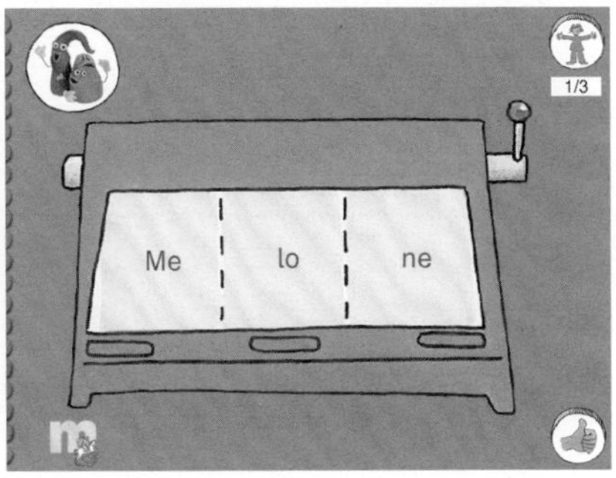

Der Wortautomat zeigt bei jedem Klick auf den Hebel drei neue Silben an. Ergeben die Silben ein Wort? Wenn nein, dann muss der Hebel solange geklickt werden, bis die Silben ein Wort ergeben.

Wörter schreiben
mit zwei Farben schreiben

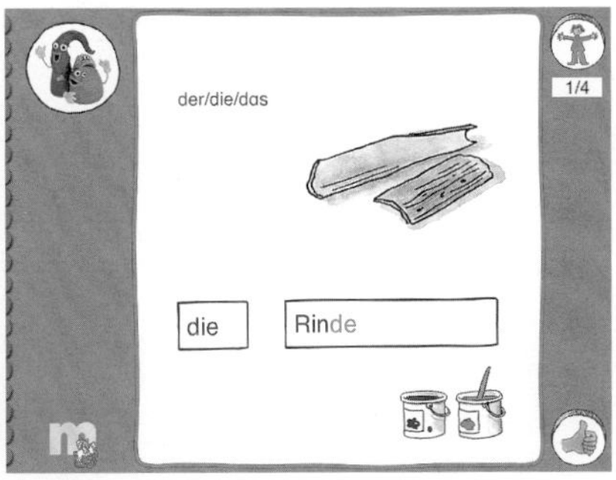

Ein Begriff wird als Bild und gesprochenes Wort vorgestellt. Das Wort muss richtig geschrieben werden. Am Anfang ohne Artikel, im weiteren Verlauf dann mit Artikel. Zu beachten sind die richtige Silbenmarkierung und die Groß- und Kleinschreibung.

Lückentexte
fehlende Wörter einfügen

Der Text der Silbenfibel® wird als Lückentext angezeigt. Welches Wort gehört in welche Lücke?

Purzelsätze
Sätze bilden

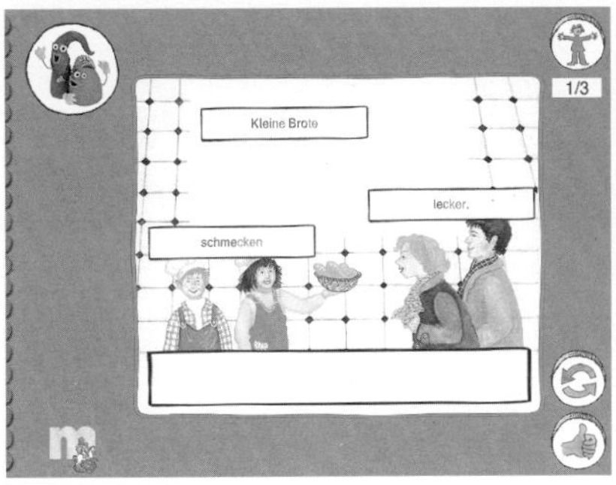

Wie lautet der Satz richtig? Aus 3 bis 5 Satzbausteinen muss der korrekte Satz zusammengesetzt werden. Mit dieser Übung werden das Sprachgefühl und der Satzbau geschult und das Textverständnis vertieft.

Simsalabim
Reimwörter, Verkleinerungsform, Singular/Plural

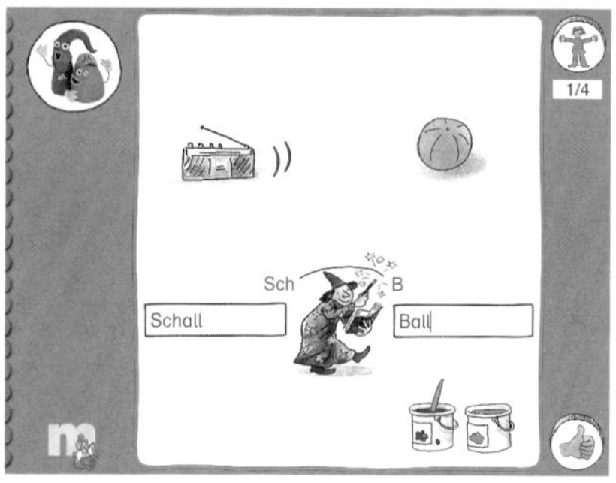

Ein Wort ist vorgegeben. Dann gibt es 3 Varianten: Bei „Reimwörtern“ wird ein neuer Starter gezeigt und das Reimwort mit diesem Starter muss geschrieben werden.

Bei „aus groß – mach klein“ muss die Verkleinerungsform des Wortes geschrieben werden.

Bei „aus eins – mach zwei“ muss die Pluralform des Wortes geschrieben werden.

Häuschen schreiben
Wörter in Häuschen schreiben

Ein Begriff wird als Bild und gesprochenes Wort vorgestellt. Zuerst muss das richtige Häuschen für das Wort ausgewählt werden. Ist die Häuschensilbe offen oder geschlossen? Benötigt die Garage zwei oder drei Plätze?

Ist das richtige Häuschen gewählt, wird das Wort in das Häuschen geschrieben.

4.21. Silben-Generator (1403-76/ -78/ -79)

Mithilfe des Silben-Generators können digital vorliegende Texte mit wenigen Klicks in einen Lesetext mit farbigem Silbentrenner umgewandelt werden.

Die Vorteile im Überblick:

- Beliebige, in digitaler Form vorliegende Texte werden automatisch in Sprech-Silben nach der Silbenmethode mit Silbentrenner® umgewandelt.
- Die Texte können am Bildschirm für Lese- und Schreibübungen eingesetzt werden.
- Sie können eigene Texte (.txt oder .rtf) in den Silben-Generator laden. (Jeder digitale Text kann als .txt-Datei gespeichert werden.)
- Die Texte können exportiert werden: als Ausdruck, als .pdf oder als .rtf. (.rtf-Dateien können in Word® geöffnet und bearbeitet werden.)
- Die Farbe der Silbierung kann geändert werden: blau / rot oder schwarz / grau.
- Anhand zahlreicher Optionen können Ton, Schrift und Farbe sowie weitere Einstellungen verändert werden.
- Bei der Installation unterstützt Sie der Installationsassistent.
- Die Markierung der Silben kann individuell verändert werden.

Demo Kostenlose Demo-Version unter: www.mildenberger-verlag.de/silben-generator

5. Weitere Materialien zur Silbenmethode

Zum Lehrgang ABC der Tiere können noch andere Materialien passend zum Konzept und zur Methode eingesetzt werden.

Hexe Trixi:

Richtungsorientierung und Merkfähigkeit

Wortdurchgliederung auf der Basis von Silben

Silbenlesen

Das Programm beinhaltet eine ausführliche Fehlerstatistik zur gezielten Diagnose und Förderung. „Hexe Trixi“ enthält viele Übungen für das Lesen- und Schreibenlernen.
Weitere Informationen unter: www.hexe-trixi.de

Silben-Sudoku

Das Silben-Sudoku (Bestell-Nr. 1402-20) richtet sich in seinem Aufbau nach der Silbenfibel „ABC der Tiere“. Zu jeder Doppelseite werden zwei differenzierte Sudokus angeboten (leicht und schwer). Die Ausgangswörter oder -sätze und das Lösungswort bestehen aus den bis dahin behandelten und den Kindern bekannten Silben. Das Silben-Sudoku eignet sich als zusätzliches Differenzierungsmaterial. www.mildenberger-verlag.de/sudoku

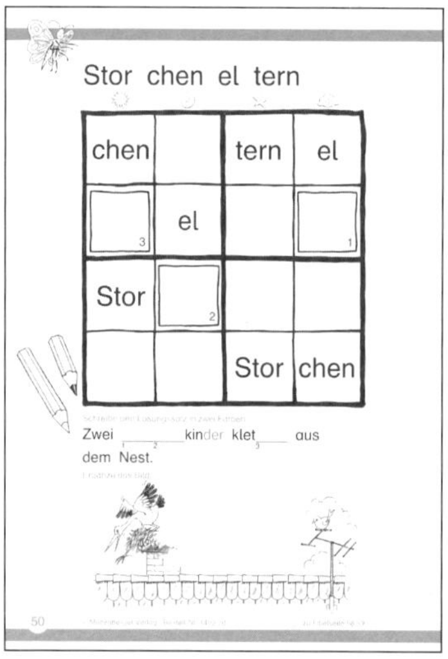

Silben-Sudoku 4x4 leicht, zu Silbenfibel S. 58/59, Kontrolle: Bild ergänzen

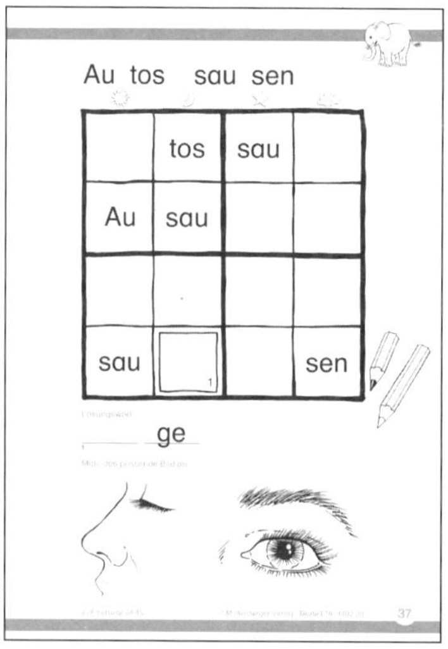

Silben-Sudoku 4x4 schwer, zu Silbenfibel S. 44/45, Kontrolle: richtiges Bild anmalen

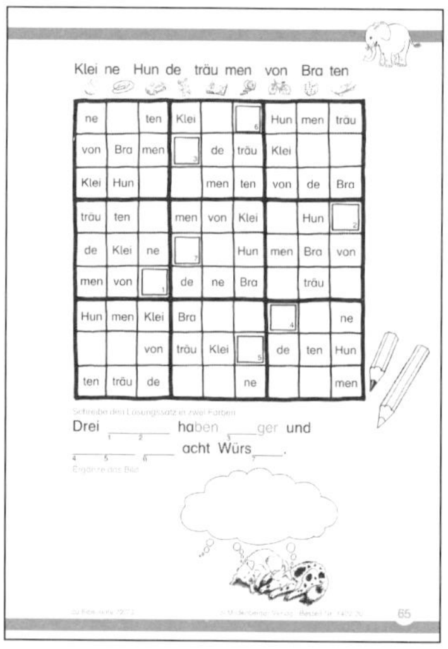

Silben-Sudoku 9x9 schwer, zu Silbenfibel S. 72/73, Kontrolle: Bild ergänzen

Fördern und Fordern – Lesen! Lesen! 1

Texte und handlungsorientierte Erarbeitungen
für das 1. Schuljahr

Die Arbeitsblätter (Bestell-Nr. 1200-13) für erste spannende Leseabenteuer! Denn gerade der Einstieg in die Lesewelt sollte für die Kinder motivierend sein. Daher sind diese Kopiervorlagen handlungsorientiert und spielerisch angelegt. Die Materialien sind systematisch aufgebaut. Schritt für Schritt gehen die Kinder den Weg

- vom Erlesen von Wörtern (Wort-Bild-Puzzles, Dominos),
- über das Bauen von Sätzen (Klammerkarten, Wimmelsätze) und
- das „Basteln“ kleiner Geschichten (Minihefte, Leporellos),
- bis hin zum angeleiteten Erarbeiten kleiner Lektüren (Der Regenbogenfisch, Peter und der Wolf).

> Alle Lesetexte mit dem farbigen Silbentrenner nach der Silbenmethode mit Silbentrenner® von ABC der Tiere

Grundlegendes Ziel der Übungen ist es, dass die Kinder sich nicht nur die Lesetechnik aneignen, sondern auch verstehen, was sie lesen.
Die Kopiervorlagen ermöglichen ein differenzierendes Arbeiten und zielen auf selbstständiges Lernen ab (Freiarbeit, Wochenplanarbeit).

Die verrückten Silbenwesen

Ein Lege- und Lesespiel

Ein klassisches Memo-Spiel mit leseförderndem Ansatz (Bestell-Nr. 1402-28): Die Kartenpaare bilden sich nach den Bildhälften und nach den Worthälften. Passt das Vorderteil zum aufgedeckten Hinterteil? Lustige Tiere entstehen. Neben Hase und Robbe tauchen nun auch Tiere wie Gämke, halb Gämse, halb Krake auf.

Ungezwungen lesen die Kinder die neu entstandenen Wörter. Was für die Leseanfänger ein gutes Training darstellt, ist für die Lehrkraft eine wertvolle Beobachtungschance: Kann ein Schüler das Wort „Rabe“ wirklich lesen oder weiß er es einfach? Wenn er Rabe tatsächlich liest, dann kann er „Rabe“, halb Rabe, halb Robbe, auch richtig vorlesen.
Errät das Kind die Wörter aber, wird es auch Ziege statt Gämse, Frosch statt Kröte oder Tintenfisch statt Krake als Tiername nennen.
Der erste Schritt wäre der Hinweis auf die Zweisilbigkeit der Wörter.

6. www.abc-der-tiere.de

Unter **www.abc-der-tiere.de** finden Sie:

- alle Informationen zum Lehrgang
- aktuelle Beiträge
- kostenlose Downloads
- Vortragstermine
- Videosequenzen aus dem Unterricht
- viele methodische Anregungen
- ein Forum für Ihre Fragen und den Austausch mit Kolleginnen und Kollegen

7. Vorschlag für einen Stoffverteilungsplan

Hinweise

- Die Übersicht will Ihnen die Zuordnung der Fibelseiten zu den Materialien (Schreiblehrgang, Arbeitsheft, Arbeitsblätter zur Differenzierung, Silbenschieber, CD-ROM, CD) erleichtern.
- Die zeitliche Strukturierung ist individuell zu verändern: Im Blick auf die speziellen Lernvoraussetzungen der Klasse entscheidet die Lehrerin / der Lehrer, welches Lerntempo für die Klasse günstig ist.

Aufgeführte Materialien

	Bestell-Nr.
Silbenfibel	1403-90
Arbeitsheft zu Lesen in Silben	1403-91
Schreiblehrgang Druckschrift	1403-81
Silbenkärtchen, Leseteppiche	1402-93
Arbeitsblätter zur Differenzierung – Neu-Ausgabe	1403-77
(Arbeitsblätter zur Differenzierung – Erst-Ausgabe)	1402-77
Musik-CD	1403-80
CD-ROM	1403-94
Silbenschieber	1402-74

Den Stoffplan finden Sie als PDF zum Download unter: www.abc-der-tiere.de/handbuch-1

Schulwoche	ABC Fibelseiten/ Buchstaben	Fibelthema	AH Teil A	Schreiblehrgang Druckschrift Teil A	Lernstandserhebung	Differenzierung Seite	Tägliche Übungen
1	2, 3 **mu**	mu					Aufstellen eines Bauernhofes CD Nr. 1, 2; CD-ROM
2	4, 5 **Mi mi**	Mimi	4 – 7	5 – 8 **m i u**		7 – 9 (7 – 9)	Silbenschieber, Beilage: Mini-Silbenschieber Silbenkärtchen 1; Silbenkarten: Mu, mu, Mi, mi CD Nr. 3, 4; CD-ROM, Kontrastpaare Folie 51
3	6, 7 **Mo mo**	Momo	8 – 11	9 – 12 **M o**		10 – 11 (11 – 12)	Silbenschieber, Beilage: Mini-Silbenschieber Silbenkärtchen 1; Silbenkarten: Mo, mo CD Nr. 3, 4; CD-ROM, Kontrastpaare Folie 51
4	8, 9 **Ma ma, O**	Mama	12 – 15	13 – 16 **a**		12 – 15 (13 – 15)	Silbenschieber, Beilage: Mini-Silbenschieber Silbenkärtchen 1; Silbenkarten: Ma, ma CD-ROM; Kontrastpaare Folie 51
5	10, 11 **Me me**	Memo	16 – 19	17 – 19 **e**	**1**	16 – 20 (17 – 21)	Silbenschieber, Beilage: Mini-Silbenschieber Silbenkärtchen 1; Silbenkarten: Me, me CD Nr. 5, 6; CD-ROM, Kontrastpaare Folie 52
6	12, 13 **La la**	Lama	20 – 23	20 – 22 **L l**		21 – 24 (23 – 26)	Silbenschieber, Beilage: Mini-Silbenschieber Silbenkärtchen 1, 2; Silbenkarten: Starter L l Leseteppiche 1, 2 CD-ROM, Kontrastpaare Folie 52
7	14, 15 **A E I O U**	A E I O U	24 – 27	23 – 25 **A E I O U**		25 – 28 (27 – 29)	Silbenschieber, Beilage: Mini-Silbenschieber Silbenkärtchen 1, 2; Silbenkarten, Leseteppiche 1, 2 CD Nr. 7, 8; CD-ROM, Kontrastpaare Folie 53
8	16, 17 **Ti ti**	Tila und Toto	28 – 31	26 – 28 **T t**		29 – 31 (31 – 33)	Silbenschieber, Beilage: Mini-Silbenschieber Silbenkärtchen 1, 2; Silbenkarten: Starter T t Leseteppiche 1, 2 CD Nr. 9, 10; CD-ROM, Kontrastpaare Folie 54
9	18, 19 **Ri ri**	Ria ruft ia	32 – 35	29 – 31 **R r**	**2**	32 – 34 (35 – 37)	Silbenschieber, Beilage: Mini-Silbenschieber Silbenkärtchen 1, 2; Silbenkarten: Starter R r Leseteppiche 1, 2 CD Nr. 11, 12; CD-ROM, Kontrastpaare Folie 53
10	20, 21 **Sa sa**	Sum, sum, sum	36 – 39	32 – 34 **S s**		35 – 38 (39 – 42)	Silbenschieber, Beilage: Mini-Silbenschieber Silbenkärtchen 1 – 3; Silbenkarten: Starter S s Leseteppiche 1, 2 CD Nr. 13, 14; CD-ROM, Kontrastpaare Folie 53

Schulwoche	ABC Fibelseiten / Buchstaben	Fibelthema	AH Teil A	Schreiblehrgang Druckschrift Teil A	Lernstandserhebung	Differenzierung Seite	Tägliche Übungen
11	22, 23 **Wi wi**	Wito	40 – 43	35 – 37 **W w**		39 – 41 (43 – 45)	Silbenschieber, Beilage: Mini-Silbenschieber Silbenkärtchen 1 – 3; Silbenkarten: Starter W w Leseteppiche 1, 2 CD-ROM, Kontrastpaare Folie 53
12	24, 25 **Do da del**	di del da del du del	44 – 47	38 – 40 **D d**		42 – 45 (47 – 50)	Silbenschieber, Beilage: Silbenschieber Silbenkärtchen 1 – 3; Silbenkarten: Starter D d Leseteppiche 1, 2 CD Nr. 15, 16; CD-ROM, Kontrastpaare Folie 53
13	26, 27 **Na na**	Nina und Nena	48 –51	41 – 44 **N n**	**3**	46 – 50 (51 – 55)	Silbenschieber, Beilage: Silbenschieber Silbenkärtchen 1 – 4; Silbenkarten: Starter N n Leseteppiche 1, 2 CD-ROM, Kontrastpaare Folie 53
14	28, 29	Weihnachten	52 – 53, 79				CD Nr. 17, 18
15	30, 31 **Sch sch, ü**	Wir essen in der Schule	54 – 57	45 – 47 **Sch sch**		51 – 54 (57 – 58)	Silbenschieber, Beilage: Silbenschieber, Wortautomat Silbenkärtchen 1 – 4; Silbenkarten: Starter Sch sch Leseteppiche 1, 2 CD Nr. 19 – 26; CD-ROM, Kontrastpaare Folie 54
16	32, 33	Im Winter	58 – 61	48 – 49		55 – 57 (59 – 62)	Silbenschieber, Beilage: Wortautomat Silbenkärtchen 1 – 4; Silbenkarten Leseteppiche 1, 2 CD Nr. 27, 28; CD-ROM, Kontrastpaare Folie 54
17	34, 35	Der erste Schnee	62 – 65	50 – 52		58 – 64 (63 – 68)	Silbenschieber Silbenkärtchen 1 – 4; Silbenkarten Leseteppiche 1, 2 CD-ROM, Kontrastpaare Folie 54
18	36, 37 **Ei ei**	Lisa und Reiner reimen	66 – 69	53 – 55 **Ei ei**	**4**	65 – 70 (69 – 73)	Silbenschieber Leseteppich 5 CD Nr. 29, 30; CD-ROM, Kontrastpaare Folie 54
19	38, 39 **K k, ck**	In der Schule	70 – 73	56 – 59 **K k ck**		71 – 76 (75 – 79)	Silbenschieber, Beilage: Wortautomat Silbenkärtchen 1 – 4; Silbenkarten: Starter K k Leseteppiche 3, 4 CD Nr. 31, 32; CD-ROM, Kontrastpaare Folie 53
20	40, 41 **B b, ä**	Am Abend	74 – 78	60 – 62 **B b**		77 – 87 (81 – 88)	Silbenschieber, Beilage: Wortautomat Silbenkärtchen 1 – 5; Silbenkarten: Starter B b Leseteppich 3 – 5 CD-ROM, Kontrastpaare Folie 53

Schulwoche	ABC Fibelseiten/ Buchstaben	Fibelthema	AH Teil B	Schreiblehrgang Druckschrift Teil B		Lernstandserhebung	Differenzierung Seite	Tägliche Übungen
21	42, 43 **F f**	Bei den Eskimos	4 – 7	5 – 7	**F f**		88 – 94 (89 – 94)	Silbenschieber Silbenkärtchen 1 – 5; Silbenkarten: Starter F f Leseteppiche 3 – 5 CD Nr. 33, 34; CD-ROM, Kontrastpaare Folie 53
22	44, 45 **Au au**	Schule ist aus	8 – 11	8 – 10	**Au au**	**5**	95 – 101 (95 – 101)	Silbenschieber Silbenkärtchen 1 – 5; Silbenkarten Leseteppiche 3 – 5 CD-ROM, Kontrastpaare Folie 55
23	46, 47 **G g, h**	Geister im Turm	12 – 15	11 – 13	**G g**		102 – 109 (103 – 108)	Silbenschieber Silbenkärtchen 1 – 5; Silbenkarten: Starter G g Leseteppiche 3 – 5 CD-ROM, Kontrastpaare Folie 51
24	48, 49 **ie ö**	Im Riesenland	16 – 19	14 – 16	**ie**		110 – 117 (109 – 115)	Silbenschieber Silbenkärtchen 1 – 5; Silbenkarten Leseteppiche 3 – 5 CD-ROM, Kontrastpaare Folie 55
25	50, 51 **P p, Pf pf**	Panne	20 – 23	17 – 19	**P p**	**6**	118 – 127 (117 – 122)	Leseteppiche 3, 4, 6 CD-ROM, Kontrastpaare Folie 53
26	52, 53 **H h ß**	Bald ist Ostern	24 – 27	20 – 22	**H h ß**		128 – 135 (123 – 128)	Leseteppiche 3, 4, 6 CD Nr. 35, 36; CD-ROM, Kontrastpaare Folie 54
27	54, 55 **ch**	Tiger in Indien	28 – 31	23 – 25	**ch**		136 – 148 (129 – 136)	CD-ROM Kontrastpaare Folie 54
28	56, 57 **Ä ä**	Auf dem Bauernhof	32 – 35	26 – 28	**Ä ä**		149 – 160 (137 – 142)	CD Nr. 37, 38; CD-ROM Kontrastpaare Folie 54
29	58, 59 **St st, Sp sp**	Störche	36 – 39	29 – 31	**St st Sp sp Ö ö**	**7**	161 – 169 (143 – 148)	CD Nr. 39, 40; CD-ROM Kontrastpaare Folie 54
30	60, 61 **Z z**	Zoo	40 – 43	32 – 34	**Z z**		170 – 178 (149 – 155)	CD-ROM Kontrastpaare Folie 55
31	62, 63 **ai tz**	Max und Moritz	44 – 47	35 – 37	**ai tz nk**		179 – 184 (157 – 159)	CD-ROM Kontrastpaare Folie 56
32	64, 65 **ng**	Der letzte Streich	48 – 49	38 – 40	**ng Ü ü**		185 – 190 (161 – 163)	CD-ROM Kontrastpaare Folie 56

Schulwoche	ABC Fibelseiten / Buchstaben	Fibelthema	AH Teil B	Schreiblehrgang Druckschrift Teil B	Lernstandserhebung	Differenzierung Seite	Tägliche Übungen
33	66, 67 **J j**	Die Geschichte vom Raben Jakob	50 – 53	41 – 43 **J j**	**8**	191 – 198 (165 – 170)	CD Nr. 41, 42 CD-ROM Kontrastpaare Folie 52
34	68, 69 **Eu eu**	Eulen jagen in der Nacht	54 – 57	44 – 46 **Eu**		199 – 208 (171 – 178)	CD-ROM Kontrastpaare Folie 56
35	70, 71 **V v**	Vogelnest im Garten	58 – 61	47 – 49 **V v**		209 – 217 (179 – 185)	CD Nr. 43, 44 CD-ROM Kontrastpaare Folie 53
36	72, 73 **äu**	Was Tiere träumen	62 – 65	50 – 52 **Äu äu**		218 – 221 (187 – 189)	CD-ROM Kontrastpaare Folie 56
37	74, 75 **Qu qu**	Die Frösche quaken	66 – 69	53 – 55 **Qu qu**	**9**	222 – 229 (191 – 195)	CD Nr. 45, 46 CD-ROM Kontrastpaare Folie 56
38	76, 77 **Y y**	Auf dem Ponyhof	70 – 73	56 – 57 **Y y**		230 – 232 (197 – 198)	CD Nr. 47, 48 CD-ROM Kontrastpaare Folie 56
39	78, 79 **C c**	Clowns im Zirkus	74 – 77	58 – 59 **C c**		233 – 235 (199 – 200)	CD-ROM Kontrastpaare Folie 55
40	80, 81 **X x, chs**	Hexe Trixi	78 – 80	60 – 62 **X x**		236 – 242 (201 – 203)	CD Nr. 49, 50 CD-ROM Kontrastpaare Folie 56
41	82, 83	Die Bremer Stadtmusikanten					

Inhalt zu II Seitenkommentare

Inhalt	**Handbuch-seite**

Alle Seitenverweise beziehen sich auf die Silbenfibel®. Ausnahmen sind besonders gekennzeichnet.

Der Aufbau der Kommentarseiten

Die Kommentare orientieren sich am Leitmedium Silbenfibel. Die jeweilige Doppelseite der Silbenfibel bildet den Einstieg in den Kommentar und die Unterrichtswoche. Dadurch ergeben sich einundvierzig kommentierte Unterrichtswochen. Der Kommentar zur ersten Doppelseite ist verkürzt, weil in der ersten Woche meistens nur eine Stunde zur Verfügung steht.

Inhalte und Kompetenzen

Eine Auflistung gibt einen schnellen Überblick über die Inhalte und Kompetenzen dieser Unterrichtswoche.

Wochenplan

Leitmaterialien

Der Wochenplan gibt eine Übersicht über den Einsatz der Leitmaterialien und wichtige Elemente der Unterrichtswoche. Der Wochenplan enthält auch eine Übersicht zu den benötigten Materialien.
Jede Woche wird mit der Bildbetrachtung der Silbenfibel-Doppelseite eröffnet. Daran schließt sich die Silbenschule an. Danach werden Wort-Bild-Sätze und Illustrationstexte gelesen.
Die Leitmaterialien Silbenfibel, Schreiblehrgang und Arbeitsheft bauen in zeitlicher Abfolge aufeinander auf. Diese Abfolge zeigt der Wochenplan. Die Arbeitsblätter zur Differenzierung (Erst-Ausgabe Bestell-Nr. 1402-77 und Neu-Ausgabe 1403-77) können und sollen nach Bedarf eingesetzt werden.

Vorlesen

Um der großen Bedeutung des Vorlesens gerecht zu werden, findet sich in jeder Woche mindestens eine Vorlesegeschichte als Vorschlag. Selbstverständlich können auch andere Geschichten vorgelesen werden.

Tägliche Übungen

Hier sind die Übungen aufgeführt, die zur Automatisierung täglich in kleinen Einheiten durchgeführt werden sollten.

Differenzierung

Diese Angebote eignen sich zur Differenzierung und können ganz nach Bedarf eingesetzt werden. Ein Sternchen * bezeichnet Angebote zur Förderung starker Kinder.

Didaktisch-methodische Überlegungen

Ziele und Inhalte

Die Überlegungen dienen zur Einführung in die Woche. Hier werden die Ziele und Inhalte der Woche, sowie methodische Hinweise thematisiert.

Einstieg

Vorschlag

Der vorgeschlagene Einstieg hat sich so in der Praxis bewährt. Selbstverständlich sind auch andere Einstiege möglich. Falls erforderlich, wird benötigtes Material genannt.

Hinweise zu den Leitmaterialien

Detaillierte Vorstellung

Die Leitmaterialien Silbenfibel, Schreiblehrgang, Arbeitsheft und Arbeitsblätter zur Differenzierung werden detailliert vorgestellt. Bei den Arbeitsblättern zur Differenzierung bezieht sich die genannte Seitenzahl auf die Neu-Ausgabe (Bestell-Nr. 1403-77). Direkt dahinter stehen in Klammern die Seitenzahlen der Erst-Ausgabe (Bestell-Nr. 1402-77).

Bei Arbeitsblättern, die nur in der Neu-Ausgabe enthalten sind, wird bei der Erst-Ausgabe auf vergleichbare Arbeitsblätter aus dem Handbuch Teil B Druckschrift (Bestell-Nr. 1402-79) hingewiesen oder die Arbeitsblätter liegen als Download-Angebot (S. 6) vor. Zusätzliche Materialangebote werden genannt.

Tägliche Übungen

Vertiefung

Hier finden sich nähere Hinweise zu den verschiedenen Übungen, die möglichst täglich durchgeführt werden sollten:
- Automatisierung des Silbenlesens
- sprechrhythmisches Training der Kontrastpaare
- Lieder, sofern angegeben

Zusätzliche Materialangebote werden genannt.

Differenzierung

Individuell

Die genannten Angebote eignen sich für schwache und starke Schüler und können völlig individuell eingesetzt werden. Ein Sternchen * bezeichnet Angebote zur Förderung starker Kinder.

Hinweise zu Übungsformen und Materialien

Automatisierung des Silbenlesens

Die Automatisierung des Silbenlesens ist von entscheidender Bedeutung. Je schneller den Kindern die Automatisierung gelingt, desto schneller können sie flüssig und sinnverstehend lesen. Die wichtigsten Hilfsmittel dabei sind die Silbenschule in der Silbenfibel und die Leseteppiche im Arbeitsheft, die jeweils den Einstieg bilden. Die Automatisierung wird durch vielfältige weitere methodische Hilfen unterstützt, die dann darauf aufbauen.

Entwicklung des Leseflusses

Die Silbenreihen werden vorzugsweise im Takt gelesen, mit klaren Pausen zwischen den Silben. Diese „roboterhafte" Lesetechnik wird dann auf die Wort-Bild-Sätze übertragen. Die Kinder halten an dieser Leseweise solange fest, bis alle Silben fehlerfrei gelesen werden. Das trifft auch auf Wörter wie „Al-le", „schnel-ler" und „Schlit-ten" zu. Bei Wörtern mit Doppelkonsonanten ist darauf zu achten, dass der Vokal der betonten ersten Silbe ungespannt (kurz) gelesen wird, also nicht „Schliii - ten". In dem Maße, wie bei den einzelnen Kindern die Lesegeschwindigkeit und Routine zunimmt, wird auf diese – methodisch gewollte – künstliche Lesart verzichtet.

Das Lesetraining durchläuft die Stadien:
1. Deutliches Silbenlesen mit Pausen (Win – ter)
2. Explizites Lesen der unbetonten Silben ohne Pausen (le-sen)
3. Flüssiges Lesen mit Akzent auf der betonten Silbe

Chorisches Lesen

Kinder müssen beim Lesenlernen laut lesen. Nur so können sie verstehen, was sie lesen, nur so kann sofort korrigiert werden, wenn ein Kind falsch oder mit falschem Akzent liest. Nachdem einzelne Kinder einen Text abschnittweise einzeln gelesen haben, hat das chorische Lesen, also wenn alle Kinder gemeinsam (am Anfang auch gemeinsam mit der Lehrerin / dem Lehrer) einen Text lesen, besondere Vorteile:

Vorteile

- Das gemeinsame Lesen gibt Sicherheit.
- Es trainiert auch unsichere Kinder.
- Es ist für alle Kinder eine direkte Kontrolle.
- Es macht Spaß und erhöht so die Motivation.

Leserhythmus

Das chorische Lesen kann auf unterschiedlichste Arten durchgeführt werden. Wichtig ist bei allen aber, dass in der Anfangsphase jede Zeile von der Lehrerin / dem Lehrer auf 4 angezählt wird, damit der Leserhythmus stimmt, also z.B. bei der Silbenschule auf S. 2 / 3:
Die Lehrerin / der Lehrer: 1, 2, 3, 4 – Alle: mu
Die Lehrerin / der Lehrer: 1, 2, 3, 4 – Alle: mu, mu etc.
Durch das Einzählen kann der Lesefluss von langsam zu schnell variiert, bzw. gesteigert werden.

Tafel

Der Text kann an der Tafel stehen, wobei die Lehrerin / dem Lehrer mit einem Zeigestock den Lesefluss begleitet.

Beamer

Wird der Text der Silbenschule von der CD-ROM über einen Beamer projiziert, ergeben sich zwei besondere Vorteile: Hier kann die Lehrerin bestimmen, in welchem Tempo die Silben angezeigt werden. Gleichzeitig bauen sich die Silben in Leserichtung von links nach rechts auf.

Silbenschule / Leseteppich

Der Lesetext kann aber auch aus der Silbenfibel oder einer anderen Vorlage chorisch gelesen werden. Hier sollten die Kinder dann den Zeigefinger der Schreibhand in Bögen unter den Silben mitführen. Dadurch wird das chorische Lesen noch mit einer Koordinationsübung verbunden.

Lesespiel „Stopp den Zug“

Ein beliebtes Spiel bei der Silbenschule oder dem Leseteppich ist „Stopp den Zug“. Dabei darf jeweils ein Kind den „Zugführer“ spielen. Während alle chorisch lesen, darf es an einem beliebigen Punkt „Stopp“ rufen: Sind alle mit dem Finger an der gleichen Silbe? Das Spiel eignet sich auch sehr gut zur Kontrolle der Lesefertigkeit.

Silbenschieber

Mit dem großen Holz-Silbenschieber bietet sich das chorische Lesen in erster Linie bei der Einführung neuer Buchstaben an. Hier können aus dem Stegreif Silbenvarianten erzeugt werden.

Silbenkarten / Silbenkärtchen

Auch mit den Silbenkarten zum Download (Download-Angebot S. 6) können an der Tafel Silbenreihen für das chorische Lesen erstellt werden.

Silbenschieber

Mit dem Silbenschieber können Silben erzeugt werden. Er ist deshalb in den ersten Wochen bei der Einführung neuer Buchstaben, beim chorischen Lesen (siehe oben) und zur Klärung von Rechtschreibproblemen ein unverzichtbares Hilfsmittel.

Elternabend

Der Mini-Silbenschieber und der Silbenschieber (Beilage Arbeitsheft) ermöglichen den Kindern das Begreifen der Silbenstruktur. Beide werden idealerweise am Elternabend von den Eltern vorbereitet, damit sie im Unterricht ohne Verzögerung eingesetzt werden können.

Der Mini-Silbenschieber benötigt am Anfang die Starterzunge „Starter-1“, der Silbenschieber die Schieberzungen 1, 3, 5. Wenn die Eltern die Silbenschieber vorbereiten, können sie so gleichzeitig mit der Methode vertraut gemacht werden und die Übungen mit dem Silbenschieber kennenlernen.

Mini-Silbenschieber/ Silbenschieber

Die Kinder beginnen mit dem Mini-Silbenschieber mit der Starterzunge „Starter-1“. Damit können offene Silben und die Vokale (Mittelstellung „Starter-1“) analysiert werden. Auch im großen Holz-Silbenschieber sind am Anfang nur die Zungen für den Starter und den Klinger eingeschoben. Der dritte Schieber kommt erst bei Einführung der geschlossenen Silbe.

Schieberzungen

Die Begriffe der Schieberzungen werden möglichst anschaulich eingeführt:

Starter = damit beginnt die Silbe / wie bei einem Auto kann man die Silben starten etc.

Klinger = diese klingen deutlich / die Indianerlaute etc.

Stopper = hier hört die Silbe auf / der Klinger wird gestoppt / Merksatz: Starter – Klinger – Stopper = kurz / schnell etc.

Übungen

Mit dem Silbenschieber können unterschiedliche Übungen in der Gruppe oder mit einem Partner durchgeführt werden:

- Silbenschieber nach Diktat (mündlich, Gebärde) einstellen
- eingestellten Silbenschieber lesen (mündlich / chorisch, Gebärden)

Buchstabeneinführung

Folgende Reihenfolge hat sich bei Übungen zur Einführung neuer Buchstaben bewährt:

1. offene Silbe mit dem neuen Buchstaben als Starter, z.B. de
2. geschlossene Silbe, z.B. del
3. geschlossene Silbe mit verschiedenen Klingern, z.B. del, dal, dil, dol, dul
4. in der darauffolgenden Woche: geschlossene Silbe mit einem neuen Stopper, z.B. del, des, der

Silbenkarten /-kärtchen

Zu jeder Silbenfibelseite bis S. 48 / 49 werden die jeweiligen neu eingeführten Silben als Karten zum Download (Download-Angebot S. 6) für die Tafel angeboten. Für die Schülerhand sind die Silbenkärtchen (Bestell-Nr. 1402-93).
Die Silbenkarten /-kärtchen eignen sich für unterschiedlichste Übungen:

Silben-Diktat

Die Kinder legen die Silbenkärtchen nach Diktat (z.B. 4 Kärtchen: mu mu mi mu).
Die Kinder legen die Kärtchen ihrer Wahl und lesen einzeln vor.
Die Kinder legen die Silbenkärtchen in 4er-Gruppen auf den Tisch und üben in Partnerarbeit.

Memo-Spiel

Mit Silbenkärtchen-Paaren kann das Memo-Spiel gespielt werden.

Bingo

Die Kinder zeichnen ein Gitternetz, in dessen Felder die Silbenkärtchen eingelegt werden können. Das Gitternetz ist leer. Die Lehrerin / der Lehrer spricht eine Silbe. Die Kinder legen diese Silbe auf ein Feld. Die Lehrerin / der Lehrer spricht wieder eine Silbe usw. Sobald ein Kind eine Reihe vertikal, horizontal, diagonal mit einer Silbe gebildet hat, ruft es „Bingo“.

Schnell-Leseübung

Schnell-Leseübung mit Silbenkarten an der Tafel. Wechselnde 4er-, 6er-, 8er-Gruppen werden aufgestellt / aufgehängt. Einzeln oder in Gruppen wird die Silbenkette gelesen. Wer schafft es am schnellsten ohne Fehler?
Weitere Übungen in Kapitel I, 4.7., S. 73

Leseteppich

Konstanzerlebnis

Die bekannten Silben werden zeilen- und spaltenweise und auch diagonal gelesen. Das Tempo wird dabei kontinuierlich gesteigert. Die häufige Wiederholung führt zu dem Konstanzerlebnis, das die Basis für flüssiges, sinnerfassendes Lesen bildet. Das geht von einfachen Silben mit nur einem Konsonant als Starter bis zu Silben mit Konsonantenhäufungen.

Sprechrhythmisches Training der Kontrastpaare

Das sprechrhythmische Training erfüllt mehrere Funktionen. In erster Linie dient es zur Anbahnung der spontanen Schreibung der Doppelkonsonanten. (vgl. Kapitel I, 3.3.3., S. 20)

Tägliches Training

Zusätzlich ist es ein ideales Motorik-, Artikulations- und Koordinationstraining. Es macht großen Spaß und motiviert die Kinder stark. Es bedarf keines großen Zeitaufwands und kann deshalb täglich durchgeführt werden.
Die vorgeschlagenen Kontrastpaarreihen befinden sich im Folienordner (Bestell-Nr. 1403-75) und sind identisch mit den Reihen aus dem Folienordner zur Spontanen Schreibung der Doppelkonsonanten (Bestell-Nr. 1402-76). Im besten Fall werden die Übungen mit Musik begleitet. Die Kontrastpaarreihen sind auch auf der Musik-CD enthalten (Bestell-Nr. 1403-80).
Im Idealfall kennen die Kinder die rhythmischen Übungen mit den Kontrastpaaren bereits aus dem Kindergarten. Dann werden sie die Übungen sofort gerne durchführen. Wenn die Kinder mit den Übungen noch nicht vertraut sind, dann können die Übungen folgendermaßen eingeführt werden:

Einführung der Übung

···› Folie

Schritt 1: Gemeinsam wird die Folie betrachtet und die Begriffe für die einzelnen Abbildungen werden geklärt. Impuls: „Was sehen wir auf der Folie / auf der Seite?“

Schritt 2: Die Lehrerin / der Lehrer spricht wiederholt und flüssig das erste Kontrastpaar z. B. „Nase – Nüsse“ vor und klatscht synchron dazu die Sprech-Silben (Kapitel I, 3.3.3., S. 20).

···› Musik-CD
···› Film-DVD

Wichtig: Hier ist nicht das orthografienahe Sprechen wie beim Silbenlesen (z. B.: Kof-fer) gemeint. Zur Verdeutlichung können die CD, der Film auf beiliegender DVD oder Film-Ausschnitte im Internet dienen (www.abc-der-tiere.de/rhythmus).

Schritt 3: Nachdem die Kinder zunehmend durch das Nachahmen das Verständnis des Ablaufes vermuten lassen, zählt die Lehrerin / der Lehrer bis vier, um der Klasse einen geschlossenen Einsatz zu geben. Alle Kinder sprechen jetzt gemeinsam einmal Nase – Nüsse im vorgegebenen Rhythmus. Gleichzeitig tippt die Lehrerin / der Lehrer im Sprechrhythmus auf die zugehörigen Abbildungen (Nase – Nüsse).

Die deutliche Artikulation und der Sprechrhythmus (lang, lang – kurz, kurz) sind immer zu beachten.
In gleicher Weise werden die weiteren vier Kontrastpaare eingeübt.

Schritt 4: Danach führt die Lehrerin / der Lehrer sprechend und synchron im Rhythmus klatschend alle Kontrastpaare im Zusammenhang vor. Die Pause zwischen den Kontrastpaaren (4. Zählzeit) wird mit „U“ ausgefüllt, um den Rap im 4 / 4-Takt zum Ausdruck zu bringen.
Impuls: „Wir wollen jetzt gemeinsam rappen (gemeinsamer Start): eins – zwei – drei – vier ...“ Die Klasse spricht und klatscht die Kontrastpaare, während die Lehrerin / der Lehrer die Einhaltung von Takt und Rhythmus durch gleichzeitiges Tippen auf die jeweilige Abbildung unterstützt.

Bei weiteren Durchgängen können die Kinder den Ausruf „U“ auf der 4. Zählzeit mit einer beidseitigen Armbewegung begleiten.
Impuls: „Nun bewegen wir uns wie in der Disco.“
Die Koordination des rhythmischen Klatschens und Sprechens kann von allen Kindern geleistet werden.

Je nach Leistungsstand der Klasse können die Übungen mit Musik und koordinierten Schritten im Takt (!) durchgeführt werden. Die Koordination von Rhythmus beim Sprechen und Klatschen und dem Gehen im Takt kann für manche Kinder am Anfang schwierig sein.
Die ausführliche Darstellung der rhythmischen Übungen finden Sie auch auf beiliegender DVD.

Gebärden

Brücke zwischen Laut und Buchstabe

Die Gebärden sind als handlungsorientierte Brücke zwischen Laut und Buchstabe unverzichtbar (vgl. Kapitel I, 3.5., S. 27). Kindern machen die Gebärden großen Spaß (Impuls: Indianer sprechen mit Gebärden). Die Gebärden werden im Wochenplan mit dem Schreiblehrgang zum jeweiligen Buchstaben (Achtung: Konsonanten nicht isoliert nennen!) eingeführt und im Arbeitsheft dann mit Silben vertieft. Eine Vorstellung der Gebärden, zum Teil mit Animation, finden Sie unter www.abc-der-tiere.de/gebaerden.
Mit den Gebärden können unterschiedlichste Übungen in Gruppen- oder Partnerarbeit durchgeführt werden:

- mit Gebärden diktieren,
- mit Gebärden „sprechen“,
- nach dem Silbenschieber Gebärden ausführen.

Schreiben mit zwei Farben

Automatisiertes Silbenschreiben

Das Schreiben mit zwei Farben ist neben dem farbigen Silbentrenner das wichtigste Element. Die Kinder schreiben die Silben eines Wortes immer abwechselnd mit einer anderen Farbe – entweder mit dem Wendestift oder mit zwei einzelnen Stiften. Sie lernen so das automatisierte Silbenschreiben, was die spätere Schreibleistung außerordentlich begünstigt. Der Stiftwechsel verhindert auch ein Verkrampfen der Hand. Die Kinder schreiben mit zwei Farben sicherer und auch schneller als mit nur einer Farbe.
Auch die Lehrerin / der Lehrer schreibt immer mit zwei Farben an die Tafel.

Indianerleporello / Indianderbilder

Leporello

Die Indianer stehen für die Vokale (Indianerlaute). Das Leporello (KV 16, S. 303) ist ein kleines Merkheftchen für die Vokale. Es kann gleich zu Beginn ausgeteilt werden und die Kinder malen bei jedem neuen Vokal diesen Indianer an oder es wird ausgeteilt, wenn alle Vokale eingeführt sind. Die großen Indianerbilder (KV 17 – 21, S. 304ff.) können ebenfalls zur Einführung der Vokale angemalt und aufgehängt werden.

Beilagen

Die Beilagen werden den Kindern jeweils beim ersten Einsatz ausgehändigt.

Mini-Silbenschieber

Der Mini-Silbenschieber wird den Kindern als Erstes ausgehändigt. Diesen sollen sie intensiv auch zu Hause benutzen.

Silbenschieber / Wortautomat

Sobald die geschlossene Silbe eingeführt wird erhalten die Kinder den Silbenschieber. Dieser ist auch gleichzeitig der Wortautomat.

Struktuierte/ alphabetische Lauttabelle

Die strukturierte Lauttabelle aus dem Lesezirkus und die alphabetische Lauttabelle aus dem Schreiblehrgang dienen zur Festigung der Ankertiere und helfen starken Schülern bei eigenen Schreibversuchen. Beide Lauttabellen liegen auch als Folien vor (Folie 48, 50).

CD-ROM ABC der Tiere

Die Lernsoftware ist für den Einsatz zu Hause gedacht und ermöglicht zusätzliche Übungen zur Differenzierung.

Folien

Der Foliensatz enthält:
- die Symbole aus dem Arbeitsheft zur Einführung
- die Bildwörter aus dem Arbeitsheft zur Klärung
- die Gebärden zur Einführung
- die Aufgabentypen zur Einführung bei der ersten Nennung im Arbeitsheft
- die Kontrastpaare für die sprechrhythmischen Übungen
- die strukturierte und die alphabetische Lauttabelle
- die Hinweise zum „Arbeiten mit der Lauttabelle“
- die Ankertiere

Musik-CD

Die Musik-CD enthält alle Lieder aus dem Handbuch zum Vorspielen und als Instrumentalversion. Auch die Kontrastpaare liegen als Vokal- und Instrumentalversion vor.

Zahlwörter, Farbwörter, ß-Wörter, h-Wörter

Diese Wörter werden in der ersten Klasse nicht systematisch erarbeitet. Sie werden bei ihrem jeweiligen Auftauchen auf einem Wandplakat eingetragen oder die Kinder malen die Begriffe auf Arbeitsblättern an (KV 10 – 14, S. 297ff.).

Folgende Wörter liegen einzeln als Download (Download-Angebot S. 6) und als KV zum Ausmalen vor:

Zahlwörter
eins, zwei, drei, vier, fünf, sechs, sieben, acht, neun, zehn, elf, zwölf

Farben
rot, gelb, grün, blau, violett, orange, braun, weiß, grau, schwarz

ß-Wörter
heiß, groß, süß, weiß, Ruß, Fuß, Gruß, Soße

h-Wörter
Zahl, Mehl, Mahl, kahl, lahm, zahm, Lehm, Rahm, Ruhm, zehn, Zahn, Kahn, Lohn, Uhr, Ohr, mehr, wahr

WRT 1+

Am Ende von Klasse 1 oder in Klasse 2 kann der **Weingartener Grundwortschatz-Rechtschreib-Test** (WRT 1+) durchgeführt werden. Die häufigsten Fehlerquellen sind: Vater, heiß, Wiese, Apfel, groß, Finger, fünf, sechs, Katze, Ohren, sieben. Da das Testergebnis durch zeitnahe Vorbereitung geschönt würde, empfiehlt es sich, entsprechende Übungen während eines längeren Zeitraumes in die Schreibarbeit einzubeziehen.

Hausaufgaben

In erster Linie sollten die Kinder zu Hause lesen. Die Aufgaben aus dem Arbeitsheft und dem Schreiblehrgang eignen sich ebenfalls für Hausaufgaben. In den Unterrichtswochen mit einer Lernstandserhebung bearbeiten die Kinder vorher die Silbenbüchlein (siehe unten) als Hausaufgabe.

Lernstandserhebung – Silbenbüchlein

Die Lernstandserhebungen sind im Wochenplan aufgeführt. Weitere Informationen in Kapitel VI.

„Mein Silbenbüchlein"

Vorbereitung Lernstandserhebung

Die Silbenbüchlein mit 8 Seiten enthalten den Lernstoff bis zur jeweiligen Lernstandserhebung. Sie haben mehrere Funktionen. In erster Linie sind sie eine Vorbereitung auf die Lernstandserhebungen. Eine Woche vor jeder Lernstandserhebung werden die entsprechenden Silbenbüchlein ausgeteilt.
Impuls: „Ihr könnt jeden Tag zwei Seiten als Hausaufgabe bearbeiten." Die Bedeutungen der Bildwörter werden geklärt.
Jedes Kinder soll selbstständig das Pensum erarbeiten. Das vermittelt den Kindern die Erfahrung, dass eine gezielte und gewissenhafte Vorbereitung zu einer guten Leistung führt. Dies wiederum hilft ihnen, Zutrauen in die eigenen Fähigkeiten zu gewinnen. Die so gewonnene Selbstsicherheit führt in Verbindung mit dem geübten Wortmaterial zu einer anwachsenden Rechtschreibkompetenz, zumal neben den zeitnahen Übungseffekten vor allem strukturelle Strategien zur korrekten Schreibung bemüht werden.

Nachbereitung Förderung

Die Silbenbüchlein können aber auch nach der jeweiligen Lernstandserhebung zur gezielten Förderung eingesetzt werden.

Motivation

Darüber hinaus macht es den Kindern große Freude, die Büchlein immer wieder neu zu bekommen und zu gestalten. Die Silbenbüchlein erhöhen die Motivation und den Lernerfolg.

Silbenbüchlein erstellen

Die Silbenbüchlein können ganz einfach erstellt werden:
Nehmen Sie die 2 Seiten eines Büchleins aus dem Ordner. Legen Sie diese in den Schnelleinzug und kopieren beidseitig mit der Funktion „Seiten sortieren".
Schneiden Sie den oberen Rand mit der Seitenzahl, KV-Nummer und eventuellen Spuren der Lochung ab. Falten Sie jeweils 2 Blätter in der Mitte zu einem Büchlein.

Jahrgangsübergreifender Unterricht

Das Spektrum des jahrgangsübergreifenden Unterrichts reicht von stark individualisiertem Lernen über Lernen nach Wochenplan bis hin zur Kombination aus gemeinsamem Kernunterricht und Abteilungsunterricht in Kursstunden der einzelnen Klassenstufe. Vor Ort wird jede Schule den Unterricht entsprechend ihrer pädagogischen Konzeption und den personellen und räumlichen Ressourcen gestalten.

Äußere Differenzierung

Um eine äußere Differenzierung zu ermöglichen, wird der Unterricht in Kurs und Kern untergliedert. In den Kernstunden findet gemeinsamer Unterricht mit der gesamten Klasse statt. In den Kursstunden werden in der kleinen Jahrgangsgruppe einer Klasse intensiv neue Lerninhalte und Methoden erarbeitet. Die Kursstunden liegen in den Randstunden eines Tages, die Kernstunden liegen täglich als Band dazwischen. In den kleinen Gruppen der Kursstunden können sowohl die leistungsstarken als auch die leistungsschwachen Schülerinnen und Schüler integrativ gefördert werden. Die Erarbeitung von Lerninhalten und Methoden in den Kursstunden ist die Basis für das selbstständige Arbeiten an Wochenplänen und Lernangeboten während der Kernstunden.

Innere Differenzierung

Der inneren Differenzierung kommt bei dem jahrgangsübergreifenden Unterricht eine besondere Bedeutung zu. Jedes Kind erhält zu Wochenbeginn ein Wochenplanblatt (vgl. Kapitel VIII) mit Pflicht- und Wahlaufgaben, die dem individuellen Leistungsvermögen des Kindes entsprechen. Das Angebot im Lehrwerk ABC der Tiere 1 und 2 bietet viele Möglichkeiten zur Differenzierung in Einzel-, Partner- und Gruppenarbeit. Die Pflichtaufgaben müssen bis zum Ende der Woche bearbeitet sein.
Das selbstgesteuerte Lernen wird ergänzt durch Unterrichtssituationen, in denen Schülerinnen und Schüler gemeinsam an einem Lerninhalt arbeiten. Durch das selbstgesteuerte Lernen entwickeln die Schülerinnen und Schüler Verantwortung für ihr Lernen, sie setzen sich Ziele, sie planen ihr Lernen und überprüfen es. Der Partner aus dem zweiten Jahrgang gibt sein Wissen an die Jüngeren weiter, er erklärt ihnen Inhalte und Arbeitsformen und kann dadurch seine eigenen Kenntnisse, Fertigkeiten und Fähigkeiten festigen. Das eigenständige Arbeiten der Kinder öffnet Zeitfenster zur gezielten Beobachtung und individuellen Förderung. Die Gefahr des fragmentarischen, wenig erfolgreichen Lernens von Kindern aus dem unteren Leistungsspektrum, einhergehend mit einem Auseinandertriften der Leistungen von starken und schwächeren Schülern, wird durch den klaren Aufbau und den lehrplangemäßen Inhalten der Unterrichtsmaterialien für jede Klassenstufe (Didaktische Spirale) gesichert.

Seite 2/3

1. Woche

Inhalte und Kompetenzen

- Zeilen erkennen
- Leserichtung erkennen
- Koordination von Silbensprechen und Handschwung
- Sprechen und lesen der Silbe **mu**

Materialien

Silbenfibel S. 2/3
Bauernhoftiere als Figuren oder Abbildungen
Poster oder großes Bild einer Kuh

Didaktisch-methodische Überlegungen

Didaktisch-methodische Überlegungen

Am ersten Tag sollen die Kinder nach dem Begrüßungsritual ihre vorbereiteten Namensschilder (Groß- und Kleinbuchstaben) für die Tische selbst finden. Der Lehrer erhält so einen ersten Eindruck über die Vorkenntnisse der Kinder.

Auf den Fibelseiten 2/3 lesen die Kinder **mu**. Dieser Tierlaut („Wie macht die Kuh?“) ist bekannt und kann problemlos gesprochen werden. Die Kinder machen die erste Leseerfahrung in der Schule mit einer Kombination von zwei Buchstaben, ohne dass diese separat benannt oder isoliert lautiert werden.
Es ist entscheidend, dass die Silbe als „Ganzheit“ wahrgenommen und gelesen wird: Die Buchstabenkombination [mu:] also mit langem [u:] (vgl. Kapitel I, 3.6., S. 27).
Wichtig ist beim ersten Lesen, dass die Kinder den Zeigefinger der Schreibhand synchron zum Sprechen unter der Schrift in Silbenbögen mitführen (Hand führt Auge). Das unterstützt die **Blicksteuerung** in Leserichtung, was für Kinder mit linker Augendominanz oder schwacher Koordination von entscheidender Bedeutung ist (vgl. Kapitel I, 3.9.3.2., S. 36).

Einstieg

Vor der Stunde den Silbenfibeltext S. 3 an die Tafel schreiben.

Idealerweise ist für den Einstieg ein Bauernhof mit Tieren im Klassenzimmer aufgebaut. (Falls das nicht möglich ist, sollten Bilder von Bauernhoftieren aufgestellt oder aufgehängt sein.) Dieser Aufbau führt direkt zum Thema, weckt das Interesse und die Aufmerksamkeit und nimmt ängstlichen Kindern die Scheu.

Vorlesen

Die Kinder sitzen im Stuhlkreis.
Die Lehrerin / der Lehrer liest den Text: „Wie die Tiere einmal lesen wollten" vor (S. 124). Sie / er fragt nach jedem Tier: „Wie spricht das Tier?" Die Kinder ahmen den Tierlaut nach, z.B.: miau, mu – muu, ki – ke – ri – ki.
Danach stellt die Lehrerin / der Lehrer ein Kärtchen mit der Silbe **mu** vor die Figur oder das Bild der Kuh. Je nach Vorerfahrung erlesen einige Kinder das Kärtchen oder sie werden mit der Frage: „Wie macht die Kuh?" zur Äußerung von [mu:] hingeführt. Alle Kinder sollten einmal deutlich [mu:] artikulieren. Dann nehmen sie ihre Plätze ein.

...: *Folie 2*

An der Tafel ist das Bild (selbst gemalt, ein Poster, Folie 2) einer Kuh. Darunter steht: mu mu.
Einige Kinder lesen spontan [mu:] [mu:]. Der Lehrer begleitet gleichzeitig zum Lesen die Silben in Schwüngen. Ohne abzusetzen wird unter jeder Silbe ein Schwungbogen gezogen.
Zuerst lesen einzelne Kinder, danach lesen alle chorisch, die Lehrerin / der Lehrer führt durch Silbenschwünge mit dem Zeigestock.

Hinweise zur Silbenfibel

S. 2/3

Die Silbenfibel wird ausgeteilt und zur Motivation mit einer besonderen Bedeutung unterlegt: „Das ist das Buch mit dem ihr lesen und schreiben lernt."
Auf der Silbenfibelseite 2 finden die Kinder Sprechanlässe und ein Bild mit Kühen mit dem Text mu.
Auf der Seite 3 ist die Situation im Klassenzimmer dargestellt.
Einzelne Kinder melden sich und lesen jeweils eine Zeile vor. Der Zeigefinger der Schreibhand wird dabei synchron mitgeführt, wie der Zeigestock an der Tafel.
Zuletzt lesen alle Kinder chorisch und führen dabei den Zeigefinger mit. Dabei wird jede Zeile von der Lehrerin / dem Lehrer neu angezählt.
Im vorgegebenen Takt / Tempo werden dann die Silben gesprochen.
Lehrerin / Lehrer: 1 – 2 – 3 – 4; Kinder: [mu:]
Lehrerin / Lehrer: 1 – 2 – 3 – 4; Kinder: [mu:] [mu:] usw.

Weitere Angebote

Die Kinder lesen den Silbenfibeltext mit synchronen Silbenschwüngen (Zeigefinger der Schreibhand) mehrmals.

CD-ROM

Leseroutine (vgl. S. 112: Chorisches Lesen)

Abzählverse

Abzählverse üben (Ene mene mu; 1, 2, 3, 4, 5, 6 sie-ben; Ich und du, Müllers Kuh etc.). Wichtig sind die klare Artikulation und die präzise Koordination des Zeigens mit dem Zeigefinger der Schreibhand.

Musik-CD

Lied: „Auf dem Bauernhof", CD Nr. 1, 2. KV 75, S. 364
Das Lied führt die Tierlaute ein und trainiert damit gleichzeitig das Silbieren.

KV 15

Die Kinder malen zu Hause eine Kuh (KV 15) mit ihren Lieblingsfarben aus. Am nächsten Tag wird die „Kuhherde" als Zimmerschmuck aufgehängt.

Differenzierung

CD-ROM

Übungen zur Auswahl

- Fibeltext zum Mitlesen
- Der fliegende Silbenteppich
- Gebärdenschule
- Der Rhythmus macht's!
- Dreier-Memo-Spiel
- Ankertiere

Hexe Trixi

Vom Startfeld aus soll ein Weg angeklickt werden. Zwei nach rechts, zwei nach unten. Sind diese Felder markiert, wird zuletzt auf Hexe Trixi geklickt. Bei richtiger Lösung öffnet Hexe Trixi das letzte Feld. Wenn 6 Felder geöffnet sind, lässt sich ein Bild darunter erahnen. Dieses Bild muss am Schluss noch einer der Gruppen Tier, Person, Gegenstand, Pflanze zugeordnet werden.

Der Hintergrund: Richtungsorientierung und Merkfähigkeit

Ein häufiges Problem im ersten Schuljahr ist die Verwechslung von rechts und links. Die Unterscheidung von Richtungen ist eine wichtige Voraussetzung

- für das Buchstabenlernen, denn mehrere Buchstaben sind nur durch ihre Ausrichtung nach rechts / links zu unterscheiden,
- für den Schreib- und Leseprozess, der von links nach rechts erfolgt und bei Unsicherheiten zu Buchstabenumstellungen führt.

Hexe Trixi

Beobachtungsspiel: Am Gittervorhang

Mitten auf einem Bauernhof lag einmal ein aufgeschlagenes Buch. Da kam eine Katze über den Hof gelaufen. „Oha“, dachte sie, „da liegt ja ein aufgeschlagenes Buch. Vielleicht kann ich darin ein wenig lesen.“ Sie lief zu dem Buch hin, setzte sich auf die Hinterpfoten und schaute angestrengt auf die vielen Striche und Kringel in dem Buch.

Die Katze maunzte: „Miau, miau, da steht miau, ich seh's genau!“

Da kam eine Kuh aus dem Stall gelaufen. „Oha“, dachte sie, „da liegt ja ein aufgeschlagenes Buch und die Katze liest darin. Was die Katze kann, das kann ich schon lange.“ Sie lief zu dem Buch hin, neben die Katze und schaute angestrengt auf die schwarzen Striche und Kringel in dem Buch.

„Mu, muu“, muhte die Kuh, „mu, muu, das les' ich im Nu!“ Die Katze maunzte: „Miau, miau, da steht miau, ich seh's genau!“

Das hörte der Hahn. Er sah die Katze und die Kuh vor dem aufgeschlagenen Buch sitzen und hörte sie miauen und muhen. „Oha“, dachte der Hahn, „die lesen in dem Buch. Das muss eine spannende Geschichte sein.“ Er flog zu dem Buch und drängte sich zwischen Katze und Kuh. Angestrengt schaute der Hahn auf die schwarzen Striche und Kringel im Buch und hörte, was die anderen Tiere lasen.

Da krähte der Hahn: „Das stimmt doch nie, da steht nur kikeri kikeri ki!“ „Mu, muu“, muhte die Kuh, „mu, muu, das les' ich im Nu!“ Die Katze maunzte: „Miau, miau, da steht miau, ich seh's genau!“

„Für jeden steht etwas anderes da!“, brummte ärgerlich die Kuh. „Nur schwarze Striche und Kringel“, krähte der Hahn. „So ein dummes Buch!“, maunzte die Katze.

Ein Mädchen kam über den Hof gelaufen. „Da liegt ja mein Buch!“, rief es. Das Mädchen nahm sein Buch und setzte sich damit auf einen Baum.

Die Tiere waren neugierig, was jetzt weiter geschehen würde. Sie scharten sich um das Mädchen und spitzten die Ohren. Das Mädchen freute sich über die Zuhörer und es las laut das Märchen von den Bremer Stadtmusikanten vor. Der Hahn reckte sich stolz, als er hörte, wie in dem Märchen ein Hahn die Räuber entdeckte. Und die Katze funkelte mit den Augen, als im Märchen die Katze die Räuber vertrieb.

Als das Mädchen zu Ende vorgelesen hatte, rief der Hahn: „So eine schöne Geschichte!“ Die Katze dachte: „Wer hätte das den schwarzen Strichen und Kringeln angesehen.“ Und weil den Tieren das Märchen so gut gefallen hatte, miaute die Katze, muhte die Kuh und krähte der Hahn.

Das war ein Konzert, mindestens so schön wie die Musik der Bremer Stadtmusikanten.

Dann riefen die Tiere im Chor: „Oh, bitte, lies uns noch was vor!“

Und wenn die Tiere wieder ganz still geworden sind, hat ihnen das Mädchen vielleicht noch eine Geschichte vorgelesen.

(Quelle: Unsere Fibel, Ernst Klett Verlag; nach einem Motiv des Gedichtes „Lesestunden“ von Hans Baumann)

Seite 4/5

2. Woche

Inhalte und Kompetenzen

- Unterscheiden von **mu** und **mi**
- Vokale **u** und **i** isoliert lautieren
- Lautgebärden: **u, i, m**
- Druckschrift: **m, i, u**
- Einführung Silbenschieber und der Begriffe „Starter" und „Klinger"
- Namen haben große Anfangsbuchstaben (Starter)

Wochenplan

Leitmaterialien	Montag	Dienstag	Mittwoch	Donnerstag	Freitag
Silbenfibel	S. 4/5 Bildbesprechung Silbenschule	S. 4/5 Silbenschule			
Schreiblehrgang A	S. 5	S. 6	S. 7	S. 8	
Arbeitsheft A		S. 4 *Folie 2*	S. 5 *Folie 2*	S. 6 *Folie 3*	S. 7 *Mini-Silbenschieber*
Arbeitsblätter zur Differenzierung	S. 7 – 9 (1403-77) S. 7 – 9 (1402-77)				
Vorlesen	Geschichten zu den Ankertieren: Tiergeschichten mit Mia und Mio Maus (m): Band 1; Igel (i): Band 1; Uhu (u): Band 4				
Tägliche Übungen	**Automatisierung des Silbenlesens:** Silbenschieber, Silbenkärtchen 1 Silbenkarten (Download): Mu, mu, Mi, mi CD-ROM **Sprechrhythmisches Training der Kontrastpaare:** *Folie 51* **Lied:** „A, a, a, die Schulzeit, die ist da!", *Musik-CD NR. 3, 4*				
Differenzierung	*CD-ROM* *Hexe Trixi:* Richtungsorientierung				

Didaktisch-methodische Überlegungen

Silben als Ganzheiten

Auf der Silbenfibel Seite 5 unterscheiden die Kinder **mi** und **mu** als **Ganzheiten.** Die „Klinger“ (Vokale) **u** und **i** werden **analysiert** und isoliert lautiert.
Die Verankerung der Vokale wird durch Lautgebärden unterstützt. Wir geben die entsprechenden Handzeichen zusammen mit der Mundstellung.
Der „Starter“ (Konsonant) ‹m› wird ebenfalls durch eine Gebärde dargestellt, aber **nicht** isoliert lautiert!
Die Hilfe lautet: „Lass beide zusammen heraus, ohne Luft dazwischen!“ Gelingt das Lesen einer Mini-Silbe immer noch nicht, wird die Silbe von der Lehrerin / vom Lehrer vorgesprochen und vom Kind wiederholt.
Schon in diesem Stadium sollten Kinder mit ihren Eltern (Informationen am 1. Elternabend) Silbenkärtchen in 4er-Gruppen lesen: ‹mu mi mu mu›, ‹mi mu mi mu›, ‹mi mi mu mi› usw. Die Kärtchen werden immer neu gemischt.
So wird sichergestellt, dass nicht auswendig wiederholt, sondern tatsächlich gelesen wird.

Automatisierung der Mini-Silbe

Das Lesen der Mini-Silben wird **automatisiert**, wie im Rechnen die Malfolgen. Dabei wird der Zeigefinger immer synchron mitgeführt.
Der Silbenschieber verdeutlicht die Koartikulation von Konsonant und Vokal: den ersten Schieber mit den Konsonanten nennen wir **„Starter“**, den zweiten mit den Vokalen **„Klinger“**.
Die Silbentexte, die Silbenkärtchen, die Lautgebärden, der Silbenschieber und Spiellieder bieten viele Möglichkeiten, die Silben und Vokale automatisch zu erkennen.

Einstieg

··· *Folie 2*

Vor der Stunde die Silbenschule an die Tafel schreiben.

Die Lehrerin / der Lehrer stellt die Katze „Mimi“ als Stofftier (Folie, Poster, Download-Angebot Katze und Kuh, Farbe und s / w, S. 6) vor: „Diese Katze heißt Mimi.“ Er stellt ein Namensschild (Download-Angebot S. 6) auf oder verweist auf das Poster.
Die Lehrerin / der Lehrer zeigt auf die Silbenschule an der Tafel und stellt die Frage: „In welcher Zeile steht Mimi?“
Sie / er erklärt: „Die Katze heißt Mimi. Namen werden großgeschrieben.“

Hinweise zu den Leitmaterialien

Silbenfibel

S. 4/5

Zunächst betrachten die Kinder die Fibelseite und stellen den Bezug zum Bauernhof auf der vorigen Seite her.
Sie betrachten die Bilder und erzählen: Was habe ich schon selbst erlebt oder gesehen? Welche Farben haben die Kühe? Welche Lebensmittel mag ich? Welche Vorräte sind im Keller? Wie viele Mäuse rennen herum? etc.

Die Silbenschule wird an der Tafel einzeln und chorisch gelesen; die Lehrerin / der Lehrer führt mit Silbenschwüngen.
Die Kinder lesen in der Silbenfibel einzeln und chorisch; sie führen den Zeigefinger der Schreibhand in synchronen Silbenbögen mit.

Lesespiel: „Stopp den Zug!“: Die Kinder lesen chorisch. Ein Kind mit Zugbegleitermütze hält eine Haltekelle hoch und ruft **„Stopp!“**; alle Kinder zeigen auf die entsprechende Silbe als „Haltestelle“.

SL A S. 5 – 8 **Schreiblehrgang**

S. 5 – 7:
Die Kinder führen die großen Einspurübungen mit dem Zeigefinger aus. Die einzelnen Phasen werden durch Mitsprechen gesteuert: **m** = 1 – 2 – 3, **i** = ab – Pünktchen, **U** = Schwung, **u** = Schwung – ab; Schreibbewegung und Sprechen beginnen gleichzeitig.

Die Buchstaben werden zudem mit großer Armbewegung in die Luft, mit dem Zeigefinger in den Sand oder mit Wachsmalstiften auf Papier gezeichnet.

Vor dem Schreiben mit Stift in das Heft wird die korrekte Sitz- und Stifthaltung besprochen.

Die Silben und Vokale werden abwechselnd mit zwei Farben (Wendestift) geschrieben. Durch das Wechseln der Farbe lernen die Kinder das automatisierte Silbenschreiben, wodurch die spätere Schreibleistung außerordentlich begünstigt wird. Der Wechsel des Stiftes verhindert auch eine Verkrampfung der Hand.
Kinder sprechen unmittelbar vor dem Schreiben die Silben und die Vokale: mi, i, mu, u. Sprechen und Schreiben wird von Anfang an koordiniert.

Einzelne Konsonanten werden nicht lautiert. Wir verwenden bei **m** z.B. die Formulierung: „Wir schreiben den Starter von mu.“

S. 8:
Die Silben werden abwechselnd in zwei Farben geschrieben. Das Schriftbild sollte möglichst normgerecht und sauber sein.

→ Ankertiere Die Ankertiere von m (Maus), u (Uhu) und i (Igel) werden gezeigt und aufgehängt. Sie werden deutlich artikuliert und in Silben geklatscht – einzeln und im Klassenverband.

→ Tiergeschichten Die Geschichten zu den Ankertieren können vorgelesen werden.
Maus (m): Band 1, Igel (i): Band 1, Uhu (u): Band 4

AH A S. 4 – 7 **Arbeitsheft**

→ Folie 2 S. 4: Silbenkärtchen mu, mi den Bildern Katze und Kuh (Download-Angebot S. 6) zuordnen

→ Folie 2 S. 5: Silben heraushören; Einführung des Aufgabentyps mit Folie

→ Folie 3 S. 6: Einführung der Gebärden

→ Mini-Silbenschieber S. 7: Silbenschieber einführen (vgl. S. 113)

Der große Holz-Silbenschieber und der Mini-Silbenschieber (mit Starter-1) werden eingeführt. „Den ersten Schieber nennen wir ‚Starter‘, den zweiten ‚Klinger‘. Stellt bitte ‹mu› auf eurem Silbenschieber ein.“
Dann wird ausprobiert, wie es sich anhört, wenn der 2. Schieber auf den Klinger ‹i› geschoben wird. „Wie klingt es, wenn am großen Silbenschieber der Starter entfernt ist?“ Achtung: nicht ‹m› isolieren. ‹m› ist immer der Starter von ‹mu›.

AzD S. 7 – 9 **Arbeitsblätter zur Differenzierung**

S. 7 (7): Silben als Ganzheit wahrnehmen und sortieren
S. 8 (8): Silbenlesen; Lese-, Sprech- und Gebärdenübung i und mi; Koordination
S. 9 (9): Nachspurübung; Lese-, Sprech- und Gebärdenübung u und mu; Silbenschreiben

Tägliche Übungen

Automatisierung des Silbenlesens

···› Silbenschieber

Silbenschieber (vgl. S. 113): mu, u, mi, i

···› Silbenkärtchen

Silbenkärtchen 1 (vgl. S. 114): Mu, mu, Mi, mi
Silbenkärtchen nach Diktat legen (jeweils 4 Kärtchen, z. B. mu mu mi mu).
Kinder legen die Kärtchen ihrer Wahl und lesen einzeln vor.
Kinder legen die Silbenkärtchen mu und mi in 4er-Gruppen auf den Tisch und üben in Partnerarbeit.

···› Silbenkarten

Mu, mu, Mi, mi (Download-Angebot S. 6)
Schnell-Leseübung: wechselnde 4er-, 6er-, 8er-Gruppen werden aufgestellt / an die Tafel gehängt. Einzeln oder in Gruppen wird die Silbenkette gelesen.
Wer schafft es am schnellsten ohne Fehler?

···› CD-ROM

Leseroutine (vgl. S. 112: Chorisches Lesen)

Sprechrhythmisches Training der Kontrastpaare

···› Folie 51
···› Musik-CD

Durchführung vgl. S. 115, CD Nr. 51, 57
Nase – Nüsse
Regen – Rücken
Haken – Hacke
Säge – Säcke
Kater – Kette

···› Musik-CD

Lied – CD Nr. 3, 4 – KV 76, S. 365
„A, a, a, die Schulzeit, die ist da!". Das Lied trainiert die Aussprache der Vokale.

Differenzierung

CD-ROM

Übungen zur Auswahl

- Fibeltext zum Mitlesen
- Der fliegende Silbenteppich
- Gebärdenschule
- Silbenbogen
- Silbenschieber
- Der Rhythmus macht's!
- Dreier-Memo-Spiel
- Ankertiere

Hexe Trixi

Vom Startfeld aus soll ein Weg angeklickt werden. Zwei nach rechts, zwei nach unten. Sind diese Felder markiert, wird zuletzt auf Hexe Trixi geklickt. Bei richtiger Lösung öffnet Hexe Trixi das letzte Feld. Wenn 6 Felder geöffnet sind, lässt sich ein Bild darunter erahnen. Dieses Bild muss am Schluss noch einer der Gruppen Tier, Person, Gegenstand, Pflanze zugeordnet werden.

Der Hintergrund: Richtungsorientierung und Merkfähigkeit

Ein häufiges Problem im ersten Schuljahr ist die Verwechslung von rechts und links. Die Unterscheidung von Richtungen ist eine wichtige Voraussetzung

- für das Buchstabenlernen, denn mehrere Buchstaben sind nur durch ihre Ausrichtung nach rechts / links zu unterscheiden,
- für den Schreib- und Leseprozess, der von links nach rechts erfolgt und bei Unsicherheiten zu Buchstabenumstellungen führt.

Beobachtungsspiel: Am Gittervorhang

Seite 6/7

3. Woche

Inhalte und Kompetenzen

- Unterscheiden von **mu**, **mi** und **mo**
- Vokal **o** isoliert lautieren
- Lautgebärde: **o**
- Druckschrift: **M**, **o**

Wochenplan

Leitmaterialien	Montag	Dienstag	Mittwoch	Donnerstag	Freitag
Silbenfibel	S. 6/7 Bildbesprechung Silbenschule	S. 6/7 Silbenschule			
Schreiblehrgang A	S. 9	S. 10	S. 11	S. 12	
Arbeitsheft A		S. 8 *Folie 3*	S. 9 *Folie 4*	S. 10 *Folie 4* *Mini-Silbenschieber*	S. 11
Arbeitsblätter zur Differenzierung	S. 10 – 11 (1403-77) S. 11 – 12 (1402-77)				
Vorlesen	Momo: S. 134 Geschichten zum Ankertier: Tiergeschichten mit Mia und Mio Orang-Utan (o): Band 7				
Tägliche Übungen	**Automatisierung des Silbenlesens:** Silbenschieber, Silbenkärtchen 1 Silbenkarten (Download): Mo, mo CD-ROM **Sprechrhythmisches Training der Kontrastpaare:** *Folie 51* **Lied:** „O, o, o, wir machen alle so!“, *Musik-CD Nr. 3, 4*				
Differenzierung	*CD-ROM* *Hexe Trixi:* Richtungsorientierung				

Didaktisch-methodische Überlegungen

Vorlesen

Vorlesen ist von großer Bedeutung für das Lesen- und Schreibenlernen. In Ländern mit sehr guten Ergebnissen bei PISA werden bis zu 15 Bücher in der Woche (!) vorgelesen.
Der Abschnitt aus „Momo“ ist bewusst relativ lang gewählt. Er ermöglicht den Kindern ein intensives Vorlese-Erlebnis mit kindgemäßen Themen: Momo kann zuhören, Momo kann Streit schlichten, Momo erfindet neue Spiele usw.

Einstieg

Die Lehrerin / der Lehrer liest die Kapitel aus „Momo“ von Michael Ende vor. Bei Bedarf können aber auch Teile erzählt werden und nur Abschnitte vorgelesen werden.
Die Lehrerin / der Lehrer erklärt die Rolle der Schildkröte „Kassiopeia“ anhand des Silbenfibelbildes.

Hinweise zu den Leitmaterialien

Silbenfibel

S. 6/7

Die Lehrerin / der Lehrer schreibt den Namen **Mo mo** an die Tafel und stellt die Frage: „In welcher Zeile des Textes steht Mo mo?“
Kommt als Antwort „Zeile 4“, ist nochmals der Unterschied Groß- und Kleinbuchstabe zu klären.
Danach lesen einzelne Kinder je eine Zeile und bewegen dabei den Zeigefinger der Schreibhand synchron in Silbenschwüngen.
Alle Kinder lesen chorisch mit synchronem Zeigefinger. Die Lehrerin / der Lehrer zählt jede Zeile an (vgl. Kommentar zu S. 2/3).
Die Kinder lesen chorisch mit: „Stopp“ (vgl. Kommentar zu S. 4/5).

SL A S. 9 – 12

Schreiblehrgang

S. 9 – 10:
Große Einspurübungen mit dem Zeigefinger ausführen. Einspurphasen durch Mitsprechen steuern: **M** = zick – zack – zick – zack, **o** = links herum
Schreibbewegung und Sprechen beginnen gleichzeitig
Die Buchstaben werden zudem mit großer Armbewegung in die Luft, mit dem Zeigefinger in den Sand oder mit Wachsmalstiften auf Papier gezeichnet (vgl. Kommentar zu S. 4/5).

S. 11 – 12:
Die Silben abwechselnd in einer anderen Farbe schreiben. Das Schriftbild sollte möglichst normgerecht und sauber sein.

Ankertier

Das Ankertier von o (Orang-Utan) wird gezeigt und aufgehängt. Das Ankertier wird deutlich artikuliert und in Silben geklatscht – einzeln und im Klassenverband.

Tiergeschichten

Die Geschichte zum Ankertier kann vorgelesen werden:
Orang-Utan (o): Band 7

AH A S. 8 – 11	**Arbeitsheft**
···> *Folie 3*	S. 8: Die Bildwörter werden auf die Silben mo und mu – mi abgehört und im entsprechenden Silbenbogen markiert. Bildwörter, die keine entsprechende Silbe enthalten, werden durchgestrichen.
···> *Folie 4*	S. 9: Gebärden, Abbildung mit der passenden Anfangssilbe verbinden
···> *Folie 4* ···> *Mini-Silbenschieber*	S. 10: Leseteppich, nach Diktat Silbenschieber einstellen und schreiben, Namen schreiben
	S. 11: Namen schreiben

AzD S. 10 – 11	**Arbeitsblätter zur Differenzierung**
	S. 10 (11): Nachspurübung; Schreibübung
	S. 11 (12): Silbenlesen; Lese-, Sprech- und Gebärdenübung o und mo; Silbendiktat; Schreibübung

Tägliche Übungen

···> *Silbenschieber* — Automatisierung des Silbenlesens
Silbenschieber (vgl. S. 113): mu, u, mi, i, mo, o

···> *Silbenkärtchen* — Silbenkärtchen 1: Mu, mu, Mi, mi, Mo, mo

···> *Silbenkarten* — Mo, mo (Download-Angebot S. 6)

···> *CD-ROM*

Leseroutine (vgl. S. 112: Chorisches Lesen)

Sprechrhythmisches Training der Kontrastpaare

···> *Folie 51*
···> *Musik-CD*

Durchführung vgl. S. 115, CD Nr. 51, 57
Nase – Nüsse
Regen – Rücken
Haken – Hacke
Säge – Säcke
Kater – Kette

···> *Musik-CD*

Lied – CD Nr. 3, 4 – KV 77, S. 365
Mit der Liedstrophe: „O, o, o, wir machen alle so!“ (vgl. Kommentar zu S. 4/5) wird die Gebärde für o geübt.

Differenzierung

CD-ROM

Übungen zur Auswahl

- Fibeltext zum Mitlesen
- Der fliegende Silbenteppich
- Gebärdenschule
- Silbenbogen
- Silbenpuzzle
- Silbenschieber
- Wörter schreiben
- Der Rhythmus macht's!
- Dreier-Memo-Spiel
- Ankertiere

Hexe Trixi

Vom Startfeld aus soll ein Weg angeklickt werden. Zwei nach rechts, zwei nach unten. Sind diese Felder markiert, wird zuletzt auf Hexe Trixi geklickt. Bei richtiger Lösung öffnet Hexe Trixi das letzte Feld. Wenn 6 Felder geöffnet sind, lässt sich ein Bild darunter erahnen. Dieses Bild muss am Schluss noch einer der Gruppen Tier, Person, Gegenstand, Pflanze zugeordnet werden.

Der Hintergrund: Richtungsorientierung und Merkfähigkeit

Ein häufiges Problem im ersten Schuljahr ist die Verwechslung von rechts und links. Die Unterscheidung von Richtungen ist eine wichtige Voraussetzung

- für das Buchstabenlernen, denn mehrere Buchstaben sind nur durch ihre Ausrichtung nach rechts / links zu unterscheiden,
- für den Schreib- und Leseprozess, der von links nach rechts erfolgt und bei Unsicherheiten zu Buchstabenumstellungen führt.

Beobachtungsspiel: Am Gittervorhang

Michael Ende: Momo
Zum Inhalt

Die Geschichte handelt von dem Mädchen Momo, das eines Tages in der Ruine eines kleinen Amphitheaters auftaucht. Es schlichtet den Streit zwischen dem Maurer Nikola und dem Gastwirt Nino und spielt fröhlich mit den Kindern aus der näheren Umgebung. Alles wäre gut und schön, wenn nicht die „grauen Herren" wären. Sie treten als Agenten der „Zeit-Sparkasse" auf und wollen erreichen, dass die Menschen ihre Zeit nicht für nach ihrer Meinung unnütze Dinge wie Lesen, Freunde besuchen, anderen helfen ... vertun. Sie wollen, dass die Menschen ihnen alle Zeit anvertrauen.
Das erste Opfer ist der Frisör Fusi. Auch die früher fröhlich spielenden Kinder geraten in ihren Bann, weil die Eltern keine Zeit mehr für sie haben. Die Welt wird herzlos und kalt, weil die „grauen Herren" den Menschen die Lebenszeit abzapfen und für sich in riesigen Speichern aufbewahren. Jeder, der versucht, gegen die „grauen Herren" anzugehen, bekommt Probleme.
Sogar Meister Hora, der in dem Reich herrscht, aus dem die Zeit kommt, wird mit dieser gefährlichen Macht, die die Menschheit bedroht, nicht allein fertig. Nur Momo kann noch helfen, obwohl sie und die Schildkröte Kassiopeia die „grauen Herren" zur „Quelle" der Zeit, dem „Nirgend-Haus" von Meister Hora, geführt haben. Doch da sie als einzige die „Stunden-Blume" von Meister Hora erhalten hat, kann sie damit die geraubte Zeit befreien. Und die grauen Herren zerfallen ins Nichts, aus dem sie gekommen sind.
Die Geschichte ist ewig neu, denn die Zeit ist das Leben. Und das Leben wohnt im Herzen.

Zum Vorlesen
Erstes Kapitel:

In alten, alten Zeiten, als die Menschen noch in ganz anderen Sprachen redeten, gab es in den warmen Ländern schon große und prächtige Städte. Da erhoben sich die Paläste der Könige und Kaiser, da gab es breite Straßen, enge Gassen und winkelige Gässchen, da standen herrliche Tempel mit goldenen und marmornen Götterstatuen, da gab es bunte Märkte, wo Waren aus aller Herren Länder feilgeboten wurden, und weite schöne Plätze, wo die Leute sich versammelten, um Neuigkeiten zu besprechen und Reden zu halten oder anzuhören. Und vor allem gab es dort große Theater.
Sie sahen ähnlich aus, wie ein Zirkus noch heute aussieht, nur dass sie ganz und gar aus Steinblöcken gefügt waren. Die Sitzreihen für die Zuschauer lagen stufenförmig übereinander wie in einem gewaltigen Trichter. Von oben gesehen waren manche dieser Bauwerke kreisrund, andere mehr oval und wieder andere bildeten einen weiten Halbkreis.
Man nannte sie Amphitheater.
Es gab welche, die groß waren wie ein Fußballstadion, und kleinere, in die nur ein paar Hundert Zuschauer passten. Es gab prächtige, mit Säulen und Figuren verzierte, und solche, die schlicht und schmucklos waren. Dächer hatten diese Amphitheater nicht, alles fand unter freiem Himmel statt. In den prachtvollen Theatern waren deshalb golddurchwirkte Teppiche über die Sitzreihen gespannt, um das Publikum vor der Glut der Sonne oder vor plötzlichen Regenschauern zu schützen. In den einfachen Theatern dienten Matten aus Binsen und Stroh dem gleichen Zweck. Mit einem Wort: Die Theater waren so, wie die Leute es sich leisten konnten. Aber haben wollten sie alle eins, denn sie waren leidenschaftliche Zuhörer und Zuschauer. Und wenn sie den ergreifenden oder auch den komischen Begebenheiten lauschten, die auf der Bühne dargestellt wurden, dann war es ihnen, als ob jenes nur gespielte Leben auf geheimnisvolle Weise wirklicher wäre, als ihr eigenes, alltägliches. Und sie liebten es, auf diese andere Wirklichkeit hinzuhorchen.
Jahrtausende sind seither vergangen. Die großen Städte von damals sind zerfallen, die Tempel und Paläste sind eingestürzt. Wind und Regen, Kälte und Hitze haben die Steine abgeschliffen und ausgehöhlt, und auch von den großen Theatern stehen nur noch Ruinen. Im geborstenen Gemäuer singen nun die Zikaden ihr eintöniges Lied, das sich anhört, als ob die Erde im Schlaf atmet.
Aber einige dieser alten, großen Städte sind große Städte geblieben bis auf den heutigen Tag. Natürlich ist das Leben in ihnen anders geworden. Die Menschen fahren mit Autos und Straßenbahnen, haben Telefon und elektrisches Licht. Aber da und dort zwischen den

neuen Gebäuden stehen noch ein paar Säulen, ein Tor, ein Stück Mauer, oder auch ein Amphitheater aus jenen alten Tagen.
Und in einer solchen Stadt hat sich die Geschichte von Momo begeben.
Draußen am südlichen Rand dieser großen Stadt, dort, wo schon die ersten Felder beginnen und die Hütten und Häuser immer armseliger werden, liegt, in einem Pinienwäldchen versteckt, die Ruine eines kleinen Amphitheaters. Es war auch in jenen alten Zeiten keines von den prächtigen, es war schon damals sozusagen ein Theater für ärmere Leute. In unseren Tagen, das heißt um jene Zeit, da die Geschichte von Momo ihren Anfang nahm, war die Ruine fast ganz vergessen. Nur ein paar Professoren der Altertumswissenschaft wussten von ihr, aber sie kümmerten sich nicht weiter um sie, weil es dort nichts mehr zu erforschen gab. Sie war auch keine Sehenswürdigkeit, die sich mit anderen, die es in der großen Stadt gab, messen konnte.
So verirrten sich nur ab und zu ein paar Touristen dorthin, kletterten auf den grasbewachsenen Sitzreihen umher, machten Lärm, knipsten ein Erinnerungsfoto und gingen wieder fort. Dann kehrte die Stille in das steinerne Rund zurück, und die Zikaden stimmten die nächste Strophe ihres endlosen Liedes an, die sich übrigens in nichts von der vorigen unterschied.
Eigentlich waren es nur die Leute aus der näheren Umgebung, die das seltsame runde Bauwerk kannten. Sie ließen dort ihre Ziegen weiden, die Kinder benutzten den runden Platz in der Mitte zum Ballspielen, und manchmal trafen sich dort am Abend die Liebespaare.
Aber eines Tages sprach es sich bei den Leuten herum, dass neuerdings jemand in der Ruine wohne. Es sei ein Kind, ein kleines Mädchen vermutlich. So genau könne man das allerdings nicht sagen, weil es ein bisschen merkwürdig angezogen sei. Es hieße Momo oder so ähnlich.
Momos äußere Erscheinung war in der Tat ein wenig seltsam und konnte auf Menschen, die großen Wert auf Sauberkeit und Ordnung legen, möglicherweise erschreckend wirken. Sie war klein und ziemlich mager, sodass man beim besten Willen nicht erkennen konnte, ob sie erst acht oder schon zwölf Jahre alt war. Sie hatte einen wilden, pechschwarzen Lockenkopf, der so aussah, als ob er noch nie mit einem Kamm oder einer Schere in Berührung gekommen wäre. Sie hatte sehr große, wunderschöne und ebenfalls pechschwarze Augen und Füße von der gleichen Farbe, denn sie lief fast immer barfuß. Nur im Winter trug sie manchmal Schuhe, aber es waren zwei verschiedene, die nicht zusammenpassten und ihr außerdem viel zu groß waren. Das kam daher, dass Momo eben nichts besaß, als was sie irgendwo fand oder geschenkt bekam. Ihr Rock war aus allerlei bunten Flicken zusammengenäht und reichte ihr bis auf die Fußknöchel. Darüber trug sie eine alte, viel zu weite Männerjacke, deren Ärmel an den Handgelenken umgekrempelt waren. Abschneiden wollte Momo sie nicht, weil sie vorsorglich daran dachte, dass sie ja noch wachsen würde.
Unter der grasbewachsenen Bühne der Theaterruine gab es ein paar halb eingestürzte Kammern, die man durch ein Loch in der Außenmauer betreten konnte. Hier hatte Momo sich häuslich eingerichtet. Eines Mittags kamen einige Männer und Frauen aus der näheren Umgebung zu ihr und versuchten sie auszufragen. Momo stand ihnen gegenüber und guckte sie ängstlich an, weil sie fürchtete, die Leute würden sie wegjagen. Aber sie merkte bald, dass es freundliche Leute waren. Sie waren selber arm und kannten das Leben.
„So", sagte einer der Männer, „hier gefällt es dir also?"
„Ja", antwortete Momo.
„Und du willst hier bleiben?"
„Ja, gern."
„Aber wirst du denn nirgendwo erwartet?"
„Nein."
„Ich meine, musst du denn nicht wieder nach Hause?"
„Ich bin hier zu Hause", versicherte Momo schnell.
„Wo kommst du denn her, Kind?"
Momo machte mit der Hand eine unbestimmte Bewegung, die irgendwohin in die Ferne deutete.
„Wer sind denn deine Eltern?", forschte der Mann weiter.
Das Kind schaute ihn und die anderen Leute ratlos an und hob ein wenig die Schultern. Die Leute tauschten Blicke und seufzten.
„Du brauchst keine Angst zu haben", fuhr der Mann fort, „wir wollen dich nicht vertreiben.

Wir wollen dir helfen.“
Momo nickte stumm, aber noch nicht ganz überzeugt.
„Du sagst, dass du Momo heißt, nicht wahr?“
„Ja.“
„Das ist ein hübscher Name, aber ich hab ihn noch nie gehört. Wer hat dir denn den Namen gegeben?“
„Ich“, sagte Momo.
„Du hast dich selbst so genannt?“
„Ja.“
„Wann bist du denn geboren?“
Momo überlegte und sagte schließlich: „Soweit ich mich erinnern kann, war ich immer schon da.“
„Hast du denn keine Tante, keinen Onkel, keine Großmutter, überhaupt keine Familie, wo du hinkannst?“
Momo schaute den Mann nur an und schwieg eine Weile. Dann murmelte sie: „Ich bin hier zu Hause.“
„Na ja“, meinte der Mann, „aber du bist doch ein Kind – wie alt bist du denn eigentlich?“
„Hundert“, sagte Momo zögernd.
Die Leute lachten, weil sie es für einen Spaß hielten.
„Also, ernsthaft, wie alt bist du?“
„Hundertzwei“, antwortete Momo, noch ein wenig unsicherer.
Es dauerte eine Weile, bis die Leute merkten, dass das Kind nur ein paar Zahlwörter kannte, die es aufgeschnappt hatte, sich aber nichts Bestimmtes darunter vorstellen konnte, weil niemand es zählen gelehrt hatte.
„Hör mal“, sagte der Mann, nachdem er sich mit den anderen beraten hatte, „wäre es dir recht, wenn wir der Polizei sagen, dass du hier bist? Dann würdest du in ein Heim kommen, wo du zu essen kriegst und ein Bett hast und wo du rechnen und lesen und schreiben und noch viel mehr lernen kannst. Was hältst du davon, eh?“
Momo sah ihn erschrocken an.
„Nein“, sagte sie, „da will ich nicht hin. Da war ich schon mal. Andere Kinder waren auch da. Da waren Gitter an den Fenstern. Jeden Tag gab's Prügel – aber ganz ungerecht. Da bin ich nachts über die Mauer und weggelaufen. Da will ich nicht wieder hin.“
„Das kann ich verstehen“, sagte ein alter Mann und nickte. Und die anderen Leute konnten es auch verstehen und nickten.
„Also gut“, sagte eine Frau, „aber du bist doch noch klein. Irgendwer muss doch für dich sorgen.“
„Ich“, antwortete Momo erleichtert.
„Kannst du das denn?“, fragte die Frau.
Momo schwieg eine Weile und sagte dann leise: „Ich brauch nicht viel.“
Wieder wechselten die Leute Blicke, seufzten und nickten. „Weißt du, Momo“, ergriff nun wieder der alte Mann das Wort, der zuerst gesprochen hatte, „wir meinen, du könntest vielleicht bei einem von uns unterkriechen. Wir haben zwar selber alle nur wenig Platz, und die meisten haben schon einen Haufen Kinder, die gefüttert sein wollen, aber wir meinen, auf einen mehr kommt es dann auch schon nicht mehr an. Was hältst du davon, eh?“
„Danke“, sagte Momo und lächelte zum ersten Mal, „vielen Dank! Aber könntet ihr mich nicht einfach hier wohnen lassen?“
Die Leute berieten lange hin und her, und zuletzt waren sie einverstanden. Denn hier, so meinten sie, könne das Kind schließlich genauso gut wohnen wie bei einem von ihnen, und sorgen wollten sie alle gemeinsam für Momo, weil es für alle zusammen sowieso einfacher wäre als für einen allein.
Sie fingen gleich an, indem sie zunächst einmal die halb eingestürzte steinerne Kammer, in der Momo hauste, aufräumten und instand setzten, so gut es ging. Einer von ihnen, der Maurer war, baute sogar einen kleinen steinernen Herd. Ein rostiges Ofenrohr wurde auch aufgetrieben. Ein alter Schreiner nagelte aus ein paar Kistenbrettern ein Tischchen und zwei Stühle zusammen. Und schließlich brachten die Frauen noch ein ausgedientes, mit Schnörkeln verziertes Eisenbett, eine Matratze, die nur wenig zerrissen war, und zwei Decken. Aus dem steinernen Loch unter der Bühne der Ruine war ein behagliches kleines Zimmerchen geworden. Der Maurer, der künstlerische Fähigkeiten besaß, malte zuletzt noch ein hübsches Blumenbild an die Wand. Sogar den Rahmen und den Nagel, an dem das Bild hing, malte er dazu. Und dann kamen die Kinder der Leute und brachten, was man an Essen erübrigen konnte, das eine ein Stückchen Käse, das andere einen kleinen Brotwecken, das dritte etwas Obst und so fort. Und da es sehr viele Kinder waren, kam an diesem Abend eine solche Menge zusammen, dass sie

alle miteinander im Amphitheater ein richtiges kleines Fest zu Ehren von Momos Einzug feiern konnten. Es war ein so vergnügtes Fest, wie nur arme Leute es zu feiern verstehen. So begann die Freundschaft zwischen der kleinen Momo und den Leuten der näheren Umgebung.

Zweites Kapitel: Eine ungewöhnliche Eigenschaft und ein ganz gewöhnlicher Streit

Von nun an ging es der kleinen Momo gut, jedenfalls nach ihrer eigenen Meinung. Irgendetwas zu essen hatte sie jetzt immer, mal mehr, mal weniger, wie es sich eben fügte und wie die Leute es entbehren konnten. Sie hatte ein Dach über dem Kopf, sie hatte ein Bett und sie konnte sich, wenn es kalt war, ein Feuer machen. Und was das Wichtigste war: sie hatte viele gute Freunde.

Man könnte nun denken, dass Momo ganz einfach großes Glück gehabt hatte, an so freundliche Leute geraten zu sein, – und Momo selbst war durchaus dieser Ansicht. Aber auch für die Leute stellte sich schon bald heraus, dass sie nicht weniger Glück gehabt hatten. Sie brauchten Momo und sie wunderten sich, wie sie früher ohne sie ausgekommen waren. Und je länger das kleine Mädchen bei ihnen war, desto unentbehrlicher wurde es ihnen, so unentbehrlich, dass sie nur noch fürchteten, es könnte eines Tages wieder auf und davon gehen. So kam es, dass Momo sehr viel Besuch hatte. Man sah fast immer jemand bei ihr sitzen, der angelegentlich mit ihr redete. Und wer sie brauchte und nicht kommen konnte, schickte nach ihr, um sie zu holen. Und wer noch nicht gemerkt hatte, dass er sie brauchte, zu dem sagten die anderen: „Geh doch zu Momo!"

Dieser Satz wurde nach und nach zu einer feststehenden Redensart bei den Leuten der näheren Umgebung. So wie man sagt: „Alles Gute!" oder „Gesegnete Mahlzeit!" oder „Weiß der Himmel!", genauso sagte man also bei allen möglichen Gelegenheiten: „Geh doch zu Momo!"

Aber warum? War Momo vielleicht so unglaublich klug, dass sie jedem Menschen einen guten Rat geben konnte? Fand sie immer die richtigen Worte, wenn jemand Trost brauchte? Konnte sie weise und gerechte Urteile fällen? Nein, das alles konnte Momo ebenso wenig wie jedes andere Kind. Konnte Momo dann vielleicht irgendetwas, das die Leute in gute Laune versetzte? Konnte sie zum Beispiel besonders schön singen? Oder konnte sie irgendein Instrument spielen? Oder konnte sie – weil sie doch in einer Art Zirkus wohnte – am Ende gar tanzen oder akrobatische Kunststücke vorführen?

Nein, das war es auch nicht.

Konnte sie vielleicht zaubern? Wusste sie irgendeinen geheimnisvollen Spruch, mit dem man alle Sorgen und Nöte vertreiben konnte? Konnte sie aus der Hand lesen oder sonst wie die Zukunft voraussagen?

Nichts von alledem.

> Was die kleine Momo konnte wie kein anderer, das war: zuhören. Das ist doch nichts Besonderes, wird nun vielleicht mancher Leser sagen, zuhören kann doch jeder.

Aber das ist ein Irrtum. Wirklich zuhören können nur ganz wenige Menschen. Und so wie Momo sich aufs Zuhören verstand, war es ganz und gar einmalig.

Momo konnte so zuhören, dass dummen Leuten plötzlich sehr gescheite Gedanken kamen. Nicht etwa, weil sie etwas sagte oder fragte, was den anderen auf solche Gedanken brachte, nein, sie saß nur da und hörte einfach zu, mit aller Aufmerksamkeit und aller Anteilnahme. Dabei schaute sie den anderen mit ihren großen, dunklen Augen an, und der Betreffende fühlte, wie in ihm auf einmal Gedanken auftauchten, von denen er nie geahnt hatte, dass sie in ihm stecken.

Sie konnte so zuhören, dass ratlose oder unentschlossene Leute auf einmal ganz genau wussten, was sie wollten. Oder dass Schüchterne sich plötzlich frei und mutig fühlten. Oder dass Unglückliche und Bedrückte zuversichtlich und froh wurden.

aus: Michael Ende, Momo

Seite 8/9

4. Woche

Inhalte und Kompetenzen

- Unterscheiden von **mu**, **mi**, **mo** und **ma**
- Vokal **a** isoliert lautieren
- Lautgebärde: **a**
- Druckschrift: **a**
- Lesen und verstehen
- im – am

Wochenplan

Leitmaterialien	Montag	Dienstag	Mittwoch	Donnerstag	Freitag
Silbenfibel	S. 8/9 Bildbesprechung Silbenschule	S. 9 Silbenschule		S. 8 Wort-Bild-Sätze	S. 8 Wort-Bild-Sätze
Schreiblehrgang A	S. 13	S. 14	S. 15	S. 16	
Arbeitsheft A		S. 12 *Folie 5*	S. 13 *Folie 5*	S. 14 *Mini-Silbenschieber*	S. 15
Arbeitsblätter zur Differenzierung	S. 12 – 15 (1403-77) S. 13 – 15 (1402-77)				
Vorlesen	Geschichte zum Ankertier: Tiergeschichten mit Mia und Mio Affe (a): Band 1				
Tägliche Übungen	**Automatisierung des Silbenlesens:** Silbenschieber, Silbenkärtchen 1, Silbenkarten (Download): Ma, ma Legematerial: Steine, Äste etc. CD-ROM **Sprechrhythmisches Training der Kontrastpaare:** *Folie 51*				
Differenzierung	*CD-ROM* *Hexe Trixi:* Richtungsorientierung				

Didaktisch-methodische Überlegungen

Alle 4 bekannten Vokale werden einzeln oder mit dem Starter **m** in den verschiedenen Übungen vertieft, damit das Lesen und Sprechen der Vokale und Silben automatisiert gelingt.
Die inversen Vokal-Konsonant-Kombinationen im und am werden eingeführt. Für Kinder mit Schwächen in der Seitigkeitsorientierung stellt das eine besondere Schwierigkeit dar. Im Schreiblehrgang S. 16, Aufg. 2 und im Spracharbeitsheft S. 15 werden ausführliche Übungen angeboten.

Einstieg

Freies Erzählen über die Fibelseiten. Wer ist zu sehen? Was möchte ich auch machen?

Hinweise zu den Leitmaterialien

Silbenfibel

S. 8/9 Die Kinder betrachten das Silbenfibelbild S. 9. Impuls: Was macht Mio?
Einzelne Kinder lesen die Silbenschule ganz oder zeilenweise mit synchronem Zeigefinger vor.
Chorisches Lesen des Textes mit Anzählen jeder Zeile. Chorisches Lesen mit „Stopp“. Die Ganzwörter im und am werden eingeführt.
Einzelne Kinder lesen die Wortbild-Kombinationen auf Seite 8.

SL A S. 13 – 16

Schreiblehrgang

S. 13:
Große Einspurübungen mit dem Zeigefinger ausführen
Einspurphasen durch Mitsprechen steuern: **a** = links herum – ab
Schreibbewegung und Sprechen beginnen gleichzeitig
Die Buchstaben werden zudem mit großer Armbewegung in die Luft oder mit Legematerial, wie in der Silbenfibel, ausgeführt.

S. 14 – 15: Silben abwechselnd mit zwei Farben schreiben

S. 16: Schreibung der inversen Silben: im, am

Ankertier Das Ankertier von **a** (Affe) wird gezeigt und aufgehängt. Das Ankertier wird deutlich artikuliert und in Silben geklatscht – einzeln und im Klassenverband.

Tiergeschichten Die Geschichte zum Ankertier kann vorgelesen werden:
Affe (a): Band 1

AH A S. 12 – 15

Arbeitsheft

Folie 5 S. 12: phonetische Ausgliederung der Silben ma, mo, mu

Folie 5 S. 13: Gebärde **a** festigen, mit der passenden Anfangssilbe verbinden

Mini-Silbenschieber S. 14: Lesen und Zeigefinger mitführen, nach Diktat schreiben, Namen frei schreiben

S. 15: Festigung der inversen Formen: am, im

AzD S. 12 – 15 **Arbeitsblätter zur Differenzierung**

S. 12 (13): Aus Silben Wörter bilden
S. 13 (14): Nachspurübung; Lese-, Sprech- und Gebärdenübung **a** und ma; Silbendiktat; Schreibübung
S. 14 (Download-Angebot S. 6 unter Kapitel I, S. 87): im – am
S. 15 (15): Leseübung; Silbenübung; Silbendiktat; Schreibübung

Tägliche Übungen

Automatisierung des Silbenlesens

Silbenschieber — Silbenschieber (vgl. S. 113): mu, u, mi, i, mo, o, ma, a

Silbenkärtchen — Silbenkärtchen 1: Mu, mu, Mi, mi, Mo, mo, Ma, ma

Silbenkarten — Ma, ma (Download-Angebot S. 6)

CD-ROM

Leseroutine (vgl. S. 112: Chorisches Lesen)

Sprechrhythmisches Training der Kontrastpaare

Folie 51
Musik-CD

Durchführung vgl. S. 115, CD Nr. 51, 57
Nase – Nüsse
Regen – Rücken
Haken – Hacke
Säge – Säcke
Kater – Kette

Differenzierung

··· CD-ROM

Übungen zur Auswahl

- Fibeltext zum Mitlesen
- Der fliegende Silbenteppich
- Gebärdenschule
- Silbenbogen
- Silbenpuzzle
- Silbenschieber
- Wörter schreiben
- Der Rhythmus macht's!
- Dreier-Memo-Spiel
- Ankertiere

··· Hexe Trixi

Vom Startfeld aus soll ein Weg angeklickt werden. Zwei nach rechts, zwei nach unten. Sind diese Felder markiert, wird zuletzt auf Hexe Trixi geklickt. Bei richtiger Lösung öffnet Hexe Trixi das letzte Feld. Wenn 6 Felder geöffnet sind, lässt sich ein Bild darunter erahnen. Dieses Bild muss am Schluss noch einer der Gruppen Tier, Person, Gegenstand, Pflanze zugeordnet werden.

Der Hintergrund: Richtungsorientierung und Merkfähigkeit

Ein häufiges Problem im ersten Schuljahr ist die Verwechslung von rechts und links. Die Unterscheidung von Richtungen ist eine wichtige Voraussetzung

- für das Buchstabenlernen, denn mehrere Buchstaben sind nur durch ihre Ausrichtung nach rechts / links zu unterscheiden,
- für den Schreib- und Leseprozess, der von links nach rechts erfolgt und bei Unsicherheiten zu Buchstabenumstellungen führt.

Beobachtungsspiel: Am Gittervorhang

Seite 10/11

5. Woche

Inhalte und Kompetenzen

- Unterscheiden von **mu**, **mi**, **mo**, **ma** und **me**
- Vokal **e** isoliert lautieren
- Lautgebärde: **e**
- Druckschrift: **e**
- Das Ganzwort „ist“ wird eingeführt.
- Lesen und verstehen

Lernstandserhebung 1

Als Hausaufgabe wird das Silbenbüchlein 1 ausgeteilt (Kapitel V).
Am Ende der Woche wird die Lernstandserhebung 1 geschrieben (Kapitel VI).

Wochenplan

Leitmaterialien	Montag	Dienstag	Mittwoch	Donnerstag	Freitag
Silbenfibel	S. 10/11 Besprechung Silbenschule	S. 11 Silbenschule		S. 10 Wort-Bild-Sätze	S. 10 Wort-Bild-Sätze
Schreiblehrgang A	S. 17	S. 18			S. 19
Arbeitsheft A		S. 16 *Folie 6*	S. 17, 18.1 *Mini-Silben-schieber*	S. 18	S. 19
Arbeitsblätter zur Differenzierung	S. 16 – 20 (1403-77) S. 17 – 20 (1402-77)				Lernstands-erhebung 1
Vorlesen	Geschichte zum Ankertier: Tiergeschichten mit Mia und Mio Elefant (e): Band 1				
Tägliche Übungen	**Automatisierung des Silbenlesens:** Silbenschieber, Silbenkärtchen 1, Silbenkarten (Download): Me, me; CD-ROM **Sprechrhythmisches Training der Kontrastpaare:** *Folie 52* **Lied:** „Das Eichhörnchen“, Musik-CD NR. 5,6				
Differenzierung	*CD-ROM* *Hexe Trixi:* Richtungsorientierung				

Didaktisch-methodische Überlegungen

Alle 5 bekannten Vokale („Klinger / Indianerlaute") werden einzeln oder mit dem Starter **m** gefestigt, damit das Lesen und Sprechen der Vokale und Silben automatisiert gelingt. Das Leporello mit den Indianerlauten (KV 16 S. 303) ist vollständig und dient den Kindern als Merkheftchen.

Einstieg

Silbenfibelbild: Die Kinder erzählen frei, was sie sehen: Memo, Mimi, Mia und Mio spielen ein Memo-Spiel etc.
Die Lehrerin / der Lehrer informiert: „Das Eichhörnchen sammelt im Herbst Samen, Eicheln und Bucheckern und versteckt sie an vielen Stellen im Wald. Wie ein guter Memo-Spieler findet es im Winter die Verstecke wieder. Das Eichhörnchen heißt Memo."
Die Lehrerin / der Lehrer schreibt Memo **zweifarbig** an die Tafel.
Einzelne Kinder lesen vor, die Lehrerin / der Lehrer begleitet mit Silbenschwüngen.
Die Kinder spielen das Memo-Spiel zu zweit mit 10 Silbenkärtchen: je zwei ma, me, mi, mo, mu.

Hinweise zu den Leitmaterialien

S. 10 / 11

Silbenfibel

Einzelne Kinder lesen die Silbenschule auf Seite 11 mit synchronem Zeigefinger.
Alle Kinder lesen chorisch mit Anzählen jeder Zeile.
Chorisches Lesen mit „Stopp"
Das Ganzwort „ist" wird geklärt.
Einzelne Kinder lesen die Wort-Bild-Sätze auf S. 10.

SL A S. 17 – 19

Schreiblehrgang

S. 17:
Große Einspurübungen mit dem Zeigefinger ausführen.
Einspurphasen durch Mitsprechen steuern: **e** = rüber (gibt immer die Schreibrichtung an) – links herum
Schreibbewegung und Sprechen beginnen gleichzeitig
S. 18 – 19.1:
Die Buchstaben werden zudem mit großer Armbewegung in die Luft ausgeführt.
Schreibroutine
Silben / Namen abwechselnd mit zwei Farben schreiben
S. 19.2: Schreibung der inversen Silben: im, am

Ankertier

Das Ankertier von **e** (Elefant) wird gezeigt und aufgehängt. Das Ankertier wird deutlich artikuliert und in Silben geklatscht – einzeln und im Klassenverband.

Tiergeschichten

Die Geschichte zum Ankertier kann vorgelesen werden:
Elefant (e): Band 1

AH A S. 16 – 19 — **Arbeitsheft**

···› Folie 6
···› Mini-Silbenschieber

S. 16: phonetische Ausgliederung der Silbe: me; Gebärde
S. 17: mit Anfangssilbe verbinden; Mini-Silbenschieber einstellen und nach Diktat schreiben
S. 18: Lesen und Zeigefinger mitführen, Namen frei schreiben
S. 19: Leseverständnis, Festigung der inversen Formen

AzD S. 17 – 21 — **Arbeitsblätter zur Differenzierung**

S. 16 (17): Leseübung; Nachspurübung; Silbendiktat; Schreibübung
S. 17 (18): Silben-Bingo
S. 18 (19): Silben-Memo
S. 19 (20): Leseübung; Silbendiktat; Schreibübung
S. 20 (Download-Angebot S. 6 unter Kapitel I, S. 87): Leseverständnis

Tägliche Übungen

Automatisierung des Silbenlesens

···› Silbenschieber — Silbenschieber (vgl. S. 113): mu, u, mi, i, mo, o, ma, a, me, e

···› Silbenkärtchen — Silbenkärtchen 1: Mu, mu, Mi, mi, Mo, mo, Ma, ma, Me, me
Memo-Spiel

···› Silbenkarten — Me, me (Download-Angebot S. 6)

···› CD-ROM

Leseroutine (vgl. S. 112: Chorisches Lesen)

Sprechrhythmisches Training der Kontrastpaare

···› Folie 52
···› Musik-CD

Durchführung vgl. S. 115, CD Nr. 52, 57
Käfer – Koffer
Jäger – Jacke
Züge – Zucker
böse – Busse
beten – Betten

Musik-CD

Lied – CD Nr. 3, 4 – KV 76, S. 365
Das Lied: „A, a, a, die Schulzeit, die ist da!“, CD Nr. 3, wird mit allen 5 Strophen gesungen.
Lied – CD Nr. 5, 6 – KV 77/78, S. 366
Mit dem Lied: „Das Eichhörnchen“, kann eine Bewegungsübung verbunden werden. Dabei sollten die Kinder je nach ihren Möglichkeiten gefördert und gefordert werden.

Differenzierung

CD-ROM

Übungen zur Auswahl

- Fibeltext zum Mitlesen
- Der fliegende Silbenteppich
- Gebärdenschule
- Silbenbogen
- Silbenpuzzle
- Silbenschieber
- Wörter schreiben
- Der Rhythmus macht's!
- Dreier-Memo-Spiel
- Ankertiere

Hexe Trixi

Vom Startfeld aus soll ein Weg angeklickt werden. Zwei nach rechts, zwei nach unten. Sind diese Felder markiert, wird zuletzt auf Hexe Trixi geklickt. Bei richtiger Lösung öffnet Hexe Trixi das letzte Feld. Wenn 6 Felder geöffnet sind, lässt sich ein Bild darunter erahnen. Dieses Bild muss am Schluss noch einer der Gruppen Tier, Person, Gegenstand, Pflanze zugeordnet werden.

Der Hintergrund: Richtungsorientierung und Merkfähigkeit

Ein häufiges Problem im ersten Schuljahr ist die Verwechslung von rechts und links. Die Unterscheidung von Richtungen ist eine wichtige Voraussetzung

- für das Buchstabenlernen, denn mehrere Buchstaben sind nur durch ihre Ausrichtung nach rechts / links zu unterscheiden,
- für den Schreib- und Leseprozess, der von links nach rechts erfolgt und bei Unsicherheiten zu Buchstabenumstellungen führt.

Beobachtungsspiel: Am Gittervorhang

Seite 12/13

6. Woche

Inhalte und Kompetenzen

- Unterscheidung der Starter (Konsonanten) **M** und **L**
- Lautgebärde: **l**
- Druckschrift: **L l**
- Namenwörter mit großem Starter (Anfangsbuchstaben)
- Die Ganzwörter „Papa“ und „Ist“ werden eingeführt.
- Lesen und verstehen

Wochenplan

Leitmaterialien	Montag	Dienstag	Mittwoch	Donnerstag	Freitag
Silbenfibel	S. 12/13 Bildbesprechung Silbenschule	S. 12/13 Silbenschule		S. 12 Wort-Bild-Sätze	S. 12 Wort-Bild-Sätze
Schreiblehrgang A	S. 20	S. 21			S. 22
Arbeitsheft A		S. 20 *Folie 7*	S. 21, 22.1 *Folie 7*	S. 22 *Mini-Silbenschieber*	S. 23 *Folie 8*
Arbeitsblätter zur Differenzierung	S. 21 – 24 (1403-77) S. 23 – 26 (1402-77)				
Vorlesen	Geschichte zum Ankertier: Tiergeschichten mit Mia und Mio Löwe (l): Band 3				
Tägliche Übungen	**Automatisierung des Silbenlesens:** Silbenschieber, Silbenkärtchen 1, 2 Silbenkarten (Download): Starter L, l Leseteppiche 1, 2 CD-ROM **Sprechrhythmisches Training der Kontrastpaare:** *Folie 52*				
Differenzierung	*Silben-Sudoku* S. 4/5* *CD-ROM* *Hexe Trixi:* Hören				

Didaktisch-methodische Überlegungen

In dieser Einheit wird ein neuer Anlaut (Starter) **L l** eingeführt. Er wird gemeinsam mit den bekannten Vokalen gelesen. Anweisung: „Wir lassen beide zusammen heraus, ohne Luft dazwischen!"
Wenn nötig, nehmen wir die Mundstellung zur Artikulation des Starters – unterstützt durch Lautgebärden – stumm ein. Wir sprechen Konsonanten (Starter) nie vereinzelt aus, weil wir eine ganzheitliche Lautung der Minisilbe erzielen möchten; die Schüler sollen in diesem Stadium nicht synthetisieren.

Einstieg

Silbenfibelbild: Die Kinder erzählen, was sie auf der Doppelseite entdecken. Welche Personen sind da? Welche Tiere stehen in den Gehegen? Wer hat Lamas schon einmal gesehen? Was ist ein Muli? Was ist ein Info-Center? Was verkauft Lilo am Stand?
Was machen Lamas manchmal? (spucken)
Die Lehrerin / der Lehrer informiert über Lamas als Nutztiere in den Anden.
Die Lehrerin / der Lehrer zeigt Bild- und Wortkarten von Mama und Lama. (Vorlage für die Karten siehe nachfolgende Abbildungen oder als Download; Download-Angebot S. 6)
Die Kinder sollen die Bildkarten Mama und Lama den Wortkarten Mama und Lama an der Tafel zuordnen:

Ma ma

La ma

Die Lehrerin / der Lehrer gibt den Impuls: „Wo ist der Unterschied?"
Die Lehrerin / der Lehrer schneidet die Wortkarte Lama an der Trennstelle durch. Zuerst lesen einzelne Kinder ‹La›. Dann lesen alle Kinder chorisch ‹La›; die Lautgebärde für **l** wird eingeführt.
Die Lehrerin / der Lehrer schneidet die Wortkarte Mama durch. Die Kinder erkennen, dass die zweite Silbe identisch ist und getauscht werden kann.
Mit den Silbenkarten La, ma, Ma, ma wird eine Schnell-Leseübung durchgeführt zur Unterscheidung von **L** und **M** als Starter (Anlaut).

Silbenkärtchen

Die Kinder machen Schnell-Leseübungen mit den 5 Silbenkärtchen la, le, li, lo, lu.

Hinweise zu den Leitmaterialien

Silbenfibel

S. 12/13

Einzelne Kinder lesen die Silbenschule S. 13 vor mit synchronem Zeigefinger.
Alle Kinder lesen chorisch mit Anzählen jeder Zeile.
Die Lehrerin/der Lehrer begleitet das chorische Lesen mit einem akustischen Impuls pro Silbe (Klatschen, Klopfen mit Finger oder Stift). Von anfänglich langsamen und flexiblen Impulsen steigert und reguliert sich das Lesetempo bis zur normalen Sprechgeschwindigkeit.
Chorisches Lesen mit „Stopp"
Die Ganzwörter „Papa" und „Ist" werden eingeführt.
Einzelne Kinder lesen die Wort-Bild-Sätze auf S. 12.

SL A S. 20 – 22 **Schreiblehrgang**

S. 20: Große Einspurübungen mit dem Zeigefinger ausführen.
Einspurphasen durch Mitsprechen steuern: **L** = runter – rüber (gibt immer die Schreibrichtung an), **l** = runter
Schreibbewegung und Sprechen beginnen gleichzeitig
Die Buchstaben werden zudem mit großer Armbewegung in die Luft ausgeführt.

S. 21, 22.1: Schreibroutine, Silben/Namen abwechselnd mit zwei Farben schreiben

S. 22.2: Schreibung der inversen Silben: im, am

··· Ankertier

Das Ankertier von l (Löwe) wird gezeigt und aufgehängt. Das Ankertier wird deutlich artikuliert und in Silben geklatscht – einzeln und im Klassenverband.

··· Tiergeschichten

Die Geschichte zum Ankertier kann vorgelesen werden:
Löwe (l): Band 3

AH A S. 20 – 23 **Arbeitsheft**

··· Folie 7 — S. 20: Gebärde, nach Gebärden schreiben, mit Anfangssilbe verbinden
··· Folie 7 — S. 21: Silbe phonetisch ausgliedern und schreiben
··· Mini-Silbenschieber — S. 22: Lesen und Zeigefinger mitführen, Mini-Silbenschieber einstellen, nach Diktat schreiben, Namen frei schreiben
··· Folie 8 — S. 23: Leseverständnis, Festigung der inversen Form: am

AzD S. 21 – 24 **Arbeitsblätter zur Differenzierung**

S. 21 (23): Leseübung
S. 22 (24): Silbenklatschen; Leseübung
S. 23 (25): Leseübung; Schreibübung
S. 24 (26): Leseübung; Schreibübung; Leseverständnis

Tägliche Übungen

Automatisierung des Silbenlesens

··· ***Silbenschieber*** Silbenschieber (vgl. S. 113): Starter: m, l

··· ***Silbenkärtchen*** Silbenkärtchen 1, 2: Starter M, m, L, l

··· ***Silbenkarten*** Starter L, l (Download-Angebot S. 6)

··· ***Leseteppiche*** Leseteppiche 1 und 2 (KV 4/5, S. 291f.)

··· ***CD-ROM***

Leseroutine (vgl. S. 112: Chorisches Lesen)

Sprechrhythmisches Training der Kontrastpaare

··· ***Folie 52***
··· ***Musik-CD***

Durchführung vgl. S. 115, CD Nr. 52, 57
Käfer – Koffer
Jäger – Jacke
Züge – Zucker
böse – Busse
beten – Betten

Differenzierung

··· ***Silben-Sudoku*** Silben-Sudoku S. 4/5*

··· ***CD-ROM***

Übungen zur Auswahl
- Fibeltext zum Mitlesen
- Der fliegende Silbenteppich
- Gebärdenschule
- Silbenbogen
- Silbenpuzzle
- Silben-Memo
- Silbenschieber
- Wörter schreiben
- Der Rhythmus macht's!
- Dreier-Memo-Spiel
- Ankertiere

Hexe Trixi

Unter den drei Karten sind Silben versteckt. Mit diesen Silben lässt sich das Wort bilden, dessen Bild in der Wahrsagekugel zu sehen ist. Zuerst müssen die richtigen Silben gewählt und in der richtigen Reihenfolge in den Sockel der Kugel gelegt werden. Danach wird noch ein bestimmter Laut oder Buchstabe in einer der Silben gesucht.

Der Hintergrund: Wortgliederung auf der Basis von Silben

Diese Fähigkeit, Wörter als rhythmische Struktur, als Abfolge von Sprech-Silben zu erfassen, erleichtert später das Rechtschreiben, da das Kind den Wortaufbau begreift: Das Schreiben einer kurzen Silbe nach der anderen ist viel einfacher, als das Schreiben eines langen Wortes. In diesem Spiel werden dem Kind Silben vorgesprochen, die in die richtige Reihenfolge gebracht, ein Wort ergeben. Jede dieser Silben (Wortteile) enthält einen Selbstlaut, den das Kind in einem 2. Übungsschritt heraushören soll.

Hören: Wahrsagekugel

Seite 14/15

7. Woche

Inhalte und Kompetenzen

- Vokale als Großbuchstaben kennen lernen
- Tiere schreibt man groß.
- Druckschrift: **A, E, I, O, U**
- Lesen und verstehen

Wochenplan

Leitmaterialien	Montag	Dienstag	Mittwoch	Donnerstag	Freitag
Silbenfibel	S. 14/15 Bildbesprechung Silbenschule		S. 14 Wort-Bild-Sätze	S. 14 Wort-Bild-Sätze	
Schreiblehrgang A	S. 23	S. 24	S. 25		
Arbeitsheft A		S. 24	S. 25 *Folie 9*	S. 26 *Folie 9*	S. 27
Arbeitsblätter zur Differenzierung	S. 25 – 28 (1403-77) S. 27 – 29 (1402-77)				
Vorlesen	Geschichten zu den Ankertieren: Tiergeschichten mit Mia und Mio Affe (a): Band 1, Elefant (e): Band 1, Igel (i): Band 1, Orang-Utan (o): Band 7, Uhu (u): Band 4				
Tägliche Übungen	**Automatisierung des Silbenlesens:** Silbenschieber, Silbenkärtchen 1, 2 Silbenkarten Leseteppiche 1, 2 CD-ROM **Sprechrhythmisches Training der Kontrastpaare:** *Folie 53* **Lied:** „Ich bin ein kleiner Esel“, CD Nr. 7, 8				
Differenzierung	*Silben-Sudoku* S. 6/7* *CD-ROM* *Hexe Trixi:* Hören				

Didaktisch-methodische Überlegungen

Die Vokale erscheinen als Großbuchstaben in der ersten Sprech-Silbe von Tiernamen.

Einstieg

Silbenfibelbild: Die Kinder erzählen, was sie auf der Doppelseite entdecken. Welche Personen sind da? Was macht Mia? Was macht Mio?
Die Lehrerin / der Lehrer informiert über den Elefanten als Arbeitstier in Asien. Daran anknüpfend werden Tiernamen mit einem Vokal als Anlaut gesammelt. Dazu wird das Spiel „Tiere raten – Starter suchen“ gespielt: Die Kinder im Sitzkreis, die Karten mit den Vokalen (Download-Angebot S. 6) liegen in der Mitte.
Die Lehrerin / der Lehrer: „Ich kenne ein Tier, das du auch kennst. Es ist grau und hat einen Rüssel.“
Die Kinder antworten: „Es ist der Elefant.“ Die Kinder suchen die E-Karte heraus.
Die Lehrerin / der Lehrer: „Ich kenne ein Tier, das du auch kennst. Es ist klein und hat spitze Stacheln.“
Die Kinder antworten: „Es ist der Igel.“ Die Kinder suchen die I-Karte heraus.
Die Lehrerin / der Lehrer: „Ich kenne ein Tier, das du auch kennst. Es ist sehr klein. Sehr viele wohnen in einem Haufen.“
Die Kinder antworten: „Es ist die Ameise.“ Die Kinder suchen die A-Karte heraus.
Die Lehrerin / der Lehrer: „Ich kenne ein Tier, das du auch kennst. Es klettert auf Bäume und hat ein langhaariges, rötliches Fell.“
Die Kinder antworten: „Es ist der Orang-Utan.“ Die Kinder suchen die O-Karte heraus.
Die Lehrerin / der Lehrer: „Ich kenne ein Tier, das du auch kennst. Es hat Federn, spitze Ohren und scharfe Krallen.“
Die Kinder antworten: „Es ist der Uhu.“ Die Kinder suchen die U-Karte heraus.

Hinweise zu den Leitmaterialien

S. 14/15 **Silbenfibel**

Die Ganzwörter „und“ und „sind“ werden eingeführt.
Einzelne Kinder lesen die Wort-Bild-Sätze S. 14.

SL A S. 23 – 25 **Schreiblehrgang**

S. 23 – 25:
Große Einspurübungen mit dem Zeigefinger ausführen.
Einspurphasen durch Mitsprechen steuern: **A** = rauf – runter – Sprung – rüber, **E** = runter – rüber – Sprung – rüber – Sprung – rüber, **I** = runter, **O** = links herum, **U** = Schwung
Schreibbewegung und Sprechen beginnen gleichzeitig.

AH A S. 24 – 27	**Arbeitsheft**
	S. 24: Lesen und mit dem Zeigefinger synchron mitschwingen, Anfangssilbe mit Bildkarte verbinden, Nomen visuell ausgliedern und schreiben
···> *Folie 9*	S. 25: Sprechsilbe phonetisch ausgliedern und schreiben
···> *Folie 9*	S. 26: Leseverständnis, Namen frei schreiben
	S. 27: Ganzwörter „ist“ und „sind“ unterscheiden

AzD S. 25 – 28	**Arbeitsblätter zur Differenzierung**
	S. 25 (27): Anlaute zuordnen; Leseübung; Schreibübung
	S. 26 (28): Vokale üben; Silbendiktat
	S. 27 (= 1402-79 KV 35): Vokale; Schreibübung
	S. 28 (29): Leseübung; Leseverständnis

Tägliche Übungen

Automatisierung des Silbenlesens

···> *Silben-schieber*	Silbenschieber (vgl. S. 113)
···> *Silben-kärtchen*	Silbenkärtchen 1, 2
···> *Silbenkarten*	Starter: M, m, L, l
···> *Leseteppich*	Leseteppiche 1, 2 (KV 4/5, S. 291f.)
···> *CD-ROM*	

Leseroutine (vgl. S. 112: Chorisches Lesen)

Sprechrhythmisches Training der Kontrastpaare

···> *Folie 53*	Durchführung vgl. S. 115, CD Nr. 53, 57
···> *Musik-CD*	Rabe – Rappe
	Rose – Rosse
	Vase – Wasser
	Schafe – Schiffe
	Käse – Kasse
···> *Musik-CD*	**Lied** – CD Nr. 7, 8 – KV 79, S. 368 „Ich bin ein kleiner Esel“: Das Lied trainiert mit den Tanzschritten die Koordination.

Differenzierung

Silben-Sudoku

Silben-Sudoku S. 6/7*

CD-ROM

Übungen zur Auswahl

- Fibeltext zum Mitlesen
- Der fliegende Silbenteppich
- Gebärdenschule
- Silbenbogen
- Silbenpuzzle
- Silben-Memo
- Silbenschieber
- Wörter schreiben
- Der Rhythmus macht's!
- Dreier-Memo-Spiel
- Ankertiere

Hexe Trixi

Unter den drei Karten sind Silben versteckt. Mit diesen Silben lässt sich das Wort bilden, dessen Bild in der Wahrsagekugel zu sehen ist. Zuerst müssen die richtigen Silben gewählt und in der richtigen Reihenfolge in den Sockel der Kugel gelegt werden. Danach wird noch ein bestimmter Laut oder Buchstabe in einer der Silben gesucht.

Der Hintergrund: Wortgliederung auf der Basis von Silben

Diese Fähigkeit, Wörter als rhythmische Struktur, als Abfolge von Sprech-Silben zu erfassen, erleichtert später das Rechtschreiben, da das Kind den Wortaufbau begreift: Das Schreiben einer kurzen Silbe nach der anderen ist viel einfacher, als das Schreiben eines langen Wortes. In diesem Spiel werden dem Kind Silben vorgesprochen, die in die richtige Reihenfolge gebracht, ein Wort ergeben. Jede dieser Silben (Wortteile) enthält einen Selbstlaut, den das Kind in einem 2. Übungsschritt heraushören soll.

Hören: Wahrsagekugel

Seite 16/17

8. Woche

Inhalte und Kompetenzen

- Starter: **T t**
- Lautgebärde: **t**
- Druckschrift: **T t**
- Das Ganzwort „malt“ wird eingeführt.
- Lesen und verstehen

Wochenplan

Leitmaterialien	Montag	Dienstag	Mittwoch	Donnerstag	Freitag
Silbenfibel	S. 16/17 Bildbesprechung Silbenschule	S. 16/17 Silbenschule		S. 16/17 Wort-Bild-Sätze Illustrationstexte	S. 16/17 Wort-Bild-Sätze Illustrationstexte
Schreiblehrgang A	S. 26	S. 27			S. 28
Arbeitsheft A		S. 28 *Folie 10*	S. 29, S. 30.1 *Folie 10*	S. 30 *Mini-Silbenschieber*	S. 31
Arbeitsblätter zur Differenzierung	S. 29 – 31 (1403-77) S. 31 – 33 (1402-77)				
Vorlesen	Geschichte zum Ankertier: Tiergeschichten mit Mia und Mio Tiger (t): Band 1				
Tägliche Übungen	**Automatisierung des Silbenlesens:** Silbenschieber, Silbenkärtchen 1, 2 Silbenkarten (Download): Starter T, t Leseteppiche 1, 2 CD-ROM **Sprechrhythmisches Training der Kontrastpaare:** *Folie 54* **Lied:** „Elefantenlied“, CD Nr. 9, 10				
Differenzierung	*Silben-Sudoku* S. 8/9* *CD-ROM*				

Didaktisch-methodische Überlegungen

Die Einheit führt den Starter **T t** ein. Die Fähigkeit ein kräftiges „tu“ auszusprechen, ist bei einem Teil der Kinder – bedingt durch ihre flache Atmung (Vitalkapazität) – nicht voll entwickelt. Der Seehund an der Hupenorgel soll zu einem kräftigen Luftstoß (Zwerchfell) beim Sprechen anregen. Wir führen den Handrücken zum Mund, um den Luftstoß zu spüren. Diese Bewegung wird gleichzeitig zur verankernden Lautgebärde. Dabei repräsentiert der waagrecht gehaltene Unterarm das Oberzeichen von t. Damit wird die Unterscheidung von **l** und **t** deutlich.

Einstieg

Das Silbenfibelbild ist Grundlage für freies Erzählen. Die Lehrerin / der Lehrer informiert über Tiger in Indien. Der Tiger heißt Tila, der Seehund Toto.
Die Kinder ordnen die Bildkarte Seehund der Wortkarte Toto (Download-Angebot S. 6) zu, damit sich der Name des Seehundes, der kräftig trompetet, einprägt.
Die Lehrerin / der Lehrer führt die Lautgebärde für **t** ein: starker Luftstoß gegen den Handrücken.
Die Kinder sollen kräftig wie der Seehund Toto artikulieren.
Dazu Übungen mit den Silbenkärtchen ta, te, ti, to, tu im Klassenverband oder in Partnerarbeit.

Hinweise zu den Leitmaterialien

S. 16/17

Silbenfibel

Die Leseangebote dieser Doppelseite differenzieren auf drei Niveaus.
Einzelne Kinder lesen die Silbenschule auf Seite 17 vor mit synchronem Zeigefinger.
Alle Kinder lesen chorisch die Silbenschule mit Anzählen jeder Zeile.
Die Lehrerin / der Lehrer führt das chorische Lesen mit einem akustischen Impuls pro Silbe (Klatschen, Klopfen mit Finger oder Stift). Von anfänglich langsamen und flexiblen Impulsen steigert und reguliert sich das Lesetempo bis zur normalen Sprechgeschwindigkeit.
Die Kinder legen als Fortführung der Silbenschule Silbenkärtchen nach Diktat.
Das Ganzwort „malt“ wird eingeführt. Die Lehrerin / der Lehrer spricht: „Wir malen, Lili malt.“ Die Lehrerin / der Lehrer oder ein Kind liest das Wort in der Vignette auf Seite 16 vor. Die Kinder suchen das Wort im Text.

Jetzt lesen Kinder einzeln je einen Satz vor.

Zur weiteren Differenzierung lesen fortgeschrittene Kinder die Hinweisschilder in der Illustration.

SL A S. 26 – 28

Schreiblehrgang

S. 26: Große Einspurübungen mit dem Zeigefinger ausführen
Einspurphasen durch Mitsprechen steuern: **T, t** = runter – Sprung – rüber
Schreibbewegung und Sprechen beginnen gleichzeitig.
S. 27: Schreibroutine
S. 28: Nomen und Sätze

Ankertier – Das Ankertier von t (Tiger) wird gezeigt und aufgehängt. Das Ankertier wird deutlich artikuliert und in Silben geklatscht – einzeln und im Klassenverband.

Tiergeschichten – Die Geschichte zum Ankertier kann vorgelesen werden.
Tiger (t): Band 1

AH A S. 28 – 31 **Arbeitsheft**

Folie 10 – S. 28: Gebärde, nach Gebärden schreiben, Anfangssilbe mit Bildkarte verbinden

Folie 10 – S. 29: Silben phonetisch ausgliedern und schreiben

Mini-Silbenschieber – S. 30: Leseroutine, Mini-Silbenschieber (mit Starter-2) nach Diktat einstellen und schreiben, Namen frei schreiben

S. 31: Leseverständnis

AzD S. 31 – 33 **Arbeitsblätter zur Differenzierung**

S. 29 (31): Nachspurübung; Leseübung; Schreibübung; Silbendiktat
S. 30 (32): Leseübung; Gebärdendiktat; Schreibübung
S. 31 (33): Schreibübung

Tägliche Übungen

Automatisierung des Silbenlesens

Silbenschieber – Silbenschieber (vgl. S. 113): Starter M, m, L, l, T, t

Silbenkärtchen – Silbenkärtchen 1, 2: Starter M, m, L, l, T, t

Silbenkarten – Starter T, t (Download-Angebot S. 6)

Leseteppiche – Leseteppiche 1 und 2 (KV 4/5, S. 291f.)

CD-ROM

Leseroutine (vgl. S. 112: Chorisches Lesen)

Sprechrhythmisches Training der Kontrastpaare

···› Folie 54
···› Musik-CD

Durchführung vgl. S. 115, CD Nr. 54, 57
Hüte – Hütte
Ofen – offen
Töne – Tonne
Schemel – Schimmel
Düne – Dünne

···› Musik-CD

Lied – CD Nr. 9, 10 – KV 80, S. 369
Das Elefantenlied eignet sich zur Einstimmung oder zum Abschluss der Einheit.

Differenzierung

···› Silben-Sudoku

Silben-Sudoku S. 8/9*

···› CD-ROM

Übungen zur Auswahl
- Fibeltext zum Mitlesen
- Der fliegende Silbenteppich
- Gebärdenschule
- Silbenbogen
- Silbenpuzzle
- Silben-Memo
- Silbenschieber
- Wortautomat
- Wörter schreiben
- Der Rhythmus macht's!
- Dreier-Memo-Spiel
- Ankertiere

Seite 18/19

9. Woche

Inhalte und Kompetenzen

- Starter: **R r**
- Lautgebärde: **r**
- Druckschrift: **R r**
- Das Ganzwort „ruft“ wird eingeführt.
- Lesen und verstehen

Lernstandserhebung 2

Als Hausaufgabe wird das Silbenbüchlein 2 ausgeteilt (Kapitel V).
Am Ende der Woche wird die Lernstandserhebung 2 geschrieben (Kapitel VI).

Wochenplan

Leitmaterialien	Montag	Dienstag	Mittwoch	Donnerstag	Freitag
Silbenfibel	S. 18/19 Bildbesprechung Silbenschule	S. 18/19 Silbenschule		S. 18/19 Wort-Bild-Sätze	S. 18/19 Wort-Bild-Sätze
Schreiblehrgang A	S. 29	S. 30			S. 31
Arbeitsheft A		S. 32 *Folie 11*	S. 33, S. 34.1 *Folie 11*	S. 34 *Mini-Silbenschieber*	S. 35 *Folie 12*
Arbeitsblätter zur Differenzierung	S. 32 – 34 (1403-77) S. 35 – 37 (1402-77)				Lernstandserhebung 2
Vorlesen	Geschichte zum Ankertier: Tiergeschichten mit Mia und Mio Reh (r): Band 4				
Tägliche Übungen	**Automatisierung des Silbenlesens:** Silbenschieber, Silbenkärtchen 1, 2; Silbenkarten (Download): Starter R, r Leseteppiche 1, 2, CD-ROM **Sprechrhythmisches Training der Kontrastpaare:** *Folie 53* **Lied:** „Rirarutsch“, CD Nr. 11, 12				
Differenzierung	*Silben-Sudoku* S. 10/11* *CD-ROM*				

Didaktisch-methodische Überlegungen

Die Artikulation des **r** ist für viele Kinder ein Problem. Beim Starter **R r** ist deshalb beim Silbensprechen auf die deutliche Artikulation zu achten. Die gleichzeitige Darbietung der Gebärde unterstützt das phonetische Ausgliedern der Silben mit r-Starter.

Einstieg

Für den Einstieg wird ein Wecker benötigt. An der Tafel ist das Bild eines Weckers (Download-Angebot S. 6).
Das Silbenfibelbild ist Anlass für freies Erzählen.
Mitten im Gespräch rasselt der Wecker auf dem Pult.
Die Kinder ahmen den Wecker lautmalerisch nach.
Die Lehrerin / der Lehrer provoziert durch Auf- und Abbewegungen der Arme einen gleitenden Wechsel (wie eine Sirene) von hoher in tiefe Stimmlage.
Die Kinder übernehmen die Armbewegungen und lassen das klingende Rrrr ... auf- und abgleiten.
Die Lehrerin / der Lehrer schreibt Rrrr-Ketten ausgehend vom Wecker an der Tafel:

Die Kinder halten Vokale aus ihrem Indianer-Leporello an das Ende der lautmalerischen R-Kette und lesen Rrrra, Rrrre, Rrrri, Rrrro, Rrrru.
Dazu werden Übungen mit den Silbenkärtchen ra, re, ri, ro, ru im Klassenverband oder in Partnerarbeit durchgeführt.

Hinweise zu den Leitmaterialien

S. 18/19

Silbenfibel

Die Leseangebote dieser Doppelseite differenzieren auf zwei Niveaus. Zunächst sollen alle Kinder die Silbenreihen flüssig – ohne in lautierendes Lesen zu fallen – beherrschen.
Das Ganzwort „ruft" wird eingeführt. Die Lehrerin / der Lehrer spricht: „Wir rufen. Mama ruft." Danach können die Sätze (Wort-Bild-Kombinationen) gelesen werden.
Einzelne Kinder lesen die Silbenschule auf Seite 18 mit synchronem Zeigefinger.
Alle Kinder lesen chorisch die Silbenschule mit Anzählen jeder Zeile (vgl. zu S. 4/5).
Die Lehrerin / der Lehrer führt das chorische Lesen mit einem akustischen Impuls pro Silbe (Klatschen, Klopfen mit Finger oder Stift). Von anfänglich langsamen und flexiblen Impulsen steigert und reguliert sich das Lesetempo bis zur normalen Sprechgeschwindigkeit.
Die Kinder legen Silbenkärtchen nach Diktat.

SL A S. 29 – 31	**Schreiblehrgang**
	S. 29: Große Einspurübungen mit dem Zeigefinger ausführen Einspurphasen durch Mitsprechen steuern: **R** = runter – Sprung – rechts herum – runter, **r** = runter – rauf Schreibbewegung und Sprechen beginnen gleichzeitig
	S. 30: Schreibroutine
	S. 31: Silben / Sätze schreiben
···> **Ankertier**	Das Ankertier von r (Reh) wird gezeigt und aufgehängt. Das Ankertier wird deutlich artikuliert und in Silben geklatscht – einzeln und im Klassenverband.
···> **Tiergeschichten**	Die Geschichte zum Ankertier kann vorgelesen werden. Reh (r): Band 4
AH A S. 32 – 35	**Arbeitsheft**
···> ***Folie 11***	S. 32: Gebärde, nach Gebärden schreiben, Anfangssilbe identifizieren
···> ***Folie 11***	S. 33: Silben phonetisch ausgliedern und schreiben
···> ***Mini-Silbenschieber***	S. 34: Leseroutine, Mini-Silbenschieber nach Diktat einstellen und schreiben, Namen frei schreiben
···> ***Folie 12***	S. 35: Leseverständnis
AzD S. 32 – 34	**Arbeitsblätter zur Differenzierung**
	S. 32 (35): Nachspurübung; Gebärdendiktat; Schreibübung S. 33 (36): Leseübung; Schreibübung S. 34 (37): Leseverständnis; Leseübung

Tägliche Übungen

Automatisierung des Silbenlesens

···> ***Silbenschieber***	Silbenschieber (vgl. S. 113): Starter M, m, L, l, T, t, R, r
···> ***Silbenkärtchen***	Silbenkärtchen 1, 2: Starter M, m, L, l, T, t, R, r
···> ***Silbenkarten***	Starter R, r (Download-Angebot S. 6)
···> ***Leseteppiche***	Leseteppiche 1 und 2 (KV 4/5, S. 291f.)

···› CD-ROM

Leseroutine (vgl. S. 112: Chorisches Lesen)

Sprechrhythmisches Training der Kontrastpaare

···› Folie 53
···› Musik-CD

Durchführung vgl. S. 115, CD Nr. 53, 57
Rabe – Rappe
Rose – Rosse
Vase – Wasser
Schafe – Schiffe
Käse – Kasse

···› Musik-CD

Lied – CD Nr. 11, 12 – KV 81, S. 370
„Rirarutsch, wir fahren in der Kutsch“: Das Lied trainiert die Artikulation des Starters r. Die Kinder gehen zum Lied im Takt und führen passende Bewegungen aus.

Differenzierung

···› Silben-Sudoku

Silben-Sudoku S. 10 / 11*

···› CD-ROM

Übungen zur Auswahl
- Fibeltext zum Mitlesen
- Der fliegende Silbenteppich
- Gebärdenschule
- Silbenbogen
- Silbenpuzzle
- Silben-Memo
- Silbenschieber
- Wortautomat
- Wörter schreiben
- Der Rhythmus macht's!
- Dreier-Memo-Spiel
- Ankertiere

Seite 20/21

10. Woche

Inhalte und Kompetenzen

- Starter: **S s**
- Lautgebärde: **s**
- Druckschrift: **S s**
- Lesen und verstehen

Wochenplan

Leitmaterialien	Montag	Dienstag	Mittwoch	Donnerstag	Freitag
Silbenfibel	S. 20/21 Bildbesprechung Silbenschule	S. 20/21 Silbenschule		S. 20/21 Wort-Bild-Sätze	S. 20/21 Wort-Bild-Sätze
Schreiblehrgang A	S. 32	S. 33			S. 34
Arbeitsheft A		S. 36 *Folie 13*	S. 37, S. 38.1 *Folie 13*	S. 38 *Mini-Silbenschieber*	S. 39
Arbeitsblätter zur Differenzierung	S. 35 – 38 (1403-77) S. 39 – 42 (1402-77)				
Vorlesen	Die Bienenkönigin: S. 167 Geschichte zum Ankertier: Tiergeschichten mit Mia und Mio Seepferdchen (s): Band 5				
Tägliche Übungen	**Automatisierung des Silbenlesens:** Silbenschieber, Silbenkärtchen 1, 2, 3; Silbenkarten (Download): Starter S, s Leseteppiche 1, 2 CD-ROM **Sprechrhythmisches Training der Kontrastpaare:** *Folie 53* **Lied:** „Das Bienchen", CD Nr. 13, 14				
Differenzierung	*Silben-Sudoku* S. 12/13* *CD-ROM*				

Didaktisch-methodische Überlegungen

Die Artikulation von **s** stellt für viele Kinder ein Problem dar. Beim Starter **S s** ist deshalb beim Silbensprechen auf die klare Artikulation zu achten. Die gleichzeitige Darbietung der Gebärde unterstützt das phonetische Ausgliedern der Silben mit s-Starter.

Einstieg

Musik-CD

Spiel zum Lied „Das Bienchen", Musik-CD Nr. 13, 14:
Auf dem Boden liegen 5 Blütenkarten mit den Vokalen (Download-Angebot S. 6). Die Kinder bilden einen Kreis um die Blütenkarten. Die Lehrerin / der Lehrer summt die erste Zeile der Melodie. Die Kinder sollen das Lied erraten. Die Kinder singen die erste Zeile.
Die Kinder „summsen" durch das Klassenzimmer, während die Lehrerin / der Lehrer das Lied vorsingt oder auf einem Instrument vorspielt.
Zum Ende des Liedes kehren alle Kinder in den Kreis zurück.
5 Kinder treten in den Kreis und „summsen" um die Blüten, während die anderen die erste Zeile des Liedes wiederholen.
Am Zeilenende landet jedes Kind auf einer Blüte. Es spricht eine Silbe mit dem Starter **S** und schließt sein Ssss mit dem Vokal auf der Blüte ab: Ssssa, Sssse usw.

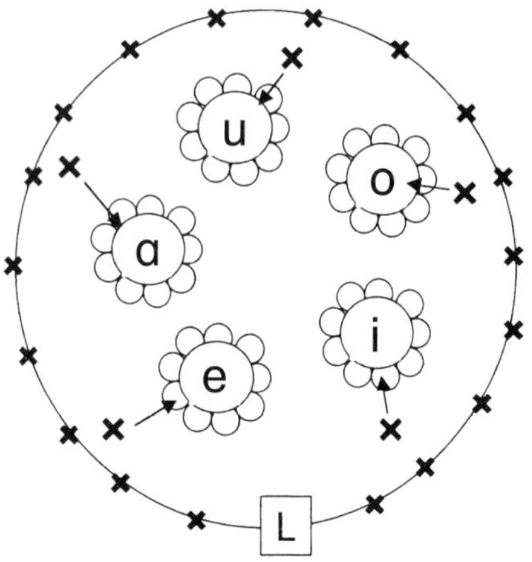

Die Lehrerin / der Lehrer schreibt die so entstandenen Silben an die Tafel: sa, se, si, so, su. Die Runde wird so lange wiederholt, bis alle Kinder einmal dran waren.
Alle Kinder lesen chorisch die Silben an der Tafel, die Lehrerin / der Lehrer führt durch synchrone Silbenschwünge.
Dazu Übungen mit den Silbenkärtchen sa, se, si, so, su im Klassenverband oder in Partnerarbeit.
Das Silbenfibelbild ist wieder Grundlage für freies Erzählen. Die Lehrerin / der Lehrer informiert über Tätigkeiten des Imkers und die Biene als Honigproduzentin.
Zuletzt singen alle gemeinsam die erste Liedzeile und deuten synchron auf die entsprechende Biene im linken Silbenfibelbild. Es sind acht Bienen und die erste Zeile hat 8 Silben.

Hinweise zu den Leitmaterialien

S. 20/21 **Silbenfibel**

Zunächst lesen alle Kinder die Silbenschule flüssig – ohne in lautierendes Lesen zu fallen.
Das Ganzwort „isst“ wird eingeführt. Die Lehrerin / der Lehrer spricht: „ Wir essen. Susi isst.“ Die Lehrerin / der Lehrer weist auf die „Zwillinge“ in dem Wort hin.
Das Ganzwort „sind“ von Fibelseite 14 / 15 wird wiederholt. Einzelne Kinder erlesen die Sätze aus Wort-Bild-Kombinationen. Danach werden die Sätze (Wort-Bild-Kombinationen) gelesen.
Die Lehrerin / der Lehrer liest das Märchen „Die Bienenkönigin“ (Brüder Grimm) vor.
Einzelne Kinder lesen die Silbenschule S. 21 mit synchronem Zeigefinger.
Alle Kinder lesen chorisch die Zeilen 1 bis 3 mit Anzählen jeder Zeile.

SL A S. 32 – 34 **Schreiblehrgang**

S.32: Große Einspurübungen mit dem Zeigefinger ausführen
Einspurphasen durch Mitsprechen steuern: **S s** = links herum – rechts herum Schreibbewegung und Sprechen beginnen gleichzeitig
S. 33: Schreibroutine
S. 34: Nomen, Sätze

···› Ankertier Das Ankertier von s (Seepferdchen) wird gezeigt und aufgehängt. Das Ankertier wird deutlich artikuliert und in Silben geklatscht – einzeln und im Klassenverband.

···› Tiergeschichten Die Geschichte zum Ankertier kann vorgelesen werden.
Seepferdchen (s): Band 5

AH A S. 36 – 39 **Arbeitsheft**

···› Folie 13 S. 36: Gebärde, nach Gebärden schreiben, Anfangssilbe identifizieren
···› Folie 13 S. 37: Silben phonetisch ausgliedern und schreiben
···› Mini-Silbenschieber S. 38: Leseroutine, Mini-Silbenschieber nach Diktat einstellen und schreiben, Namen frei schreiben
S. 39: Unterscheidung „ist – isst“, Leseverständnis

AzD S. 35 – 38 **Arbeitsblätter zur Differenzierung**

S. 35 (39): Koordination; Nachspurübung; Schreibübung
S. 36 (40): Leseverständnis; Schreibübung
S. 37 (41): Leseübung; Silbendiktat
S. 38 (42): Lesetext

Tägliche Übungen

Automatisierung des Silbenlesens

Silbenschieber — Silbenschieber (vgl. S. 113): Starter M, m, L, l, T, t, R, r, S, s

Silbenkärtchen — Silbenkärtchen 1, 2, 3: Starter M, m, L, l, T, t, R, r, S, s

Silbenkarten — Starter S, s (Download-Angebot S. 6)

Leseteppiche — Leseteppiche 1 und 2 (KV 4/5, S. 291f.)

CD-ROM

Leseroutine (vgl. S. 112: Chorisches Lesen)

Sprechrhythmisches Training der Kontrastpaare

Folie 53
Musik-CD

Durchführung vgl. S. 115, CD Nr. 53, 57
Rabe – Rappe
Rose – Rosse
Vase – Wasser
Schafe – Schiffe
Käse – Kasse

Musik-CD — **Lied** – CD Nr. 13, 14 – KV 82, S. 371
„Das Bienchen“. Das Lied trainiert die Artikulation des Starters s.

Differenzierung

Silben-Sudoku — Silben-Sudoku S. 12/13*

CD-ROM

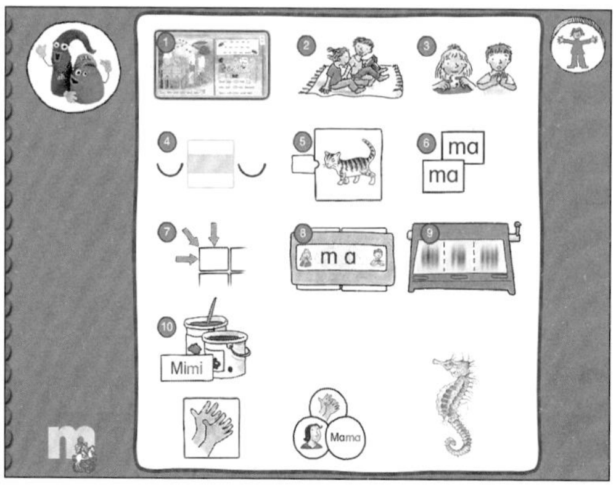

Übungen zur Auswahl

- Fibeltext zum Mitlesen
- Der fliegende Silbenteppich
- Gebärdenschule
- Silbenbogen
- Silbenpuzzle
- Silben-Memo
- Silbenraster
- Silbenschieber
- Wortautomat
- Wörter schreiben
- Der Rhythmus macht's!
- Dreier-Memo-Spiel
- Ankertiere

Zwei Königssöhne gingen einmal auf Abenteuer und gerieten in ein wildes, wüstes Leben, so dass sie gar nicht wieder nach Hause kamen. Der jüngste, welcher der Dummling hieß, machte sich auf und suchte seine Brüder: Aber wie er sie endlich fand, verspotteten sie ihn, dass er mit seiner Einfalt sich durch die Welt schlagen wollte, und sie zwei könnten nicht durchkommen, und wären doch viel klüger. Sie zogen alle drei miteinander fort und kamen an einen Ameisenhaufen. Die zwei ältesten wollten ihn aufwühlen und sehen, wie die kleinen Ameisen in der Angst herumkröchen und ihre Eier forttrügen, aber der Dummling sagte: »lasst die Tiere in Frieden, ich leids nicht, dass ihr sie stört.« Da gingen sie weiter und kamen an einen See, auf dem schwammen viele, viele Enten. Die zwei Brüder wollten ein paar fangen und braten, aber der Dummling ließ es nicht zu und sprach: »lasst die Tiere in Frieden, ich leids nicht, dass ihr sie tötet.« Endlich kamen sie an ein Bienennest, darin war so viel Honig, dass er am Stamm herunterlief. Die zwei wollten Feuer unter den Baum legen und die Bienen ersticken, damit sie den Honig wegnehmen könnten. Der Dummling hielt sie aber wieder ab und sprach: »lasst die Tiere in Frieden, ich leids nicht, dass ihr sie verbrennt.« Endlich kamen die drei Brüder in ein Schloss, wo in den Ställen lauter steinerne Pferde standen, auch war kein Mensch zu sehen, und sie gingen durch alle Säle, bis sie vor eine Tür ganz am Ende kamen, davor hingen drei Schlösser; es war aber mitten in der Türe ein Lädlein, dadurch konnte man in die Stube sehen. Da sahen sie ein graues Männchen, das an einem Tisch saß. Sie riefen es an, einmal, zweimal, aber es hörte nicht: endlich riefen sie zum dritten Mal, da stand es auf, öffnete die Schlösser und kam heraus. Es sprach aber kein Wort, sondern führte sie zu einem reich besetzten Tisch; und als sie gegessen und getrunken hatten, brachte es einen jeglichen in sein eigenes Schlafgemach. Am andern Morgen kam das graue Männchen zu dem ältesten, winkte und leitete ihn zu einer steinernen Tafel, darauf standen drei Aufgaben geschrieben, wodurch das Schloss erlöst werden könnte.

Die erste war, in dem Wald unter dem Moos lagen die Perlen der Königstochter, tausend an der Zahl, die mußten aufgesucht werden, und wenn vor Sonnenuntergang noch eine einzige fehlte, so ward der, welcher gesucht hatte, zu Stein. Der älteste ging hin und suchte den ganzen Tag, als aber der Tag zu Ende war, hatte er erst hundert gefunden; es geschah, wie auf der Tafel stand, er ward in Stein verwandelt. Am folgenden Tag unternahm der zweite Bruder das Abenteuer; es ging ihm aber nicht viel besser als dem ältesten, er fand nicht mehr als zweihundert Perlen und ward zu Stein.

Endlich kam auch an den Dummling die Reihe, der suchte im Moos, es war aber so schwer, die Perlen zu finden, und ging so langsam. Da setzte er sich auf einen Stein und weinte. Und wie er so saß, kam der Ameisenkönig, dem er einmal das Leben erhalten hatte, mit fünftausend Ameisen, und es währte gar nicht lange, so hatten die kleinen Tiere die Perlen miteinander gefunden und auf einen Haufen getragen. Die zweite Aufgabe aber war, den Schlüssel zu der Schlafkammer der Königstochter aus dem See zu holen. Wie der Dummling zum See kam, schwammen die Enten, die er einmal gerettet hatte, heran, tauchten unter und holten den Schlüssel aus der Tiefe. Die dritte Aufgabe aber war die schwerste, aus den drei schlafenden Töchtern des Königs sollte die jüngste und die liebste herausgesucht werden. Sie glichen sich aber vollkommen, und waren durch nichts verschieden, als dass sie, bevor sie eingeschlafen waren, verschiedene Süßigkeiten gegessen hatten, die älteste ein Stück Zucker, die zweite ein wenig Sirup, die jüngste einen Löffel voll Honig. Da kam die Bienenkönigin von den Bienen, die der Dummling vor dem Feuer geschützt hatte, und versuchte den Mund von allen dreien, zuletzt blieb sie auf dem Mund sitzen, der Honig gegessen hatte, und so erkannte der Königssohn die rechte. Da war der Zauber vorbei, alles war aus dem Schlaf erlöst, und wer von Stein war, erhielt seine menschliche Gestalt wieder. Und der Dummling vermählte sich mit der jüngsten und liebsten, und ward König nach ihres Vaters Tod; seine zwei Brüder aber erhielten die beiden andern Schwestern.

(Brüder Grimm)

Seite 22/23

11. Woche

Inhalte und Kompetenzen

- Starter: **W w**
- Lautgebärde: **w**
- Druckschrift: **W w**
- Fragezeichen und Satzpunkt
- Hund als Helfer des Menschen
- Lesen und verstehen

Wochenplan

Leitmaterialien	Montag	Dienstag	Mittwoch	Donnerstag	Freitag
Silbenfibel	S. 22/23 Besprechung Silbenschule	S. 22/23 Silbenschule		S. 22/23 Wort-Bild-Sätze	S. 22/23 Wort-Bild-Sätze
Schreiblehrgang A	S. 35	S. 36			S. 37
Arbeitsheft A		S. 40 *Folie 14*	S. 41, S. 42.1 *Folie 14*	S. 42/43 *Mini-Silben-schieber* *Folie 15*	
Arbeitsblätter zur Differenzierung	S. 39 – 41 (1403-77) S. 43 – 45 (1402-77)				
Vorlesen	Geschichte zum Ankertier: Tiergeschichten mit Mia und Mio Wal (w): Band 1; Lesezirkus S. 26 – 29, Peter und der Wolf				
Tägliche Übungen	**Automatisierung des Silbenlesens:** Silbenschieber, Silbenkärtchen 1, 2, 3; Silbenkarten (Download): Starter W, w Leseteppiche 1, 2; CD-ROM **Sprechrhythmisches Training der Kontrastpaare:** *Folie 53*				
Differenzierung	*Silbendomino legen* *Lesezirkus** S. 26 – 29, Peter und der Wolf, Aufgaben S. 71/ Arbeitsblätter Lesezirkus KV 15 – 17 *Silben-Sudoku* S. 14/15* *CD-ROM*				

Didaktisch-methodische Überlegungen

Beim Starter **W w** ist es für den Lernprozess förderlich, den Starter deutlich zu artikulieren und mit der Gebärde zu unterstützen.
Die lautmalerische Silbe **wau** führt vom Silbenfibelbild zum Starter **W w**; au wird nicht weiter thematisiert. Auf die Wörter „was“, „los“ und „tut“ (Starter – Klinger – Stopper) wird hingewiesen. Diese Wörter mit einem konsonantischen Endrand werden mit gespanntem (langem) Vokal gelesen. Das ist für Kinder zunächst einfacher als mit ungespannten Vokalen. Das wird in der nächsten Woche eingeführt.

Einstieg

Silbenfibelbild: Hund als Helfer des Menschen
Die Lehrerin / der Lehrer fragt: „Wie macht der Hund?“ Die Kinder antworten: „wau, wau, wau.“ Alternativ kann zum Einstieg auch das Lied: „Onkel Jörg hat einen Bauernhof“ mit der Ergänzung „... Und da läuft ein großer Hund herum ... Der macht wau, wau, wau ...“ gesungen werden.
Die Lehrerin / der Lehrer zeigt den Tafelanschrieb wau wau wau.
Die Kinder lesen spontan.
Die Lehrerin / der Lehrer wischt die Vokale aus; es bleiben w w w.
Die Lehrerin / der Lehrer erklärt die Artikulation von **w** (Mundstellung) und leitet daraus die Lautgebärde ab.
Die Lehrerin / der Lehrer schreibt hinter die Starter **w** Vokale: wa we wi wo wu.
Einzelne Kinder lesen, die Lehrerin / der Lehrer begleitet mit Silbenschwüngen.
Alle lesen chorisch.
Die Lehrerin / der Lehrer erklärt mit dem Ankerbild den Groß- und Kleinbuchstaben.
Dazu Übungen mit den Silbenkärtchen wa, we, wi, wo, wu im Klassenverband oder in Partnerarbeit.

Hinweise zu den Leitmaterialien

S. 22/23

Silbenfibel

Zunächst lesen alle Kinder die Silbenschule flüssig – ohne in lautierendes Lesen zu fallen. Danach lesen Kinder einzeln Sätze vor. Auf die Ganzwörter und die Wörter „was“ und „tut“ wird hingewiesen.
Einzelne Kinder lesen die Silbenschule (Zeilen 1 bis 4) mit synchronem Zeigefinger.
Alle Kinder lesen chorisch die Zeilen 1 bis 4 mit Anzählen jeder Zeile.
Die Lehrerin / der Lehrer führt das chorische Lesen mit einem akustischen Impuls pro Silbe (Klatschen, Klopfen mit Finger oder Stift). Von anfänglich langsamen und flexiblen Impulsen steigert und reguliert sich das Lesetempo bis zur normalen Sprechgeschwindigkeit.
Einzelne Kinder lesen die Sätze. Die Lehrerin / der Lehrer erklärt das Fragezeichen und stellt die Frage: „Ist die letzte Zeile auch eine Frage?“ Die Lehrerin / der Lehrer gibt Regel bekannt: Sätze haben am Schluss einen Punkt.

SL A S. 35 – 37 **Schreiblehrgang**

S. 35: Große Einspurübungen mit dem Zeigefinger ausführen.
Einspurphasen durch Mitsprechen steuern: **W w** = zick – zack – zick – zack
S. 36: Schreibroutine
S. 37: Nomen, Sätze

···› Ankertier Das Ankertier von w (Wal) wird gezeigt und aufgehängt. Das Ankertier wird deutlich artikuliert und in Silben geklatscht – einzeln und im Klassenverband.

···› Tiergeschichten Die Geschichte zum Ankertier kann vorgelesen werden.
Wal (w): Band 1

AH A S. 40 – 43 **Arbeitsheft**

···› Folie 14 S. 40: Gebärde, nach Gebärden schreiben, Silben phonetisch ausgliedern und schreiben
···› Folie 14 S. 41: Endsilben mit Bildwort verbinden, Tiernamen frei schreiben
···› Mini-Silbenschieber S. 42: Leseroutine, Mini-Silbenschieber nach Diktat einstellen und schreiben, Namen frei schreiben
···› Folie 15 S. 43: Kreative Lese-Schreibübung

AzD S. 39 – 41 **Arbeitsblätter zur Differenzierung**

S. 39 (43): Nachspurübung; Lese- und Schreibübung
S. 40 (44): Leseverständnis
S. 41 (45): Lese- und Schreibübung; Sätze

Tägliche Übungen

Automatisierung des Silbenlesens

···› Silbenschieber Silbenschieber (vgl. S. 113): Offene Silben

···› Silbenkärtchen Silbenkärtchen 1, 2, 3

···› Silbenkarten Starter W, w (Download-Angebot S. 6)

···› Leseteppiche Leseteppiche 1 und 2 (KV 4/5, S. 291f.)

···› CD-ROM

Leseroutine (vgl. S. 112: Chorisches Lesen)

Sprechrhythmisches Training der Kontrastpaare

···› *Folie 53*
···› *Musik-CD*

Durchführung vgl. S. 115, CD Nr. 53, 57
Rabe – Rappe
Rose – Rosse
Vase – Wasser
Schafe – Schiffe
Käse – Kasse

Differenzierung

···› *Silbendomino* Silbendomino legen KV 22, S. 309

···› *Lesezirkus* Lesezirkus S. 26 – 29, Peter und der Wolf*, Aufgaben S. 71/ Arbeitsblätter Lesezirkus KV 15 – 17

···› *Silben-Sudoku* Silben-Sudoku S. 14 / 15*

···› *CD-ROM*

Übungen zur Auswahl

- Fibeltext zum Mitlesen
- Der fliegende Silbenteppich
- Gebärdenschule
- Silbenbogen
- Silbenpuzzle
- Silben-Memo
- Silbenraster
- Silbenschieber
- Wortautomat
- Wörter schreiben
- Der Rhythmus macht's!
- Dreier-Memo-Spiel
- Ankertiere

Seite 24/25

12. Woche

Inhalte und Kompetenzen

- Starter: **D d**
- Lautgebärde: **d**
- Druckschrift: **D d**
- Lesen und verstehen
- Märchen „Hans mein Igel“

Wochenplan

Leitmaterialien	Montag	Dienstag	Mittwoch	Donnerstag	Freitag
Silbenfibel	S. 24/25 Besprechung Silbenschule	S. 24/25 Silbenschule		S. 24/25 Wort-Bild-Sätze	S. 24/25 Wort-Bild-Sätze
Schreiblehrgang A	S. 38	S. 39		S. 40	
Arbeitsheft A		S. 44 *Folie 16*	S. 45, S. 46.1 *Folie 17*	S. 46 *Silben-schieber*	S. 47 *Folie 17*
Arbeitsblätter zur Differenzierung	S. 42 – 45 (1403-77) S. 47 – 50 (1402-77)				
Vorlesen	Hans mein Igel: S. 176 Geschichte zum Ankertier: Tiergeschichten mit Mia und Mio Delfin (d): Band 2 Lesezirkus S. 30 – 33: Hans mein Igel				
Tägliche Übungen	**Automatisierung des Silbenlesens der geschlossenen Silbe:** Silbenschieber, Silbenkärtchen 1, 2, 3; Silbenkarten (Download): Starter D, d; Leseteppich 1, 2; CD-ROM **Sprechrhythmisches Training der Kontrastpaare:** *Folie 53* **Lied:** „Heißa Kathreinerle“, CD Nr. 15, 16				
Differenzierung	*Lesezirkus** S. 30 – 33: Hans mein Igel, Aufgaben S. 72/ Arbeitsblätter Lesezirkus KV 18 *Silben-Sudoku* S. 16/17* *CD-ROM*				

Didaktisch-methodische Überlegungen

Nachdem die Leserichtung automatisiert ist, richtet sich unser Augenmerk auf den Endrand der Silbe. Die betonte erste Silbe in Wörtern wie Sil-be, Run-de, Tan-te wird mit einem ungespannten Vokal mit festem Anschluss des Endrandes gesprochen. Aus unserer Sicht ist das der **„Knackpunkt"** in der Leseentwicklung der Kinder.
Wir bezeichnen den Endrand der betonten Silbe mit dem Begriff „Stopper", um die Leseanfänger auf die Koartikulation in der geschlossenen, betonten Silbe der zweisilbigen deutschen Wörter hinzuweisen.
Die Sprachregelung in der Klasse lautet: „Starter – Klinger – Stopper – kurz!"
„wol" wird **kurz** gesprochen wie in **„Wol**-ke" und nicht **lang** wie in „zum **Wohl**".
Die Starter-Klinger-Silben (ma, me, mi usw.) werden von Leseanfängern mit einem langen (gespannten) Vokal gelesen. Das kommt den Kindern entgegen und stellt keine besondere Schwierigkeit dar.
Die Fähigkeit, eine geschlossene Silbe mit einem ungespannten Vokal und einem festen Anschluss des Endrandes zu lesen, ist die wichtigste Voraussetzung für das sinnerfassende Lesen. Die überdehnten Kunstlautungen (Wool-kee) sind vom „Sollwert" zu weit entfernt, sodass sie von den Kindern beim Hörvergleich mit bekannten Wörtern (Wolke) nicht erkannt und verstanden werden.

Silbenschieber

Eine effektive Übungsform bietet der Silbenschieber mit den drei Zungen:
Der Silbenbau **›Starter – Klinger – Stopper‹** kann anschaulich demonstriert und systematisch geübt werden: wa – was, we – wes, wi – wis usw.
Wir unterstützen den Stopper deutlich mit Lautgebärden.

Wichtig ist die akustische Analyse von du im Kontrast zu tu. Hier muss bei allen Kindern auf die klare Artikulation geachtet werden.
Die Kinder erfahren den schwachen und starken Luftstrom, unterstützt durch die entsprechende Lautgebärde:
tu – starker Luftstrom gegen den Handrücken,
du – Zeigefinger der Schreibhand tippt leicht in die Innenfläche der anderen Hand.

Einstieg

Das Märchen „Hans mein Igel" (S. 176) wird von der Lehrerin / dem Lehrer erzählt, eventuell werden die „grausamen" Szenen übergangen.
Die Kinder malen ihre Lieblingsszene. Die Lehrerin / der Lehrer spricht den Refrain von „Heißa, Kathreinerle" mit deutlich voneinander abgesetzten Silben vor: di del du del da del, schrumm, schrumm, schrumm ...
Anmerkung: Diese Silben ahmen den Klang des Dudelsacks und der Bassgeige nach. Die Kinder wiederholen diese lautmalerischen Silben.
Die Lehrerin / der Lehrer schreibt die Silben an die Tafel:
‹ di del du del da del ›
Die Unterscheidung von offenen und geschlossenen Silben wird so deutlich: randlose, offene Silbe mit langem Klinger (di), Silbe mit Endrand, also geschlossene Silbe, mit kurzem Klinger (del).
Einzelne Kinder lesen mit deutlichen Pausen zwischen den Silben. Die Lehrerin / der Lehrer begleitet mit synchronen Silbenschwüngen.

Hinweise zu den Leitmaterialien

S. 24/25 **Silbenfibel**

Die Leseangebote dieser Doppelseite differenzieren auf drei Niveaus. Zunächst lesen alle Kinder die Silbenschule S. 25 flüssig – ohne in lautierendes Lesen zu fallen. Nach Einführung der Ganzwörter „Turm“ und „rufen“ können die Sätze (Wort-Bild-Kombinationen) gelesen werden. Kinder mit fortgeschrittenen Fertigkeiten lesen die Aufschriften im Torbogen und über dem Schaukasten.

SL A S. 38 – 40 **Schreiblehrgang**

S. 38: Große Einspurübungen mit dem Zeigefinger ausführen.
Einspurphasen durch Mitsprechen steuern: **D** = runter – Sprung – rechts herum, **d** = links herum – auf – ab
S. 39: Schreibroutine
S. 40: Nomen, Artikel

···› *Ankertier* Das Ankertier von d (Delfin) wird gezeigt und aufgehängt. Das Ankertier wird deutlich artikuliert und in Silben geklatscht – einzeln und im Klassenverband.

···› *Tiergeschichten* Die Geschichte zum Ankertier kann vorgelesen werden.
Delfin (d): Band 2

AH A S. 44 – 47 **Arbeitsheft**

···› *Folie 16* S. 44: Gebärde, nach Gebärden schreiben, Silben phonetisch ausgliedern und schreiben
···› *Folie 17* S. 45: Endsilben ausgliedern und schreiben, Endsilben mit Bildwort verbinden
···› *Silbenschieber* S. 46: Leseroutine, Silbenschieber (mit Schieber 1, 3, 5) nach Diktat einstellen und schreiben
···› *Folie 17* S. 47: Kreative Lese-Schreibübung

AzD S. 42 – 45 **Arbeitsblätter zur Differenzierung**

S. 42 (47): Nachspurübung; Leseübung
S. 43 (48): Leseübung; Leseverständnis
S. 44 (49): Leseverständnis
S. 45 (50): Lese- und Schreibübung; Silbendiktat

Tägliche Übungen

Automatisierung des Silbenlesens

···› *Silbenschieber* Silbenschieber (vgl. S. 113):
Beim Silbenschieber wird der dritte Schieber für den Stopper eingeführt. Die Silbenschieber-Übungen werden nun mit allen drei Schiebern (Starter – Klinger – Stopper) durchgeführt.

···› *Silbenkärtchen* Silbenkärtchen 1, 2, 3

···› *Silbenkarten* Starter D, d (Download-Angebot S. 7)

···› *Leseteppiche* Leseteppiche 1 und 2 (KV 4/5, S. 291f.)

…› CD-ROM

Leseroutine (vgl. S. 112: Chorisches Lesen)

Sprechrhythmisches Training der Kontrastpaare

…› Folie 53
…› Musik-CD

Durchführung vgl. S. 115, CD Nr. 53, 57
Rabe – Rappe
Rose – Rosse
Vase – Wasser
Schafe – Schiffe
Käse – Kasse

…› Musik-CD

Lied – CD Nr. 15, 16 – KV 83, S. 372
„Heißa Kathreinerle“

Differenzierung

…› Lesezirkus

Lesezirkus S. 30 – 33: Hans mein Igel*, Aufgaben S. 72 / Arbeitsblätter Lesezirkus KV 18

…› Silben-Sudoku

Silben-Sudoku S. 16 / 17*

…› CD-ROM

Übungen zur Auswahl
- Fibeltext zum Mitlesen
- Der fliegende Silbenteppich
- Gebärdenschule
- Silbenbogen
- Silbenpuzzle
- Silben-Memo
- Silbenraster
- Silbenschieber
- Wortautomat
- Wörter schreiben
- Der Rhythmus macht's!
- Dreier-Memo-Spiel
- Ankertiere

Es war einmal ein Bauer, der hatte Geld und Gut genug, aber wie reich er war, so fehlte doch etwas an seinem Glück. Er hatte mit seiner Frau keine Kinder. Öfters, wenn er mit den anderen Bauern in die Stadt ging, spotteten sie und fragten, warum er keine Kinder hätte. Da ward er endlich zornig, und als er nach Hause kam, sprach er: „Ich will ein Kind haben, und sollt's ein Igel sein." Da kriegte seine Frau ein Kind, das war oben ein Igel und unten ein Junge, und als sie das Kind sah, erschrak sie und sprach: „Siehst du, du hast uns verwünscht." Da sprach der Mann: „Was kann das alles helfen, getauft muss der Junge werden, aber wir können keinen Gevatter dazu nehmen." Die Frau sprach: „Wir können ihn auch nicht anders taufen als Hans mein Igel." Als er getauft war, sagte der Pfarrer: „Der kann wegen seiner Stacheln in kein ordentlich Bett kommen." Da ward hinter dem Ofen ein wenig Stroh zurecht gemacht und Hans mein Igel darauf gelegt. Er konnte auch an der Mutter nicht trinken, denn er hätte sie mit seinen Stacheln gestochen. So lag er da hinter dem Ofen acht Jahre und sein Vater war ihn müde und dachte: „Wenn er nur stürbe." Nun trug es sich zu, dass in der Stadt ein Markt war, und der Bauer wollte hingehen, da fragte er seine Frau, was er ihr mitbringen sollte. „Ein wenig Fleisch und ein paar Wecke, was zum Haushalt gehört", sprach sie. Darauf fragte er die Magd, die wollte ein paar Toffeln und Zwickelstrümpfe. Endlich sagte er auch: „Hans mein Igel, was willst du denn haben?" „Väterchen", sprach er, „bring mir doch einen Dudelsack mit." Wie nun der Bauer wieder nach Hause kam, gab er der Frau, was er gekauft hatte, Fleisch und Wecke, dann gab er der Magd die Toffeln und die Zwickelstrümpfe, endlich ging er hinter den Ofen und gab dem Hans mein Igel den Dudelsack. Und wie Hans mein Igel den Dudelsack hatte, sprach er: „Väterchen, geht doch vor die Schmiede und lass mir meinen Gockelhahn beschlagen, dann will ich fortreiten und nie wiederkommen." Da war der Vater froh, dass er ihn loswerden sollte und ließ ihm den Hahn beschlagen, und als er fertig war, setzte sich Hans mein Igel darauf, ritt fort, nahm auch Schweine und Esel mit, die wollt' er draußen im Walde hüten. Im Wald aber musste der Hahn mit ihm auf einen hohen Baum fliegen, da saß er und hütete die Esel und Schweine und saß lange Jahre, bis die Herde ganz groß war, und sein Vater wusste nichts von ihm.

Wenn er aber auf dem Baum saß, blies er seinen Dudelsack und machte Musik, die war sehr schön. Einmal kam ein König vorbeigefahren, der hatte sich verirrt und hörte die Musik. Da wunderte er sich darüber und schickte seinen Bedienten hin, er solle sich einmal umgucken, wo die Musik herkäme. Er sah ein kleines Tier auf dem Baum oben sitzen, das war wie ein Gockelhahn, auf dem ein Igel saß, und der machte die Musik. Da sprach der König zum Bedienten, er solle fragen, ob er nicht wüsste, wo der Weg in sein Königreich ginge. Da stieg Hans mein Igel vom Baum und sprach, er wollte den Weg zeigen, wenn der König ihm verschreiben und versprechen wollte, was ihm zuerst begegnete am königlichen Hofe, sobald er nach Hause käme. Da dachte der König: „Das kann ich leicht tun, Hans mein Igel versteht's doch nicht, und ich kann schreiben, was ich will." Da nahm der König Feder und Tinte und schrieb etwas auf, und als es geschehen war, zeigte ihm Hans mein Igel den Weg, und er kam glücklich nach Haus. Seine Tochter aber, wie sie ihn von weitem sah, war voll Freuden, dass sie ihm entgegenlief und ihn küsste. Da gedachte er an Hans mein Igel und erzählte ihr, wie es ihm gegangen wäre und dass er einem wunderlichen Tier hätte verschreiben sollen, was ihm daheim zuerst begegnen würde, und das Tier hätte auf einem Hahn wie auf einem Pferde gesessen und schöne Musik gemacht; er hätte aber geschrieben, es sollt's nicht haben, denn Hans mein Igel könnt' es doch nicht lesen. Darüber war die Prinzessin froh und sagte, das wäre gut, denn sie wäre doch nimmermehr hingegangen.

Hans mein Igel aber hütete die Esel und Schweine, war immer lustig, saß auf dem Baum und blies auf seinem Dudelsack. Nun geschah es, dass ein anderer König gefahren kam mit seinen Bedienten und Läufern und hatte sich verirrt und fand nicht mehr nach Haus, weil der Wald so groß war. Da hörte er gleichfalls die schöne Musik von weitem und sprach zu seinem Läufer, was das wohl wäre, er sollte einmal zusehen. Da ging der Läufer hin unter den Baum und sah den Gockelhahn sitzen und Hans mein Igel obendrauf. Der Läufer fragte ihn, was er da oben vorhätte. „Ich hüte meine Esel und Schweine; aber was ist Euer Begehren?" Der Läufer sagte, sie hätten sich verirrt und könnten nicht wieder ins Königreich, ob er ihnen den Weg nicht zeigen wollte. Da stieg Hans mein Igel mit dem Hahn vom Baum herunter und sagte zu dem alten König, er wolle ihm den Weg zeigen, wenn er ihm zu Eigen geben wolle, was ihm zu Haus vor seinem königlichen Schloss als erstes begegnen würde. Der König sagte „Ja" und unterschrieb sich dem Hans dem Igel, er solle es haben. Als das geschehen war, ritt er auf dem Gockelhahn voraus und zeigte ihm den Weg, und der König gelangte glücklich wieder in sein Reich. Wie er auf den Hof kam, war große Freude darüber. Nun hatte er eine einzige Tochter, die war sehr schön, die lief ihm entgegen, fiel ihm um den Hals und küsste ihn und freute sich, dass ihr alter Vater wiederkam. Sie fragte ihn auch, wo er solange in der Welt gewesen wäre, da erzählte er ihr, er hätte sich verirrt und wäre beinahe gar nicht wiedergekommen, aber als er durch einen großen Wald gefahren wäre, hätte einer, halb wie ein Igel, halb wie ein Mensch, rittlings auf einem Hahn in einem hohen Baum gesessen und schöne Musik gemacht, der hätte den Weg gezeigt, er aber hätte ihm dafür versprochen, was ihm am königlichen Hofe zuerst begegnete, und das wäre sie, und das täte ihm nun so leid. Da versprach sie ihm aber, sie wollte gerne mit ihm gehen, wann er käme, ihrem alten Vater zuliebe.

Hans mein Igel aber hütete seine Schweine, und die Schweine bekamen wieder Schweine, und es wurden ihrer so viele, dass der ganze Wald voll war. Da wollte Hans mein Igel nicht länger im Wald leben und ließ seinem Vater sagen, sie sollten alle Ställe im Dorf räumen; denn er käme mit einer so großen Herde, dass jeder schlachten könnte, der wollte. Da war sein Vater betrübt, als er das hörte; denn er dachte, Hans mein Igel wäre schon lange gestorben. Hans mein Igel aber setzte sich auf seinen Gockelhahn, trieb die Schweine vor sich her ins Dorf und ließ schlachten. Danach sagte Hans mein Igel: „Väterchen, lasst mir meinen Gockelhahn noch einmal vor der Schmiede beschlagen, dann reit' ich fort und komme mein Lebtag nicht wieder." Da ließ der Vater den Gockelhahn beschlagen und war froh, dass Hans mein Igel nicht wiederkommen wollte.

Hans mein Igel ritt fort in das erste Königreich, da hatte der König befohlen, wenn einer käme auf einem Hahn geritten und hätte einen Dudelsack bei sich, dann sollten alle auf ihn schießen, hauen und stechen, damit er nicht ins Schloss käme. Als nun Hans mein Igel dahergeritten kam, drangen sie mit den Bajonetten auf ihn ein, aber er gab dem Hahn die Sporen, flog auf, über das Tor hin vor des Königs Fenster, ließ sich da nieder und rief ihm zu, er sollt' ihm geben, was er versprochen hätte, sonst wollt' er ihm und seiner Tochter das Leben nehmen.

Da gab der König seiner Tochter gute Worte, sie möchte zu ihm hinausgehen, damit sie ihm und sich das Leben rettete. Da zog sie sich weiß an, und ihr Vater gab ihr einen Wagen mit sechs Pferden und herrlichen Bedienten, Geld und Gut. Sie setzte sich ein und Hans mein Igel mit seinem Hahn und Dudelsack neben sie, dann nahmen sie Abschied und zogen fort, und der König dachte, er kriegte sie nicht wieder zu sehen. Es ging aber anders, als er dachte; denn als sie ein Stück Wegs von der Stadt waren, da zog ihr Hans mein Igel die schönen Kleider aus und stach sie mit seiner Igelhaut, bis sie ganz blutig war und sagte: „Das ist der Lohn für euere Falschheit, geh hin, ich will dich nicht", und jagte sie damit nach Haus, und sie war beschimpft ihr Lebtag.

Hans mein Igel aber ritt weiter auf seinem Gockelhahn und mit seinem Dudelsack nach dem zweiten Königreich, wo er dem König auch den Weg gezeigt hatte. Der aber hatte bestellt, wenn einer käme wie Hans mein Igel, sollten sie das Gewehr präsentieren, ihn frei hereinführen, Vivat rufen und ihn ins königliche Schloss bringen. Wie ihn die Königstochter sah, war sie erschrocken, weil er doch gar zu wunderlich aussah, sie dachte aber, es wäre nicht anders, sie hätte es ihrem Vater versprochen. Da ward

Hans mein Igel von ihr bewillkommt und ward mit ihr vermählt, und er musste mit ihr an die königliche Tafel gehen, und sie setzte sich zu seiner Seite, und sie aßen und tranken. Wie's nun Abend ward, dass sie wollten schlafen gehen, da fürchtete sie sich sehr vor seinen Stacheln; er aber sprach, sie sollte sich nicht fürchten, es geschehe ihr kein Leid, und sagte zu dem alten König, er sollte vier Mann bestellen, die sollten wachen vor der Kammertür und ein großes Feuer anmachen, und wann er in die Kammer einginge und sich ins Bett legen wollte, würde er aus seiner Igelshaut herauskriechen und sie vor dem Bett liegen lassen. Dann sollten die Männer hurtig herbeispringen und sie ins Feuer werfen, auch dabei bleiben, bis sie vom Feuer verzehrt wäre. Wie die Glocke nun elf schlug, da ging er in die Kammer, streifte die Igelhaut ab und ließ sie vor dem Bett liegen. Da kamen die Männer und holten sie geschwind und warfen sie ins Feuer; und als sie das Feuer verzehrt hatte, da war er erlöst und lag da im Bett ganz als Mensch gestaltet, aber er war kohlschwarz wie gebrannt. Der König schickte zu seinem Arzt, der wusch ihn mit guten Salben und balsamierte ihn, da ward er weiß und war ein schöner junger Herr. Wie das die Königstochter sah, war sie froh und am anderen Morgen ward die Vermählung erst recht gefeiert, und Hans mein Igel bekam das Königreich von dem alten König.

Wie etliche Jahre herum waren, fuhr er mit seiner Gemahlin zu seinem Vater und sagte, er wäre sein Sohn; der Vater aber sprach, er hätte keinen, er hätte nur einen gehabt, der wäre aber wie ein Igel mit Stacheln geboren worden und wäre in die Welt gegangen. Da gab er sich zu erkennen, und der alte Vater freute sich und ging mit ihm in sein Königreich.

Mein Märchen ist aus, und geht vor Gustchen sein Haus.

(Brüder Grimm)

Seite 26/27

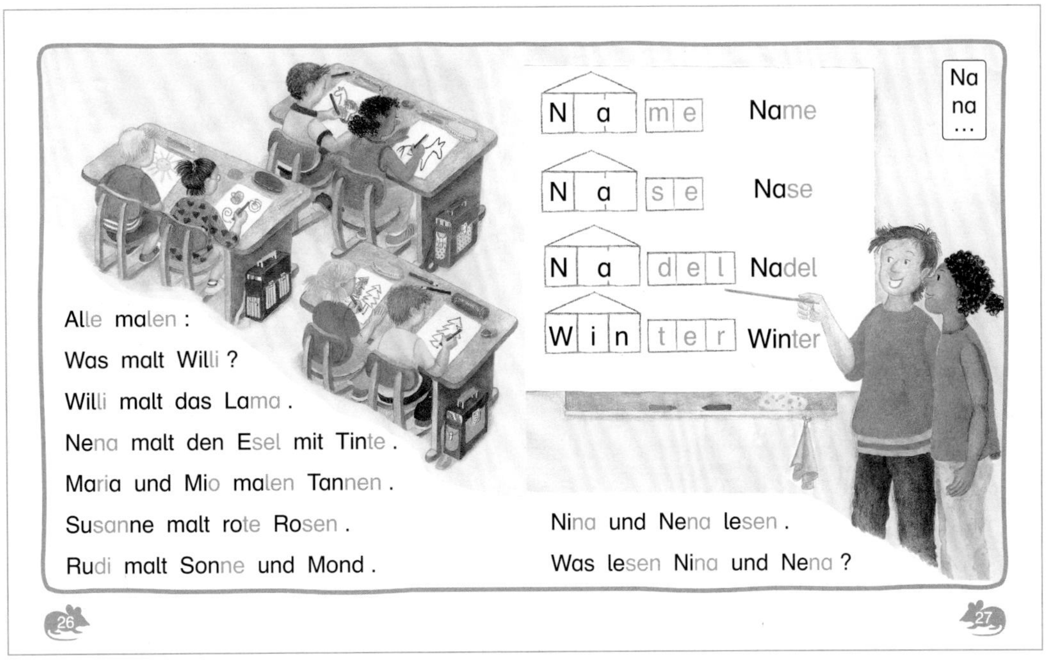
Alle malen :
Was malt Willi ?
Willi malt das Lama .
Nena malt den Esel mit Tinte .
Maria und Mio malen Tannen .
Susanne malt rote Rosen .
Rudi malt Sonne und Mond .

N a me — Name
N a se — Nase
N a del — Nadel
W i n ter — Winter

Na na …

Nina und Nena lesen .
Was lesen Nina und Nena ?

26 27

13. Woche

Inhalte und Kompetenzen

- Starter: **N n**
- Lautgebärde: **n**
- Druckschrift: **N n**
- Lesen und verstehen
- Häuschen für offene und geschlossene Silben

Lernstandserhebung 3
Als Hausaufgabe wird das Silbenbüchlein 3 ausgeteilt (Kapitel V.).
Am Ende der Woche wird die Lernstandserhebung 3 geschrieben (Kapitel VI.).

Wochenplan

Leitmaterialien	Montag	Dienstag	Mittwoch	Donnerstag	Freitag
Silbenfibel	S. 26/27 Besprechung Lesetext	S. 26/27 Häuschen			
Schreiblehrgang A	S. 41	S. 42	S. 43		S. 44
Arbeitsheft A		S. 48 *Folie 18*	S. 49, S. 50.1	S. 50 *Silben-schieber*	S. 51 *Folie 19*
Arbeitsblätter zur Differenzierung	S. 46 – 50 (1403-77) S. 51 – 55 (1402-77)				Lernstands-erhebung 3
Vorlesen	Geschichte zum Ankertier: Tiergeschichten mit Mia und Mio Nashorn (n): Band 3				
Tägliche Übungen	**Automatisierung des Silbenlesens der geschlossenen Silbe:** Silbenschieber, Silbenkärtchen 1, 2, 3, 4; Silbenkarten (Download): Starter N, n; Leseteppich 1, 2; CD-ROM; **Sprechrhythmisches Training der Kontrastpaare:** *Folie 53*				
Differenzierung	*Silben-Sudoku* S. 18/19* *CD-ROM*				

Didaktisch-methodische Überlegungen

Die Buchstaben **m** und **n** werden von vielen Kindern beim Lesen und Schreiben verwechselt. Um dieser Gefahr entgegenzuwirken, wird das **N n** erst jetzt eingeführt. Die Lautgebärden für **M m** (3 Finger zu den geschlossenen Lippen) und **N n** (2 Finger an die Nase) und das Zählen zur Regulierung der Einspurphasen (m = 1 2 3, n = 1 2) helfen dabei. **m** und **n** werden mit den Silbenkärtchen und den Leseteppichen geübt, um Verwechslungen zu vermeiden.
Um die silbische Gliederung (Starter – Klinger – Stopper) und die Betonug (Trochäus) in geerbten deutschen Wörtern methodisch darzustellen, verwenden wir das von Christa Röber entwickelte Häuschen mit Garage in veränderter Architektur. Neben der Binnenstruktur der Silbe (Starter – Klinger – Stopper) kommt es dabei auf die methodische Darstellung des **losen und festen Anschlusses** an. Die Übungsreihen mit Kontrastpaaren sind geeignet, den sprechrhythmischen Unterschied von Wörtern wie „Nase“ (loser Anschluss = abgetrennte Garage) und „Nüsse“ (fester Anschluss = angebaute Garage) zu verdeutlichen.
Das sichere Silbieren und die Wahrnehmung des Sprachrhythmus führt die Kinder zur intuitiven, orthografischen Schreibung (vgl. Kapitel I., 3.3.4., S. 21). Die zweifarbige Silbentrennung vermittelt die **Leseregeln** in deutschen Wörtern z.B.: „Woge“, „Wolke“, „Wolle“, „zum Wohl“. Beim zweifarbigen, silbenweisen Schreiben werden daraus **Schreibregeln**. Die Schüler sind gegen Ende der zweiten Klasse fähig, Wörter mit ie, Doppelkonsonanten, ck, tz und Dehnungs-h intuitiv richtig zu schreiben. Kinder mit dieser Anfangserfahrung schreiben selbstbestimmt und sicher. Sie betrachten Orthografie als Hilfe beim Lesen und nicht als Behinderung beim Schreiben. Sie bemühen sich, richtig zu schreiben, damit andere ihre Texte gut lesen können.

Einstieg

Die Kinder bilden einen Sitzkreis. In der Mitte liegen die Gegenstände und Wortkarten (Neonlicht: ggf. auf Deckenlicht hinweisen oder Neonröhre mitbringen):

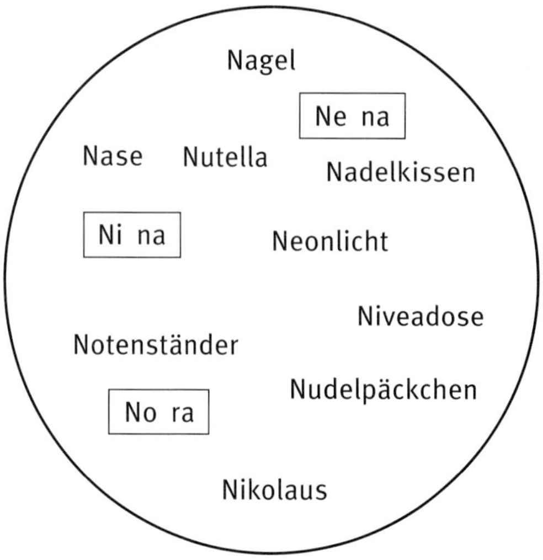

Die Lehrerin / der Lehrer stellt Fragen.
Die Lehrerin / der Lehrer: „Ich sehe was, was du auch siehst. Es beginnt mit **Na**.“
Ein Kind antwortet: „Ich sehe einen Nagel.“
Die Lehrerin / der Lehrer: „Ich sehe was, was du auch siehst. Es beginnt mit **Ne**.“

Ein Kind antwortet: „Ich sehe ein Neonlicht."
Die Lehrerin / der Lehrer: „Ich sehe was, was du auch siehst. Es beginnt mit **Ni.**"
Ein Kind antwortet: „Ich sehe einen Nikolaus."
Die Lehrerin / der Lehrer: „Ich sehe was, was du auch siehst. Es beginnt mit **No.**"
Ein Kind antwortet: „Ich sehe einen Notenständer."
Die Lehrerin / der Lehrer: „Ich sehe was, was du auch siehst. Es beginnt mit **Nu.**"
Ein Kind antwortet: „Ich sehe ein Nudelpäckchen."
Die Lehrerin / der Lehrer stellt Silbenkarten **Na Ne Ni No Nu** (Download-Angebot S. 6) an der Tafel auf. Die Kinder sollen die Gegenstände zuordnen, indem sie alle Wörter deutlich silbieren und synchron klatschen.
Die Lehrerin / der Lehrer führt über die Namensschilder **Nina** und **Nena** (Download-Angebot S. 7) den Buchstaben **N n** ein; die deutliche Artikulation wird mit der Gebärde unterstützt.
Dazu Übungen mit den Silbenkärtchen na, ne, ni, no, nu im Klassenverband oder in Partnerarbeit.

Hinweise zu den Leitmaterialien

Silbenfibel

S. 26 / 27 Einzelne Kinder lesen jeweils einen Satz und stellen die Beziehung zum Silbenfibelbild her. Die Lehrerin / der Lehrer erklärt die „Hausordnung" der beiden Haustypen:
Im Sprachgebrauch der Kinder: „Das **a** macht sich breit und braucht zwei Zimmer." „Das **i** wird vom **n** gestoppt. Das **i** wird kurz gesprochen." „In der Garage steht immer ein **e**."
Die Kinder legen Silbenkärtchen nach Diktat.
Die Kinder legen die Silbenkärtchen: ma – na, me – ne usw.

SL A S. 41 – 44 **Schreiblehrgang**

S. 41: Große Einspurübungen mit dem Zeigefinger ausführen.
Einspurphasen durch Mitsprechen steuern: **N** = zick – zack – rauf, **n** = 1 – 2
S. 42: Schreibroutine
S. 43: Nomen, Verben
S. 44: Satzteile verbinden und schreiben

···› Ankertier Das Ankertier von n (Nashorn) wird gezeigt und aufgehängt. Das Ankertier wird deutlich artikuliert und in Silben geklatscht – einzeln und im Klassenverband.

···› Tiergeschichten Die Geschichte zum Ankertier kann vorgelesen werden.
Nashorn (n): Band 3

AH A S. 48 – 51 **Arbeitsheft**

···› Folie 18 S. 48: Gebärde, nach Gebärden schreiben, Silben phonetisch ausgliedern und schreiben
S. 49: Anfangssilben mit Bildwort verbinden, freies Schreiben von Verben

···› Silbenschieber S. 50: Leseroutine, Silbenschieber nach Diktat einstellen und schreiben

···› Folie 19 S. 51: Häuschen-Schreibübung

AzD S. 46 – 50 **Arbeitsblätter zur Differenzierung**

S. 46 (51): Leseübung; Nachspurübung; Leseverständnis
S. 47 (52): Schreibübung
S. 48 (53): Leseverständnis
S. 49 (54): Leseverständnis
S. 50 (55): Lesetext

Tägliche Übungen

Automatisierung des Silbenlesens

Silbenschieber – Silbenschieber (vgl. S. 113): offene und geschlossene Silben. Es ist besonders darauf zu achten, dass Silben mit Stopper kurz gesprochen werden.

Silbenkärtchen – Silbenkärtchen 1, 2, 3, 4

Silbenkarten – Starter N, n (Download-Angebot S. 7)

Leseteppiche – Leseteppiche 1 und 2 (KV 4/5, S. 291f.): Die Kinder wechseln auch zwischen ma – na, me –ne usw.

CD-ROM

Leseroutine (vgl. S. 112: Chorisches Lesen)

Sprechrhythmisches Training der Kontrastpaare

Durchführung vgl. S. 115, CD Nr. 53, 57
Rabe – Rappe
Folie 53 – Rose – Rosse
Musik-CD – Vase – Wasser
Schafe – Schiffe
Käse – Kasse

Differenzierung

···> Silben-Sudoku

Silben-Sudoku S. 18/19*

···> CD-ROM

Übungen zur Auswahl
- Fibeltext zum Mitlesen
- Der fliegende Silbenteppich
- Gebärdenschule
- Silbenbogen
- Silbenpuzzle
- Silben-Memo
- Silbenraster
- Silbenschieber
- Wortautomat
- Wörter schreiben
- Häuschen schreiben
- Der Rhythmus macht's!
- Dreier-Memo-Spiel
- Ankertiere

Seite 28/29

14. Woche

Inhalte und Kompetenzen

- Wir basteln einen Weihnachtsengel

Wochenplan

Leitmaterialien	Montag	Dienstag	Mittwoch	Donnerstag	Freitag
Silbenfibel	S. 28/29 Bildbesprechung Lesetext	S. 28/29 Lesetext			
Arbeitsheft A		S. 52 *Folie 20*	S. 53/79 *Folie 21*		
Tägliche Übungen	**Diese Woche ist zur freien Gestaltung.** **Lied:** „Josef, lieber Josef mein“, CD Nr. 17, 18				
Differenzierung	*Silben-Sudoku* S. 20/21* *CD-ROM*				

Didaktisch-methodische Überlegungen

Für Kinder ist Weihnachten ein Fest von großer Bedeutung. Das Krippenspiel wird in vielen Grundschulen oder christlichen Gemeinden aufgeführt. Die Doppelseite bietet die Möglichkeit, über die Weihnachtsgeschichte zu sprechen.

Einstieg

Die Kinder sprechen über das Bild. Die Lehrerin / der Lehrer gibt gegebenenfalls Hinweise. Die Darsteller sind an ihren Kostümen zu erkennen:

- Maria und Josef richten die Krippe her.
- Die Hirten, sie tragen große Hüte und braune Umhänge, werden eben noch von der Lehrerin kostümiert oder beteiligen sich an den Vorbereitungen usw.
- Die Heiligen Drei Könige sind mit farbigen Umhängen und Kronen ausgestattet.
- Der Verkündungsengel probt auf einem Hocker stehend, während die Engelschar unter Anleitung des Musiklehrers weihnachtliche Melodien einstudiert.
- Das Pony wehrt sich noch ein wenig gegen die langen Eselsohren.
- Zwei Jungen malen Sterne auf Papier. Wenn nun noch die Schafe und der Hirtenhund Troll glattgekämmt sind, kann das Spiel beginnen.

···> Musik-CD Das Lied kann als Abschluss gesungen werden.

Hinweise zu den Leitmaterialien

S. 28/29 **Silbenfibel**

Einzelne Kinder lesen jeweils einen Satz und stellen die Beziehung zum Silbenfibelbild her.

AH A S. 52 – 53 **Arbeitsheft**

···> Folie 20 S. 52: Spurensuche, Wunschzettel schreiben
···> Folie 21 S. 53 und 79: Weihnachtsengel basteln

Differenzierung

···> Silben-Sudoku Silben-Sudoku S. 20 / 21*

···> CD-ROM

Übungen zur Auswahl
- Fibeltext zum Mitlesen
- Silbenbogen
- Silbenpuzzle
- Silbenschieber
- Wortautomat
- Wörter schreiben
- Häuschen schreiben
- Der Rhythmus macht's!
- Dreier-Memo-Spiel
- Ankertiere

Seite 30/31

Uhr

Wir essen in der Schule:

Müsli oder

Es ist 9 Uhr.

Alle wollen essen.

Anna will Müsli mit Rosinen.

Mio will Müsli mit Ananas.

Uwe will nur Melone und Nüsse.

Sch sch ü

Tim und Martin essen .

Mia isst Müsli mit Mandeln.

Was isst Susi? Susi will nur Salami.

Alle Schüler waschen in der Wanne:

Teller, Tassen, Messer und Schüsseln.

30

31

15. Woche

Inhalte und Kompetenzen

- Dreifachkonsonant **Sch sch** erkennen und deutlich artikulieren
- Lautgebärde: **sch**
- Umlaut **ü**
- Druckschrift: **Sch sch**
- Lesen und verstehen
- Häuschen für offene und geschlossene Silben

Wochenplan

Leitmaterialien	Montag	Dienstag	Mittwoch	Donnerstag	Freitag
Silbenfibel	S. 30/31 Bildbesprechung Lesetext	S. 30/31 Lesetext	S. 30/31 Lesetext		
Schreiblehrgang A	S. 45			S. 46	S. 47
Arbeitsheft A		S. 54 *Folie 22*	S. 55 *Folie 23*	S. 56 *Silbenschieber*	S. 57 *Wortautomat*
Arbeitsblätter zur Differenzierung	S. 51 – 54 (1403-77) S. 57 – 58 (1402-77)				
Vorlesen	Geschichte zum Ankertier: Tiergeschichten mit Mia und Mio Schildkröte (sch): Band 2				
Tägliche Übungen	**Automatisierung des Silbenlesens bei geschlossenen Silben:** Silbenschieber, Silbenkärtchen 1, 2, 3, 4 Silbenkarten (Download): Starter Sch, sch Leseteppich 1, 2; CD-ROM **Sprechrhythmisches Training der Kontrastpaare:** *Folie 54* **Lied:** „Sieben kleine Bären“, CD Nr. 19 – 26				
Differenzierung	*Silben-Sudoku* S. 22/23* *CD-ROM*				

Didaktisch-methodische Überlegungen

Das Silbenlesen ist jetzt weitgehend automatisiert. Kinder, die hier noch Schwierigkeiten haben, müssen in diesem Bereich weiterhin mit den bislang beschriebenen Methoden gefördert werden.
Die Wörter werden durch den farbigen Silbentrenner gegliedert. Entsprechend dem persönlichen Leistungsvermögen werden die Sätze in natürlicher Betonung und Sprechgeschwindigkeit oder noch mit deutlicher Wahrnehmung der Wörter in Silben gelesen.
Mit **Sch sch** lernen die Kinder einen Laut kennen, der durch drei Zeichen dargestellt wird. Die bewusste Unterscheidung von **S** und **Sch** muss durch eine klare Artikulation unterstützt werden.
Mit dem Wortautomat können die Kinder aus den Silben Wörter bauen.

Einstieg

Folie 23

Der Dreifachbuchstabe für den Starter von Schule wird durch das Häuschen mit den lustigen Buchstaben eingeführt. Von einer Folie wird das Häuschen an die Tafel projiziert und dabei das erste Zimmer abgedeckt.

Die Kinder stellen Vermutungen an, wie das Wort im Häuschen wohl lauten könnte: Einige Kinder vermuten „Schule“.

An einer Seite der Tafel stehen Sätze: Wir malen in der ...
Wir turnen in der ...
Wir essen in der ...

Die Lehrerhin / der Lehrer deckt zunächst das **S** alleine auf und lässt die Kinder lesen.

Die Kinder äußern Kritik an der Lautung und die Lehrerin / der Lehrer deckt das ganze Zimmer auf. Der Unterschied in der Schreibweise und Lautung von **s** und **Sch** wird deutlich.
Die Lehrerin / der Lehrer ergänzt den ersten Satz auf der Seitentafel: „Wir malen in der Schule.“ und erklärt den Dreifachbuchstaben. Die Schreibung wird im Schreiblehrgang S. 45 trainiert.
Danach ergänzen einzelne Kinder die Sätze auf der Seitentafel und alle schreiben die Sätze in ihr Heft.

Hinweise zu den Leitmaterialien

S. 30/31

Silbenfibel

Das Ganzwort „Uhr“ und der Umlaut „ü“ werden eingeführt.
Einzelne Kinder lesen jeweils einen Satz und stellen die Beziehung zum Silbenfibelbild her. Immer im Anschluss lesen alle Kinder chorisch den jeweiligen Satz.
Die Lehrerin / der Lehrer stellt Fragen zum Text: „Wer will Müsli essen? Was isst Susi? Was machen alle Schüler zum Schluss?“
Einzelne Kinder beantworten die Fragen in ganzen Sätzen.

SL A S. 45 – 47 **Schreiblehrgang**

S. 45: Große Einspurübungen mit dem Zeigefinger ausführen, Schreibroutine
S. 46: Nomen, Sätze
S. 47: Auswahlsätze, Sätze frei schreiben

···> ***Ankertier*** Das Ankertier von sch (Schildkröte) wird gezeigt und aufgehängt. Das Ankertier wird deutlich artikuliert und in Silben geklatscht – einzeln und im Klassenverband.

···> ***Tiergeschichten*** Die Geschichte zum Ankertier kann vorgelesen werden.
Schildkröte (sch): Band 2

AH A S. 54 – 57 **Arbeitsheft**

···> ***Folie 22*** S. 54: Gebärde, nach Gebärden schreiben, Silben phonetisch ausgliedern und schreiben

···> ***Folie 23*** S. 55: Häuschen-Schreibübung

···> ***Silbenschieber*** S. 56: Leseroutine, nach Diktat Silbenschieber einstellen und schreiben

···> ***Wortautomat*** S. 57: Nomen am Wortautomat (mit Schieber 6, 7, 8) einstellen und schreiben

AzD S. 51 – 54 **Arbeitsblätter zur Differenzierung**

S. 51 (57): Leseübung
S. 52 (58): Lese- und Schreibübung
S. 53 (= 1402-79 KV 60): Leseübung; Schreibübung
S. 54 (Download-Angebot S. 6): Schreibübung

Tägliche Übungen

Automatisierung des Silbenlesens

···> ***Silbenschieber*** Silbenschieber (vgl. S. 113): offene und geschlossene Silben. Es ist besonders darauf zu achten, dass Silben mit Stopper kurz gesprochen werden.

···> ***Silbenkärtchen*** Silbenkärtchen 1, 2, 3, 4

···> ***Silbenkarten*** Starter Sch, sch (Download-Angebot S. 7)

···> ***Leseteppiche*** Leseteppiche 1 und 2 (KV 4/5, S. 291f.)

CD-ROM

Leseroutine (vgl. S. 112: Chorisches Lesen)

Sprechrhythmisches Training der Kontrastpaare

Folie 54
Musik-CD

Durchführung vgl. S. 115, CD Nr. 54, 57
Hüte – Hütte
Ofen – offen
Töne – Tonne
Schemel – Schimmel
Düne – Dünne

Musik-CD

Lied – CD Nr. 19 – 26 – KV 85, S. 374
„Sieben kleine Bären". Die Kinder gehen zum Lied im Takt.
Dazu können Bärenmasken gebastelt werden (KV 23, S. 310).

Differenzierung

Silben-Sudoku

Silben-Sudoku S. 22 / 23*

CD-ROM

Übungen zur Auswahl

- Fibeltext zum Mitlesen
- Der fliegende Silbenteppich
- Gebärdenschule
- Silbenbogen
- Silbenpuzzle
- Silbenschieber
- Wortautomat
- Wörter schreiben
- Häuschen schreiben
- Der Rhythmus macht's!
- Dreier-Memo-Spiel
- Ankertiere

Seite 32/33

16. Woche

Inhalte und Kompetenzen

- sinnerfassendes Lesen mit entsprechender Betonung
- Lesen und verstehen

Wochenplan

Leitmaterialien	Montag	Dienstag	Mittwoch	Donnerstag	Freitag
Silbenfibel	S. 32/33 Bildbesprechung Lesetext	S. 32/33 Lesetext	S. 32/33 Lesetext		
Schreiblehrgang A	S. 48			S. 49	
Arbeitsheft A		S. 58	S. 59 *Folie 24*	S. 60 *Folie 24* *Wortautomat*	S. 61 *Folie 25*
Arbeitsblätter zur Differenzierung	S. 55 – 57 (1403-77) S. 59 – 61 (1402-77)				
Vorlesen	**Lesezirkus** S. 4 – 7, Waldi auf dem Eis				
Tägliche Übungen	**Automatisierung des Silbenlesens bei geschlossenen Silben:** Silbenschieber, Silbenkärtchen 1, 2, 3, 4 Silbenkarten Leseteppiche 1, 2 CD-ROM **Sprechrhythmisches Training der Kontrastpaare:** *Folie 54* **Lied:** „A, a, a, der Winter, der ist da!“, CD Nr. 27, 28				
Differenzierung	*Lesezirkus** S. 4 – 7, Waldi auf dem Eis, Aufgaben S. 64/ Arbeitsblätter Lesezirkus KV 1, 2 *Silben-Sudoku* S. 24/25* *CD-ROM*				

Didaktisch-methodische Überlegungen

Das Silbenlesen der geschlossenen Silbe wird automatisiert.
Entsprechend dem persönlichen Leistungsvermögen werden die Sätze in natürlicher Betonung und Sprechgeschwindigkeit oder noch mit deutlicher Wahrnehmung der Wörter in Silben gelesen.

Einstieg

Die Kinder sprechen den Schneemannvers mit Gestik.

Kommet all und seht!	*Mit den Händen heranwinken.*
Vor dem Hause steht	*Mit den Händen und Unterarmen ein Dach über dem Kopf bilden.*
ein dicker Mann und lacht.	*Mit den Armen einen dicken Baum umfassen.*
Er ist aus Schnee gemacht.	*Mit den Händen von oben nach unten fallende Schneeflocken andeuten. (In der Luft Klavier spielen.)*

···> ***Musik-CD*** Die Kinder malen zu einem Lied. Entweder die Kinder hören nur das Lied und malen dazu oder sie singen selbst und malen gleichzeitig dazu.
Zum Beispiel: Lied „A, a, a, der Winter, der ist da!“ in eine dynamische farbige Grafik umsetzen:

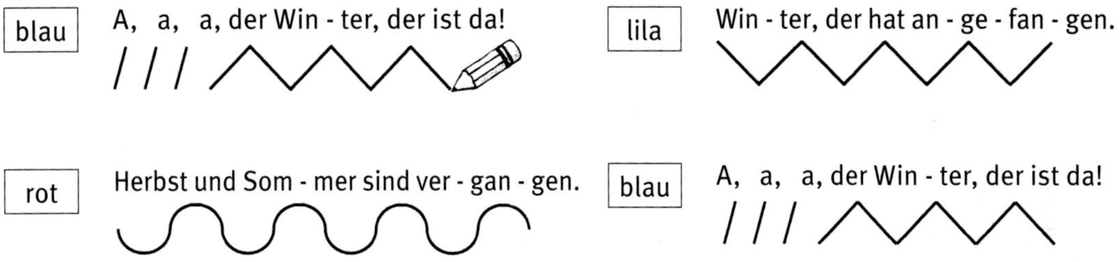

Hinweise zu den Leitmaterialien

S. 32/33 **Silbenfibel**

Einzelne Kinder lesen den Text. Die Lehrerin / der Lehrer: „Wer kann die Rätselsätze lösen?“ Einzelne Kinder lösen die Rätsel mithilfe der Bilder.

SL A S. 48, 49 **Schreiblehrgang**

S. 48: Nomen
S. 49: Nomen, Auswahlsätze

AH A S. 58 – 61 **Arbeitsheft**

S. 58: Nomen nach Gebärden schreiben, Verben frei schreiben
···> ***Folie 24*** S. 59: Zauberwörter-Schreibübung
···> ***Folie 24 Wortautomat*** S. 60: Häuschenschreibung, Nomen am Wortautomat (mit Schieber 6, 7, 8) einstellen und schreiben
···> ***Folie 25*** S. 61: Spurensuche und freie Sätze schreiben

AzD S. 55 – 57 **Arbeitsblätter zur Differenzierung**

S. 55 (59): Leseübung; Leseverständnis
S. 56 (60): Leseverständnis; Nachspurübung
S. 57 (61): Leseverständnis

Tägliche Übungen

Automatisierung des Silbenlesens

Silbenschieber – Silbenschieber (vgl. S. 113): offene und geschlossene Silben. Es ist besonders darauf zu achten, dass Silben mit Stopper kurz gesprochen werden.

Silbenkärtchen – Silbenkärtchen 1, 2, 3, 4

Silbenkarten – Starter Sch, sch (Download-Angebot S. 6)

Leseteppiche – Leseteppiche 1 und 2 (KV 4/5, S. 291f.)

CD-ROM

Leseroutine (vgl. S. 112: Chorisches Lesen)

Sprechrhythmisches Training der Kontrastpaare

Folie 54
Musik-CD

Durchführung vgl. S. 115, CD Nr. 54, 57
Hüte – Hütte
Ofen – offen
Töne – Tonne
Schemel – Schimmel
Düne – Dünne

Musik-CD – **Lied** – CD Nr. 27, 28 – KV 86, S. 375
„A, a, a, der Winter, der ist da!“

Differenzierung

Lesezirkus Lesezirkus S. 4 – 7, Waldi auf dem Eis*, Aufgaben S. 64/ Arbeitsblätter Lesezirkus KV 1, 2

Silben-Sudoku Silben-Sudoku S. 24/25*

CD-ROM

Übungen zur Auswahl
- Fibeltext zum Mitlesen
- Der fliegende Silbenteppich
- Gebärdenschule
- Silbenbogen
- Silbenpuzzle
- Wortautomat
- Wörter schreiben
- Häuschen schreiben
- Der Rhythmus macht's!
- Dreier-Memo-Spiel
- Ankertiere

Seite 34/35

17. Woche

Inhalte und Kompetenzen

- sinnerfassendes Lesen mit entsprechender Betonung
- Lesen und verstehen

Wochenplan

Leitmaterialien	Montag	Dienstag	Mittwoch	Donnerstag	Freitag
Silbenfibel	S. 34/35 Bildbesprechung Lesetext	S. 34/35 Lesetext	S. 34/35 Lesetext		
Schreiblehrgang A	S. 50	S. 51		S. 52	
Arbeitsheft A		S. 62	S. 63	S. 64	S. 65
Arbeitsblätter zur Differenzierung	S. 58 – 64 (1403-77) S. 63 – 68 (1402-77)				
Vorlesen	**Lesezirkus** S. 8 – 9, Memo				
Tägliche Übungen	**Automatisierung des Silbenlesens:** Silbenschieber, Silbenkärtchen 1, 2, 3, 4 Silbenkarten Leseteppiche 1, 2 CD-ROM **Sprechrhythmisches Training der Kontrastpaare:** *Folie 54*				
Differenzierung	*Lesezirkus** S. 8 – 9, Memo, Aufgaben S. 65/ Arbeitsblätter Lesezirkus KV 3 *Silben-Sudoku* S. 26/27* *CD-ROM*				

Didaktisch-methodische Überlegungen

Das Silbenlesen mit komplexen Anfangsrändern (schl, Schn usw.) wird geübt. Entsprechend dem persönlichen Leistungsvermögen werden die Sätze in natürlicher Betonung und Sprechgeschwindigkeit oder noch mit deutlicher Wahrnehmung der Wörter in Silben gelesen.
Wir legen unser Augenmerk verstärkt auf das sinnerfassende Lesen.

Einstieg

Arbeitsheft S. 62.1: Die Kinder nennen die Begriffe zu den Abbildungen, indem sie den fehlenden Konsonanten im Anlaut ergänzen.
Einzelne Kinder lesen je einen Begriff vor und stellen zeitgleich den ergänzten Buchstaben mit der entsprechenden Gebärde dar.

Hinweise zu den Leitmaterialien

S. 34/35 — **Silbenfibel**

Silbenfibeltext: Einzelne Kinder lesen den Text.
Die Lehrerin / der Lehrer stellt Fragen zum Text: „Wer nimmt den Schlitten? Wer landet im Schnee? Was ist im Mund?"
Einzelne Kinder beantworten die Fragen in ganzen Sätzen.

SL A S. 50 – 52 — **Schreiblehrgang**

S. 50: Schreibroutine
S. 51: Nomen, Verben
S. 52: Auswahlsätze

AH A S. 62 – 65 — **Arbeitsheft**

S. 62: Nomen schreiben, Adjektive frei schreiben
S. 63: Nomen nach Gebärden schreiben, Verben schreiben
S. 64: Leseroutine mit komplexen Anfangssilben, Anfangssilben mit Bildwort verbinden
S. 65: Kreative Malaufgabe, zum Bild freie Sätze schreiben

AzD S. 58 – 64 — **Arbeitsblätter zur Differenzierung**

S. 58 (68): Leseübung
S. 59 (63): Leseübung; Silbenklatschen
S. 60 (64): Leseübung; Schreibübung
S. 61 (65): Leseübung; Schreibübung
S. 62 (66): Leseübung
S. 63 (= 1402-79 KV 69): Leseübung
S. 64 (67): Leseübung; Schreibübung

Tägliche Übungen

Automatisierung des Silbenlesens

Silben-schieber Silbenschieber (vgl. S. 113): offene und geschlossene Silben. Es ist besonders darauf zu achten, dass Silben mit Stopper kurz gesprochen werden.

Silben-kärtchen Silbenkärtchen 1, 2, 3, 4

Silbenkarten Starter Sch, sch (Download-Angebot S. 6)

Leseteppiche Leseteppiche 1 und 2 (KV 4/5, S. 291f.)

CD-ROM

Leseroutine (vgl. S. 112: Chorisches Lesen)

Sprechrhythmisches Training der Kontrastpaare

Folie 54
Musik-CD

Durchführung vgl. S. 115, CD Nr. 54, 57
Hüte – Hütte
Ofen – offen
Töne – Tonne
Schemel – Schimmel
Düne – Dünne

Differenzierung

Lesezirkus Lesezirkus S. 8 – 9, Memo*, Aufgaben S. 65/ Arbeitsblätter Lesezirkus KV 3

Silben-Sudoku Silben-Sudoku S. 26/27*

CD-ROM

Übungen zur Auswahl
- Fibeltext zum Mitlesen
- Der fliegende Silbenteppich
- Gebärdenschule
- Silbenbogen
- Silbenpuzzle
- Wortautomat
- Wörter schreiben
- Häuschen schreiben
- Der Rhythmus macht's!
- Dreier-Memo-Spiel
- Ankertiere

Seite 36/37

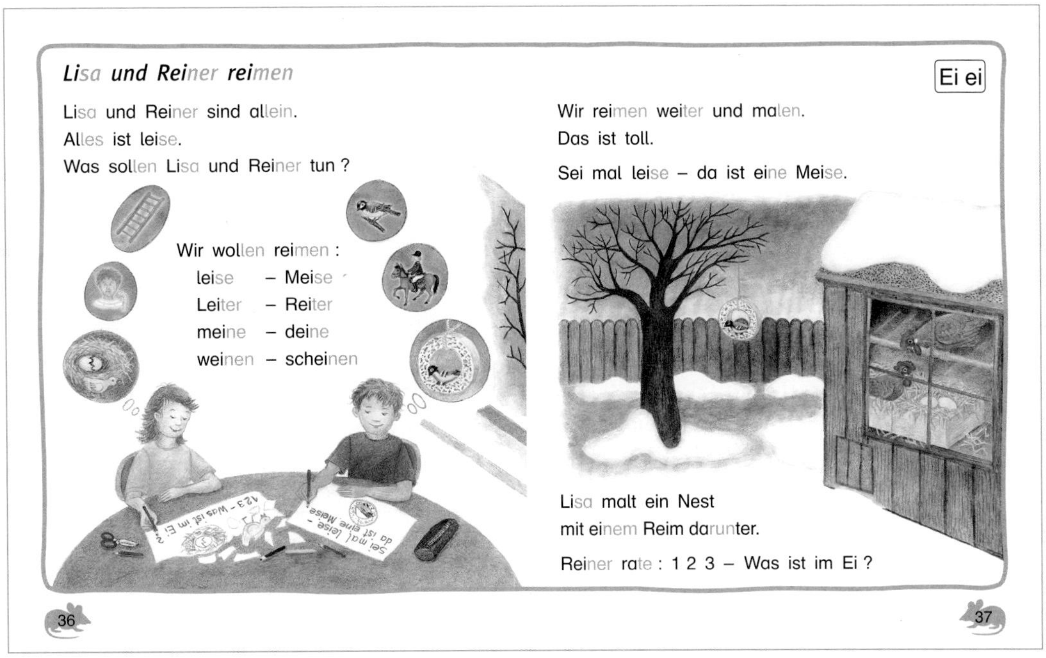

Lisa und Reiner reimen

Ei ei

Lisa und Reiner sind allein.
Alles ist leise.
Was sollen Lisa und Reiner tun ?

Wir wollen reimen :
leise – Meise
Leiter – Reiter
meine – deine
weinen – scheinen

Wir reimen weiter und malen.
Das ist toll.
Sei mal leise – da ist eine Meise.

Lisa malt ein Nest
mit einem Reim darunter.
Reiner rate : 1 2 3 – Was ist im Ei ?

36 37

18. Woche

Inhalte und Kompetenzen

- **Ei ei** als Laut erfassen
- Lautgebärde: **ei**
- Druckschrift: **Ei ei**
- Sonderfall entdecken, dass der neue Laut allein ein Wort repräsentiert
- Reime finden
- Lesen und verstehen

Lernstandserhebung 4

Als Hausaufgabe wird das Silbenbüchlein 4 ausgeteilt (Kapitel V.).
Am Ende der Woche wird die Lernstandserhebung 4 geschrieben (Kapitel VI.).

Wochenplan

Leitmaterialien	Montag	Dienstag	Mittwoch	Donnerstag	Freitag
Silbenfibel	S. 36/37 Besprechung Lesetext	S. 36/37 Lesetext	S. 36/37 Lesetext		
Schreiblehrgang A	S. 53	S. 54		S. 55	
Arbeitsheft A		S. 66 *Folie 26*	S. 67 *Folie 27*	S. 68	S. 69
Arbeitsblätter zur Differenzierung	S. 65 – 70 (1403-77) S. 69 – 73 (1402-77)				Lernstands-erhebung 4
Vorlesen	Geschichte zum Ankertier: Tiergeschichten mit Mia und Mio Eichhörnchen (ei): Band 5				
Tägliche Übungen	**Automatisierung des Silbenlesens:** Silbenschieber; Leseteppich 5; CD-ROM **Sprechrhythmisches Training der Kontrastpaare:** *Folie 54* **Lied:** „Das Ei-Lied“, CD Nr. 29, 30				
Differenzierung	*Lesezirkus** S. 4 – 7, Waldi auf dem Eis, Aufgaben S. 64/Arbeitsblätter Lesezirkus KV 1, 2 S. 8 – 9, Memo, Aufgaben S. 65/Arbeitsblätter Lesezirkus KV 3 *Silben-Sudoku* S. 28/29*; *CD-ROM*				

Didaktisch-methodische Überlegungen

Mit **Ei ei** lernen die Kinder einen Laut kennen, der durch zwei Zeichen repräsentiert wird (Diphtong).
Die Unterscheidung von **Ei ei** und den Buchstaben **E e** und **i** muss deutlich gemacht werden.

Einstieg

···› Folie 26

Tafelbild (Folie) zu Beginn der Einheit:
1. Ein Huhn mit drei Eiern im Nest.
2. Die ersten vier Zeilen des Silbenfibeltextes

···› Musik-CD

Die Lehrerin / der Lehrer übt mit den Kindern durch Vor- und Nachsingen das „Ei-Lied" ein (CD Nr. 29, 30).
Zu 1.: Passend zur letzten Zeile des Liedes deutet die Lehrerin / der Lehrer auf die drei Eier und schreibt Ei Ei Ei hinein.
Die Lehrerin / der Lehrer bespricht mit den Kindern die neue Zeichenkombination aus **E** und **i**.
Zu 2.: Jede Zeichenkombination **ei** wird von den Kindern entdeckt und von der Lehrerin / dem Lehrer umrandet.
Einzelne Kinder lesen den Text. Alle Kinder lesen chorisch, von der Lehrerin / dem Lehrer geführt.

Hinweise zu den Leitmaterialien

S. 36/37 — **Silbenfibel**

Einzelne Kinder lesen Abschnitte des Silbenfibeltextes.
Besonderheit: „Wir wollen reimen": Die Reimwörter werden abwechselnd in zwei Gruppen gelesen, damit der Reim deutlich wird.
Die Lehrerin / der Lehrer erklärt den Begriff „reimen". Wer kennt weitere Bespiele?

SL A S. 53 – 55 — **Schreiblehrgang**

S. 53: Große Einspurübungen mit dem Zeigefinger ausführen, Schreibroutine
S. 54: Schreibroutine: Nomen, Zahlwörter
S. 55: Verben

···› Ankertier

Das Ankertier von ei (Eichhörnchen) wird gezeigt und aufgehängt. Das Ankertier wird deutlich artikuliert und in Silben geklatscht – einzeln und im Klassenverband.

···› Tiergeschichten

Die Geschichte zum Ankertier kann vorgelesen werden.
Eichhörnchen (ei): Band 5

AH A S. 66 – 69 — **Arbeitsheft**

···› Folie 26

S. 66: Gebärde, nach Gebärden schreiben, Anfangssilben phonetisch ausgliedern und schreiben

···› Folie 27

S. 67: Häuschenschreibung, Verben schreiben
S. 68: Leseroutine, ein oder eine
S. 69: Kreative Aufgabe: Reimwörter schreiben

AzD S. 65 – 70 **Arbeitsblätter zur Differenzierung**

S. 65 (73): Ei-Wörter
S. 66 (69): Leseübung; Lese- und Schreibübung
S. 67 (70): Silbenklatschen
S. 68 (71): Leseübung; Schreibübung; Nachspurübung
S. 69 (72): Leseübung; Lese- und Schreibübung; Silbendiktat
S. 70 (= 1402-79 KV 75): unbestimmte Artikel; Reimwörter

Tägliche Übungen

Automatisierung des Silbenlesens

···› *Silbenschieber* Silbenschieber (vgl. S. 113): offene und geschlossene Silben. Es ist besonders darauf zu achten, dass Silben mit Stopper kurz gesprochen werden.

···› *Leseteppiche* Leseteppich 5 (KV 8, S. 295)

···› *CD-ROM*

Leseroutine (vgl. S. 112: Chorisches Lesen)

Sprechrhythmisches Training der Kontrastpaare

···› *Folie 54* Durchführung vgl. S. 115, CD Nr. 54, 57
···› *Musik-CD* Hüte – Hütte
Ofen – offen
Töne – Tonne
Schemel – Schimmel
Düne – Dünne

···› *Musik-CD* Lied – CD Nr. 29, 30 – KV 87, S. 376
„Das Ei-Lied!“

Differenzierung

Lesezirkus

Lesezirkus*
S. 4 – 7, Waldi auf dem Eis, Aufgaben S. 64 / Arbeitsblätter Lesezirkus KV 1, 2
S. 8 – 9, Memo, Aufgaben S. 65 / Arbeitsblätter Lesezirkus KV 3

Silben-Sudoku

Silben-Sudoku S. 28 / 29*

CD-ROM

Übungen zur Auswahl

- Fibeltext zum Mitlesen
- Der fliegende Silbenteppich
- Gebärdenschule
- Silbenbogen
- Silbenpuzzle
- Wortautomat
- Wörter schreiben
- Simsalabim
- Häuschen schreiben
- Der Rhythmus macht's!
- Dreier-Memo-Spiel
- Ankertiere

Seite 38/39

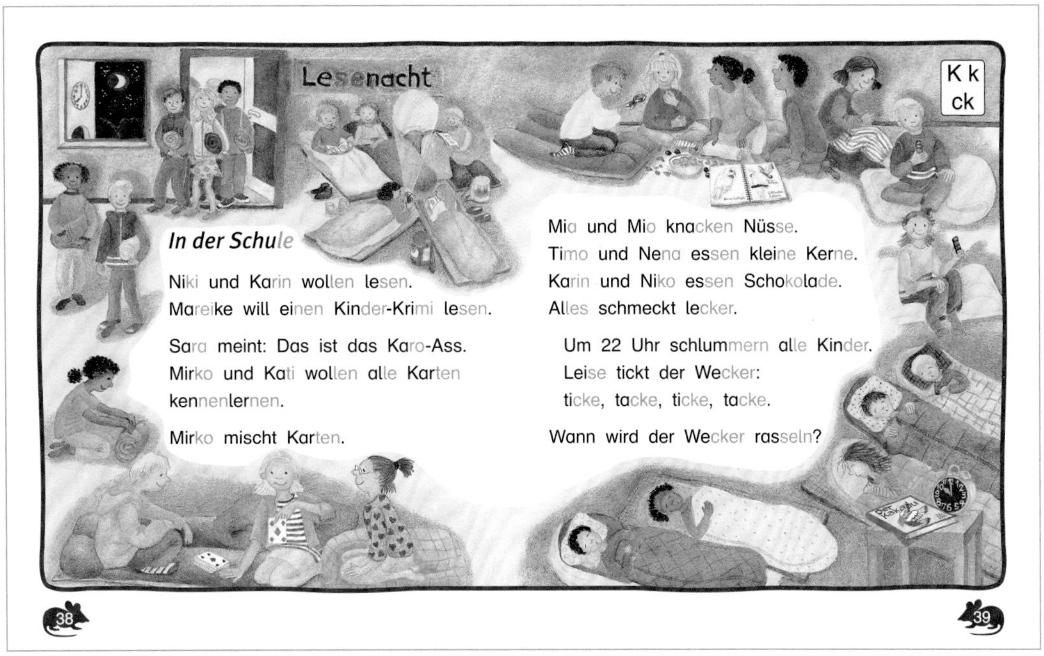

19. Woche

Inhalte und Kompetenzen

- Verschlusslaut **K k**
- Lautgebärde: **k**
- Buchstabenfolge **ck** als weiteres Lautzeichen für den Laut **k** kennen lernen
- Druckschrift: **K k, ck**
- Lesen und verstehen

Wochenplan

Leitmaterialien	Montag	Dienstag	Mittwoch	Donnerstag	Freitag
Silbenfibel	S. 38/39 Bildbesprechung Lesetext	S. 38/39 Lesetext	S. 38/39 Lesetext		
Schreiblehrgang A	S. 56	S. 57	S. 58	S. 59	
Arbeitsheft A		S. 70 *Folie 28*	S. 71.1, .2 *Wortautomat Folie 28*	S. 71, 72	S. 73
Arbeitsblätter zur Differenzierung	S. 71 – 76 (1403-77) S. 75 – 79 (1402-77)				
Vorlesen	Geschichte zum Ankertier: Tiergeschichten mit Mia und Mio Kakadu (k): Band 2				
Tägliche Übungen	**Automatisierung des Silbenlesens:** Silbenschieber Silbenkärtchen 1, 2, 3, 4 Silbenkarten (Download): Starter K k Leseteppiche 3, 4, 5 CD-ROM **Sprechrhythmisches Training der Kontrastpaare:** *Folie 51* **Lied**: „Große Uhren schlagen ding, dong“, CD Nr. 31, 32				
Differenzierung	*Silben-Sudoku* S. 30/31* *CD-ROM*				

Didaktisch-methodische Überlegungen

Mit dem Laut **K k** lernen die Kinder nach **T t** einen weiteren harten Verschlusslaut kennen. Die klare und deutliche Artikulation ist von großer Bedeutung. Die Dynamik der Artikulation wird durch eine geeignete Gebärde – ausgehend vom Kehlkopf – dargestellt.
‹a› in knacken muss als ungespannter Vokal mit festem Anschluss des ‹ck› gesprochen werden.

Einstieg

Die Lehrerin / der Lehrer führt in die Stunde mit dem Kartentrick (siehe S. 204) im Sitzkreis ein.
Die Lehrerin / der Lehrer erklärt die Spielkarten (Kreuz, Pik, Herz, Karo; Zahlwerte, Bube, Dame, König, Ass).
Die Kinder benennen anschließend die Spielkarten von Silbenfibel S. 38.

Hinweise zu den Leitmaterialien

S. 38/39 **Silbenfibel**

Einzelne Kinder lesen den Silbenfibeltext. Ausgewählte Abschnitte werden chorisch gelesen.

SL A S. 56 – 59 **Schreiblehrgang**

S. 56: Große Einspurübungen mit dem Zeigefinger ausführen (K = runter – Sprung – zickzack), Schreibroutine
S. 57: Nomen, Verben
S. 58: Große Einspurübungen mit dem Zeigefinger ausführen
S. 59: Nomen

→ Ankertier Das Ankertier von k (Kakadu) wird gezeigt und aufgehängt. Das Ankertier wird deutlich artikuliert und in Silben geklatscht – einzeln und im Klassenverband.

→ Tiergeschichten Die Geschichte zum Ankertier kann vorgelesen werden.
Kakadu (k): Band 2

AH A S. 70 – 73 **Arbeitsheft**

→ Folie 28 S. 70: Gebärde, nach Gebärden schreiben, Silben phonetisch ausgliedern und schreiben
→ Folie 28 Wortautomat S. 71: Häuschenschreibung, Wortautomat, Verben
S. 72: Leseroutine mit komplexen Anfangsrändern, Wörter visuell ausgliedern
S. 73: Differenzierung: Verben und Nomen oder Sätze schreiben

AzD S. 71 – 76 **Arbeitsblätter zur Differenzierung**

S. 71 (75): Leseübung
S. 72 (76): Leseverständnis; Memo-Spiel
S. 73 (77): Leseverständnis; Lese- und Schreibübung
S. 74 (78): Leseübung; Lese- und Schreibübung
S. 75 (= 1402-79 KV 82): Leseübung; Lese- und Schreibübung
S. 76 (79): Schreibübung; Silbendiktat

Tägliche Übungen

Automatisierung des Silbenlesens

Silbenschieber: Silbenschieber (vgl. S. 113): offene und geschlossene Silben. Es ist besonders darauf zu achten, dass Silben mit Stopper kurz gesprochen werden.

Silbenkärtchen: Silbenkärtchen 1– 4

Silbenkarten: Starter K, k (Download-Angebot S. 7)

Leseteppiche: Leseteppiche 3, 4, 5 (KV 6/7/8, S. 293f.)

CD-ROM:

Leseroutine (vgl. S. 112: Chorisches Lesen)

Sprechrhythmisches Training der Kontrastpaare

Folie 51
Musik-CD

Durchführung vgl. S. 115 CD Nr. 51, 57
Nase – Nüsse
Regen – Rücken
Haken – Hacke
Säge – Säcke
Kater – Kette

Musik-CD: **Lied** – CD Nr. 31, 32 – KV 88, S. 377
„Große Uhren schlagen ding, dong“: Mit dem Lied werden Rhythmen geübt, die sich allein durch das Tempo unterscheiden.

Differenzierung

Silben-Sudoku

Silben-Sudoku S. 30/31*

CD-ROM

Übungen zur Auswahl

- Fibeltext zum Mitlesen
- Der fliegende Silbenteppich
- Gebärdenschule
- Silbenbogen
- Silbenpuzzle
- Wortautomat
- Wörter schreiben
- Simsalabim
- Häuschen schreiben
- Purzelsätze
- Lückentexte
- Der Rhythmus macht's!
- Dreier-Memo-Spiel
- Ankertiere

Kartenzauber für Anfänger

Dieser Trick ist leicht auszuführen.
Zuerst werden die Karten gemischt. Dabei merkt sich der Kartenzauberer unauffällig die unterste Karte.
Er fordert nun einen Mitspieler auf, aus dem aufgefächerten Kartenspiel eine Karte zu ziehen. Die Karten werden wieder zusammengeschoben und der Mitspieler legt die gezogene Karte oben auf den Stapel. Jetzt hebt der Kartenzauberer einmal ab, d.h. er legt den unteren Stapel auf den oberen. Die Karte, die der Mitspieler gezogen hat, liegt nun unter der Karte, die sich der Kartenzauberer nach dem Mischen gemerkt hat. Er kann jetzt der Reihe nach die Karten aufdecken und findet die gezogene Karte, von der Bildseite her betrachtet, vor seiner Karte.

Seite 40/41

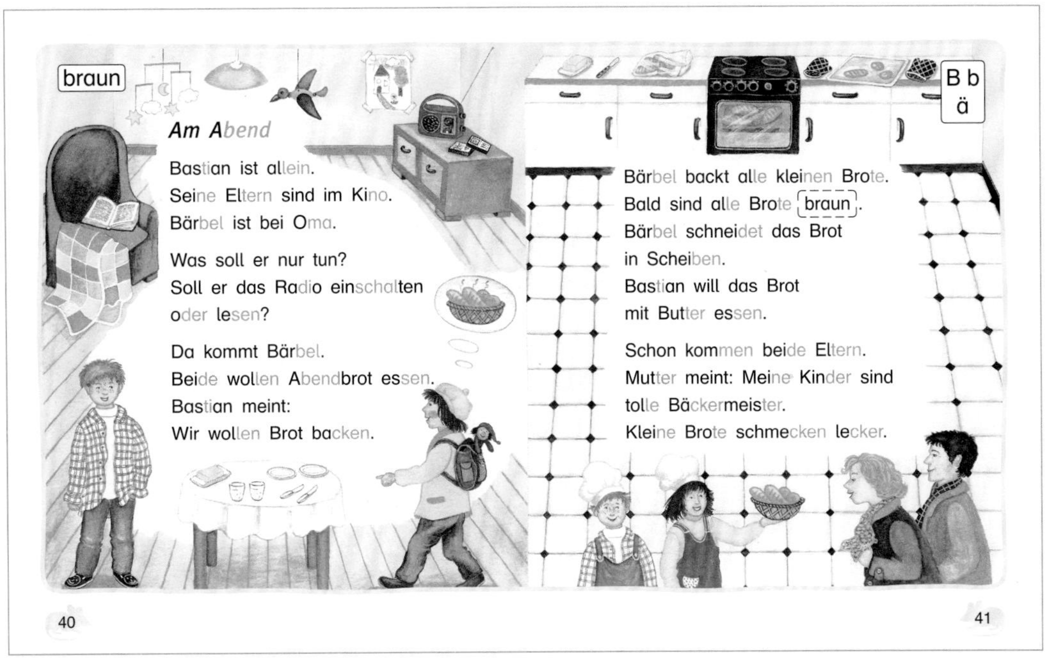

20. Woche

Inhalte und Kompetenzen

- Verschlusslaut **B b** kennen lernen
- Lautgebärde: **b**
- deutliche Artikulation von **B b** beherrschen
- Raumlage von **b** durch Koppelung an **B** sicher erkennen
- Druckschrift: **B b**
- Umlaut **ä**
- Lesen und verstehen

Wochenplan

Leitmaterialien	Montag	Dienstag	Mittwoch	Donnerstag	Freitag
Silbenfibel	S. 40/41 Bildbesprechung Lesetext	S. 40/41 Lesetext	S. 40/41 Lesetext		
Schreiblehrgang A	S. 60	S. 61		S. 62	
Arbeitsheft A		S. 74 *Folie 29*	S. 75 *Folie 29* *Wortautomat*	S. 76	S. 77, 78
Arbeitsblätter zur Differenzierung	S. 77 – 87 (1403-77) S. 81 – 88 (1402-77)				
Vorlesen	Geschichte zum Ankertier: Tiergeschichten mit Mia und Mio Bär (b): Band 5				
Tägliche Übungen	**Automatisierung des Silbenlesens bei geschlossenen Silben:** Silbenschieber Silbenkärtchen 1 – 5; Silbenkarten (Download): Starter B b Leseteppiche 3, 4, 5 CD-ROM **Sprechrhythmisches Training der Kontrastpaare:** *Folie 53*				
Differenzierung	*Silben-Sudoku* S. 32/33* *CD-ROM*				

Didaktisch-methodische Überlegungen

Beim Buchstaben **B b** muss auf eine sorgfältige phonetische Identifikation des Lautes geachtet werden, damit er sich später von **P p** abgrenzen lässt. Die Lippen liegen locker aufeinander. Die optische Verwechslung von **d** – **b** bereitet Kindern mit unsicherer Raumlagevorstellung nachhaltige Schwierigkeiten. Hilfreich ist es, nur das **b** an das große B, welches meist sicher erkannt wird, zu koppeln. Sprechvers: „Der Bruder **b** als kleiner Mann lehnt sich an den großen an."

Einstieg

Die Einheit wird mit Brotbacken eingeführt. Die Lehrerin / der Lehrer stellt vorgebackene Brötchen (oder Tiefkühlbrötchen) bereit. Die Kinder backen in der Schulküche die Brötchen. Die Lehrerin / der Lehrer formt zusätzlich aus vorbereitetem Teig ein großes Brot als **B**. Die Kinder backen die Brote aus und essen sie in der Pause mit Butter.
Die Lehrerin / der Lehrer erklärt mit dem **B** aus Brot: „Mit diesem Buchstaben beginnt das Wort Brot."
Durch Abschneiden wird aus dem großen **B** ein kleines **b**. Das ist sehr anschaulich für Kinder mit Seitigkeitsproblemen.

Hinweise zu den Leitmaterialien

S. 40/41 — **Silbenfibel**

Das Ganzwort „braun" und der Umlaut „ä" werden eingeführt.
Einzelne Kinder lesen den Silbenfibeltext in Abschnitten.
Die Lehrerin / der Lehrer stellt Fragen zum Inhalt:

> „Wie heißen die beiden Kinder?"
> „Was wollen sie backen?"
> „Welche Farbe hat das Brot?"
> „Was streichen sie auf das Brot?"
> „Wie nennt Mutter ihre Kinder?"

Die Kinder antworten in vollständigen Sätzen und nennen die B-b-Wörter: B**ä**rbel, Bastian, Brot, braun, Butter, B**ä**ckermeister.
Die Lehrerin / der Lehrer schreibt diese Wörter zweifarbig an die Tafel.
Die Kinder lesen die Wörter chorisch.

SL A S. 60 – 62 — **Schreiblehrgang**

S. 60: Große Einspurübungen mit dem Zeigefinger ausführen (eventuell mitsprechen **B** = runter – Sprung – rechts herum – rechts herum, **b** = runter – rechts herum), Schreibroutine mit komplexen Anfangsrändern
S. 61: Nomen, Verben
S. 62: Nomen mit **ä**, Zauberwörter: aus **a** wird **ä**

Ankertier — Das Ankertier von b (Bär) wird gezeigt und aufgehängt. Das Ankertier wird deutlich artikuliert und in Silben geklatscht – einzeln und im Klassenverband.

Tiergeschichten — Die Geschichte zum Ankertier kann vorgelesen werden.
Bär (b): Band 5

AH A S. 74 – 78 **Arbeitsheft**

Folie 29 — S. 74: Gebärde, nach Gebärden schreiben, Silben phonetisch ausgliedern und schreiben

Folie 29 — S. 75: Häuschenschreibung, Wortautomat (mit Schieber 6 – 10), Verben

Wortautomat — S. 76: Leseroutine mit komplexen Anfangsrändern, Zauberwörter

S. 77: kreative Malaufgabe: d – b, Reimwörter schreiben

S. 78: Wörter / Sätze schreiben

AzD S. 77 – 87 **Arbeitsblätter zur Differenzierung**

S. 77 (81): Nachspurübung; Lese- und Schreibübung
S. 78 (82): Leseverständnis; Memo-Spiel
S. 79 (83): Leseverständnis; Nachspurübung
S. 80 (84): Schreibübung; Silbendiktat
S. 81 (= 1402-79 KV 91): Schreibübung
S. 82 (= 1402-79 KV 90): Leseübung
S. 83 (= 1402-79 KV 89): Schreibübung
S. 84 (85): Leseverständnis; Schreibübung
S. 85 (86): Lese- und Schreibübung
S. 86 (87): Leseverständnis
S. 87 (88): Leseverständnis*

Tägliche Übungen

Automatisierung des Silbenlesens

Silben-schieber — Silbenschieber (vgl. S. 113): offene und geschlossene Silben. Es ist besonders darauf zu achten, dass Silben mit Stopper kurz gesprochen werden.

Silben-kärtchen — Silbenkärtchen 1 – 5

Silbenkarten — Starter B, b (Download-Angebot S. 7)

Leseteppiche — Leseteppiche 3, 4, 5 (KV 6 / 7 / 8, S. 293f.)

CD-ROM

Leseroutine (vgl. S. 112: Chorisches Lesen)

Sprechrhythmisches Training der Kontrastpaare

Folie 53
Musik-CD

Durchführung vgl. S. 115, CD Nr. 53, 57
Rabe – Rappe
Rose – Rosse
Vase – Wasser
Schafe – Schiffe
Käse – Kasse

Differenzierung

Silben-Sudoku

Silben-Sudoku S. 32/33*

CD-ROM

Übungen zur Auswahl

- Fibeltext zum Mitlesen
- Der fliegende Silbenteppich
- Gebärdenschule
- Silbenbogen
- Silbenpuzzle
- Wortautomat
- Wörter schreiben
- Simsalabim
- Häuschen schreiben
- Purzelsätze
- Lückentexte
- Der Rhythmus macht's!
- Dreier-Memo-Spiel
- Ankertiere

Seiten 42/43

F f

Bei den Eskimos

Eskimos leben im Norden.
Dort ist im Sommer immer Sonnenschein.
Im Winter ist es dunkel und bitterkalt.
Der Fellmantel ist warm.

Eskimos wollen frische Fische essen.
Eskimos müssen fischen.
Fische schwimmen unter der Eisdecke.
Wo ist das Eis offen?

Kleine Futterbrocken sind
an der dünnen Schnur.
Fische wollen das Futter fressen.
Frische Fische schmecken fein.

Am Abend feiern alle Eskimos ein Fest.
Alle schreiten im Kreis und werden schneller
und schneller.

42 43

21. Woche

Inhalte und Kompetenzen

- Starter: **F f**
- Lautgebärde: **f**
- Deutliche Artikulation von **F f** beherrschen
- Druckschrift: **F f**
- Umlaut **ü** kennen lernen

Wochenplan

Leitmaterialien	Montag	Dienstag	Mittwoch	Donnerstag	Freitag
Silbenfibel	S. 42/43 Bildbesprechung Lesetext	S. 42/43 Lesetext	S. 42/43 Lesetext		
Schreiblehrgang B	S. 5			S. 6	S. 7
Arbeitsheft B		S. 4 *Folie* 30	S. 5 *Folie* 30	S. 6	S. 7
Arbeitsblätter zur Differenzierung	S. 88 – 94 (1403-77) S. 89 – 94 (1402-77)				
Vorlesen	Lesezirkus S. 10 – 11, In Kälte, Schnee und Eis Geschichte zum Ankertier: Tiergeschichten mit Mia und Mio Fisch (f): Band 2				
Tägliche Übungen	**Automatisierung des Silbenlesens:** Silbenschieber; Silbenkärtchen 1 – 5; Silbenkarten (Download): Starter F f Leseteppiche 3, 4, 5 CD-ROM **Sprechrhythmisches Training der Kontrastpaare:** *Folie 53* **Lied:** „Das Glitzerlied“, CD Nr. 33, 34				
Differenzierung	*Lesezirkus** S. 10 – 11, In Kälte, Schnee und Eis, Aufgaben S. 66/ Arbeitsblätter Lesezirkus KV 4, 5 *Silben-Sudoku* S. 34/35* *CD-ROM*				

Didaktisch-methodische Überlegungen

Die Kinder sollen **F f** phonetisch richtig bilden: obere Zahnreihe berührt die Unterlippe, dabei tritt ein deutlich spürbarer Luftstrom aus. Es muss auf gut artikuliertes Sprechen geachtet werden, damit der stimmlose F-Laut sich vom stimmhaften **W** deutlich abhebt.

Einstieg

Zubehör für das Angelspiel: Fische (siehe Download-Angebote S. 7), Büroklammern, Laternenstab, Bindfaden, Magnet
Aus Laternenstab, Bindfaden und Magnet die Angel herstellen. Die Fische ausschneiden und mit Büroklammern versehen.

Vor der Stunde Tafelbild mit Szene am Wasser erstellen. In den jeweiligen Bildern stehen die Wörter: Fisch, Frosch, Flasche.

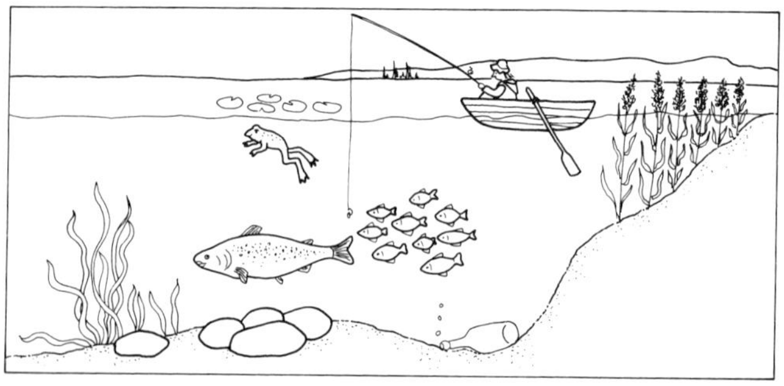

Angelspiel im Sitzkreis. In der Wanne oder auf dem Boden liegen mehrere Fische. Auf einem Fisch stehen die Buchstaben **F f**. Die Kinder dürfen abwechselnd angeln.
Die Lehrerin / der Lehrer: „Wer hat den Buchstabenfisch geangelt?"
Die Lehrerin / der Lehrer schreibt **F f** an die Tafel. Die Kinder üben mit dem Ankertier die Artikulation.

- Einzelne Kinder lesen die Wörter im Tafelbild.
- Alle Kinder lesen die Wörter chorisch.

Hinweise zu den Leitmaterialien

S. 42 / 43 **Silbenfibel**

Einzelne Kinder lesen den Silbenfibeltext.
Unterrichtsgespräch über Lebensraum und Lebensart der Eskimos
Alle Kinder lesen den Silbenfibeltext chorisch.

SL B S. 5 – 7 **Schreiblehrgang**

S. 5: große Einspurübungen mit dem Zeigefinger ausführen (eventuell mitsprechen **F** = runter – Sprung – rüber – Sprung – rüber, **f** = runter – Sprung – rüber), Schreibroutine mit komplexen Anfangsrändern
S. 6: Nomen
S. 7: Satzteile verbinden, Auswahlsätze schreiben

Ankertier Das Ankertier von f (Fisch) wird gezeigt und aufgehängt. Das Ankertier wird deutlich artikuliert und in Silben geklatscht – einzeln und im Klassenverband.

Tiergeschichten Die Geschichte zum Ankertier kann vorgelesen werden.
Fisch (f): Band 2

AH B S. 4 – 7 **Arbeitsheft**

Folie 30 S. 4: Gebärde, nach Gebärden schreiben, Nomen schreiben

Folie 30 S. 5: Häuschenschreibung, Verben

S. 6: Leseroutine mit komplexen Anfangsrändern, Verben mit Endsilbe verbinden

S. 7: Leseverständnis – Zuordnung

AzD S. 88 – 94 **Arbeitsblätter zur Differenzierung**

S. 88 (89): Leseübung; Schreibübung
S. 89 (90): Lese- und Schreibübung; Nachspurübung; Silbendiktat
S. 90 (= 1402-79 KV 97): Schreibübung
S. 91 (91): Leseverständnis; Schreibübung
S. 92 (92): Leseverständnis; Schreibübung
S. 93 (93): Leseverständnis; Schreibübung
S. 94 (94): Leseverständnis, Sätze schreiben*

Tägliche Übungen

Automatisierung des Silbenlesens

Silbenschieber Silbenschieber (vgl. S. 113): offene und geschlossene Silben

Silbenkärtchen Silbenkärtchen 1 – 5

Silbenkarten Starter F, f (Download-Angebot S. 6)

Leseteppiche Leseteppiche 3, 4, 5 (KV 6/7/8, S. 293f.)

CD-ROM

Leseroutine (vgl. S. 112: Chorisches Lesen)

Sprechrhythmisches Training der Kontrastpaare

Folie 53 Durchführung vgl. S. 115 CD Nr. 53, 57
Musik-CD Rabe – Rappe
Rose – Rosse
Vase – Wasser
Schafe – Schiffe
Käse – Kasse

Musik-CD **Lied** – CD Nr. 33, 34 – KV 89, S. 378
„Das Glitzerlied“: Das Lied kann als Einstieg und als Abschluss der Einheit verwendet werden.

Differenzierung

Zungenbrecher Die Kinder üben mit dem Zungenbrecher „Fischers Fritz“. Eine wichtige Übung zur Artikulation, wie grundsätzlich alle Zungenbrecher.

Vers:
Fischers Fritz fischt frische Fische,
frische Fische fischt Fischers Fritz.

Lesezirkus S. 10 – 11, In Kälte, Schnee und Eis, Aufgaben S. 66/
Arbeitsblätter Lesezirkus KV 4, 5

Silben-Sudoku Silben-Sudoku S. 34/35*

CD-ROM

Übungen zur Auswahl
- Fibeltext zum Mitlesen
- Der fliegende Silbenteppich
- Gebärdenschule
- Wortautomat
- Wörter schreiben
- Simsalabim
- Häuschen schreiben
- Purzelsätze
- Lückentexte
- Der Rhythmus macht's!
- Dreier-Memo-Spiel
- Ankertiere

Seite 44/45

22. Woche

Inhalte und Kompetenzen

- Buchstabenfolge: **Au au**
- Lautgebärde: **au**
- Druckschrift: **Au au**

Lernstandserhebung 5

Als Hausaufgabe wird das Silbenbüchlein 5 ausgeteilt (Kapitel V.).
Am Ende der Woche wird die Lernstandserhebung 5 geschrieben (Kapitel VI.).

Wochenplan

Leitmaterialien	Montag	Dienstag	Mittwoch	Donnerstag	Freitag
Silbenfibel	S. 44/45 Bildbesprechung Lesetext	S. 44/45 Lesetext	S. 44/45 Lesetext		
Schreiblehrgang B	S. 8	S. 9		S. 10	
Arbeitsheft B		S. 8 *Folie 31*	S. 9 *Folie 31*	S. 10	S. 11
Arbeitsblätter zur Differenzierung	S. 95 – 101 (1403-77) S. 95 – 101 (1402-77)				Lernstandserhebung 5
Vorlesen	Geschichte zum Ankertier: Tiergeschichten mit Mia und Mio Auerhahn (au): Band 4				
Tägliche Übungen	**Automatisierung des Silbenlesens:** Silbenschieber; Silbenkärtchen 1 – 5 Leseteppiche 3, 4, 5 CD-ROM **Sprechrhythmisches Training der Kontrastpaare:** *Folie 55*				
Differenzierung	*Silben-Sudoku:* S. 36/37* *CD-ROM*				

Didaktisch-methodische Überlegungen

In dieser Einheit wird der zweite Diphthong erarbeitet. Die Zeichenkombination **au** wird über den Empfindungslaut „Au!“ erfasst. Es ist wichtig, dass die Kinder in ganzen Sätzen sprechen.

Einstieg

Die Lehrerin / der Lehrer vereinbart mit einem Kind vor Beginn der Einheit, dass es „au!“ rufen soll, nachdem es sich sichtbar für alle in den Arm gezwickt hat.

Die Kinder sitzen im Stuhlkreis. Die Lehrerin / der Lehrer lenkt die Aufmerksamkeit auf das Kind. Das Kind zwickt sich und ruft: „Au!“
Die Kinder nennen Situationen, in denen **au** als Empfindungslaut gerufen wird.
Bildkarten – Die Lehrerin / der Lehrer zeigt Bildkarten mit leeren Sprechblasen (KV 25, S. 312): „Was passiert auf dem Bild?“
Die Kinder erzählen in ganzen Sätzen, was auf den Bildern dargestellt ist.
Die Lehrerin / der Lehrer schreibt **au** in die Sprechblase.
Au-au-Wörter-Spiel:
Die Lehrerin / der Lehrer nennt Wörter mit und ohne **Au au**, z.B.: Auto, Bus, Auge, Tafel, Baum, Schwamm, Haus usw.
Bei Au-au-Wörtern sollen die Kinder die Arme heben. Nur diese Wörter schreibt die Lehrerin / der Lehrer an die Tafel.
Die Kinder kennzeichnen durch Unterstreichen die Buchstabenkombinationen **Au au** in den Wörtern und lesen sie chorisch.

Hinweise zu den Leitmaterialien

S. 44/45 – **Silbenfibel**

Einzelne Kinder lesen den Silbenfibeltext.
Alle Kinder lesen den Silbenfibeltext chorisch.

SL B S. 8 – 10 – **Schreiblehrgang**

S. 8: große Einspurübungen mit dem Zeigefinger ausführen, Wörter mit au
S. 9: Nomen
S. 10: Purzelsätze

Ankertier – Das Ankertier von au (Auerhahn) wird gezeigt und aufgehängt. Das Ankertier wird deutlich artikuliert und in Silben geklatscht – einzeln und im Klassenverband.

Tiergeschichten – Die Geschichte zum Ankertier kann vorgelesen werden.
Auerhahn (au): Band 4

AH B S. 8 – 11 – **Arbeitsheft**

S. 8: Gebärde, nach Gebärden schreiben, Nomen schreiben (***Folie 31***)
S. 9: Häuschenschreibung, Verben (***Folie 31***)
S. 10: Leseroutine mit komplexen Anfangsrändern, Reimwörter
S. 11: Sätze zu den einzelnen Szenen schreiben

AzD S. 95 – 101 **Arbeitsblätter zur Differenzierung**

S. 95 (98): Au-au-Wörter
S. 96 (95): Lese- und Schreibübung; Silbendiktat
S. 97 (96): Reimwörter; Sätze schreiben; Leseverständnis
S. 98 (97): Leseübung; Leseverständnis; Nachspurübung
S. 99 (99): Leseverständnis; Schreibübung
S. 100 (100): Leseverständnis; Schreibübung
S. 101 (101): Leseverständnis, Sätze schreiben*

Tägliche Übungen

Automatisierung des Silbenlesens

Silben-schieber Silbenschieber (vgl. S. 113): offene und geschlossene Silben.

Silben-kärtchen Silbenkärtchen 1 – 5

Leseteppiche Leseteppiche 3, 4, 5 (KV 6 / 7 / 8, S. 293f.)

CD-ROM

Leseroutine (vgl. S. 112: Chorisches Lesen)

Sprechrhythmisches Training der Kontrastpaare

Folie 55 Durchführung vgl. S. 115, CD Nr. 55, 57
Musik-CD Riese – Risse
Wiese – wissen
schiefe – Schiffe
wiegen – wickeln
Ziege – zicken

Differenzierung

···> ***Silben-Sudoku*** Silben-Sudoku S. 36/37*

···> ***CD-ROM***

Übungen zur Auswahl

- Fibeltext zum Mitlesen
- Der fliegende Silbenteppich
- Gebärdenschule
- Wortautomat
- Wörter schreiben
- Simsalabim
- Häuschen schreiben
- Purzelsätze
- Lückentexte
- Der Rhythmus macht's!
- Dreier-Memo-Spiel
- Ankertiere

Seite 46/47

Gg
h

Geister im Turm

Es ist Abend. Der Mond scheint.
Gabi und Gisela sind schon am Turm.
Beide warten auf Günter und Robert.
Alle Kinder wollen das Fest
der Geister feiern.

Gisela und Gabi schlagen Nägel ein.
Gelbe und grüne Girlanden
schmücken den alten Turm.
Schaurige Laternen sind
auf der Gartenmauer.

Günter holt Laken.
Los, wir hüllen uns ein,
sagen Gabi und Gisela.
Schon kommen ihre Eltern.
Da beginnt der Geisterreigen:
hui – hui, hui – hui.

Gabi und Gisela gaukeln
hin und her.
Den Eltern gefällt es gut.

Günter und Robert grillen.
Alle essen eine feine Wurst.
Nun gehen Eltern und Kinder
gemeinsam heim.

46 47

23. Woche

Inhalte und Kompetenzen

- Starter: **G g**
- Lautgebärde: **g**
- **G g** phonetisch richtig artikulieren und von **K k** abgrenzen
- Druckschrift: **G g**
- **h** im Anlaut

Wochenplan

Leitmaterialien	Montag	Dienstag	Mittwoch	Donnerstag	Freitag
Silbenfibel	S. 46/47 Besprechung Lesetext	S. 46/47 Lesetext	S. 46/47 Lesetext		
Schreiblehrgang B	S. 11	S. 12		S. 13	
Arbeitsheft B		S. 12 *Folie 32*	S. 13 *Folie 32*	S. 14	S. 15 *Folie 33*
Arbeitsblätter zur Differenzierung	S. 102 – 109 (1403-77) S. 103 – 108 (1402-77)				
Vorlesen	Lesezirkus S. 12 – 13, Eine unheimliche Nacht" Geschichte zum Ankertier: Tiergeschichten mit Mia und Mio Gans (g): Band 2				
Tägliche Übungen	**Automatisierung des Silbenlesens:** Silbenschieber; Silbenkärtchen 1 – 5; Silbenkarten (Download): G, g Leseteppiche 3, 4, 5; CD-ROM **Sprechrhythmisches Training der Kontrastpaare:** *Folie 51*				
Differenzierung	*Lesezirkus** S. 12 – 13, Eine unheimliche Nacht, Aufgabe S. 67/ Arbeitsblätter Lesezirkus KV 6, 7 *Tiergeschichten mit Mia und Mio*, Band 1* *Silben-Sudoku:* S. 38/39* *CD-ROM* *Hexe-Trixi:* Lesespiel				

Didaktisch-methodische Überlegungen

Der Buchstabe **G g** ist ein weicher, stimmhafter Laut im Gegensatz zum harten, stimmlosen **K k. h** wird im Anlaut (hui, hin, her) gelesen.
Diese Unterscheidung wird durch überdeutliches Artikulieren herausgearbeitet.
Das Silbenlesen muss bei den Kindern nun automatisiert sein. Andernfalls müssen die bisherigen Übungen wiederholt werden.
Die Lesetexte werden umfangreicher und die Schriftgröße kleiner.

Einstieg

Ein Gong wird benötigt.

Vorbereitung vor der Einheit: Die Lehrerin / der Lehrer malt einen Geist an die Tafel.
Die Lehrerin / der Lehrer: „Heute spielen wir Geisterstunde und machen einen Geistertanz."

Geistertanz:

	1. Schritt	2. Schritt	3. Schritt	4. Schritt
2 x	RF nach rechts **Geis-**	LF schließen **ter-**	RF nach rechts **stun-**	LF schließen **de**
1 x	RF vor **Geis-**	LF vor **ter-**	RF vor **wa-**	LF schließen **che**
1 x	RF zurück **in**	LF zurück **der**	RF zurück **Run-**	LF schließen **de!**

Die Kinder stellen sich im Kreis auf und die Lehrerin / der Lehrer erklärt die Tanzschritte im Kreis.
Dann stellt sich ein Kind in die Mitte des Kreises, zieht sich das Laken über und darf den Geist spielen.
Alle anderen Kinder machen den Geistertanz. Dazu schlägt die Lehrerin / der Lehrer im Takt 12-mal auf einen Gong. Wenn der Tanz beendet ist, erwacht das Gespenst und springt im Kreis herum: huiii, huiii ... Es tauscht seinen Umhang mit einem anderen Kind, das nun in der Mitte des Kreises kauert.
Die Lehrerin / der Lehrer schlägt wieder im Takt 12-mal auf den Gong und der Tanz beginnt von neuem.
Nach der letzten Wiederholung schlägt die Lehrerin / der Lehrer 1-mal auf den Gong:
Die Geisterstunde ist beendet und alle Kinder gehen an ihre Plätze.
Die Lehrerin / der Lehrer zeigt das Tafelbild und schreibt ein **G** hinein.

Die Lehrerin / der Lehrer schreibt „Geist" an die Tafel.
Die Kinder nennen weitere Wörter mit **G**, z.B.: Gabel, Gurke, Gabi, Gold, Geld, Gans, Giraffe, Gorilla.
Die Lehrerin / der Lehrer schreibt passende Wörter untereinander an die Tafel.
Alle Kinder lesen die Wörter chorisch.

Hinweise zu den Leitmaterialien

S. 46/47 **Silbenfibel**

Zur Einführung des h: Wie machen die Geister? Hui, hui.
Die Kinder suchen im Silbenfibeltext alle Wörter mit dem kleinen **g**.
Einzelne Kinder lesen diese Wörter.
Einzelne Kinder lesen Abschnitte des Textes.
Die Lehrerin / der Lehrer stellt Fragen zum Inhalt:

„Wo sind Gabi und Gisela?"
„Auf wen warten Gabi und Gisela?"
„Was wollen die Kinder feiern?"
„Was ist auf der Gartenmauer?"
„Was holt Günter?"

Einzelne Kinder suchen die entsprechende Textstelle und lesen vor.

SL B S. 11 – 13 **Schreiblehrgang**

S. 11: große Einspurübungen mit dem Zeigefinger ausführen, Wörter mit g
S. 12: Nomen
S. 13: Auswahlsätze verbinden und schreiben

···> Ankertier Das Ankertier von g (Gans) wird gezeigt und aufgehängt. Das Ankertier wird deutlich artikuliert und in Silben geklatscht – einzeln und im Klassenverband.

···> Tiergeschichten Die Geschichte zum Ankertier kann vorgelesen werden.
Gans (g): Band 2

AH B S. 12 – 15 **Arbeitsheft**

···> Folie 32 S. 12: Gebärde, nach Gebärden schreiben, Nomen schreiben
···> Folie 32 S. 13: Häuschenschreibung, Verben
S. 14: Leseroutine mit komplexen Anfangsrändern, G g oder K k
···> Folie 33 S. 15: Suchsel, Text ergänzen

AzD S. 102 – 109 **Arbeitsblätter zur Differenzierung**

S. 102 (103): Lese- und Schreibübung
S. 103 (104): Lese- und Schreibübung; Nachspurübung
S. 104 (= 1402-79 KV 109): Leseverständnis
S. 105 (= 1402-79 KV 108): G oder K
S. 106 (105): Leseverständnis
S. 107 (106): Leseverständnis; Schreibübung
S. 108 (107): Leseverständnis, Sätze schreiben
S. 109 (108): Leseverständnis, Sätze schreiben*

Tägliche Übungen

Automatisierung des Silbenlesens

Silbenschieber — Silbenschieber vgl. S. 113: offene und geschlossene Silben

Silbenkärtchen — Silbenkärtchen 1 – 5

Silbenkarten — Starter G, g (Download-Angebot S. 7)

Leseteppiche — Leseteppiche (KV 6 / 7 / 8, S. 293 f.)

CD-ROM

Leseroutine (vgl. S. 112: Chorisches Lesen)

Sprechrhythmisches Training der Kontrastpaare

Folie 51
Musik-CD

Durchführung vgl. S. 115 CD Nr. 51, 57
Nase – Nüsse
Regen – Rücken
Haken – Hacke
Säge – Säcke
Kater – Kette

Differenzierung

Lesezirkus — S. 12 – 13, Eine unheimliche Nacht, Aufgabe S. 67, Arbeitsblätter Lesezirkus KV 6, 7

Tiergeschichten — Tiergeschichten mit Mia und Mio, Band 1*

Silben-Sudoku — Silben-Sudoku S. 38 / 39*

CD-ROM

Übungen zur Auswahl

- Fibeltext zum Mitlesen
- Der fliegende Silbenteppich
- Gebärdenschule
- Wortautomat
- Wörter schreiben
- Simsalabim
- Häuschen schreiben
- Purzelsätze
- Lückentexte
- Der Rhythmus macht's!
- Dreier-Memo-Spiel
- Ankertiere

Hexe Trixi

Lesespiel: Start ins Weltall

Damit die Raumschiffe starten können, müssen sie betankt werden. Dazu wird das Wort, das sich aus den Silben auf dem Steuerpult bilden lässt, dem richtigen Bild in einer der Raketen zugeordnet.

Der Hintergrund: Silbenlesen

Auf dem Computer des Weltraumbahnhofes lernen die Kinder, zwei oder drei Silben zu einem Wort zusammenzufügen. Ziel ist es, die

- Laut-Buchstabenzuordnung zu festigen,
- den Leseprozess kleiner Wortbausteine (Silben) zu beschleunigen.

Die gelesenen Wörter sollen sich optisch einprägen, d. h. in ihrem Silbenaufbau, und dadurch die Wortgliederung beim Schreiben verbessern.

Seite 48/49

Im Riesenland

Dieter schläft tief.
Aber was ist das?
Auf einmal kann er fliegen.
Dieter landet auf der Insel
des Riesen Timbetu. Was ist da los?

Auf einer grünen Wiese
sind riesige Tiere mit Riesenhörnern,
Bienen und Fliegen mit Riesenflügeln,
Regenwürmer wie Riesenboas.

Timbetu füttert die Tiere.
Er ist höher als ein Turm,
hat Augen wie Scheinwerfer,
Hände wie Baggerschaufeln
und Schuhe wie ein Fischerboot.

Frau Timbetu schaukelt
das Riesenkind in der Wiege.
Es schreit laut.
Da rasselt der Wecker.
Es ist sieben Uhr.
Das war ein aufregender Traum.

ie
ö

48 49

24. Woche

Inhalte und Kompetenzen

- Zeichenkombination **ie** für den i-Laut in der offenen betonten Silbe kennen lernen
- **ie** von **ei** unterscheiden durch Anwenden der optischen Hilfen ie und (ei)
- Durch Austauschen von **ie** und **ei** neue Wörter bilden
- Umlaut **ö** kennen lernen
- Druckschrift: **ie**

Wochenplan

Leitmaterialien	Montag	Dienstag	Mittwoch	Donnerstag	Freitag
Silbenfibel	S. 48/49 Bildbesprechung Lesetext	S. 48/49 Lesetext	S. 48/49 Lesetext		
Schreiblehrgang B	S. 14	S. 15		S. 16	
Arbeitsheft B		S. 16 *Folie 34*	S. 17 *Folie 35*	S. 18	S. 19
Arbeitsblätter zur Differenzierung	S. 110 – 117 (1403-77) S. 109 – 115 (1402-77)				
Vorlesen	Lesezirkus S. 14 – 17, Das tapfere Schneiderlein				
Tägliche Übungen	**Automatisierung des Silbenlesens:** Silbenschieber; Silbenkärtchen 1 – 5 Leseteppiche 3, 4, 5; CD-ROM **Sprechrhythmisches Training der Kontrastpaare:** *Folie 55*				
Differenzierung	*Lesezirkus** S. 14 – 17, Das tapfere Schneiderlein, Aufgabe S. 68, Arbeitsblätter Lesezirkus KV 8, 9 *Tiergeschichten mit Mia und Mio*, Band 2* *Silben-Sudoku:* S. 40/41* *CD-ROM* *Hexe Trixi:* Lesespiel				

Didaktisch-methodische Überlegungen

Der i-Laut wird in der offenen betonten Silbe (Starter – Klinger) grundsätzlich mit der Zeichenkombination **ie** wiedergegeben (Das e nach dem Vokal der betonten Silbe hatte früher die Funktion einer Längenmarkierung z.B.: Soest. Der Vokal i hat als einziger Vokal – wohl aus ästhetischen Gründen – diese Schreibung beibehalten.) In einsilbigen Wörtern – er rief, er schlief, tief – hat **ie** heute die Funktion einer Längenmarkierung (so wie das Dehnungs-h), was zu diesem Zeitpunkt jedoch im Unterricht nicht thematisiert wird.
Oft werden die Zeichenkombinationen **ie** und **ei** verwechselt. Deshalb ist eine optische Unterscheidungshilfe wichtig: das **i** wird vom **e** begleitet; **ie** wird mit einem Strich unterlegt, **ei** wird mit einem Ei umrandet.
Wir nutzen die Kontrastwörter zur Klärung der ie-Schreibung und finden die Regel: i-Wörter mit betonter Starter-Klinger-Silbe schreiben wir mit ie.

Einstieg

Vorbereitung vor Beginn der Einheit / Tafelbild: Riese beim Doktor (Download-Angebot S. 7) oder Bildbetrachtung der Fibelseiten.

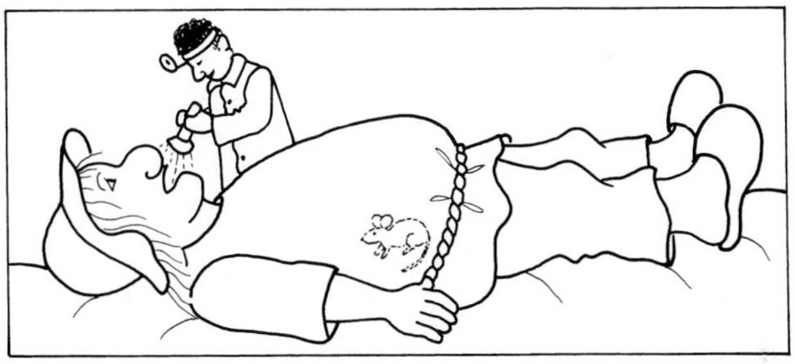

Die Lehrerin / der Lehrer schreibt zweifarbig Riese an die Tafel und spricht das Wort explizit mit deutlicher Trennung.

Rie-se →

Die Lehrerin / der Lehrer: „Weil Riese keinen Stopper hat, steht hinter dem **i** ein stummes **e**: das **e** begleitet das **i**."
Die Lehrerin / der Lehrer: „Nennt Wörter, die auch ein **i** ohne Stopper wie Riese haben."
Die Lehrerin / der Lehrer schreibt entsprechende Wörter unter Rie – se: Wie – se, Bie – ne, sie – ben, Lie – der, Flie – ge, Tie – re, Wie – ge.
Die Lehrerin / der Lehrer kennzeichnet das ie mit einem unterlegten Strich an der Tafel.
Alle Kinder lesen die Wörter explizit chorisch, wobei die Lehrerin / der Lehrer die Silbentrennung mit Silbenbögen deutlich unterstützt.

Hinweise zu den Leitmaterialien

S. 48/49 — **Silbenfibel**

Einzelne Kinder lesen den Silbenfibeltext abschnittsweise.

SL B S. 14 – 16 — **Schreiblehrgang**

Folie 34

S. 14/15: „ie“ wohnt im Doppelzimmer, Häuschenschreibung, Nomen
S. 16: Würfelsätze schreiben

AH B S. 16 – 19 — **Arbeitsheft**

Folie 34
Folie 35

S. 16: „ie“ wohnt im Doppelzimmer, Häuschenschreibung
S. 17: Kontrastpaare schreiben, Verben mit „ie“
S. 18: Ausmalbild, Reimwörter mit „ie“
S. 19: Leseteppich, Lückentext: ie oder ei

AzD S. 100 – 117 — **Arbeitsblätter zur Differenzierung**

S. 110 (112): e zieht i
S. 111 (109): Leseübung; ie und ei
S. 112 (110): Schreibübung; Sätze schreiben
S. 113 (= 1402-79 KV 110): Lückentext; ie – ei
S. 114 (111): Leseverständnis; Schreibübung
S. 115 (113): Leseverständnis; Schreibübung
S. 116 (114): Leseverständnis; Sätze schreiben
S. 117 (115): Leseverständnis; Sätze schreiben*

Tägliche Übungen

Automatisierung des Silbenlesens

Silbenschieber — Silbenschieber vgl. S. 113): offene und geschlossene Silben

Silbenkärtchen — Silbenkärtchen 1 – 5

Leseteppiche — Leseteppiche 3, 4, 5 (KV 6/7/8, S. 293f.)

CD-ROM

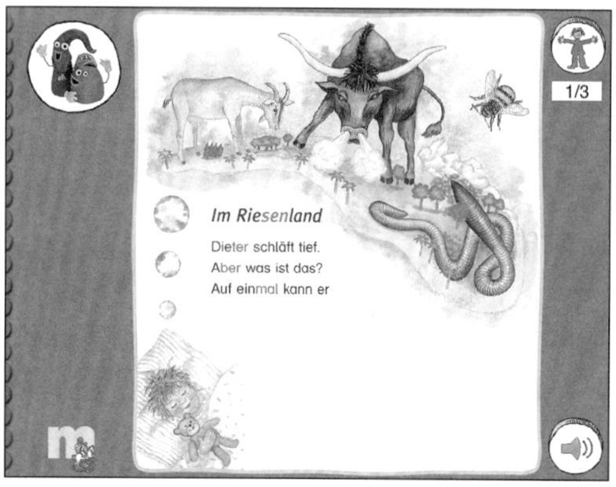

Leseroutine (vgl. S. 112: Chorisches Lesen)

Sprechrhythmisches Training der Kontrastpaare

Folie 55
Musik-CD

Durchführung vgl. S. 115 CD Nr. 55, 57
Riese – Risse
Wiese – wissen
schiefe – Schiffe
wiegen – wickeln
Ziege – zicken

Differenzierung

Lesezirkus
S. 14 – 17, Das tapfere Schneiderlein, Aufgabe S. 68/
Arbeitsblätter Lesezirkus KV 8, 9

Tiergeschichten
Tiergeschichten mit Mia und Mio, Band 2*

Silben-Sudoku
Silben-Sudoku S. 40/41*

CD-ROM

Übungen zur Auswahl

- Fibeltext zum Mitlesen
- Der fliegende Silbenteppich
- Gebärdenschule
- Wortautomat
- Wörter schreiben
- Simsalabim
- Häuschen schreiben
- Purzelsätze
- Lückentexte
- Der Rhythmus macht's!
- Dreier-Memo-Spiel
- Ankertiere

Hexe Trixi

Lesespiel: Start ins Weltall

Damit die Raumschiffe starten können, müssen sie betankt werden. Dazu wird das Wort, das sich aus den Silben auf dem Steuerpult bilden lässt, dem richtigen Bild in einer der Raketen zugeordnet.

Der Hintergrund: Silbenlesen

Auf dem Computer des Weltraumbahnhofes lernen die Kinder, zwei oder drei Silben zu einem Wort zusammenzufügen. Ziel ist es, die

- Laut-Buchstabenzuordnung zu festigen,
- den Leseprozess kleiner Wortbausteine (Silben) zu beschleunigen.

Die gelesenen Wörter sollen sich optisch einprägen, d. h. in ihrem Silbenaufbau, und dadurch die Wortgliederung beim Schreiben verbessern.

Seite 50/51

25. Woche

Inhalte und Kompetenzen

- Starter: **P p**
- Lautgebärde: **p**
- deutliche Artikulation von **P p**
- Druckschrift: **P p**
- Buchstabenfolge **Pf pf** optisch erfassen und phonetisch richtig artikulieren

Lernstandserhebung 6

Als Hausaufgabe wird das Silbenbüchlein 6 ausgeteilt (Kapitel V.).
Am Ende der Woche wird die Lernstandserhebung 6 geschrieben (Kapitel VI.).

Wochenplan

Leitmaterialien	Montag	Dienstag	Mittwoch	Donnerstag	Freitag
Silbenfibel	S. 50/51 Besprechung Lesetext	S. 50/51 Lesetext	S. 50/51 Lesetext		
Schreiblehrgang B	S. 17	S. 18		S. 19	
Arbeitsheft B		S. 20 *Folie 35*	S. 21 *Folie 36*	S. 22 *Folie 36*	S. 23 *Folie 37*
Arbeitsblätter zur Differenzierung	S. 118 – 127 (1403-77) S. 117 – 122 (1402-77)				Lernstandserhebung 6
Vorlesen	Geschichten zu den Ankertieren: Tiergeschichten mit Mia und Mio Papagei (p): Band 3, Pfau (pf): Band 3				
Tägliche Übungen	**Flüssiges Lesen mit Akzent in Versen:** Leseteppiche 3, 4, 6; CD-ROM **Sprechrhythmisches Training der Kontrastpaare:** *Folie 53*				
Differenzierung	*Tiergeschichten mit Mia und Mio*, Band 3* *Silben-Sudoku:* S. 42/43* *CD-ROM* *Hexe Trixi:* Lesespiel				

Didaktisch-methodische Überlegungen

Das Silbenlesen sollte jetzt bei allen Kindern automatisiert sein. Nun liegt das Hauptaugenmerk auf dem flüssigen Lesen mit Akzent, dabei helfen besonders die kleinen Gedichte im Arbeitsheft.
Der Buchstabe **P** ist wie **T** und **K** ein harter, stimmloser Verschlusslaut. Ab jetzt können die harten Explosivlaute **P T K** mit den weichen **B D G** verglichen und durch deutliches Artikulieren mit Unterstützung der Gebärden unterschieden werden. Für Kinder mit flacher Atmung (Vitalkapazität) sind Atemübungen hilfreich.

Einstieg

Die Lehrerin / der Lehrer zeigt ein Parkplatzschild auf dem Tageslichtprojektor (Download-Angebot S. 6). Dieses ist puzzleartig abgedeckt.
Die Kinder erraten nach teilweisem Aufdecken das Zeichen. Die Lehrerin / der Lehrer führt mit den Kindern ein Klassengespräch über die Funktion des Parkplatzes: in der Stadt, an der Autobahn, im Wald, bei der Schule.
Die Lehrerin / der Lehrer schreibt **P** an die Tafel: „Mit diesem Buchstaben beginnt das Wort Parkplatz." Impuls: „Viele Wörter beginnen mit P."
Die Kinder nennen Wörter: Papa, Puppe, Polizei, Post, Pause, Pilot, Pirat, Pippi, Peter usw. Die Lehrerin / der Lehrer schreibt geeignete Wörter an die Tafel.
Die Kinder lesen die Wörter chorisch. Die Kinder üben mit dem Ankertier die Artikulation.

Hinweise zu den Leitmaterialien

S. 50/51 **Silbenfibel**

Einzelne Kinder lesen den Silbenfibeltext abschnittsweise.
Die Lehrerin / der Lehrer stellt Fragen zum Text:

„Wer ist unterwegs?"
„Was rufen Mama und Papa?"
„Was tut Papa?"
„Was sehen die Kinder?"

Die Kinder suchen die entsprechenden Textstellen und lesen vor.

SL B S. 17 – 19 **Schreiblehrgang**

S. 17: Einspurübung, Nomen
S. 18: Schreibroutine, Nomen mit Pf
S. 19: Auswahlsätze verbinden und schreiben

Ankertier Die Ankertiere von p (Papagei) und pf (Pfau) werden gezeigt und aufgehängt. Sie werden deutlich artikuliert und in Silben geklatscht – einzeln und im Klassenverband.

Tiergeschichten Die Geschichten zu den Ankertieren können vorgelesen werden.
Papagei (p): Band 3; Pfau (pf): Band 3

AH B S. 20 – 23 **Arbeitsheft**

Folie 35 S. 20: Gebärde, nach Gebärden schreiben, Nomen
Folie 36 S. 21: Häuschenwörter mit Pf und pf, Verben mit pf an der Trennstelle
Folie 36 S. 22: Lesefluss in Versen, Verben mit b oder p
Folie 37 S. 23: Wörterrätsel zum Silbenfibeltext

AzD S. 118 – 127 **Arbeitsblätter zur Differenzierung**

S. 118 (117): Lese- und Schreibübung
S. 119 (118): Schreibübung; Nachspurübung
S. 120 (= 1402-79 KV 121): B, b oder P, p
S. 121 (= 1402-79 KV 122): Leseverständnis
S. 122 (= 1402-79 KV 123): PF, pf
S. 123 (= 1402-79 KV 124): Leseverständnis
S. 124 (119): Leseverständnis; Sätze schreiben
S. 125 (120): Leseverständnis; Schreibübung
S. 126 (121): Leseverständnis; Sätze schreiben
S. 127 (122): Leseverständnis; Sätze schreiben*

Tägliche Übungen

Flüssiges Lesen mit Akzent in Versen

Leseteppiche Leseteppiche 3, 4, 6 (KV 6/7/9, S. 293f.)

CD-ROM

Leseroutine (vgl. S. 112: Chorisches Lesen)

Sprechrhythmisches Training der Kontrastpaare

Folie 53 Durchführung vgl. S. 115, CD Nr. 53, 57
Musik-CD Rabe – Rappe
Rose – Rosse
Vase – Wasser
Schafe – Schiffe
Käse – Kasse

Differenzierung

Tiergeschichten

Tiergeschichten mit Mia und Mio, Band 3*

Silben-Sudoku

Silben-Sudoku S. 42/43*

CD-ROM

Übungen zur Auswahl

- Fibeltext zum Mitlesen
- Gebärdenschule
- Wortautomat
- Wörter schreiben
- Simsalabim
- Häuschen schreiben
- Purzelsätze
- Lückentexte
- Der Rhythmus macht's!
- Dreier-Memo-Spiel
- Ankertiere

Hexe Trixi

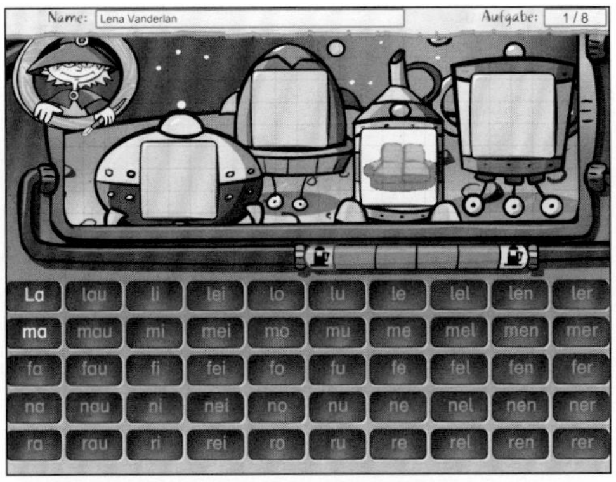

Lesespiel: Start ins Weltall

Damit die Raumschiffe starten können, müssen sie betankt werden. Dazu wird das Wort, das sich aus den Silben auf dem Steuerpult bilden lässt, dem richtigen Bild in einer der Raketen zugeordnet.

Der Hintergrund: Silbenlesen

Auf dem Computer des Weltraumbahnhofes lernen die Kinder, zwei oder drei Silben zu einem Wort zusammenzufügen. Ziel ist es, die

- Laut-Buchstabenzuordnung zu festigen,
- den Leseprozess kleiner Wortbausteine (Silben) zu beschleunigen.

Die gelesenen Wörter sollen sich optisch einprägen, d. h. in ihrem Silbenaufbau, und dadurch die Wortgliederung beim Schreiben verbessern.

Seite 52/53

Bald ist Ostern

Die Sonne scheint wärmer am Himmel.
Alle Blumen blühen schon.
Der Birnbaum und die Büsche bekommen Knospen.
Am Morgen pfeift die Amsel ihr Lied.

An Ostern wollen alle Kinder bunte Eier haben.
Die Eltern malen die weißen Eier mit Farbe an.
Hans und Heidi helfen der Mutter.
Sie backen Lämmer, Hasen und Hennen
im heißen Ofen.

Am Ostermorgen liegen die Eier im Garten.
Heidi und Hans holen die Körbe.
Sie laufen in den Garten hinter dem Haus.
Die Eltern schauen aus dem Fenster.

Hans findet seinen Osterhasen
unter der Hecke.
Heidi findet die Ostereier
unter einem Haufen aus Blättern und Gras.
Da sagen die Kinder:

Feine Eier hat der Has',
überall gelegt ins Gras.

H h
ß

52

53

26. Woche

Inhalte und Kompetenzen

- Starter: **H h**
- Lautgebärde: **h**
- Druckschrift: **H h ß**

Wochenplan

Leitmaterialien	Montag	Dienstag	Mittwoch	Donnerstag	Freitag
Silbenfibel	S. 52/53 Bildbespre-chung Lesetext	S. 52/53 Lesetext	S. 52/53 Lesetext		
Schreiblehrgang B	S. 20	S. 21		S. 22	
Arbeitsheft B		S. 24 *Folie 38*	S. 25 *Folie 38*	S. 26	S. 27 *Folie 39*
Arbeitsblätter zur Differenzierung	S. 128 – 135 (1403-77) S. 123 – 128 (1402-77)				
Vorlesen	Lesezirkus S. 18 – 19, Der Hase und der Igel Geschichte zum Ankertier: Tiergeschichten mit Mia und Mio Hase (h): Band 4				
Tägliche Übungen	**Flüssiges Lesen mit Akzent in Versen:** Leseteppiche 3, 4, 6 CD-ROM **Sprechrhythmisches Training der Kontrastpaare:** *Folie 54* **Lied:** „Has', Has', Osterhas'", CD Nr. 35, 36				
Differenzierung	*Lesezirkus** S. 18 – 19, Der Hase und der Igel, Aufgabe S. 69, Arbeitsblätter Lesezirkus KV 10, 11 *Tiergeschichten mit Mia und Mio*, Band 4* *Silben-Sudoku:* S. 44/45* *CD-ROM* *Hexe Trixi:* Lesespiel				

Didaktisch-methodische Überlegungen

Da der Buchstabe **H h** nur im Anlaut (Starter) zu hören ist, werden nur Wörter mit dem Anlaut **H h** für die Analyse verwendet. Es ist nicht einfach **H h** zu lesen, da es eher gehaucht als gesprochen wird. Im szenischen Spiel wird der H-Laut als schnelles Hecheln des Hasen eingeführt und durch einen Schnellsprechvers gefestigt.

Einstieg

Das Lied kann als Einstieg gesungen werden. Die Lehrerin / der Lehrer erzählt das Märchen vom Hasen und dem Igel. Nach dem ersten Lauf wird die Erzählung unterbrochen und alle Kinder hecheln mit dem Hasen.
Die Lehrerin / der Lehrer schreibt **H h** in eine Sprechblase an der Tafel: „Das ist unser Buchstabe!"
Das Märchen wird weitererzählt und danach von den Kindern szenisch umgesetzt (der Hase hechelt immer deutlicher).
Die Lehrerin / der Lehrer zeigt zwei Umschläge: „Hier habe ich Post vom Osterhasen bekommen." In einem Umschlag befinden sich 7 Bildkarten (Hase, Henne, Haus, Hund, Hose, Himmel, Heft), im anderen die dazugehörigen Wortkarten (Download-Angebot S. 7). Die Bildkarten werden an die Tafel geheftet. Einzelne Kinder ziehen Wortkarten, lesen vor und ordnen sie den Bildern zu. Alle Kinder lesen die Wortkarten chorisch.

Hinweise zu den Leitmaterialien

S. 52/53 — **Silbenfibel**

Einzelne Kinder lesen Abschnitte des Silbenfibeltextes vor.
Die Lehrerin / der Lehrer führt mit der Klasse ein Gespräch über Osterbräuche.
Die Abschnitte 2 und 3 mit den Osterbräuchen werden zur Sinnerfassung nochmals gelesen.

SL B S. 20 – 22 — **Schreiblehrgang**

S. 20: Einspurübung, Nomen, Verben
S. 21: Wörter mit ß
S. 22: Auswahlsätze verbinden und schreiben

Ankertier — Das Ankertier von h (Hase) wird gezeigt und aufgehängt. Das Ankertier wird deutlich artikuliert und in Silben geklatscht – einzeln und im Klassenverband.

Tiergeschichten — Die Geschichte zum Ankertier kann vorgelesen werden.
Hase (h): Bamd 4

AH B S. 24 – 27 — **Arbeitsheft**

Folie 38 — S. 24: Gebärde, nach Gebärden schreiben, Nomen
Folie 38 — S. 25: Häuschenwörter mit H, Verben
S. 26: Lesefluss in Versen, Lückentext mit ß-Wörtern
Folie 39 — S. 27: Leseverständnis mit Ausmalbild

AzD S. 128 – 135 **Arbeitsblätter zur Differenzierung**

S. 128 (123): Leseübung; Schreibübung; Reimwörter
S. 129 (124): Leseverständnis; Schreibübung
S. 130 (= 1402-79 KV 129): Schreibübung
S. 131 (Download-Angebot S. 6 unter Kapitel I, S. 87): ß-Wörter
S. 132 (125): Sätze schreiben; Nachspurübung
S. 133 (126): Leseverständnis; Schreibübung
S. 134 (127): Leseverständnis; Sätze schreiben
S. 135 (128): Leseverständnis; Sätze schreiben*

Tägliche Übungen

Flüssiges Lesen mit Akzent in Versen

Leseteppiche — Leseteppiche 3, 4, 6 (KV 6/7/9, S. 293f.)

CD-ROM

Leseroutine (vgl. S. 112: Chorisches Lesen)

Sprechrhythmisches Training der Kontrastpaare

Folie 54 — Durchführung vgl. S. 115, CD Nr. 54, 57
Musik-CD — Hüte – Hütte
Ofen – offen
Töne – Tonne
Schemel – Schimmel
Düne – Dünne

Musik-CD — **Lied** – CD Nr. 35, 36 – KV 90, S. 379
Lied: „Has', Has', Osterhas'"

Differenzierung

Lesezirkus — S. 18 – 19, Der Hase und der Igel, Aufgabe S. 69/
Arbeitsblätter Lesezirkus KV 10, 11

Tiergeschichten — Tiergeschichten mit Mia und Mio, Band 4*

Silben-Sudoku — Silben-Sudoku S. 44/45*

CD-ROM

Übungen zur Auswahl

- Fibeltext zum Mitlesen
- Gebärdenschule
- Wortautomat
- Wörter schreiben
- Simsalabim
- Häuschen schreiben
- Purzelsätze
- Lückentexte
- Der Rhythmus macht's!
- Dreier-Memo-Spiel
- Ankertiere

Hexe Trixi

Lesespiel: Start ins Weltall

Damit die Raumschiffe starten können, müssen sie betankt werden. Dazu wird das Wort, das sich aus den Silben auf dem Steuerpult bilden lässt, dem richtigen Bild in einer der Raketen zugeordnet.

Der Hintergrund: Silbenlesen

Auf dem Computer des Weltraumbahnhofes lernen die Kinder, zwei oder drei Silben zu einem Wort zusammenzufügen. Ziel ist es, die

- Laut-Buchstabenzuordnung zu festigen,
- den Leseprozess kleiner Wortbausteine (Silben) zu beschleunigen.

Die gelesenen Wörter sollen sich optisch einprägen, d.h. in ihrem Silbenaufbau, und dadurch die Wortgliederung beim Schreiben verbessern.

Seite 54/55

27. Woche

Inhalte und Kompetenzen

- Zeichenkombination: **ch**
- Lautgebärde: **ch**
- Klare Artikulation von **ch** in beiden Fällen (Hintergaumenlaut – Vordergaumenlaut)
- Druckschrift: **ch**

Wochenplan

Leitmaterialien	Montag	Dienstag	Mittwoch	Donnerstag	Freitag
Silbenfibel	S. 54/55 Bildbesprechung Lesetext	S. 54/55 Lesetext	S. 54/55 Lesetext		
Schreiblehrgang B	S. 23	S. 24		S. 25	
Arbeitsheft B		S. 28 *Folie 40*	S. 29	S. 30	S. 31
Arbeitsblätter zur Differenzierung	S. 136 – 148 (1403-77) S. 129 – 136 (1402-77)				
Vorlesen	Lesezirkus S. 20 – 25, Mogli bei den Wölfen, Mogli holt das Feuer, Mogli besiegt Schir Kan Geschichte zum Ankertier: Tiergeschichten mit Mia und Mio Katze (ch): Band 8				
Tägliche Übungen	**Flüssiges Lesen mit Akzent in Versen:** CD-ROM **Sprechrhythmisches Training der Kontrastpaare:** *Folie 54*				
Differenzierung	*Lesezirkus** S. 20 – 25, Mogli bei den Wölfen, Aufgaben S. 70, Arbeitsblätter Lesezirkus KV 12, 13, 14 *Silben-Sudoku* S. 46/47* *CD-ROM*				

Didaktisch-methodische Überlegungen

Die Zeichenkombination **ch** wird auf zwei Arten gesprochen. Nach hellen Vokalen (ä, e, i, ei, eu) und nach Konsonanten (Milch) wird **ch** am Vordergaumen gebildet (ich-Laut), nach dunklen Vokalen (a, o, u, au) dagegen am Hintergaumen (ach-Laut). Zwischen dem gutturalen ach-Laut und dem Buchstaben **r** kann es zu Verwechslungen kommen (dor statt doch). Hier muss auf klare Artikulation geachtet werden.

Einstieg

Bildbetrachtung der Fibelseiten. Die Kinder erzählen.
Die Lehrerin / der Lehrer fragt: „Was macht der Tiger?“
Der Tiger faucht. Die Kinder fauchen wie der Tiger.
Alternativ kann zum Einstieg vorgelesen werden:
Tiergeschichte mit Mia und Mio, Band 1, S. 16: Tiger in Indien
Lesezirkus, S. 20 ff.: Mogli bei den Wölfen
Die Lehrerin / der Lehrer schreibt **ch** mehrmals untereinander an die Tafel und erklärt: „Mit diesem Buchstaben können wir fauchen.“
Die Lehrerin / der Lehrer ergänzt das oberste **ch** zu fauchen.
Die Lehrerin / der Lehrer gibt den Impuls: „Findet Reimwörter zu fauchen.“
Die Lehrerin / der Lehrer ergänzt die weiteren **ch** zu geeigneten Reimwörtern.
Die Kinder lesen die Reimwörter chorisch. Die Reimwörter werden in das Schreibheft übertragen.

fau	ch	en
rau	ch	en
tau	ch	en
brau	ch	en
hau	ch	en

Hinweise zu den Leitmaterialien

S. 54/55 **Silbenfibel**

Einzelne Kinder lesen den Silbenfibeltext abschnittsweise.
Das Ganzwort „Feuer“ wird eingeführt.
Die Lehrerin / der Lehrer führt mit der Klasse ein Gespräch über den Inhalt des Textes.

SL B S. 23 – 25 **Schreiblehrgang**

S. 23: Einspurübung, Wörter mit ch
S. 24: Nomen mit ch
S. 25: Purzelsätze ordnen und schreiben

Ankertier – Das Ankertier von ch (Katze – fauchen) wird gezeigt und aufgehängt. Das Ankertier wird deutlich artikuliert und in Silben geklatscht – einzeln und im Klassenverband.

Tiergeschichten – Die Geschichte zum Ankertier kann vorgelesen werden.
Katze (ch): Band 8

AH B S. 28 – 31 **Arbeitsheft**

Folie 40

S. 28: Gebärde, nach Gebärden schreiben, Nomen
S. 29: Reimwörter, Unterscheidung ch – sch
S. 30: Lesefluss in Versen, Suchsel
S. 31: Leseverständnis im Lückentext

AzD S. 136 – 148 **Arbeitsblätter zur Differenzierung**

S. 136 (132): ch-Wörter
S. 137 (129): Leseübung; Reimwörter
S. 138 (130): Lese- und Schreibübung; Nachspurübung
S. 139 (131): Sätze schreiben; Leseverständnis
S. 140 (= 1402-79 KV 132): Lückentext
S. 141 (= 1402-79 KV 133): Schreibübung
S. 142 (= 1402-79 KV 134): Reimwörter
S. 143 (= 1402-79 KV 135): Leseübung
S. 144 (Download-Angebot S. 6 unter Kapitel I, S. 87): Sätze schreiben
S. 145 (133): Leseverständnis; Schreibübung
S. 146 (134): Leseverständnis; Schreibübung
S. 147 (135): Leseverständnis; Sätze schreiben*
S. 148 (136): Leseverständnis; Sätze schreiben*

Tägliche Übungen

Flüssiges Lesen mit Akzent in Versen

CD-ROM

Leseroutine (vgl. S. 112: Chorisches Lesen)

Sprechrhythmisches Training der Kontrastpaare

Folie 54
Musik-CD

Durchführung vgl. S. 115, CD Nr. 54, 57
Hüte – Hütte
Ofen – offen
Töne – Tonne
Schemel – Schimmel
Düne – Dünne

Differenzierung

Lesezirkus S. 20 – 25, Mogli bei den Wölfen, Aufgaben S. 70 / Arbeitsblätter Lesezirkus KV 12, 13, 14

Silben-Sudoku Silben-Sudoku S. 46 / 47*

CD-ROM

Übungen zur Auswahl
- Fibeltext zum Mitlesen
- Gebärdenschule
- Wortautomat
- Wörter schreiben
- Simsalabim
- Häuschen schreiben
- Purzelsätze
- Lückentexte
- Der Rhythmus macht's!
- Dreier-Memo-Spiel
- Ankertiere

Seite 56/57

Ä ä

Auf dem Bauernhof

Bärbel und Hans sind auf dem Bauernhof.
Sie helfen Onkel Hubert.
Hans füttert die Kühe.
Bärbel holt Wasser für die Hasen.
Was ist das? In der Ecke ist ein Nest.
Sieben kleine Häschen liegen darin.
Die Kinder fragen Onkel Hubert:
„Bekommen wir ein Häschen?"
Onkel Hubert sagt:
„Sie müssen noch drei Wochen
bei der Häsin bleiben."

Bärbel darf ein Häslein auswählen.
Hans darf auch ein Häslein
auswählen.
Nun sind beide Kinder glücklich.
Sie tragen die Häslein behutsam nach Hause.
Täglich sollen sie frische Blätter und Äpfel bekommen.
So gefällt es den Häschen.

56

57

28. Woche

Inhalte und Kompetenzen

- **ä** als Umlaut von **a** erfassen.
- Umlautbildung bei: Verkleinerungsform, Mehrzahlbildung, 3. Person
- Druckschrift: **Ä ä**

Wochenplan

Leitmaterialien	Montag	Dienstag	Mittwoch	Donnerstag	Freitag
Silbenfibel	S. 56/57 Bildbesprechung Lesetext	S. 56/57 Lesetext	S. 56/57 Lesetext		
Schreiblehrgang B	S. 26	S. 27		S. 28	
Arbeitsheft B		S. 32	S. 33	S. 34	S. 35
Arbeitsblätter zur Differenzierung	S. 149 – 160 (1403-77) S. 137 – 142 (1402-77)				
Vorlesen	Geschichte zum Ankertier: Tiergeschichten mit Mia und Mio Känguru (ä): Band 7				
Tägliche Übungen	**Flüssiges Lesen mit Akzent in Versen:** CD-ROM **Sprechrhythmisches Training der Kontrastpaare:** *Folie 54* **Lied:** „Häschen in der Grube", CD Nr. 37, 38				
Differenzierung	*Lesezirkus** S. 20 – 25, Mogli holt das Feuer, Aufgaben S. 70, Arbeitsblätter Lesezirkus KV 12, 13, 14 *Tiergeschichten* mit Mia und Mio, Band 5* *Silben-Sudoku* S. 48/49* *CD-ROM*				

Didaktisch-methodische Überlegungen

Der Ausdruck Häschen oder Häslein für ein junges Kaninchen ist zwar biologisch falsch, aber allgemein gebräuchlich. Die Buchstabenform des **a** ist bekannt, durch die Pünktchen wird sie zum neuen Laut. Die Umlautbildung wird bei **Ä ä** durch die Verkleinerung und durch die Mehrzahlbildung erarbeitet. Die akustische Analyse von ä-Wörtern ist nicht sinnvoll, da **ä** und **e** schwer zu unterscheiden sind. Im Hinblick auf die spätere Rechtschreibfertigkeit bei **ä** und **e** ist es wichtig, den ä-Wörtern ein verwandtes a-Wort gegenüberzustellen.

Einstieg

Falls ein Kind ein Kaninchen besitzt, so ist es ein sehr schöner Einstieg in diese Einheit, wenn ein richtiges „Häschen" in den Unterricht gebracht wird. Der Käfig mit dem Häschen steht im Stuhlkreis und jedes Kind darf nach vorausgehender Anweisung das Häschen vorsichtig streicheln. Der „Tierbesitzer" wacht als Moderator über den tiergerechten Umgang und gibt Auskunft über Fütterung und Pflege. Falls das nicht möglich ist, muss ein Stofftier als Ersatz reichen.
Die Lehrerin / der Lehrer schreibt Hase – Häslein an die Tafel und erklärt das ä.

Die Regel für die Verkleinerung: aus **a** wird **ä** (aus u wird ü; aus o wird ö).
Die Kinder schreiben alle Ä-ä-Wörter des Silbenfibeltextes ins Schreibheft.

Hinweise zu den Leitmaterialien

S. 56/57 — **Silbenfibel**

Einzelne Kinder lesen den Silbenfibeltext abschnittsweise.

SL B S. 26 – 28 — **Schreiblehrgang**

S. 26: Einspurübung, Nomen mit Ä ä
S. 27: Ableitung: Pluralbildung mit ä
S. 28: Ableitung: Verkleinerungsformen mit ä

Ankertier — Das Ankertier von ä (Känguru) wird gezeigt und aufgehängt. Das Ankertier wird deutlich artikuliert und in Silben geklatscht – einzeln und im Klassenverband.

Tiergeschichten — Die Geschichte zum Ankertier kann vorgelesen werden.
Känguru (ä): Band 7

AH B S. 32 – 35 — **Arbeitsheft**

S. 32: Zuordnung: Tier – Tierlaute, Sätze schreiben
S. 33: Ableitung: Pluralbildung mit ä
S. 34: Lesefluss in Versen, Verkleinerungsformen mit ä
S. 35: Suchsel, Kreuzworträtsel

AzD S. 149 – 160 **Arbeitsblätter zur Differenzierung**

S. 149 (137): Leseübung; Schreibübung
S. 150 (138): Leseverständnis; Sätze schreiben
S. 151 (= 1402-79 KV 139): Verkleinerungsform
S. 152 (= 1402-79 KV 140): Mehrzahlbildung
S. 153 (= 1402-79 KV 141): Mehrzahlbildung
S. 154 (= 1402-79 KV 142): Leseübung
S. 155 (Download-Angebot S. 6 unter Kapitel I, S. 87): Sätze schreiben
S. 156 (= 1402-79 KV 89): Schreibübung
S. 157 (139): Leseverständnis; Sätze schreiben
S. 158 (140): Leseverständnis; Schreibübung
S. 159 (141): Leseverständnis; Sätze schreiben
S. 160 (142): Leseverständnis; Sätze schreiben*

Tägliche Übungen

Flüssiges Lesen mit Akzent in Versen

···› CD-ROM

Leseroutine (vgl. S. 112: Chorisches Lesen)

Sprechrhythmisches Training der Kontrastpaare

···› Folie 54
···› Musik-CD

Durchführung vgl. S. 115, CD Nr. 54, 57
Hüte – Hütte
Ofen – offen
Töne – Tonne
Schemel – Schimmel
Düne – Dünne

···› Musik-CD

Lied – CD Nr. 37, 38 – KV 91, S. 380
Das Spiellied „Häschen in der Grube“ kann als Einstieg oder Abschluss der Einheit verwendet werden.

Differenzierung

···› *Lesezirkus* S. 20 – 25, Mogli holt das Feuer, Aufgaben S. 70 / Arbeitsblätter Lesezirkus KV 12, 13, 14

···› *Tiergeschichten* Tiergeschichten mit Mia und Mio, Band 5*

···› *Silben-Sudoku* Silben-Sudoku S. 48 / 49*

···› *CD-ROM*

Übungen zur Auswahl

- Fibeltext zum Mitlesen
- Gebärdenschule
- Wortautomat
- Wörter schreiben
- Simsalabim
- Häuschen schreiben
- Purzelsätze
- Lückentexte
- Der Rhythmus macht's!
- Dreier-Memo-Spiel
- Ankertiere

Seite 58/59

Störche

Bei uns leben nur noch
wenige Störche.
Teiche und nasse Wiesen werden
immer weniger.
Störche finden nicht genug Futter,
wie Frösche und kleine Fische.
Storchenkinder sterben oft
durch nasskaltes Wetter.

Die kleinen Störche werden schnell groß.
Die Storcheneltern kommen mit Futter
in das Nest.
Sie stehen im Nest und klappern laut
mit den Schnäbeln.
Manchmal flattern sie auf der Stelle.
Stefan und Susanne beobachten sie still.

St st
Sp sp

Wann werden sie ihren ersten Flug starten?
Im Spätsommer fliegen die Störche fort.
Manche fliegen über Spanien.
Andere fliegen über Istanbul in der Türkei.
Alle überwintern in Afrika.
Dort können sie genug fressen.

Stefan und Susanne sprechen oft
über die Störche.
Ob sie im nächsten April
wiederkommen?

58 59

29. Woche

Inhalte und Kompetenzen

- Zeichenkombinationen **St st** und **Sp sp** im Anlaut (Starter) als Einheit erkennen und wie scht und schp sprechen
- Konsonantenhäufungen **str** und **spr** als Einheit speichern
- Merkverse mit Regeln auswendig können
- Druckschrift: **St st Sp sp Ö ö**

Lernstandserhebung 7

Als Hausaufgabe wird das Silbenbüchlein 7 ausgeteilt (Kapitel V.).
Am Ende der Woche wird die Lernstandserhebung 7 geschrieben (Kapitel VI.).

Wochenplan

Leitmaterialien	Montag	Dienstag	Mittwoch	Donnerstag	Freitag
Silbenfibel	S. 58/59 Besprechung Lesetext	S. 58/59 Lesetext	S. 58/59 Lesetext		
Schreiblehrgang B	S. 29	S. 30		S. 31	
Arbeitsheft B		S. 36	S. 37	S. 38	S. 39
Arbeitsblätter zur Differenzierung	S. 161 – 169 (1403-77) S. 143 – 148 (1402-77)				Lernstands-erhebung 7
Vorlesen	Geschichten zu den Ankertieren: Tiergeschichten mit Mia und Mio Storch (st): Band 6, Specht (sp): Band 6, Kröte(ö): Band 3				
Tägliche Übungen	**Flüssiges Lesen mit Akzent in Versen:** CD-ROM **Sprechrhythmisches Training der Kontrastpaare:** *Folie 54* **Lied:** „Der Klapperschnabelstorch", CD Nr. 39, 40				
Differenzierung	*Lesezirkus** S. 24, 25, Mogli besiegt Schir Kan, Aufgaben S. 70, Arbeitsblätter Lesezirkus KV 12, 13, 14 *Silben-Sudoku* S. 50/51* *CD-ROM*				

Didaktisch-methodische Überlegungen

Im Anlaut (Starter) werden **St** und **Sp** wie „Scht" bzw. „Schp" gesprochen. Das ist in der ersten Klasse für das sinnerfassende Lesen von Bedeutung. Die Vertiefung erfolgt in der zweiten Klasse.

Einstieg

…➔ Musik-CD

Zum Einstieg singen die Kinder das „Storchenlied" und/oder sprechen den Storchenvers (siehe S. 245) mit synchronem Gehen.
Die Lehrerin/der Lehrer schreibt **Störche** an die Tafel.
Impuls: „Was fällt euch auf?"
Die Lehrerin/der Lehrer erklärt: „Bei **st** und bei **sp** gibt es eine Sparschreibweise. Wir sprechen scht und schp, sparen uns aber das **ch** und schreiben **st**, **sp**.
Sprechvers:

Störche, Stare, Stock und Stein
schreibe ich mit **St** fein!

Die Kinder lernen den Vers.
Die Lehrerin/der Lehrer schreibt die St-Wörter an die Tafel.
Die Kinder lesen die Wörter phonetisch richtig.

Hinweise zu den Leitmaterialien

S. 59/59

Silbenfibel

Die Kinder lesen den Silbenfibeltext S. 58 abschnittsweise.
Die Lehrerin/der Lehrer: „Welche Wörter lesen wir wie Störche?"
Die Kinder nennen die Wörter aus dem Silbenfibeltext.
Bevor S. 59 gelesen wird, weist die Lehrerin/der Lehrer auf Spätsommer und Spanien hin, schreibt beide Wörter an die Tafel und erklärt:
„Die Wörter Spätsommer und Spanien schreibt man – wie Störche – anders, als man sie spricht."
Die Kinder lesen die Wörter phonetisch richtig.
Die Kinder lesen den Text S. 59 abschnittsweise.

SL B S. 29 – 31

Schreiblehrgang

S. 29: Einspurübung, Wörter mit St st
S. 30: Einspurübung, Wörter mit Sp sp
S. 31: Einspurübung, Wörter mit Ö ö, Ableitung: Verkleinerungsformen mit ö

S, Sch, St, Sp – Das Diktat
Die Kinder nehmen das Schreibheft und schlagen eine freie Doppelseite auf. Die linke und die rechte Seite wird je einmal hochkant gefaltet, sodass vier Spalten entstehen. Dann schreiben die Kinder nach Diktat in das Heft.

S	Sch	St	Sp
Salami	Schalter	Steine	Sport
Sonne			

Salami	Schalter	Steine	Sport
Sonne	Schokolade	Straße	Spinne
Spalte	Sterne	Schule	Salat
Sprudel	Stimme	Schere	Suppe

···> Ankertiere

Die Ankertiere von st, sp, ö (Storch, Specht, Kröte) werden gezeigt und aufgehängt. Die Ankertiere werden deutlich artikuliert und in Silben geklatscht – einzeln und im Klassenverband.

···> Tiergeschichten

Die Geschichten zu den Ankertieren können vorgelesen werden.
Storch (st): Band 6, Specht (sp): Band 6, Kröte(ö): Band 3

AH B S. 36 – 39

Arbeitsheft

S. 36: Nomen im Bild mit St
S. 37: Zauberwörter mit Sp, Speisekarte
S. 38: Lesefluss in Versen, Wörter mit St oder Sp
S. 39: Zum Bild passende Sätze schreiben

AzD S. 161 – 169

Arbeitsblätter zur Differenzierung

S. 161 (143): Leseübung; Schreibübung
S. 162 (144): Leseverständnis; Schreibübung
S. 163 (= 1402-79 KV 146): St – SP
S. 164 (= 1402-79 KV 147): Schreibübung
S. 165 (145): Leseverständnis; Sätze schreiben; Nachspurübung
S. 166 (= 1402-79 KV 114): Verkleinerungsform, Mehrzahl
S. 167 (146): Leseverständnis; Schreibübung
S. 168 (147): Leseverständnis; Sätze schreiben
S. 169 (148): Leseverständnis; Sätze schreiben*

Tägliche Übungen

Flüssiges Lesen mit Akzent in Versen

···> CD-ROM

Leseroutine (vgl. S. 112: Chorisches Lesen)

Sprechrhythmisches Training der Kontrastpaare

···> Folie 54
···> Musik-CD

Durchführung vgl. S. 115, CD Nr. 54, 57
Hüte – Hütte
Ofen – offen
Töne – Tonne
Schemel – Schimmel
Düne – Dünne

Musik-CD

Lied – CD Nr. 39, 40 – KV 92, S. 381
„Der Klapperschnabelstorch“. Das Lied kann als Einstieg und als Abschluss der Einheit verwendet werden.

Differenzierung

Lesezirkus

Lesezirkus S. 24, 25, Mogli besiegt Schir Kan, S. 70 / Arbeitsblätter Lesezirkus KV 14

Silben-Sudoku

Silben-Sudoku S. 50 / 51*

CD-ROM

Übungen zur Auswahl

- Fibeltext zum Mitlesen
- Gebärdenschule
- Wortautomat
- Wörter schreiben
- Simsalabim
- Häuschen schreiben
- Purzelsätze
- Lückentexte
- Der Rhythmus macht’s!
- Dreier-Memo-Spiel
- Ankertiere

Storchenvers

Herr und Frau von Klapperstorch
klappern in dem Neste, horch!
Fliegen dann nach Afrika,
sind im Frühling wieder da.

Seite 60/61

ZOO

KASSE

Mio und Mia gehen zusammen
in den Zoo. Sie zahlen an der Kasse.
Welche Tiere sollen sie besuchen?
Zwei Stunden haben sie Zeit.

Zuerst gehen sie zum Streichelzoo.
Alle Ziegen kommen an den Zaun.
Mio streichelt eine braune Ziege.
Sie hat ein zottiges Fell.
Mia hält ein Häschen im Arm.
Es zittert.

Z z

Die Kinder rennen weiter.
Mio ruft: „Schau,
da sind Pferde im Schlafanzug!“
Mia lacht und sagt: „Das sind doch Zebras!“
Im gleichen Gehege sind auch
Warzenschweine. Sie haben große Zähne.

Danach beobachten Mio und Mia
die Menschenaffen im Freigehege.
Sie spielen und schaukeln.

Mio will noch die Löwen und
Tiger anschauen.
Mia besucht im Reptilienhaus
die Krokodile.

Nun ist die Zeit um.
Sie gehen nach Hause zurück.

60

61

30. Woche

Inhalte und Kompetenzen

- Starter: **Z z**
- Lautgebärde: **z**
- Druckschrift: **Z z**
- **S s** und **Z z** unterscheiden können

Wochenplan

Leitmaterialien	Montag	Dienstag	Mittwoch	Donnerstag	Freitag
Silbenfibel	S. 60/61 Bildbesprechung Lesetext	S. 60/61 Lesetext	S. 60/61 Lesetext		
Schreiblehrgang B	S. 32	S. 33		S. 34	
Arbeitsheft B		S. 40 *Folie 40*	S. 41 *Folie 40*	S. 42	S. 43
Arbeitsblätter zur Differenzierung	S. 170 – 178 (1403-77) S. 149 – 155 (1402-77)				
Vorlesen	*Lesezirkus* S. 26 – 29, Peter und der Wolf Geschichte zum Ankertier: Tiergeschichten mit Mia und Mio Zebra (z): Band 6				
Tägliche Übungen	**Flüssiges Lesen mit Akzent in Versen:** CD-ROM **Sprechrhythmisches Training der Kontrastpaare:** *Folie 55*				
Differenzierung	*Lesezirkus** S. 26 – 29, Peter und der Wolf, Aufgaben S. 71, Arbeitsblätter Lesezirkus KV 15 – 17 *Tiergeschichten* mit Mia und Mio, Band 6* *Silben-Sudoku* S. 52/53* *CD-ROM*				

Didaktisch-methodische Überlegungen

Z z ist ein Reibelaut. Im Gegensatz zum **S s** ist er immer stimmlos. Beim Sprechen werden **S s** und **Z z** oft schlecht unterschieden. Deshalb ist auf die genaue Artikulation zu achten.

Einstieg

Benötigt werden Spielzeug-Zootiere.

Die Kinder bringen Zootiere (Playmobil etc.) mit.
Die Lehrerin / der Lehrer baut zusammen mit den Kindern eine Zooanlage auf.
„Welche Tiere leben in Freigehegen, Käfigen, Häusern usw.?“
Die Lehrerin / der Lehrer legt die Wortkarten (Download-Angebot S. 6) aus.
Die Kinder ordnen die Kärtchen den Tieren zu.
Die Lehrerin / der Lehrer: „Wie ihr seht, benötigen wir für das Wort Zoo einen neuen Buchstaben.“
Die Lehrerin / der Lehrer schreibt **Zoo** an die Tafel.
Die Lehrerin / der Lehrer: „Welche Tiernamen beginnen ebenfalls mit diesem neuen Buchstaben?“
Die Kinder nennen Zebra und Ziege.
Die Lehrerin / der Lehrer schreibt die beiden Wörter unter Zoo an die Tafel.
Die Kinder lesen die Wörter chorisch.

Hinweise zu den Leitmaterialien

S. 60/61 — **Silbenfibel**

Die Kinder lesen den Silbenfibeltext abschnittsweise.

SL B S. 32 – 34 — **Schreiblehrgang**

S. 32: Einspurübung, Wörter mit Z z
S. 33: Nomen mit Z z
S. 34: Purzelsätze

Ankertiere — Das Ankertier von z (Zebra) wird gezeigt und aufgehängt. Das Ankertier wird deutlich artikuliert und in Silben geklatscht – einzeln und im Klassenverband.

Tiergeschichten — Die Geschichte zum Ankertier kann vorgelesen werden.
Zebra (z): Band 6

AH B S. 40 – 43 — **Arbeitsheft**

Folie 40 — S. 40: Gebärde, nach Gebärden schreiben, Nomen
Folie 40 — S. 41: Häuschenschreibung, Verben
S. 42: Lesefluss in Versen, Verben aus dem Vers
S. 43: zu den Bildern passende Sätze schreiben

AzD S. 170 – 178 **Arbeitsblätter zur Differenzierung**

S. 170 (149): Leseübung; Schreibübung; Reimwörter
S. 171 (150): Schreibübung; zu zum zur
S. 172 (151): Sätze schreiben
S. 173 (152): Leseverständnis
S. 174 (= 1402-79 KV 151): Schreibübung
S. 175 (= 1402-79 KV 152): Schreibübung
S. 176 (153): Leseverständnis
S. 177 (154): Leseverständnis; Sätze schreiben
S. 178 (155): Leseverständnis, Sätze schreiben*

Tägliche Übungen

Flüssiges Lesen mit Akzent in Versen

···› **CD-ROM**

Leseroutine (vgl. S. 112: Chorisches Lesen)

Sprechrhythmisches Training der Kontrastpaare

···› ***Folie 55***
···› ***Musik-CD***

Durchführung vgl. S. 115, CD Nr. 55, 57
Riese – Risse
Wiese – wissen
schiefe – Schiffe
wiegen – wickeln
Ziege – zicken

Differenzierung

···› ***Lesezirkus*** S. 26 – 29, Peter und der Wolf, Aufgaben S. 71/ Arbeitsblätter Lesezirkus KV 15 – 17

···› ***Tiergeschichten*** Tiergeschichten mit Mia und Mio, Band 6*

···› ***Silben-Sudoku*** Silben-Sudoku S. 52/53*

CD-ROM

Übungen zur Auswahl

- Fibeltext zum Mitlesen
- Gebärdenschule
- Wortautomat
- Wörter schreiben
- Simsalabim
- Häuschen schreiben
- Purzelsätze
- Lückentexte
- Der Rhythmus macht's!
- Dreier-Memo-Spiel
- Ankertiere

Seite 62/63

Max

Max und Moritz

ai tz

Max und Moritz sehen Maikäfer auf dem Baum.
Sie schütteln die Käfer herunter und sperren sie in eine Tüte.

Die Lausbuben schleichen heimlich ins Schlafzimmer.
Sie stecken die Krabbeltiere unter Onkel Fritzens Decke.

Spät geht er ins Bett und schläft gleich ein.
Da kommen die Käfer aus der Tüte und kitzeln Onkel Fritz an der Nase.
Er wacht auf und schreit: „Was ist da los?“

Er zündet seine Kerze an.
Überall kriechen und fliegen Käfer herum.

Onkel Fritz packt einen Pantoffel und haut und trampelt alles tot.

Nun kann er wieder ruhig schlafen.

nach Wilhelm Busch

62 63

31. Woche

Inhalte und Kompetenzen

- Buchstabenkombinationen **ai** und **tz** in verwendeten Wörtern erkennen
- **tz (alias zz)** steht nach ungespanntem (kurzem) Vokal in der betonten Silbe
- Druckschrift: **tz ai nk**

Wochenplan

Leitmaterialien	Montag	Dienstag	Mittwoch	Donnerstag	Freitag
Silbenfibel	S. 62/63 Bildbesprechung Lesetext	S. 62/63 Lesetext	S. 62/63 Lesetext		
Schreiblehrgang B	S. 35	S. 36		S. 37	
Arbeitsheft B		S. 44	S. 45	S. 46	S. 47
Arbeitsblätter zur Differenzierung	S. 179 – 184 (1403-77) S. 157 – 159 (1402-77)				
Vorlesen	*Lesezirkus* S. 34 – 39, Max und Moritz, Schneider Böck				
Tägliche Übungen	**Flüssiges Lesen mit Akzent in Versen:** CD-ROM **Sprechrhythmisches Training der Kontrastpaare:** *Folie 56*				
Differenzierung	*Lesezirkus** S. 34 – 39, Max und Moritz, Schneider Böck*, Aufgaben S. 73, Arbeitsblätter Lesezirkus KV 19 – 21 *Silben-Sudoku* S. 54/55* *CD-ROM*				

Didaktisch-methodische Überlegungen

Der Laut **ai** ist in anderer Schreibweise bekannt (Ei ei). Die Buchstabenkombination ai kommt nur in wenigen Wörtern vor. In dieser Einheit steht das Wort Mai (Maikäfer) im Mittelpunkt. Die tz-Wörter werden durch Reimwörter (Katze – Tatze) und Kontrastpaare (Käuze – Katze) geübt.
Das unproblematische nk wird als Vorbereitung von ng in der nächsten Woche eingeführt.
Kinder spielen gerne Streiche. Die Bildergeschichten von Wilhelm Busch erreichen mit kurzen Versen und Illustrationen größte Wirkung. Für ein Schul- oder Klassenfest können die Streiche von Max und Moritz in Szene gesetzt werden. Zur Anpassung an den systematischen Aufbau des Leselehrganges wird der Text von W. Busch nacherzählt. Wenn der Entwicklungsstand der Klasse es zulässt, können einzelne Streiche im Original gelesen werden.
Das Katzengedicht (S. 253) bietet sich als Text zum Auswendiglernen an.

Einstieg

Zum Einstieg kann das Bild gezeigt werden:

Die Lehrerin / der Lehrer zeigt das Bild als Impuls mit dem Tageslichtprojektor: „Kennt ihr diese Geschichte?“ (Download-Angebot S. 7)
Die Kinder benennen die Figuren Max und Moritz und erzählen zum Bild.
Die Lehrerin / der Lehrer: „Wie die Geschichte weitergeht, erfahren wir im Text auf Silbenfibelseite 62.“

Hinweise zu den Leitmaterialien

S. 62/63 — **Silbenfibel**

Die Kinder lesen den Silbenfibeltext und vergleichen mit den Bildern.

SL B S. 35 – 37 — **Schreiblehrgang**

S. 35: Einspurübung, Wörter mit tz
S. 36: Einspurübung, Wörter mit ai
S. 37: Einspurübung, Wörter mit nk

AH B S. 44 – 47 — **Arbeitsheft**

S. 44: Reim mit tz-Wörter, Wörter verändern
S. 45: zusammengesetzte Wörter, Kreuzwort
S. 46: Lesefluss in Versen, Reimwörter
S. 47: Lückentext

AzD S. 179 – 184 **Arbeitsblätter zur Differenzierung**

S. 179 (157): Leseübung; Leseverständnis
S. 180 (158): Reimwörter mit tz; Nachspurübung
S. 181 (= 1402-79 KV 157): Lückentext
S. 182 (= 1402-79 KV 156): Leseverständnis
S. 183 (Download-Angebot S. 6 unter Kapitel I, S. 87): Schreibübung
S. 184 (159): Leseverständnis

Tägliche Übungen

Flüssiges Lesen mit Akzent in Versen

CD-ROM

Leseroutine (vgl. S. 112: Chorisches Lesen)

Sprechrhythmisches Training der Kontrastpaare

Folie 56
Musik-CD

Durchführung vgl. S. 115, CD Nr. 56, 57
Käuze – Katze
Schnauze – schnitzen
Weizen – Witze
reizen – ritzen
Heizung – Hitze

Differenzierung

Lesezirkus S. 34 – 39, Max und Moritz, Schneider Böck, Aufgaben S. 73/ Arbeitsblätter Lesezirkus KV 19 – 21

Silben-Sudoku Silben-Sudoku S. 54/55*

…➔ CD-ROM

Übungen zur Auswahl

- Fibeltext zum Mitlesen
- Wortautomat
- Wörter schreiben
- Simsalabim
- Häuschen schreiben
- Purzelsätze
- Lückentexte
- Der Rhythmus macht's!
- Dreier-Memo-Spiel
- Ankertiere

Katzengedicht

Eine schwarze Miezekatze
kratzte mit der Miezetatze

an dem Haus – von der Maus.
Maus schaut raus – Katz bleibt drauß.

Bitte treten Sie doch ein,
piept Frau Maus – spitz und fein.

Katze steckt den Kopf ins Loch,
bleibt drin stecken, wusst ich's doch!

Seite 64/65

Der letzte Streich

ng

Der Bauer Mecke füllt
eine Menge Getreide in Säcke.
Max und Moritz schauen heimlich
durch die Tür.
Später schneiden die Lausebengel
Löcher in die Säcke.

Der Bauer kommt zurück
und will das Korn
in die Mühle bringen.
Aber was ist das?
Der Sack auf seinem Rücken
wird leichter.

Bauer Mecke findet
die Schlingel im Getreide.

Er schaufelt
die Lausebengel
in einen großen Sack und
bringt sie zur Mühle.

Die Buben brüllen laut.
Der Müller schüttet
die Bösewichter
in den engen Trichter.

Rickeracke – rickeracke
geht die Mühle mit Geknacke.
Hier kann man sie noch erblicken,
fein geschrotet und in Stücken.

nach Wilhelm Busch

64 65

32. Woche

Inhalte und Kompetenzen

- **ng**
- Lautgebärde: **ng**
- Druckschrift: **ng Ü ü**
- **ng** von **nk** unterscheiden
- Umlaute wiederholen

Wochenplan

Leitmaterialien	Montag	Dienstag	Mittwoch	Donnerstag	Freitag
Silbenfibel	S. 64/65 Bildbesprechung Lesetext	S. 64/65 Lesetext	S. 64/65 Lesetext		
Schreiblehrgang B	S. 38	S. 39		S. 40	
Arbeitsheft B		S. 48 *Folie 41*	S. 49 *Folie 41*		
Arbeitsblätter zur Differenzierung	S. 185 – 190 (1403-77) S. 161 – 163 (1402-77)				
Vorlesen	*Lesezirkus* S. 34 – 39, Max und Moritz, Schneider Böck Geschichte zum Ankertier: Tiergeschichten mit Mia und Mio Schlange (ng): Band 7, Kühe (ü): Band 4				
Tägliche Übungen	**Flüssiges Lesen mit Akzent in Versen:** CD-ROM **Sprechrhythmisches Training der Kontrastpaare:** *Folie 56*				
Differenzierung	*Lesezirkus** S. 34 – 39, Max und Moritz, Schneider Böck, Aufgaben S. 73, Arbeitsblätter Lesezirkus KV 19 – 21 *Tiergeschichten* mit Mia und Mio, Band 7* *Silben-Sudoku* S. 56/57* *CD-ROM*				

Didaktisch-methodische Überlegungen

Die Kinder sollen erkennen, dass die Buchstabenkombination ng nasal gesprochen wird. Beim Silbenlesen von „singen“ wird der nasale Laut zweimal gesprochen. Bei dem Wort „sinken“ wird die erste Silbe mit dem nasalen Laut beendet und die zweite Silbe mit dem Explosivlaut **k** gestartet. Die Artikulation muss geübt werden, bis sie klar und deutlich ist.
Der letzte Streich wird als Fortsetzung und Abschluss der Streiche behandelt. Kinder mit den heutigen Sehgewohnheiten verstehen den fiktiven „Comicstil“. Ähnlich wie im Märchen ereilt die Bösewichter zum Schluss ihre gerechte Strafe. Es ist daher nicht notwendig, die Geschichten moralisierend zu betrachten.

Einstieg

Als Fortführung der letzten Woche kann die Geschichte von S. 62/63 noch einmal gelesen werden.

Hinweise zu den Leitmaterialien

S. 64/65 – **Silbenfibel**

Die Kinder lesen den Silbenfibeltext und vergleichen mit den Bildern.

SL B S. 38 – 40 – **Schreiblehrgang**

S. 38: Einspurübung, Wörter mit ng
S. 39: Einspurübung, Wörter mit ü
S. 40: Verkleinerungsformen mit ü, Pluralbildung mit ü

→ ***Ankertiere***
Die Ankertiere von ng und ü (Schlange, Kühe) werden gezeigt und aufgehängt. Die Ankertiere werden deutlich artikuliert und in Silben geklatscht – einzeln und im Klassenverband.

→ ***Tiergeschichten***
Die Geschichte zum Ankertier kann vorgelesen werden.
Schlange (ng): Band 7, Kühe (ü): Band 4

AH B S. 48 – 49 – **Arbeitsheft**

→ ***Folie 41*** S. 48: Gebärde, nach Gebärden schreiben, Nomen
→ ***Folie 41*** S. 49: Reimwörter ng – nk

AzD S. 185 – 190 – **Arbeitsblätter zur Differenzierung**

S. 185 (= 1402-79 KV 162): Verkleinerungsform; Mehrzahl
S. 186 (= 1402-79 KV 163): Leseverständnis
S. 187 (= 1402-79 KV 164): Leseverständnis; Schreibübung
S. 188 (161): Leseverständnis
S. 189 (162): Nachspurübung; Sätze schreiben
S. 190 (163): Leseverständnis

Tägliche Übungen

Flüssiges Lesen mit Akzent in Versen

···> CD-ROM

Leseroutine (vgl. S. 112: Chorisches Lesen)

Sprechrhythmisches Training der Kontrastpaare

···> Folie 56
···> Musik-CD

Durchführung vgl. S. 115, CD Nr. 56, 57
Käuze – Katze
Schnauze – schnitzen
Weizen – Witze
reizen – ritzen
Heizung – Hitze

Differenzierung

···> Lesezirkus

S. 34 – 39, Max und Moritz, Schneider Böck, Aufgaben S. 73 / Arbeitsblätter Lesezirkus KV 19 – 21

···> Tiergeschichten

Tiergeschichten mit Mia und Mio, Band 7*

···> Silben-Sudoku

Silben-Sudoku S. 56 / 57*

···> CD-ROM

Übungen zur Auswahl

- Fibeltext zum Mitlesen
- Gebärdenschule
- Wortautomat
- Wörter schreiben
- Simsalabim
- Häuschen schreiben
- Purzelsätze
- Lückentexte
- Der Rhythmus macht's!
- Dreier-Memo-Spiel
- Ankertiere

Seite 66/67

Die Geschichte vom Raben Jakob

Eines Tages wollte der Jäger Jürgen auf die Jagd gehen.
Also zog er seine grüne Jägerjacke an, setzte seinen Jägerhut auf und hängte sich sein Jagdgewehr über die Schulter.
Der Jagdhund Jockel sprang aufgeregt um ihn herum.

Der Rabe Jakob, der im Garten beim Försterhaus wohnte und sogar sprechen konnte, wäre auch gerne mitgekommen.
Er krächzte immer: „Jakob, Jakob."
Aber er musste zu Hause bleiben, weil er schon oft die Hasen gewarnt hatte.

Jakob aber breitete seine Flügel aus und der Wind trug ihn fort.
Er war schneller im Wald, als der Jäger und der Hund laufen konnten.
Allen Hasen, die er unterwegs sah, rief er zu: „Lauft schnell weg!"
Alle Hasen rannten schnell weg.

Der Jäger und der Hund suchten im ganzen Wald und fanden keinen Hasen. Der Rabe Jakob aber saß hoch oben in einem Baum und krächzte laut: „Jakob, Jakob, Jakob!"

33. Woche

Inhalte und Kompetenzen

- Starter: **J j**
- Lautgebärde: **j**
- Schnellsprechvers auswendig und im Takt sprechen können
- Druckschrift: **J j**

Lernstandserhebung 8

Als Hausaufgabe wird das Silbenbüchlein 8 ausgeteilt (Kapitel V.).
Am Ende der Woche wird die Lernstandserhebung 8 geschrieben (Kapitel VI.).

Wochenplan

Leitmaterialien	Montag	Dienstag	Mittwoch	Donnerstag	Freitag
Silbenfibel	S. 66/67 Besprechung Lesetext	S. 66/67 Lesetext	S. 66/67 Lesetext		
Schreiblehrgang B	S. 41	S. 42		S. 43	
Arbeitsheft B		S. 50 *Folie 42*	S. 51	S. 52	S. 53
Arbeitsblätter zur Differenzierung	S. 191 – 198 (1403-77) S. 165 – 170 (1402-77)				Lernstandserhebung 8
Vorlesen	*Lesezirkus* S. 40 – 47, Schneeweißchen und Rosenrot Geschichte zum Ankertier: Tiergeschichten mit Mia und Mio Jaguar (j): Band 8				
Tägliche Übungen	**Flüssiges Lesen mit Akzent in Versen:** CD-ROM **Sprechrhythmisches Training der Kontrastpaare:** *Folie 52* **Lied***:* „Der Jaguar", CD Nr. 41, 42				
Differenzierung	*Lesezirkus** S. 40 – 47, Schneeweißchen und Rosenrot, Aufgabe S. 74, Arbeitsblätter Lesezirkus KV 22, 23 *Silben-Sudoku* S. 58/59* *CD-ROM*				

Didaktisch-methodische Überlegungen

Der Buchstabe **J j** steht zwischen Vokal und Konsonant. Er wird mit stark gehobener Zunge gebildet, sodass ein Reibelaut entsteht. Er wird am Wort Jaguar eingeführt. Ein Schnellsprechvers wird auswendig gelernt.

Einstieg

Die Einheit beginnt mit dem Schnellsprechvers „Der Jaguar“ (siehe KV 93, S. 382)
Die Lehrerin / der Lehrer spricht den Vers zeilenweise im Takt vor.
Die Kinder sprechen nach und wiederholen, falls nötig, bis Artikulation und Rhythmus stimmen.
Die Lehrerin / der Lehrer schreibt unter das Ankerbild das Wort Jaguar.
Die Kinder nennen Namen und andere Wörter, die wie Jaguar beginnen, z.B.: Jonas, Johanna, Jacke, Jäger ...
Die Lehrerin / der Lehrer schreibt die Wörter an die Tafel.
Die Kinder lesen die Wörter chorisch.
Die Lehrerin / der Lehrer: „Die Geschichte eines Jägers steht in unserer Silbenfibel.“

Hinweise zu den Leitmaterialien

S. 66/67 — **Silbenfibel**

Die Kinder lesen den Silbenfibeltext abschnittweise.

SL B S. 41 – 43 — **Schreiblehrgang**

S. 41: Einspurübung, Wörter mit J j
S. 42: zusammengesetzte Wörter, Verben mit j
S. 43: Purzelsätze zu den Bildern

Ankertier — Das Ankertier von j (Jaguar) wird gezeigt und aufgehängt. Das Ankertier wird deutlich artikuliert und in Silben geklatscht – einzeln und im Klassenverband.

Tiergeschichten — Die Geschichte zum Ankertier kann vorgelesen werden.
Jaguar (j): Band 8

AH B S. 50 – 53 — **Arbeitsheft**

Folie 42

S. 50: Gebärde, nach Gebärden schreiben, Nomen
S. 51: Auswahlsätze verbinden und schreiben
S. 52: Lesefluss in Versen, Lückentext
S. 53: Nomen zum Bild, Leseverständnis

AzD S. 191 – 198 — **Arbeitsblätter zur Differenzierung**

S. 191 (165): Lese- und Schreibübung
S. 192 (166): Leseverständnis
S. 193 (= 1402-79 KV 167): Leseverständnis
S. 194 (= 1402-79 KV 168):Leseverständnis
S. 195 (167): Schreibübung; Reimwörter; Sätze schreiben
S. 196 (168):Leseverständnis
S. 197 (169): Leseverständnis; Sätze schreiben
S. 198 (170): Leseverständnis; Sätze schreiben*

Tägliche Übungen

Flüssiges Lesen mit Akzent in Versen

CD-ROM

Leseroutine (vgl. S. 112: Chorisches Lesen)

Sprechrhythmisches Training der Kontrastpaare

Folie 52
Musik-CD

Durchführung vgl. S. 115, CD Nr. 52, 57
Käfer – Koffer
Jäger – Jacke
Züge – Zucker
böse – Busse
beten – Betten

Musik-CD

Schnellsprechvers – CD Nr. 41, 42 – KV 93, S. 382
„Der Jaguar“: Der Sprechvers wird auswendig gelernt.

Differenzierung

Lesezirkus

S. 40 – 47, Schneeweißchen und Rosenrot*, Aufgabe S. 74/
Arbeitsblätter Lesezirkus KV 22, 23

Silben-Sudoku

Silben-Sudoku S. 58/59*

CD-ROM

Übungen zur Auswahl
- Fibeltext zum Mitlesen
- Gebärdenschule
- Wortautomat
- Wörter schreiben
- Simsalabim
- Häuschen schreiben
- Purzelsätze
- Lückentexte
- Der Rhythmus macht's!
- Dreier-Memo-Spiel
- Ankertiere

Seite 68/69

Eulen jagen in der Nacht

Neun Pfadfinder machen mit
Sebastian einen Ausflug in den Wald.
Sie wollen Tiere beobachten.
Hinter einer alten Scheune ruft Eugen:
„Da liegen komische Bällchen."
Sebastian, der Gruppenleiter,
eilt herbei und sagt:
„Ich werde euch etwas zeigen!"

Er breitet sein neues Taschentuch auf dem Boden aus.
Mit zwei Ästchen zupft er das Gewölle auseinander.
Eugen staunt: „Das sind ja kleine Knochen!"
Sebastian erklärt:
„Eulen jagen in der Nacht.
Sie überraschen die Beute
und töten sie mit
ihren spitzen Krallen."

Eu eu

Kleine Tiere schlingen sie ganz hinunter.
Fell und Knochen werden im Magen
zu einem Kloß zusammengebacken
und wieder ausgespuckt.
Einen solchen Kloß nennt man Gewölle.
Eugen fragt: „Wo ist die Eule jetzt?"
Sebastian sagt: „Sie sitzt sicher auf dem Heuboden
der alten Scheune und ruht sich aus.
Eulen sind sehr scheue Tiere!"

Beutetiere:

68 69

34. Woche

Inhalte und Kompetenzen

- **Eu eu** als Laut und Buchstabenkombination erfassen
- Lautgebärde: **eu**
- Druckschrift: **Eu**

Wochenplan

Leitmaterialien	Montag	Dienstag	Mittwoch	Donnerstag	Freitag
Silbenfibel	S. 68/69 Bildbesprechung Lesetext	S. 68/69 Lesetext	S. 68/69 Lesetext		
Schreiblehrgang B	S. 44	S. 45		S. 46	
Arbeitsheft B		S. 54 *Folie 42*	S. 55 *Folie 42*	S. 56	S. 57
Arbeitsblätter zur Differenzierung	S. 199 – 208 (1403-77) S. 171 – 178 (1402-77)				
Vorlesen	Geschichte zum Ankertier: Tiergeschichten mit Mia und Mio Eule (eu): Band 8				
Tägliche Übungen	**Flüssiges Lesen mit Akzent in Versen:** CD-ROM **Sprechrhythmisches Training der Kontrastpaare:** *Folie 56*				
Differenzierung	*Tiergeschichten* mit Mia und Mio, Band 8* *Silben-Sudoku* S. 60/61* *CD-ROM*				

Didaktisch-methodische Überlegungen

Mit **Eu eu** lernen die Kinder wieder einen Laut kennen, der durch zwei Zeichen (wie ei und au) repräsentiert wird. Die Verankerung erfolgt durch das Wort Eule. Die Gebärde lehnt sich an das Ankertier an.

Einstieg

Alle Kinder basteln eine Eule nach einer Vorlage. Die Lehrerin / der Lehrer stellt eine Schablone her, die von den Kindern auf Pappe übertragen und ausgeschnitten wird (siehe Bastelanleitung, KV 26, S. 313). Nase, Stirn und die Silben Eu und le können auf den Karton gemalt werden oder die Papiervorlage wird auf den Karton geklebt.

Die Lehrerin / der Lehrer hat eine große Eule vorbereitet. Auf den Flügeln erscheint beim Ziehen an der Schnur das Wort Eule.
Die Kinder sollen das „Flügelwort" nach kurzem Ziehen an der Schnur auf ein Blatt schreiben. Die Kinder stellen fest: So schreibt man Eule.
Die Lehrerin / der Lehrer schreibt Eule an die Tafel. Die große Eule hängt weiterhin im Zimmer und „flattert" bei jedem neuen Eu-eu-Wort.

Hinweise zu den Leitmaterialien

S. 68/69 **Silbenfibel**

Die Kinder lesen den Silbenfibeltext abschnittweise. Die Lehrerin / der Lehrer gibt weitere Erklärungen zum Text (siehe S. 263).

SL B 44 – 46 **Schreiblehrgang**

S. 44: Einspurübung, Wörter mit Eu eu
S. 45: zusammengesetzte Wörter
S. 46: Auswahlsätze verbinden und schreiben

Ankertier Das Ankertier von eu (Eule) wird gezeigt und aufgehängt. Das Ankertier wird deutlich artikuliert und in Silben geklatscht – einzeln und im Klassenverband.

Tiergeschichten Die Geschichte zum Ankertier kann vorgelesen werden.
Eule (eu): Band 8

Eulen jagen in der Nacht — 34. Woche

AH B S. 54 – 57 **Arbeitsheft**

…› Folie 42 S. 54: Gebärde, nach Gebärden schreiben, Wörter mit Eu eu
…› Folie 42 S. 55: Häuschenschreibung, Verben
S. 56: Lesefluss in Versen, Zauberwörter ei – eu
S. 57: Leseverständnis im Lückentext

AzD S. 199 – 208 **Arbeitsblätter zur Differenzierung**

S. 199 (178): eu-Wörter
S. 200 (171): Leseübung; Schreibübung
S. 201 (172): Zusammengesetzte Nomen
S. 202 (= 1402-79 KV 171): Schreibübung
S. 203 (= 1402-79 KV 172): Leseverständnis
S. 204 (173): Reimwörter; Schreibübung
S. 205 (174): Schreibübung
S. 206 (175): Leseübung; Schreibübung
S. 207 (176): Leseverständnis; Sätze schreiben
S. 208 (177): Leseverständnis; Sätze schreiben*

Tägliche Übungen

Flüssiges Lesen mit Akzent in Versen

…› CD-ROM

Leseroutine (vgl. S. 112: Chorisches Lesen)

Sprechrhythmisches Training der Kontrastpaare

…› Folie 56 Durchführung vgl. S. 115, CD Nr. 56, 57
…› Musik-CD Käuze – Katze
Schnauze – schnitzen
Weizen – Witze
reizen – ritzen
Heizung – Hitze

Differenzierung

Bingo

Bingo mit neun Eu-eu-Wörtern:
Die Lehrerin / der Lehrer schreibt Eu-eu-Wörter an die Tafel. Die Kinder zeichnen ein Bingo-Feld in ihr Heft. Die Kinder schreiben die Wörter auf das Feld ihrer Wahl. Danach gibt die Lehrerin / der Lehrer 3 Wörter seiner Wahl bekannt. Die Kinder decken die genannten Wörter mit weißen Kärtchen zu und rufen „Bingo!“, wenn sie die drei Wörter waagerecht, senkrecht oder diagonal platziert haben.

neun	Heu	Scheune
Eule	Beule	Beute
Leute	Freunde	Feuer

Tiergeschichten

Tiergeschichten mit Mia und Mio, Band 8*

Silben-Sudoku

Silben-Sudoku S. 60 / 61*

CD-ROM

Übungen zur Auswahl

- Fibeltext zum Mitlesen
- Gebärdenschule
- Wortautomat
- Wörter schreiben
- Simsalabim
- Häuschen schreiben
- Purzelsätze
- Lückentexte
- Der Rhythmus macht’s!
- Dreier-Memo-Spiel
- Ankertiere

Information zu Eulen

Eulen verschlingen ihre Beute, überwiegend Nagetiere und Insektenfresser, unzerkleinert. Das Verdauliche wird an den Dünndarm weitergegeben, während Unverdauliches wie Haare, Federn und Knochen als Gewölle wieder ausgewürgt wird. Durch die Bestimmung der Skelettteile kann man herausfinden, welche Beutetiere Eulen fressen.

- Sammelt Eulengewölle
- Hinweise zu Fundorten können Förster und Landwirte geben.

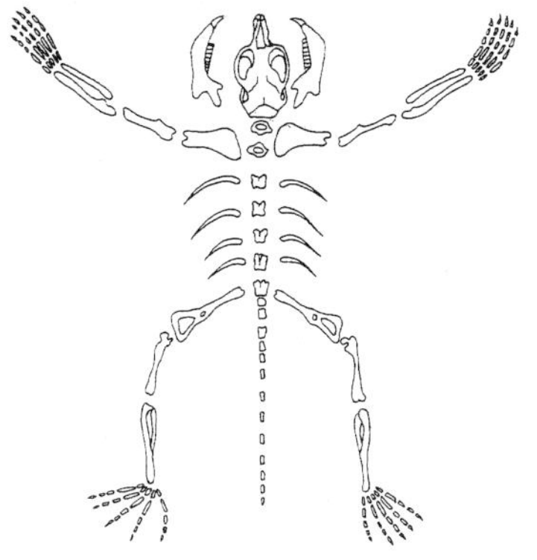

Seite 70/71

Vogelnest im Garten

Eva und Vater sitzen auf dem Balkon.
Sie verhalten sich ganz still.
Unten im Busch haben sie ein Vogelnest entdeckt.
Der schwarze Amselvater füttert gerade
vier junge Vogelkinder.
Sie sind noch nackt und blind.
Weit sperren die Jungen ihre gelben Schnäbelchen auf.

V v

Die Vogeleltern bringen
viele Raupen, Würmer und Käfer.
Jeden Tag werden die kleinen
Vögel größer und größer.
Eine Woche später öffnen sich
ihre Augen.
Nach und nach bekommen sie
Federn.

Eines Tages ist es so weit.
Sie verlassen das Nest.
Vater sagt zu Eva:
„Kater Mikesch muss
im Haus bleiben!"

70 71

35. Woche

Inhalte und Kompetenzen

- Starter: **V v**
- Lautgebärde: **v**
- **V v** ist ein weiteres Zeichen für den bekannten Laut f.
- **V v** in einigen Wörtern in abweichender Sprechweise kennen lernen
- ver und vor als Vorsilbe
- Druckschrift: **V v**

Wochenplan

Leitmaterialien	Montag	Dienstag	Mittwoch	Donnerstag	Freitag
Silbenfibel	S. 70/71 Bildbesprechung Lesetext	S. 70/71 Lesetext	S. 70/71 Lesetext		
Schreiblehrgang B	S. 47	S. 48		S. 49	
Arbeitsheft B		S. 58 *Folie 43*	S. 59 *Folie 43*	S. 60	S. 61
Arbeitsblätter zur Differenzierung	S. 209 – 217 (1403-77) S. 179 – 185 (1402-77)				
Vorlesen	Geschichte zum Ankertier: Tiergeschichten mit Mia und Mio Vogel (v): Band 9				
Tägliche Übungen	**Flüssiges Lesen mit Akzent in Versen:** CD-ROM **Sprechrhythmisches Training der Kontrastpaare:** *Folie 53*				
Differenzierung	*Silben-Sudoku* S. 62/63* *CD-ROM*				

Didaktisch-methodische Überlegungen

Der Buchstabe **V v** entspricht dem stimmlosen Laut **f** (Vogel) und dem stimmhaften Laut **w** (Vase).
Um Übergeneralisierungen zu vermeiden, werden die wenigen V-v-Wörter als Merkwörter gespeichert und auf einer Merkwortliste im Klassenzimmer aufgehängt.

Einstieg

Benötigt werden Vogelstimmen zum Vorspielen z.B. auf CD.
Die Lehrerin / der Lehrer weist die Kinder an, die Augen zu schließen und ganz ruhig zu lauschen.
Die Lehrerin / der Lehrer spielt Vogelstimmen von einem Tonträger ab (z.B.: Amsel, Drossel, Fink und Star). Die Kinder äußern sich spontan.
Die Lehrerin / der Lehrer spielt die gleichen Vogelstimmen noch einmal ab.
Höraufgabe: Wie viele verschiedene Vögel sind zu hören?
Die Kinder geben ihre Lösung bekannt.
Die Lehrerin / der Lehrer schreibt „vier Vögel" an die Tafel.
Die Kinder entdecken den neuen Buchstaben.
Die Lehrerin / der Lehrer erklärt: „Der neue Buchstabe wird wie **f** gesprochen."

Hinweise zu den Leitmaterialien

S. 70/71 **Silbenfibel**

Die Kinder lesen den Silbenfibeltext abschnittweise.

SL B S. 47 – 49 **Schreiblehrgang**

S. 47: Einspurübung, Wörter mit V v
S. 48: Vorsilben ver- und vor- , viele oder vier
S. 49: zusammengesetzte Wörter schreiben und dem Bild zuordnen

Ankertier Das Ankertier von v (Vogel) wird gezeigt und aufgehängt. Das Ankertier wird deutlich artikuliert und in Silben geklatscht – einzeln und im Klassenverband.

Tiergeschichten Die Geschichte zum Ankertier kann vorgelesen werden.
Vogel (v): Band 9

AH B S. 58 – 61 **Arbeitsheft**

Folie 43 S. 58: Gebärde, nach Gebärden schreiben, Nomen mit V v
Folie 43 S. 59: Häuschenschreibung, V stimmlos – stimmhaft
S. 60: Lesefluss in Versen, Leseverständnis
S. 61: Zu den Bildern Sätze ergänzen

AzD S. 209 – 217 **Arbeitsblätter zur Differenzierung**

S. 209 (179): Zusammengesetzte Wörter
S. 210 (180): Vorsilben ver- und vor-
S. 211 (181): V = F; V = W; Nachspurübung

S. 212 (182): Schreibübung
S. 213 (= 1402-79 KV 175): Schreibübung
S. 214 (= 1402-79 KV 176): V-Wörter
S. 215 (183): Leseverständnis, Schreibübung
S. 216 (184): Leseverständnis; Sätze schreiben
S. 217 (185): Leseverständnis; Sätze schreiben*

Tägliche Übungen

Flüssiges Lesen mit Akzent in Versen

CD-ROM

Leseroutine (vgl. S. 112: Chorisches Lesen)

Sprechrhythmisches Training der Kontrastpaare

Folie 53
Musik-CD

Durchführung vgl. S. 115, CD Nr. 53, 57
Rabe – Rappe
Rose – Rosse
Vase – Wasser
Schafe – Schiffe
Käse – Kasse

Differenzierung

Silben-Sudoku

Silben-Sudoku S. 62/63*

CD-ROM

Übungen zur Auswahl
- Fibeltext zum Mitlesen
- Gebärdenschule
- Wortautomat
- Wörter schreiben
- Simsalabim
- Häuschen schreiben
- Purzelsätze
- Lückentexte
- Der Rhythmus macht's!
- Dreier-Memo-Spiel
- Ankertiere

Seite 72/73

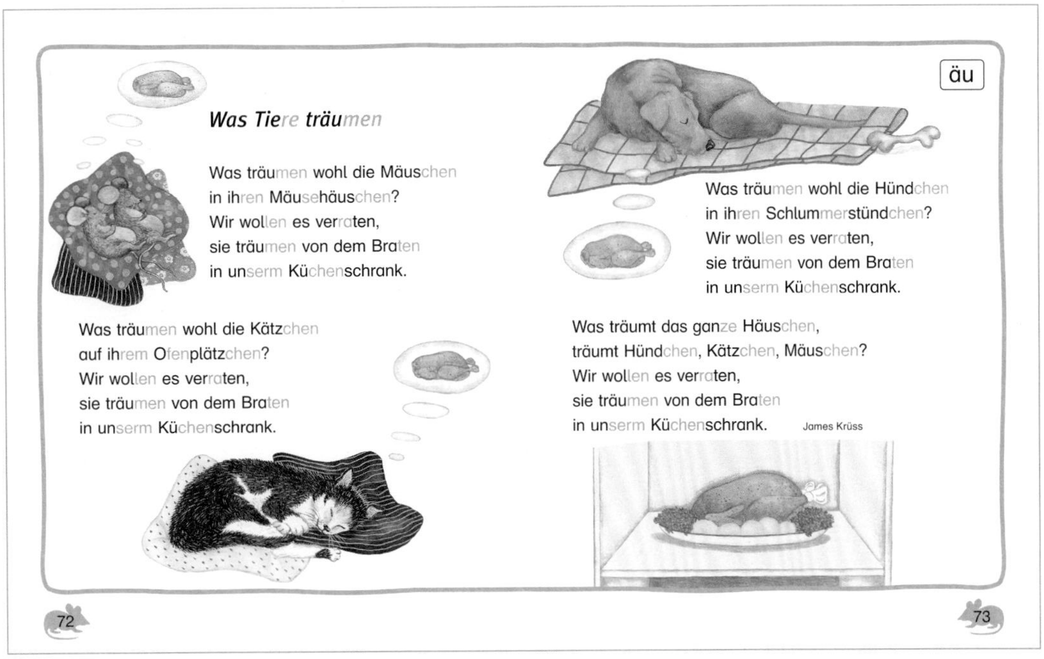

äu

Was Tiere träumen

Was träumen wohl die Mäuschen
in ihren Mäusehäuschen?
Wir wollen es verraten,
sie träumen von dem Braten
in unserm Küchenschrank.

Was träumen wohl die Kätzchen
auf ihrem Ofenplätzchen?
Wir wollen es verraten,
sie träumen von dem Braten
in unserm Küchenschrank.

Was träumen wohl die Hündchen
in ihren Schlummerstündchen?
Wir wollen es verraten,
sie träumen von dem Braten
in unserm Küchenschrank.

Was träumt das ganze Häuschen,
träumt Hündchen, Kätzchen, Mäuschen?
Wir wollen es verraten,
sie träumen von dem Braten
in unserm Küchenschrank.

James Krüss

72 73

36. Woche

Inhalte und Kompetenzen

- Aus **Au au** wird bei der Mehrzahlbildung und in der Verkleinerungsform **Äu äu**.
- Druckschrift: **Äu äu**

Wochenplan

Leitmaterialien	Montag	Dienstag	Mittwoch	Donnerstag	Freitag
Silbenfibel	S. 72/73 Bildbespre-chung Lesetext	S. 72/73 Lesetext	S. 72/73 Lesetext		
Schreiblehrgang B	S. 50	S. 51		S. 52	
Arbeitsheft B		S. 62 *Folie 44*	S. 63 *Folie 44*	S. 64	S. 65
Arbeitsblätter zur Differenzierung	S. 218 – 221 (1403-77) S. 187 – 189 (1402-77)				
Vorlesen	Geschichte zum Ankertier: Tiergeschichten mit Mia und Mio Auerhahn (au): Band 4				
Tägliche Übungen	**Flüssiges Lesen mit Akzent in Versen:** CD-ROM **Sprechrhythmisches Training der Kontrastpaare:** *Folie 56* **Lied:** „Was träumen wohl die Mäuschen", CD Nr. 43, 44				
Differenzierung	*Silben-Sudoku* S. 64/65* *CD-ROM*				

Didaktisch-methodische Überlegungen

Die Kinder kennen bereits die Buchstabenkombination ‹Eu› ‹eu› für den Laut [oi]. Während **Eu eu** sowohl in der Einzahl als auch in der Mehrzahl vorkommt, kann jedes Wort mit **Äu äu** auf ein Wort mit **Au au** zurückgeführt werden. Die Kinder können dabei auf die bereits erworbene Arbeitstechnik **a → ä, o → ö, u → ü** zurückgreifen.

Einstieg

→ Musik-CD

Das Gedicht „Was Tiere träumen" motiviert aus sich heraus zum Lesen.
Die Kinder haben Vorerfahrungen mit der Umlautbildung. Sie sind auf diesem Stand der Leseentwicklung in der Lage, selbstständig den Text zu erlesen. Die Wiederholung in den Strophen erleichtert das Lesen dieses Gedichtes zusätzlich. Mit der Vertonung als Lied gelingt auch das Auswendiglernen sehr schnell. Wenn die Träume der Tiere besprochen sind, sprechen die Kinder über ihre Träume.

Hinweise zu den Leitmaterialien

S. 72/73 — **Silbenfibel**

Einzelne Kinder lesen das Gedicht strophenweise.
Alternative: Einzelne Kinder lesen jeweils die ersten zwei Zeilen. Alle Kinder lesen die Zeilen 3 bis 5 chorisch.

SL B S. 50 – 52 — **Schreiblehrgang**

S. 50: Einspurübung, aus au wird äu
S. 51: Verkleinerungsformen mit äu, ableiten: aus au wird äu
S. 52: Auswahlsätze verbinden und schreiben

AH B S. 62 – 65 — **Arbeitsheft**

S. 62: Pluralbildung mit äu (*→ Folie 44*)
S. 63: Häuschenschreibung, Verkleinerungsformen mit äu (*→ Folie 44*)
S. 64: Ableitung aus au wird äu: zuordnen und schreiben
S. 65: Leseverständnis: Lückentext

AzD S. 218 – 221 — **Arbeitsblätter zur Differenzierung**

S. 218 (187): au wird zu äu
S. 219 (= 1402-79 KV 179): Verkleinerung; Mehrzahl
S. 220 (189): au wird zu äu; Sätze schreiben
S. 221 (= 1402-79 KV 180): Lückentext

Tägliche Übungen

Flüssiges Lesen mit Akzent in Versen

···› CD-ROM

Leseroutine (vgl. S. 112: Chorisches Lesen)

Sprechrhythmisches Training der Kontrastpaare

···› Folie 56
···› Musik-CD

Durchführung vgl. S. 115, CD Nr. 56, 57
Käuze – Katze
Schnauze – schnitzen
Weizen – Witze
reizen – ritzen
Heizung – Hitze

···› Musik-CD

Lied – CD Nr. 43, 44 – KV 94, S. 383
„Was träumen wohl die Mäuschen“: Das Lied kann als Einstieg und als Abschluss der Einheit verwendet werden.

Differenzierung

···› Silben-Sudoku

Silben-Sudoku S. 64/65*

···› CD-ROM

Übungen zur Auswahl
- Fibeltext zum Mitlesen
- Wortautomat
- Wörter schreiben
- Simsalabim
- Häuschen schreiben
- Purzelsätze
- Lückentexte
- Der Rhythmus macht's!
- Dreier-Memo-Spiel
- Ankertiere

Seite 74/75

37. Woche

Inhalte und Kompetenzen

- **Qu qu**
- Lautgebärde: **qu**
- Druckschrift: **Qu qu**

Lernstandserhebung 9

Als Hausaufgabe wird das Silbenbüchlein 9 ausgeteilt (Kapitel V.).
Am Ende der Woche wird die Lernstandserhebung 9 geschrieben (Kapitel VI).

Wochenplan

Leitmaterialien	Montag	Dienstag	Mittwoch	Donnerstag	Freitag
Silbenfibel	S. 74/75 Bildbesprechung Lesetext	S. 74/75 Lesetext	S. 74/75 Lesetext		
Schreiblehrgang B	S. 53	S. 54		S. 55	
Arbeitsheft B		S. 66 *Folie 45*	S. 67	S. 68	S. 69
Arbeitsblätter zur Differenzierung	S. 222 – 229 (1403-77) S. 191 – 195 (1402-77)				Lernstandserhebung 9
Vorlesen	Geschichte zum Ankertier: Tiergeschichten mit Mia und Mio Qualle (qu): Band 9				
Tägliche Übungen	**Flüssiges Lesen mit Akzent in Versen:** CD-ROM **Sprechrhythmisches Training der Kontrastpaare:** *Folie 56* **Lied:** „Die Frösche quaken“, CD Nr. 45, 46				
Differenzierung	*Silben-Sudoku* S. 66/67* *CD-ROM*				

Didaktisch-methodische Überlegungen

Die Lautverbindung kw wird durch die Buchstabenkombination **Qu qu** wiedergegeben.
Qu qu kommt nur in wenigen Wörtern vor (Merkwörter) und wird durch die Wörter quaken und Qualle eingeführt.

Einstieg

···> Musik-CD

Vor Beginn der Einheit: Tafelbild Frosch mit leerer Sprechblase erstellen.

Die Kinder basteln einen Faltfrosch aus grünem Papier (KV 27, S. 314).
Die Kinder lernen die 1. Strophe des Froschliedes und bewegen den Faltfrosch im Rhythmus des Refrains (die freie Hand hält zur Stabilisierung an den Mundwinkeln des Frosches gegen).
Die Lehrerin / der Lehrer schreibt an der Tafel in die Sprechblase: quak, quak, quak!, um das **qu** einzuführen.
Die Kinder lesen chorisch und bewegen den Faltfrosch synchron.

Hinweise zu den Leitmaterialien

S. 74/75 **Silbenfibel**

Einzelne Kinder lesen abschnittweise den Silbenfibeltext vor.

SL B S. 53 – 55 **Schreiblehrgang**

S. 53: Einspurübung, Nomen mit Qu qu
S. 54: Lückensätze: Wörter mit Qu qu, Verben mit qu
S. 55: Purzelsätze ordnen und schreiben

···> Ankertier

Das Ankertier von qu (Qualle) wird gezeigt und aufgehängt. Das Ankertier wird deutlich artikuliert und in Silben geklatscht – einzeln und im Klassenverband.

···> Tiergeschichten

Die Geschichte zum Ankertier kann vorgelesen werden.
Qualle (qu): Band 9

AH B S. 66 – 69 **Arbeitsheft**

···> Folie 45

S. 66: Gebärde, nach Gebärden schreiben, Nomen mit Qu qu
S. 67: Verben zuordnen und Sätze schreiben
S. 68: Lesefluss in Versen, Reime
S. 69: Leseverständnis: Lückentext

AzD S. 222 – 229 **Arbeitsblätter zur Differenzierung**

S. 222 (= 1402-79 KV 184): Lückentext
S. 223 (= 1402-79 KV 185): Sätze schreiben
S. 224 (191): Wörter mit Qu qu; Sätze schreiben
S. 225 (192): Wörter mit Qu qu; Sätze schreiben
S. 226 (193): Nachspurübung; Schreibübung
S. 227, 228 (194, 195): Leseverständnis
S. 229 (= 1402-79 KV 186): Sätze schreiben

Tägliche Übungen

Flüssiges Lesen mit Akzent in Versen

···› CD-ROM

Leseroutine (vgl. S. 112: Chorisches Lesen)

Sprechrhythmisches Training der Kontrastpaare

···› Folie 56
···› Musik-CD

Durchführung vgl. S. 115, CD Nr. 56, 57
Käuze – Katze
Schnauze – schnitzen
Weizen – Witze
reizen – ritzen
Heizung – Hitze

···› Musik-CD

Lied – CD Nr. 45, 46 – KV 95, S. 384
„Die Frösche quaken“: Das Lied kann als Einstieg und als Abschluss der Einheit verwendet werden.

Differenzierung

···› Silben-Sudoku

Silben-Sudoku S. 66 / 67*

···› CD-ROM

Übungen zur Auswahl
- Fibeltext zum Mitlesen
- Gebärdenschule
- Wortautomat
- Wörter schreiben
- Simsalabim
- Häuschen schreiben
- Purzelsätze
- Lückentexte
- Der Rhythmus macht's!
- Dreier-Memo-Spiel
- Ankertiere

Seite 76/77

Auf dem Ponyhof

Sylvia hat heute Geburtstag.
Sie ist nun sieben Jahre alt.
Mama schenkt ihr einen Teddy.
Von Papa bekommt Sylvia ein Buch über Ponys.
Im Buch findet sie eine Reitkarte für 10 Reitstunden auf dem Ponyhof.

Nach der Schule kommen Sibylle und Hanny zur Party.
Sylvia bläst die Kerzen aus.
Alle essen Kuchen und trinken Apfelsaft.

Y y

Dann gehen sie gemeinsam mit den Eltern zum Ponyhof.
Die Besitzerin Yvonne Frey zeigt ihnen die vielen Tiere.
Sylvia gefällt ein weißes Pony.
Sie streichelt sein weiches Fell und ruft:
„Auf diesem Pony will ich reiten!"
Frau Frey sagt: „Heute fahren wir lieber in der Kutsche.
Reiten musst du erst lernen!"
Nach zwei Stunden gehen sie nach Hause.
Sylvia sagt zu Papa:
„Ponyreiten ist ein schönes Hobby."

76 77

38. Woche

Inhalte und Kompetenzen

- Starter: **Y y**
- Lautgebärde: **y**
- **Y y** repräsentieren die Laute ü, i und j, Aussprache durch Sprechprobe finden
- Druckschrift: **Y y**

Wochenplan

Leitmaterialien	Montag	Dienstag	Mittwoch	Donnerstag	Freitag
Silbenfibel	S. 76/77 Besprechung Lesetext	S.76/77 Lesetext	S. 76/77 Lesetext		
Schreiblehrgang B	S. 56	S. 57			
Arbeitsheft B		S. 70 *Folie 45*	S. 71 *Folie 45*	S. 72	S. 73 *Folie 46*
Arbeitsblätter zur Differenzierung	S. 230 – 232 (1403-77) S. 197 – 198 (1402-77)				
Vorlesen	Geschichte zum Ankertier: Tiergeschichten mit Mia und Mio Yak (y): Band 9				
Tägliche Übungen	**Flüssiges Lesen mit Akzent in Versen:** CD-ROM **Sprechrhythmisches Training der Kontrastpaare:** *Folie 55* **Lied:** Pony-Song", CD Nr. 47, 48				
Differenzierung	*Tiergeschichten* mit Mia und Mio, Band 9* *Silben-Sudoku* S. 68/69* *CD-ROM*				

Didaktisch-methodische Überlegungen

Y y wird im Deutschen fast nur in Fremdwörtern gebraucht. Im Inlaut wird **y** als **ü** gesprochen (Pyramide), im Auslaut als **i** (Pony). Im Anlaut (Yoga, Yoyo, Yacht) wird **Y** als **J** gesprochen (Ausnahme Yvonne). Alle 3 Möglichkeiten werden vorgestellt.

Einstieg

Das Pony-Lied kann als Einstieg gesungen werden.
Vorbereitung: Auf einem Tisch werden die Geschenke für Sylvia ausgelegt und mit einem Tuch abgedeckt.
Obenauf liegt ein Plakat „Party für Sylvia" (Download-Angebot S. 7).
Die Kinder stellen Vermutungen an: Was ist unter dem Tuch?
Die Lehrerin / der Lehrer hängt das Plakat an die Tafel und deckt den Tisch auf.
Die Kinder benennen die Geschenke und ordnen sie den Wortkarten zu.
Die Kinder entdecken den neuen Buchstaben y.
Die Lehrerin / der Lehrer erklärt die Aussprache von **y** in Party (y wie i) und in Sylvia (y wie ü).
Einzelne Kinder lesen die Wortkarten Pony-Buch, Labyrinth, Teddy (Download-Angebot S. 7) laut vor und erhören den y-Laut.
Die Lehrerin / der Lehrer schreibt die Wörter unter Party (i) bzw. Sylvia (ü) an die Tafel.
Die Lehrerin / der Lehrer stellt das Ankertier vor.

Hinweise zu den Leitmaterialien

S. 76 / 77 — **Silbenfibel**

Einzelne Kinder lesen abschnittweise den Silbenfibeltext vor.

SL B S. 56, 57 — **Schreiblehrgang**

S. 56: Einspurübung, Nomen mit Y y
S. 57: Suchsel: Wörter mit Y y

···> Ankertier — Das Ankertier von y (Yak) wird gezeigt und aufgehängt. Das Ankertier wird deutlich artikuliert und in Silben geklatscht – einzeln und im Klassenverband.

···> Tiergeschichten — Die Geschichte zum Ankertier kann vorgelesen werden.
Yak (y): Band 9

AH B S. 70 – 73 — **Arbeitsheft**

···> Folie 45 — S. 70: Gebärde, nach Gebärden schreiben, Nomen mit Y y
···> Folie 45 — S. 71: phonetische Differenzierung
S. 72: Lesefluss in Versen, Suchsel
···> Folie 46 — S. 73: kreatives Leserätsel: Geburtstagsgruß

AzD S. 230 – 232 **Arbeitsblätter zur Differenzierung**

S. 230 (197): Y-y-Wörter
S. 231 (198): Sätze schreiben; Y-y-Wörter
S. 232 (= 1402-79 KV 192): Sätze schreiben

Tägliche Übungen

Flüssiges Lesen mit Akzent in Versen

···› CD-ROM

Leseroutine (vgl. S. 112: Chorisches Lesen)

Sprechrhythmisches Training der Kontrastpaare

···› Folie 55
···› Musik-CD

Durchführung vgl. S. 115, CD Nr. 55, 57
Riese – Risse
Wiese – wissen
schiefe – Schiffe
wiegen – wickeln
Ziege – zicken

···› Musik-CD

Lied – CD Nr. 47, 48 – KV 96, S. 385
„Pony-Song". Das Lied kann zum Einstieg oder Abschluss der Einheit gesungen werden.

Differenzierung

···› Tiergeschichten

Tiergeschichten mit Mia und Mio, Band 9*

···› Silben-Sudoku

Silben-Sudoku S. 68/69*

···› CD-ROM

Übungen zur Auswahl

- Fibeltext zum Mitlesen
- Gebärdenschule
- Wortautomat
- Wörter schreiben
- Simsalabim
- Häuschen schreiben
- Purzelsätze
- Lückentexte
- Der Rhythmus macht's!
- Dreier-Memo-Spiel
- Ankertiere

Seite 78/79

Sax

Clowns im Zirkus

Auf der Wiese am Stadtrand hat der Zirkus Carlos sein großes Zelt aufgebaut. Cornelia, Claudia und Nico gehen gemeinsam in die Vorstellung.

Zuerst kommt ein Cowboy mit vier braunen Pferden. Er lässt seine Peitsche knallen. Die Pferde galoppieren im Kreis.

C c

Dann sind die Clowns dran. Sie heißen Piccolo, Sax und Co. Nico meint: „Die haben aber viel Creme im Gesicht!"

Cornelia lacht und antwortet: „Das ist doch Schminke!"

Piccolo spielt auf der Piccolo-Flöte. Sax bläst das Saxofon. Co schlägt die Trommel. Bei jedem Schlag spritzt Wasser auf die Zuschauer. Sie rufen: „Bravo, bravo!" „Echt gut", flüstert Claudia Nico ins Ohr.

78

79

39. Woche

Inhalte und Kompetenzen

- **C c** und **Ch** im Anlaut
- **C c** und **Ch** richtig aussprechen
- Druckschrift: **C c**

Wochenplan

Leitmaterialien	Montag	Dienstag	Mittwoch	Donnerstag	Freitag
Silbenfibel	S. 78/79 Bildbesprechung Lesetext	S. 78/79 Lesetext	S. 78/79 Lesetext		
Schreiblehrgang B	S. 58	S. 59			
Arbeitsheft B		S. 74	S. 75	S. 76	S. 77
Arbeitsblätter zur Differenzierung	S. 233 – 235 (1403-77) S. 199 – 200 (1402-77)				
Vorlesen	Lesezirkus S. 56 – 63, Pinocchio, Pinocchio auf dem Weg zur Schule, Pinocchio auf der Spielzeuginsel, Pinocchio im Bauch des Wals Geschichte zum Ankertier: Tiergeschichten mit Mia und Mio Chamäleon (c): Band 10				
Tägliche Übungen	**Flüssiges Lesen mit Akzent in Versen:** CD-ROM **Sprechrhythmisches Training der Kontrastpaare:** *Folie 55*				
Differenzierung	*Lesezirkus** S. 56 – 63, Pinocchio, Aufgaben S. 78/79, Arbeitsblätter Lesezirkus KV 29 – 32 *Silben-Sudoku* S. 70/71* *CD-ROM*				

Didaktisch-methodische Überlegungen

Die Kinder kennen den Buchstaben **c** aus **ch** und **sch**. Nun sollen sie dem Einzelbuchstaben **C c** und der Zeichenkombination **Ch** den Laut **k** zuordnen. Aus Fremdwörtern und Namen sind **C c** und **Ch** als k-Laut vielen Kindern schon vertraut.

Einstieg

Die Lehrerin / der Lehrer bereitet das Material für eine Schminkaktion vor. In Gruppen wird je ein Kind, das sich freiwillig zur Verfügung stellt, mit einem Clowngesicht geschminkt.
Die Lehrerin / der Lehrer schreibt „Clown" an die Tafel.
Die Lehrerin / der Lehrer: „Wer kennt ein Tier, das sein Aussehen auch verändern kann?" Kinder raten: Chamäleon.

Ankertier — Die Lehrerin / der Lehrer stellt das Ankertier vor und schreibt „Chamäleon" an die Tafel.

Hinweise zu den Leitmaterialien

S. 78/79 — **Silbenfibel**

Einzelne Kinder lesen abschnittweise den Silbenfibeltext vor.

SL B S. 58, 59 — **Schreiblehrgang**

S. 58: Einspurübung, Nomen mit C Ch
S. 59: Sätze ergänzen

Ankertier — Das Ankertier von c (Chamäleon) wird gezeigt und aufgehängt. Das Ankertier wird deutlich artikuliert und in Silben geklatscht – einzeln und im Klassenverband.

Tiergeschichten — Die Geschichte zum Ankertier kann vorgelesen werden.
Chamäleon (c): Band 10

AH B S. 74 – 77 — **Arbeitsheft**

S. 74: Nomen mit C c und Ch
S. 75: Lesefluss in Versen, Suchsel
S. 76: Leseverständnis
S. 77: Sätze zu den Bildern schreiben

AzD S. 233 – 235 — **Arbeitsblätter zur Differenzierung**

S. 233 (199): C-c- und Ch-ch-Wörter
S. 234 (200): C-c- und Ch-ch-Wörter; Leseverständnis
S. 235 (= 1402-79 KV 199): Sätze schreiben

Tägliche Übungen

Flüssiges Lesen mit Akzent in Versen

CD-ROM

Leseroutine (vgl. S. 112: Chorisches Lesen)

Sprechrhythmisches Training der Kontrastpaare

Folie 55
Musik-CD

Durchführung vgl. S. 115, CD-Nr. 55, 57
Riese – Risse
Wiese – wissen
schiefe – Schiffe
wiegen – wickeln
Ziege – zicken

Differenzierung

Lesezirkus: S. 56 – 63, Pinocchio, Aufgaben S. 78/79/ Arbeitsblätter Lesezirkus KV 29 – 32

Silben-Sudoku: Silben-Sudoku S. 70/71*

CD-ROM

Übungen zur Auswahl
- Fibeltext zum Mitlesen
- Gebärdenschule
- Wortautomat
- Wörter schreiben
- Simsalabim
- Häuschen schreiben
- Purzelsätze
- Lückentexte
- Der Rhythmus macht's!
- Dreier-Memo-Spiel
- Ankertiere

Seite 80/81

Hexe Trixi

Trixi will eine richtige Hexe werden.
Sie kann schon sechs Zaubersprüche.
Beim Besenbinder Xaver kauft Trixi
einen schönen Besen.

Auf dem Heimweg will sie wie Abraxas fliegen,
doch es gelingt nicht.
Abraxas sagt: „Du musst den Besen verhexen!“
Trixi schlägt das Hexenlexikon auf.
Sie findet den richtigen Zauberspruch:
„Klix und klax – fix und fax,
Xavers neuer Besen – bist du nun gewesen!“

X x
chs

Wie ein Wirbelwind saust die
kleine Hexe mit dem Besen dahin.
„Aufpassen, der Kirchturm“,
schreit Abraxas.
Trixi ruft: „Der Sausebengel
ist mir durchgegangen.
Ich muss ihn richtig einfliegen.“

Sie lenkt den Besen auf die freien Felder hinaus.
Beim Hexenhaus gelingt ihr eine glatte Landung.

Trixi sagt: „Fliegen macht durstig.
Ich mixe uns zwei Becher Hexenlimo!“

80

81

40. Woche

Inhalte und Kompetenzen

- **X x**
- Lautgebärde: **x**
- Druckschrift: **X x**
- Zaubersprüche / Hexengedichte im Takt sprechen
- **chs** als Laut und Schriftzeichen erfassen und lesen können

Wochenplan

Leitmaterialien	Montag	Dienstag	Mittwoch	Donnerstag	Freitag
Silbenfibel	S. 80/81 Bildbesprechung Lesetext	S. 80/81 Lesetext	S. 80/81 Lesetext		
Schreiblehrgang B	S. 60	S. 61	S. 62		
Arbeitsheft B		S. 78 *Folie 47*	S. 79	S. 79	S. 80
Arbeitsblätter zur Differenzierung	S. 236 – 242 (1403-77) S. 201 – 203 (1402-77)				
Vorlesen	Lesezirkus S. 48 – 55, 1001 Nacht – Aladin und die Wunderlampe, Aladin und Suleika, Aladin und der böse Zauberer Geschichte zum Ankertier: Tiergeschichten mit Mia und Mio Boxer (x): Band 10				
Tägliche Übungen	**Flüssiges Lesen mit Akzent in Versen:** CD-ROM **Sprechrhythmisches Training der Kontrastpaare:** *Folie 56* **Lied:** „Trixi heißt die Hexe“, CD Nr. 49, 50				
Differenzierung	*Lesezirkus** S. 48 – 55, 1001 Nacht, Aufgaben S. 75 – 77, Arbeitsblätter Lesezirkus KV 24 – 28 *Tiergeschichten* mit Mia und Mio, Band 10* *Silben-Sudoku* S. 72/73* *CD-ROM*				

Didaktisch-methodische Überlegungen

Die Lautverbindung **ks** wird durch die Buchstabenkombination **ks** (links), **chs** (sechs), **gs** (du fragst), **cks** (Knicks) sowie den Buchstaben **X x** repräsentiert. Die Wörter mit **X x** sind sehr selten. Im Wortschatz der Kinder taucht der Buchstabe nur in Verbindung mit dem Wort Hexe und in Namen und Fantasiewörtern auf.

Einstieg

Vorbereitung: Folgender Text in Druckschrift als Tafelanschrieb:

Trixi heißt die Hexe,
malte Tintenkleckse
in das große Hexenbuch,
spricht dazu den Zauberspruch.

Die Lehrerin / der Lehrer „reitet“ auf einem Besen in das Klassenzimmer, schlägt mit dem Besenstiel den Takt (betonte Silben mit Pfeil) und spricht dazu:

	⬇		⬇		⬇		⬇
	Klix	und	klax	und	fix	und	fax
	Klix	und	klax	und	fix	und	fax
	Eins	und	zwei	und	drei	und	vier
	Eins	und	zwei	und	drei	und	vier
A	bra	xas	ist	ein	klu	ges	Tier
A	bra	xas	ist	ein	klu	ges	Tier

⬇		⬇		⬇		⬇
Tri	xi	heißt	die	He		xe,
mal	te	Tin	ten	kleck		se
in	das	gro	ße	He	xen	buch,
spricht	da	zu	den	Zau	ber	spruch.

Ein Kind liest den Text vor. Bei der Wiederholung schlägt das Kind mit dem Besen den Takt dazu und spricht geheimnisvoll.
Alle Kinder lesen jetzt den Tafeltext. Die Lehrerin / der Lehrer schlägt den Takt dazu.
Die Kinder entdecken **x** im Tafeltext.
Die Lehrerin / der Lehrer: „Hexe schreiben wir mit x.“
Die Lehrerin / der Lehrer stellt das Ankertier vor.
Die Kinder singen das Lied: „Trixi heißt die Hexe“, CD Nr. 47, 48

···› ***Ankertier***
···› ***Musik-CD***

Hinweise zu den Leitmaterialien

S. 80/81

Silbenfibel

Einzelne Kinder lesen abschnittweise den Silbenfibeltext vor.

SL B S. 60 – 62 **Schreiblehrgang**

S. 60: Einspurübung, Nomen mit X x
S. 61: Sätze ergänzen
S. 62: Wörter mit chs

Ankertier Das Ankertier von x (Boxer) wird gezeigt und aufgehängt. Das Ankertier wird deutlich artikuliert und in Silben geklatscht – einzeln und im Klassenverband.

Tiergeschichten Die Geschichte zum Ankertier kann vorgelesen werden.
Boxer (x): Band 10

AH B S. 78 – 80 **Arbeitsheft**

Folie 47

S. 78: Gebärde, nach Gebärden schreiben, Nomen mit x
S. 79: Lesefluss in Versen, Leseverständnis
S. 80: Kreuzworträtsel

AzD S. 236 – 242 **Arbeitsblätter zur Differenzierung**

S. 236 (201): Schreibübung; zusammengesetzte Wörter
S. 237 (202): Leseverständnis; Sätze schreiben
S. 238 (203): Leseverständnis; Sätze schreiben
S. 239 (= 1402-79 KV 203): Leseverständnis
S. 240 (= 1402-79 KV 137): Wörter mit chs
S. 241 (= 1402-79 KV 1): Ausmalbild
S. 242 (Download-Angebot S. 6 unter Kapitel I, S. 87): Schreibblatt

Tägliche Übungen

Flüssiges Lesen mit Akzent in Versen

CD-ROM

Leseroutine (vgl. S. 112: Chorisches Lesen)

Sprechrhythmisches Training der Kontrastpaare

Folie 56
Musik-CD

Durchführung vgl. S. 115, CD Nr. 56, 57
Käuze – Katze
Schnauze – schnitzen
Weizen – Witze
reizen – ritzen
Heizung – Hitze

Musik-CD

Lied – CD Nr. 49, 50 – KV 97, S. 386
„Trixi heißt die Hexe“: Das Lied kann als Einstieg und als Abschluss der Einheit verwendet werden.

Differenzierung

Zaubersprüche

Das Hexen-Einmaleins

Du musst verstehn:
Aus eins mach zehn,
Und zwei lass gehn,
Und drei mach gleich,
So bist du reich.
Verlier die vier!
Aus fünf und sechs,
So sagt die Hex,
Mach sieben und acht,
So ist's vollbracht:
Und neun ist eins,
Und zehn ist keins.
Das ist das Hexen-Einmaleins.

Johann Wolfgang v. Goethe

Hexenmahlzeit

Morgens früh um sechs
Kommt die kleine Hex,
Morgens früh um sieben
Schabt sie gelbe Rüben,
Morgens früh um acht
Wird Kaffee gemacht,
Morgens früh um neun
Geht sie in die Scheun,
Morgens früh um zehn
Holt sie Holz und Spän,
Feuert an um elf,
Kocht dann bis um zwölf
Fröschlein, Krebs und Fisch,
Kinder kommt zu Tisch!

Unbekannter Verfasser

Lesezirkus

S. 48 – 55, 1001 Nacht, Aufgaben S. 75 – 77 / Arbeitsblätter Lesezirkus KV 24 – 28

Tiergeschichten

Tiergeschichten mit Mia und Mio, Band 10*

Silben-Sudoku

Silben-Sudoku S. 72 / 73*

CD-ROM

Übungen zur Auswahl

- Fibeltext zum Mitlesen
- Gebärdenschule
- Wortautomat
- Wörter schreiben
- Simsalabim
- Häuschen schreiben
- Purzelsätze
- Lückentexte
- Der Rhythmus macht's!
- Dreier-Memo-Spiel
- Ankertiere

Seite 82/83

Die Bremer Stadtmusikanten

Es waren einmal ein Esel, ein Hund, eine Katze und ein Hahn auf dem Weg nach Bremen.
Sie wollten dort Stadtmusikanten werden.
Am Abend kamen sie in einen großen Wald.
In der Ferne sahen sie einen schwachen Lichtschein.
„Das wird ein Haus sein", sagten sie und machten sich auf den Weg dorthin.

Der Esel schaute zum Fenster hinein und erblickte eine Räuberbande an einem gedeckten Tisch.
Die Tiere beratschlagten, wie sie die Räuber fortjagen könnten.

Der Esel stellte sich mit den Vorderhufen auf die Fensterbank. Der Hund sprang auf seinen Rücken.
Die Katze kletterte auf den Hund.
Endlich flog der Hahn hinauf und setzte sich der Katze auf den Kopf. Auf ein Zeichen machten sie Musik:
ia – miau – wauwau – kikeriki.

Dann stürzten sie durch das Fenster, dass die Scheiben klirrten. Die Räuber erschraken und flohen in größter Furcht in den Wald hinaus.
Die vier Musikanten freuten sich über das reiche Mahl.
Die Räuber trauten sich nicht mehr in das Haus zurück.
Die Bremer Stadtmusikanten blieben dort bis an ihr Lebensende.

82 83

41. Woche

Inhalte und Kompetenzen

- Großschreibung von Menschen, Tieren und Sachen
- Kleinschreibung von Verben
- Großschreibung des Satzanfanges in Verbindung mit dem Punkt am Satzende

Wochenplan

Leitmaterialien	Montag	Dienstag	Mittwoch	Donnerstag	Freitag
Silbenfibel	S. 82/83 Bildbesprechung Lesetext				
Tägliche Übungen	**Diese Woche ist zur freien Gestaltung.**				
Differenzierung	*Silben-Sudoku* S. 74/75* *CD-ROM*				

Didaktisch-methodische Überlegungen

Domino

Im Rahmen dieser Einheit wird das Projekt „Mein Tierbüchlein“ angeboten. Als vorbereitende Leseübung dienen die beiden Dominos: Tiernamen und Tunwörter (Domino 1 bis 7).
Im Rahmen dieser Einheit wird das Projekt „Mein Tierbüchlein“ (vgl. Kapitel I, 4.9. S. 81) angeboten. Das kleine Heftchen motiviert die Kinder zum Einüben der Tiernamen und Verben. Der Wortschatz wird erweitert durch die treffende Zuordnung „Tier – Verb“.

Einstieg

1 Quadrat (Seitenlänge 16 cm), 3 Rechtecke (16 x 8 cm) als Standmodell aus Styrodur oder aus Holz mit Steckleiste (60 cm)

Satzmodell: Das Quadrat ist Platzhalter für die Tiere (Substantive). Zwei Rechtecke sind Platzhalter für Verben und Artikel und werden immer zuerst mit der langen Seite gesetzt. Das dritte Rechteck bekommt einen Punkt und wird immer mit der kurzen Seite gesetzt.
Das Satzmodell wird in zwei Schritten aufgestellt. Die Aussage: „Die Enten watscheln.“ ist ein Satz. Dieser wird am Ende durch einen Punkt und am Anfang durch Großschreibung gekennzeichnet.

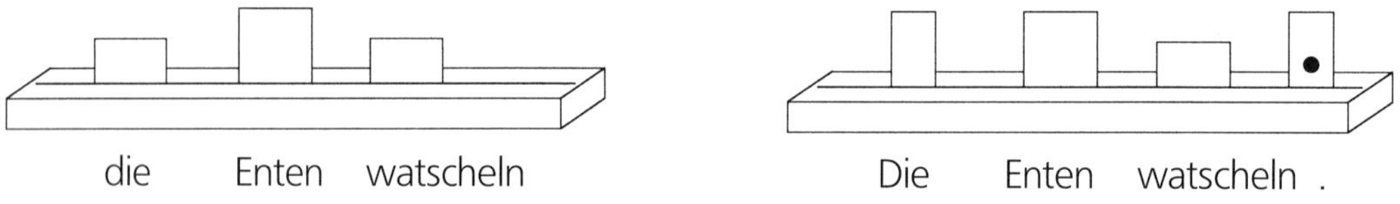

Schritt 1: Einsetzen der Platzhalter
Schritt 2: Punkt am Ende und Großschreibung am Satzanfang

Gleichzeitig mit dem Setzen des Rechtecks (mit dem Punkt) wird das erste Rechteck aufgerichtet.
Nach diesem Modell werden alle 42 Sätze zum Domino gebildet. Jeder Schüler soll mit dem Material arbeiten, um das Satzmuster handelnd zu verinnerlichen.

Hinweise zu den Leitmaterialien

S. 82/83

Silbenfibel

Einzelne Kinder lesen abschnittweise den Silbenfibeltext vor.

Schreiblehrgang

Die Kinder schreiben eine freie Nacherzählung in das Schreibheft.

Mein Tierbüchlein

Kinder schreiben die Sätze in das Heftchen.

Differenzierung

Silben-Sudoku

Silben-Sudoku S. 74/75*

CD-ROM

Übungen zur Auswahl
- Fibeltext zum Mitlesen
- Wortautomat
- Wörter schreiben
- Simsalabim
- Häuschen schreiben
- Purzelsätze
- Lückentexte
- Der Rhythmus macht's!
- Dreier-Memo-Spiel
- Ankertiere

Lösungen zum Domino „Was Tiere tun":

1. Die Enten watscheln.
2. Die Hasen hoppeln.
3. Die Uhus starren.
4. Die Löwen brüllen.
5. Die Kakadus kreischen.
6. Die Affen klettern.
7. Die Schafe blöken.
8. Die Delfine spielen.
9. Die Wale schwimmen.
10. Die Bären brummen.
11. Die Hunde bellen.
12. Die Jaguare lauern.
13. Die Papageien sprechen.
14. Die Mäuse nagen.
15. Die Igel schmatzen.
16. Die Esel tragen.
17. Die Fische laichen.
18. Die Nashörner stoßen.
19. Die Ameisen krabbeln.
20. Die Kamele trinken.
21. Die Tiger schleichen.
22. Die Krokodile schnappen.
23. Die Elefanten spritzen.
24. Die Pferde traben.
25. Die Frösche quaken.
26. Die Schweine grunzen.
27. Die Pfaue stolzieren.
28. Die Nilpferde schnauben.
29. Die Raupen fressen.
30. Die Ziegen meckern.
31. Die Tauben gurren.
32. Die Rehe äsen.
33. Die Gänse schnattern.
34. Die Zebras galoppieren.
35. Die Lämmer springen.
36. Die Eulen jagen.
37. Die Vögel pfeifen.
38. Die Kühe grasen.
39. Die Fledermäuse flattern.
40. Die Schildkröten kriechen.
41. Die Schlangen zischen.
42. Die Lamas spucken.

Inhalt Kopiervorlagen

Schwungübungen – 1

1.

2.

1. Alle Bögen nachspuren
2. Die Reihen mit Dreierbögen fortsetzen

Schwungübungen – 2

1.

2.

1. Schwünge in den Dächern ergänzen
2. Reihen mit Zweierschwüngen fortsetzen

Schwungübungen – 3

1.

1 2 3

1 2 3

1 2 3

1 2

1 2

1 2

1 2 3

1 2 3

1 2 3

1 2

1 2

1 2

1. Reihen mit Dreierbögen und Zweierschwüngen fortsetzen

1. 

	ma	me	mi	mo	mu
	la	le	li	lo	lu
	ta	te	ti	to	tu
	ra	re	ri	ro	ru
	sa	se	si	so	su
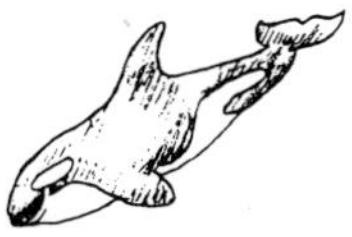	wa	we	wi	wo	wu
	da	de	di	do	du
	na	ne	ni	no	nu
	scha	sche	schi	scho	schu

1. Silben in Zeilen und Spalten lesen

1.

	Ma	Me	Mi	Mo	Mu
	La	Le	Li	Lo	Lu
	Ta	Te	Ti	To	Tu
	Ra	Re	Ri	Ro	Ru
	Sa	Se	Si	So	Su
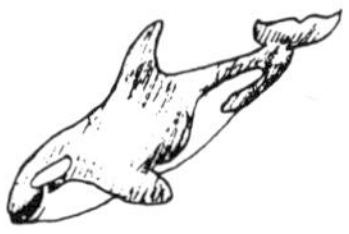	Wa	We	Wi	Wo	Wu
	Da	De	Di	Do	Du
	Na	Ne	Ni	No	Nu
	Scha	Sche	Schi	Scho	Schu

1. Silben in Zeilen und Spalten lesen

1. 

	ka	ke	ki	ko	ku
	ba	be	bi	bo	bu
	fa	fe	fi	fo	fu
	ga	ge	gi	go	gu
	pa	pe	pi	po	pu
	ha	he	hi	ho	hu
	za	ze	zi	zo	zu
	ja	je	ji	jo	ju
	va	ve	vi	vo	vu

1. Silben in Zeilen und Spalten lesen

1. 

	Ka	Ke	Ki	Ko	Ku
	Ba	Be	Bi	Bo	Bu
	Fa	Fe	Fi	Fo	Fu
	Ga	Ge	Gi	Go	Gu
	Pa	Pe	Pi	Po	Pu
	Ha	He	Hi	Ho	Hu
	Za	Ze	Zi	Zo	Zu
	Ja	Je	Ji	Jo	Ju
	Va	Ve	Vi	Vo	Vu

1. Silben in Zeilen und Spalten lesen

1.

mal	mei	mes	mut	mau
lal	lei	les	lut	lau
tal	tei	tes	tut	tau
dal	dei	des	dut	dau
ral	rei	res	rut	rau
sal	sei	ses	sut	sau
wal	wei	wes	wut	wau
schal	schei	sches	schut	schau
kal	kei	kes	kut	kau

1. Silben in Zeilen, Spalten und diagonal lesen

Leseteppich – 6

ab S. 50/51

1.

gla	gei	gle	gut	gro
kla	kei	kle	kut	kro
dal	dei	del	dut	dro
bla	bei	ble	but	bro
fla	fei	fle	fut	fro
wal	wei	wel	wut	wor
pla	pei	ple	put	pro
pfla	pfei	pfle	pfut	pfro
schla	schei	schle	schut	schro

1. Silben in Zeilen, Spalten und diagonal lesen

Merkwörter – 1: Die Zahlwörter

1.

1	2	3
eins	zwei	drei
4	5	6
vier	fünf	sechs
7	8	9
sieben	acht	neun
10	11	12
zehn	elf	zwölf

1. Arbeitsblatt: Ziffern beim ersten Auftreten des Zahlwortes anmalen
   Poster (auf DIN A3 kopieren): Ziffern beim ersten Auftreten des Zahlwortes anmalen

Merkwörter – 2: Die Farben

1.

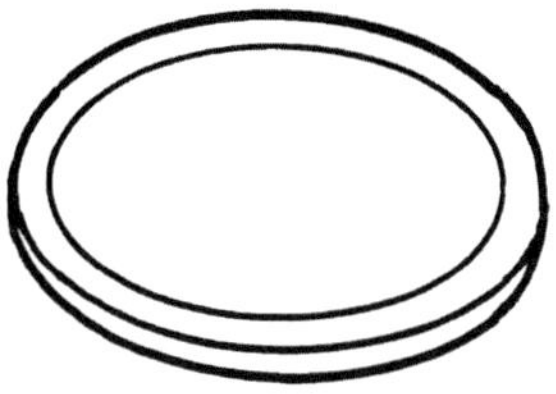
rot

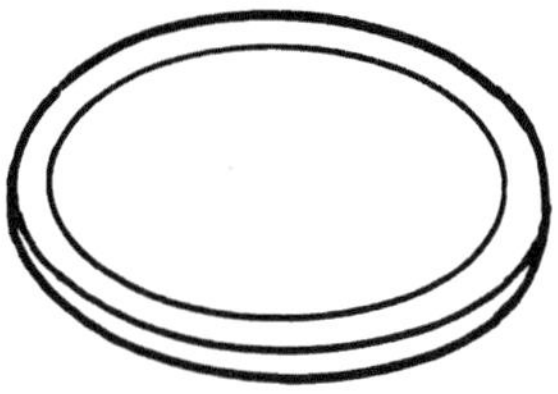
gelb

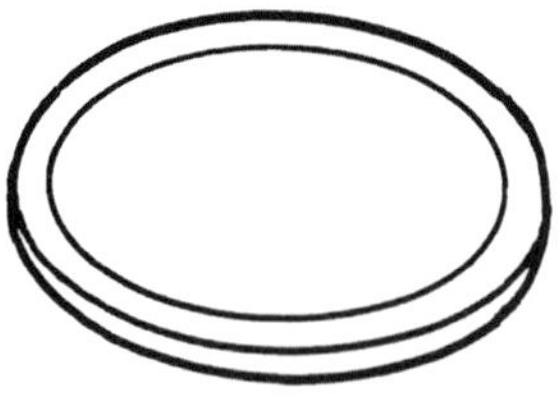
grün

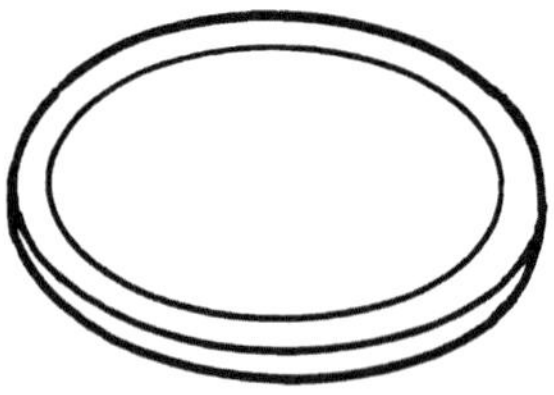
blau

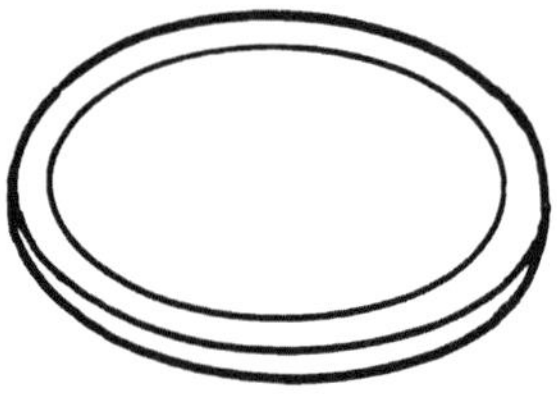
violett

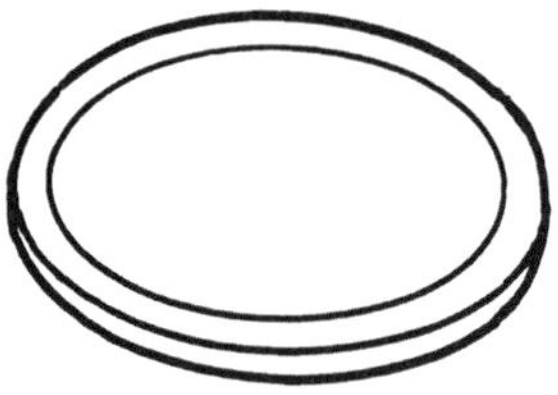
orange

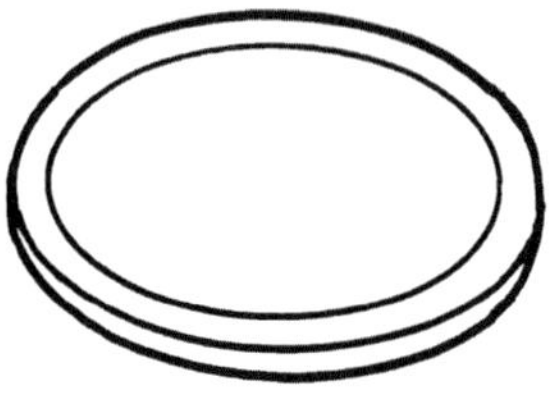
braun

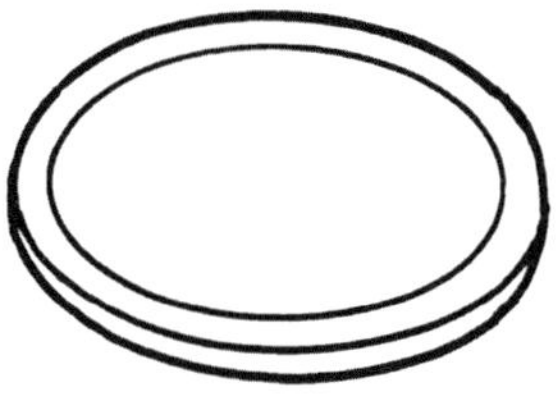
weiß

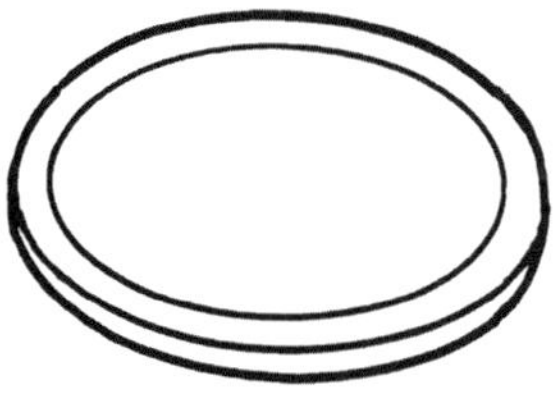
grau

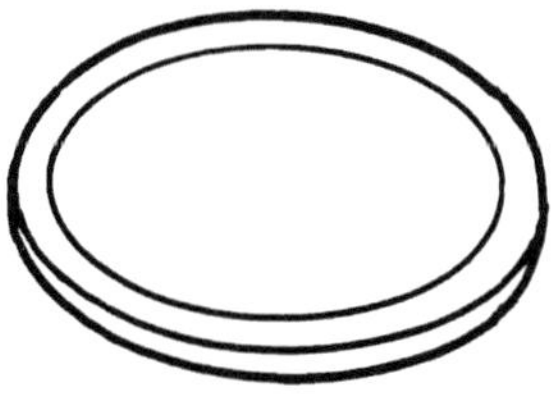
schwarz

1. Arbeitsblatt: „Farbtöpfchen“ beim ersten Auftreten des Farbwortes anmalen
Poster (auf DIN A3 kopieren): „Farbtöpfchen“ beim ersten Auftreten des Farbwortes anmalen

Merkwörter – 3: Die ß-Wörter

1.

heiß

groß

süß

Fuß

Ruß

Soße

Gruß

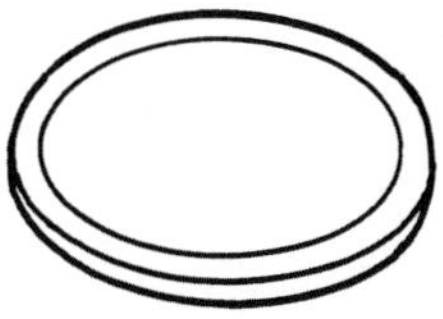

weiß

1. Arbeitsblatt: Bild beim ersten Auftreten des ß-Wortes anmalen
Poster (auf DIN A3 kopieren): Bild beim ersten Auftreten des ß-Wortes anmalen

Die h-Wörter – 1

1.

0 1 2 3 Zahl

Ohr

Ruhm

Uhr

Zahn

Mehl

10 zehn

Lohn

Rahm

1. Arbeitsblatt: Bild beim ersten Auftreten des h-Wortes anmalen
Poster (auf DIN A3 kopieren): Bild beim ersten Auftreten des h-Wortes anmalen

Die h-Wörter – 2

1. 

kahl

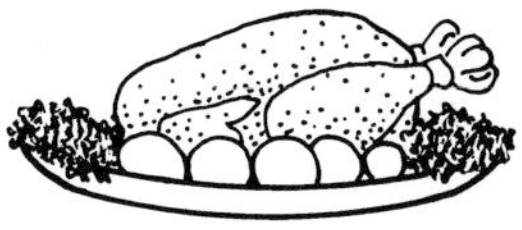

Mahl

lahm

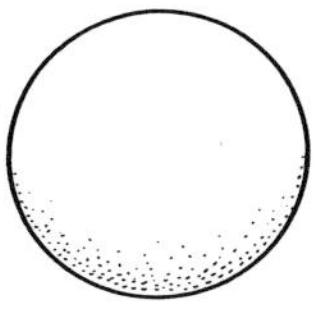

Lehm

zahm

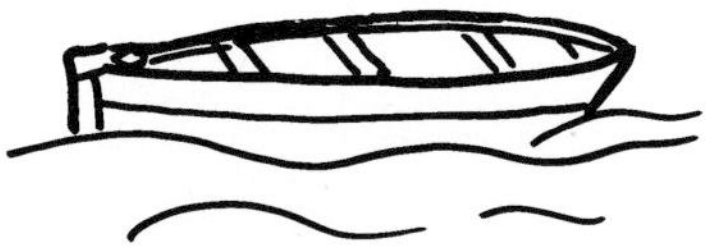

Kahn

mehr (als)

(es ist) wahr

1. Arbeitsblatt: Bild beim ersten Auftreten des h-Wortes anmalen
   Poster (auf DIN A3 kopieren): Bild beim ersten Auftreten des h-Wortes anmalen

1.

1. Ausmalbild für Kuhherde

1. 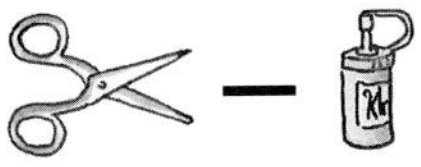

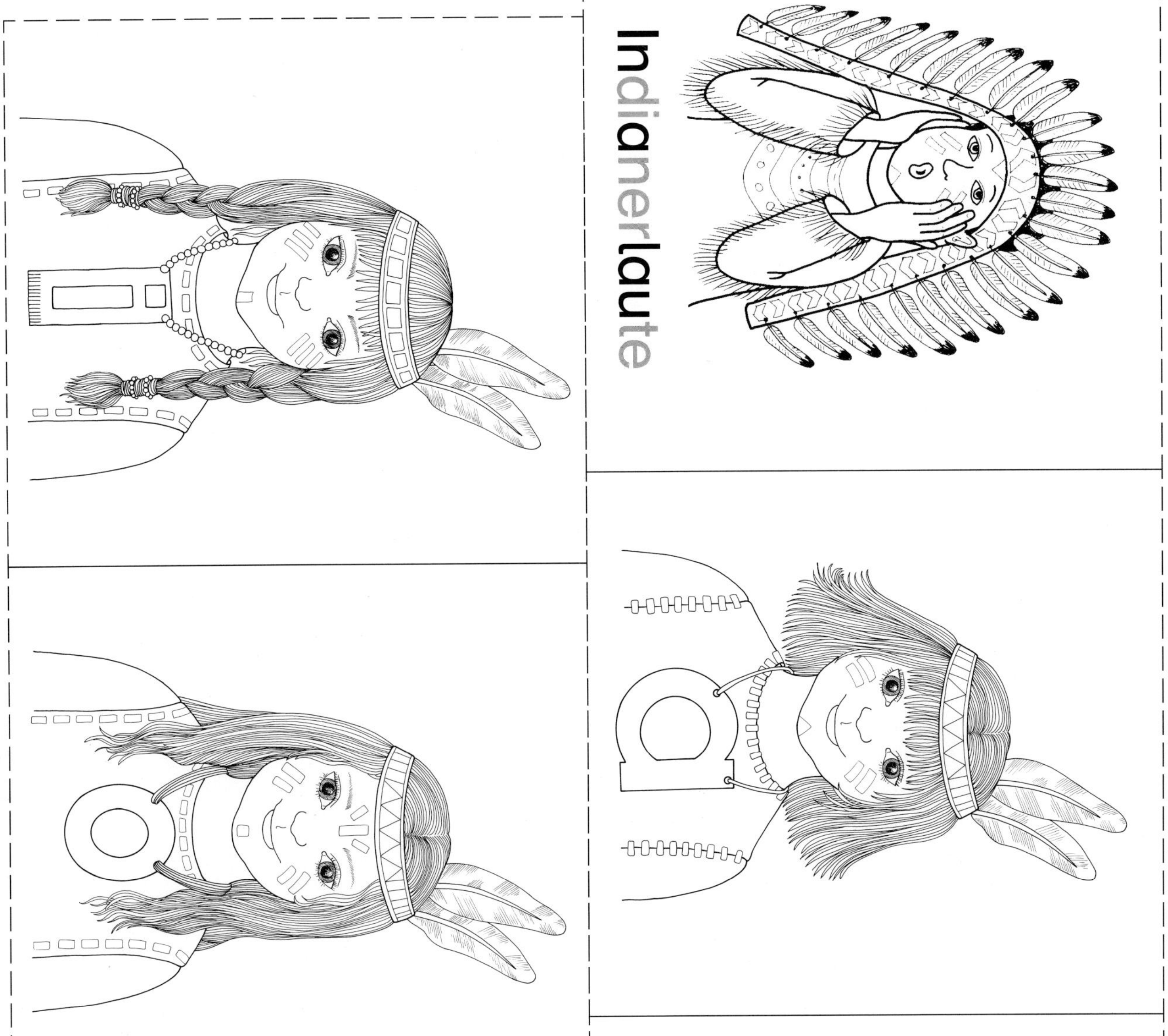

1. An gestrichelter Linie ausschneiden, falten, kleben
2. Jeweils beim ersten Auftreten der Vokale ausmalen

1. Poster: beim ersten Auftreten des Vokals ausmalen und aushängen

1. Poster: beim ersten Auftreten des Vokals ausmalen und aushängen

1. Poster: beim ersten Auftreten des Vokals ausmalen und aushängen

1. Poster: beim ersten Auftreten des Vokals ausmalen und aushängen

Indianerlaute – e

zu S. 10/11

1. Poster: beim ersten Auftreten des Vokals ausmalen und aushängen

1.

	Te		Ta
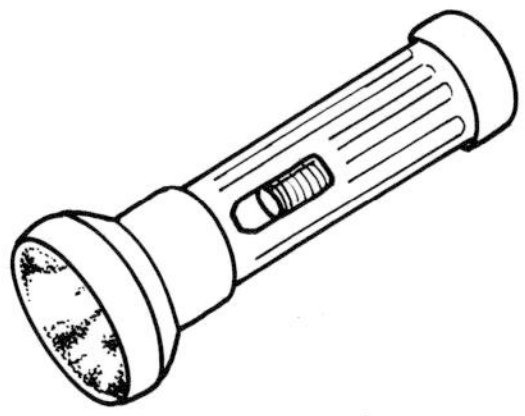	Li	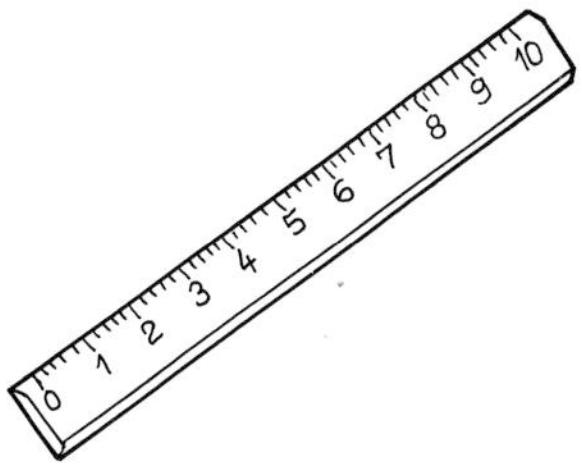	Ti
	Ro		Re
	La		Lu
	Ta		Ti
	Sa	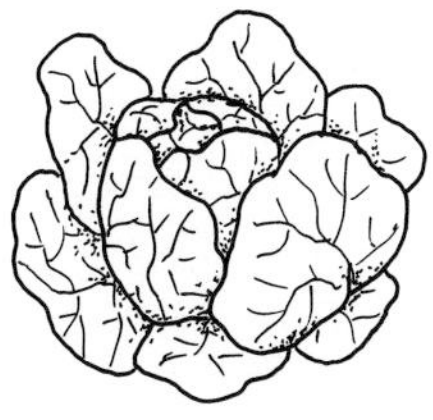	Si
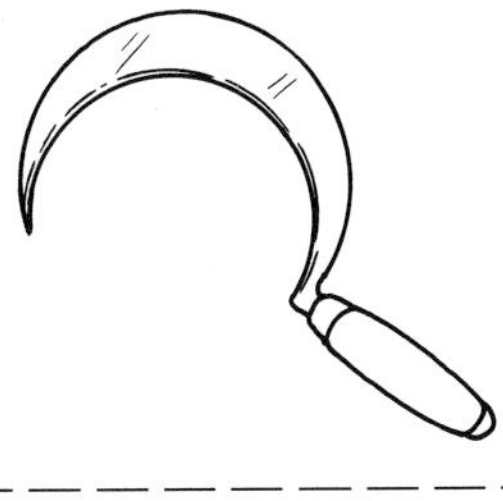	Ta		Wa

1. An gestrichelter Linie Dominokärtchen ausschneiden
2. Domino legen: Bild zu passender 1. Silbe des Wortes
3. Dominokärtchen an Linie durchschneiden für Memo-Spiel

1. ✂

1. Bärenmaske zum Bärenlied

1.

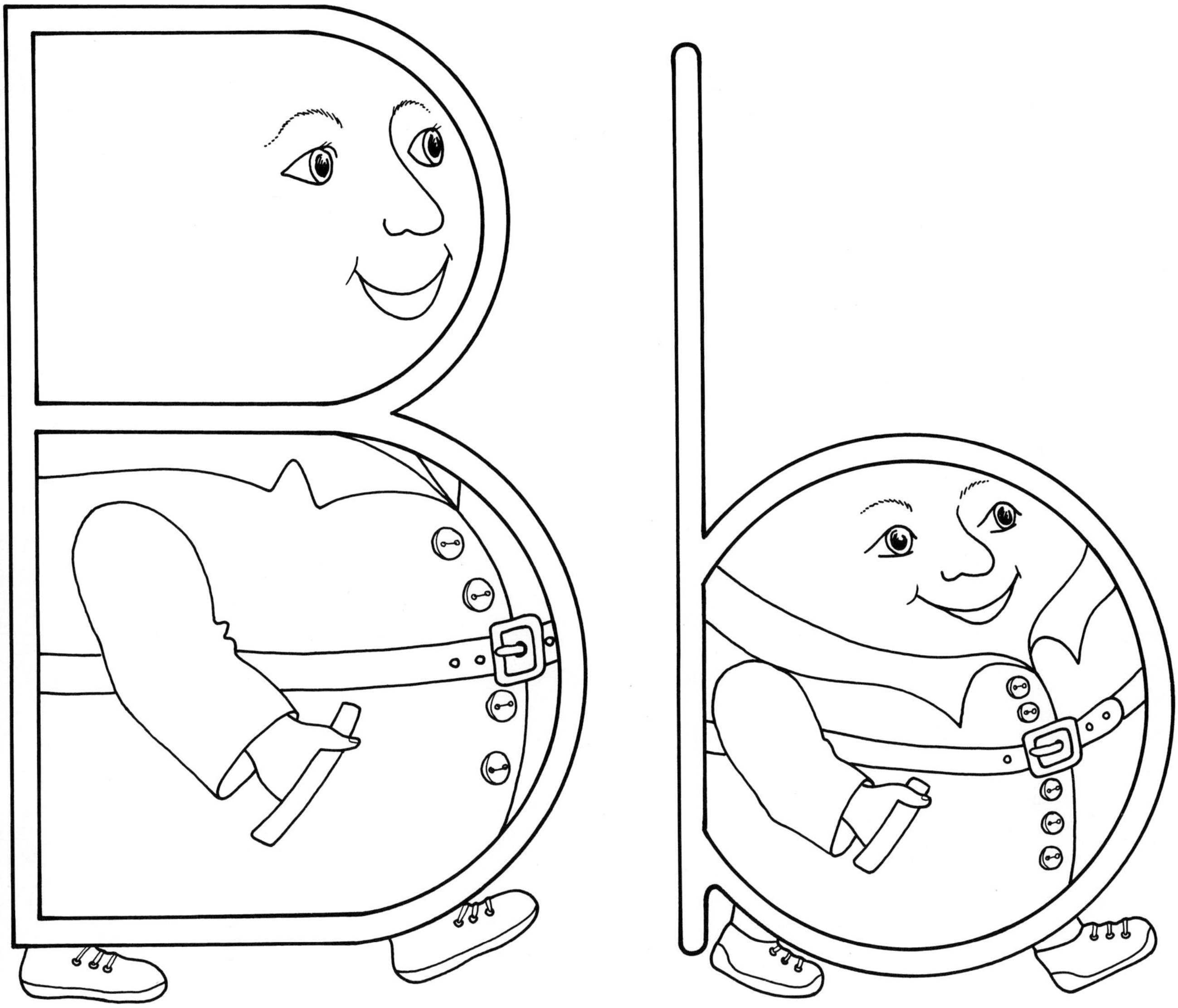

B b

1. Ausmalen und als Poster aufhängen

1.

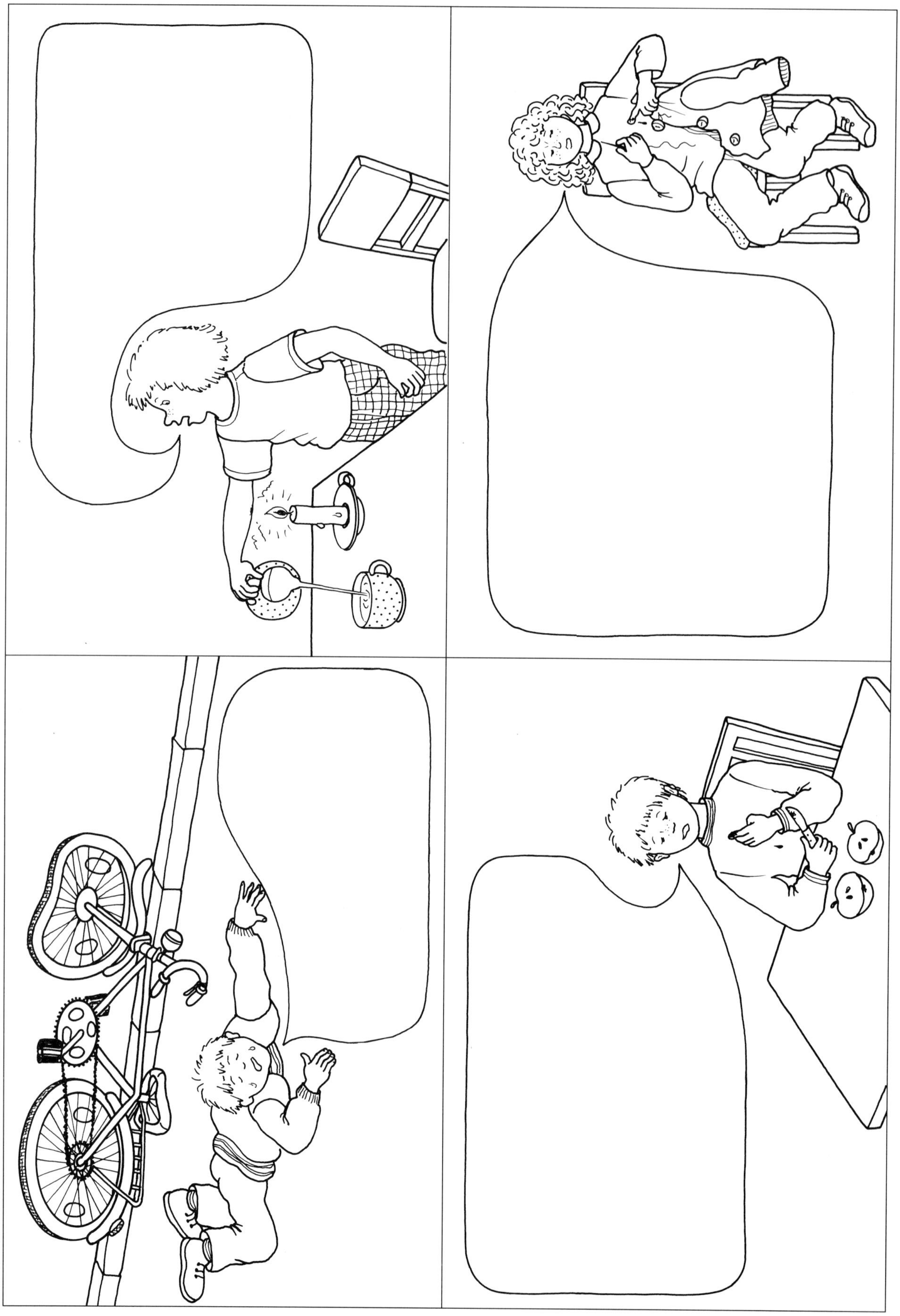

1. Bildkarten zur Einführung von Au, au

Eine Eule basteln zu S. 68/69

1.

Diese lustige Eule kannst du ganz einfach selbst basteln.
Die Flügel ausschneiden.
Mit Verschlussknöpfen (von Versandtaschen) beide Flügel
an den Augen von hinten befestigen
und mit einer Schnur verbinden.
Wenn du jetzt an der Schnur ziehst,
bewegen sich die Eulenflügel.

1. Bastelvorlage zur Einführung von Eu, eu

Einen Faltfrosch basteln

Du brauchst:

- 1 Bogen Papier, DIN A3 oder DIN A4
- Buntstifte
- Schere
- Klebstoff

Und so wird's gemacht:

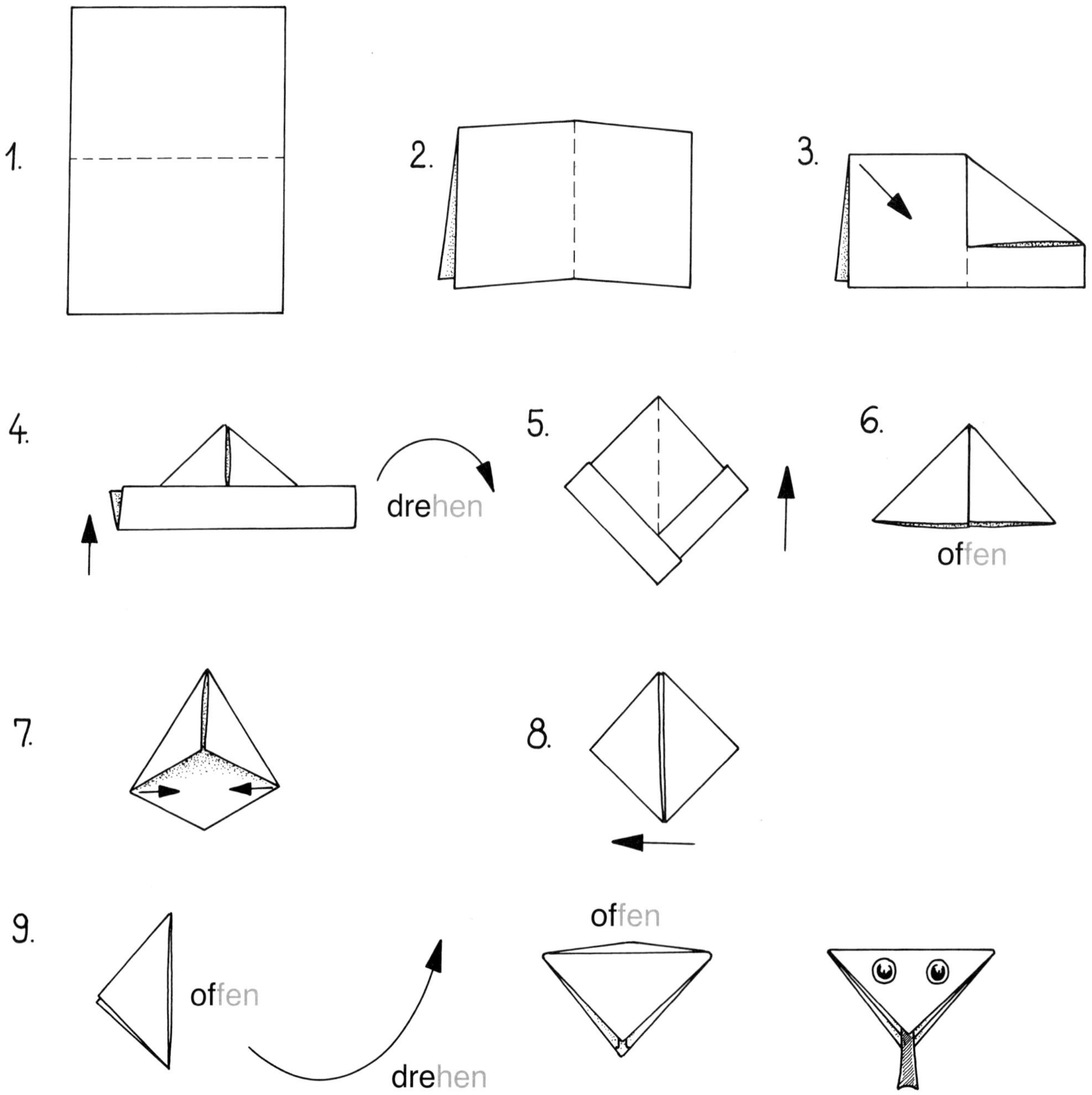

1. Bastelvorlage zur Einführung von Qu, qu

m, i, u, M, o

1.

mu

mu

mi

mi

mu

mu

mi

mi

2.

mo

mo

mo

mo

Mo

Mo

Mo

Mo

Momo

Momo

1. Die Reihen fortsetzen
2. Die Reihen fortsetzen und Nomen mit zwei Farben schreiben

Teil A

m, i, u, M, o

1.

mo

mo

mi

mi

mu

mu

Mo

Mo

Mi

Mi

Mu

Mu

2.

Mimi

Mimi

Mimi

Mimi

Momo

Momo

Momo

Momo

1. Die Reihen fortsetzen
2. Nomen: die Reihen fortsetzen und mit zwei Farben schreiben

1.

ma
ma

ma
ma

Ma
Ma

Ma
Ma

Mama
Mama

2.

mi
mi

mo
mo

mu
mu

Mia
Mia

Mio
Mio

1. Die Reihen fortsetzen und Nomen mit zwei Farben schreiben
2. Die Reihen fortsetzen und Nomen mit zwei Farben schreiben

1.

me

me

me

me

Me

Me

Me

Me

Memo

Memo

2.

ma

ma

me

me

mi

mi

mo

mo

mu

mu

1. Die Reihen fortsetzen und Nomen mit zwei Farben schreiben
2. Die Reihen fortsetzen

1.

La

La

ma

ma

Lama

Lama

Li

Li

mo

mo

Limo

Limo

li

li

la

la

lila

lila

Lilo

Lilo

1. Die Reihen fortsetzen und Wörter mit zwei Farben schreiben

1.

A

A

E

E

I

I

O

O

U

U

2.

A

E

I

O

U

1. Die Reihen fortsetzen
2. Passenden Großbuchstaben schreiben und die Reihen fortsetzen

1.

Ta ta

Ta ta

Te te

Te te

Ti ti

Ti ti

To to

To to

Tu tu

Tu tu

2.

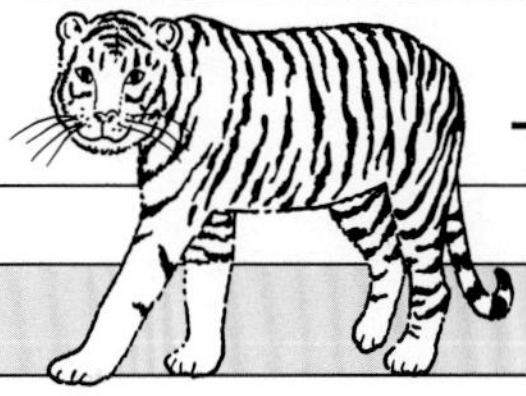

Tila

Tila

Toto

Toto

Timo

Timo

Omi

Omi

Lili

Lili

1. Die Reihen fortsetzen
2. Nomen: die Reihen fortsetzen und mit zwei Farben schreiben

R r

1.

Ra ra

Ra ra

Re re

Re re

Ri ri

Ri ri

Ro ro

Ro ro

Ru ru

Ru ru

2.

Ria

Ria

rate

rate

Rute

Rute

rote

rote

Tila

Tila

1. Die Reihen fortsetzen
2. Wörter: die Reihen fortsetzen und mit zwei Farben schreiben

1.

Sa sa

Sa sa

Se se

Se se

Si si

Si si

So so

So so

Su su

Su su

2.

Susi

Susi

Lisa

Lisa

Sara

Sara

Salate

Salate

Salami

Salami

1. Die Reihen fortsetzen
2. Nomen: die Reihen fortsetzen und mit zwei Farben schreiben

W w

1.

Wa wa

Wa wa

We we

We we

Wi wi

Wi wi

Wo wo

Wo wo

Wu wu

Wu wu

2.

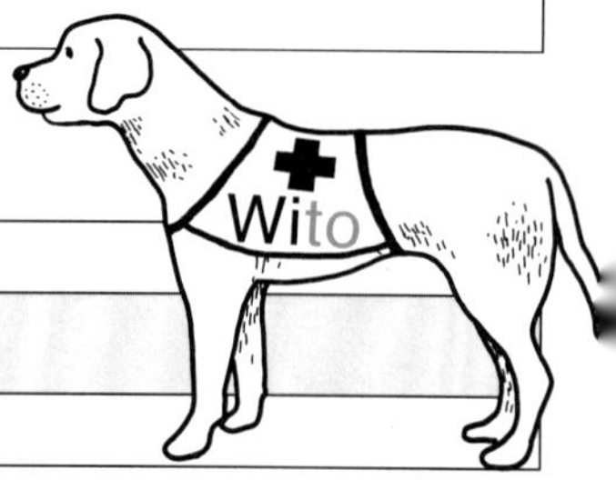

Wito

Wale

Wale

Uwe

Uwe

Tilo

Tilo

Tomate

Tomate

1. Die Reihen fortsetzen
2. Nomen: die Reihen fortsetzen und mit zwei Farben schreiben

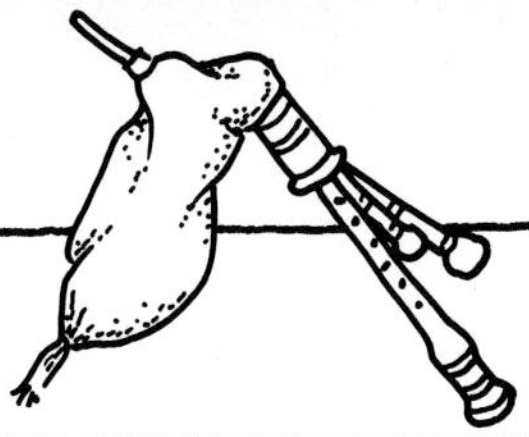

1.

Da da

Da da

De de

De de

Di di

Di di

Do do

Do do

Du du

Du du

2.

didel

didel

dadel

dadel

dudel

dudel

Doris

Doris

Dame

Dame

1. Die Reihen fortsetzen
2. Die Reihen fortsetzen und mit zwei Farben schreiben

Teil A

N n

zu S. 26/27

1.

Na na

Na na

Ne ne

Ne ne

Ni ni

Ni ni

No no

No no

Nu nu

Nu nu

2.

Nina

Nina

Nena

Nena

Name

Name

Nadel

Nadel

Lineal

Lineal

1. Die Reihen fortsetzen
2. Nomen: die Reihen fortsetzen und mit zwei Farben schreiben

1.

Scha

Scha

Sche

Sche

Schi

Schi

Scho

Scho

Schu

Schu

2.

scha

scha

sche

sche

schi

schi

scho

scho

schu

schu

1. Die Reihen fortsetzen
2. Die Reihen fortsetzen

Teil A

Sch sch

zu S. 30/31

1.

Schule

Schule

Schale

Schale

Schemel

Schemel

Schere

Schere

Schirme

Schirme

Schalter

Schalter

Maschine

Maschine

2.

duschen

duschen

naschen

naschen

waschen

waschen

1. Nomen: die Reihen fortsetzen und mit zwei Farben schreiben
2. Verben: die Reihen fortsetzen und mit zwei Farben schreiben

1.

schla

schla

schna

schna

schnurren

schnurren

schwimmen

schwimmen

schnattern

schnattern

2.

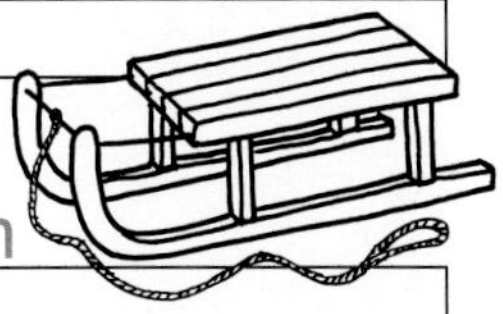

Schlitten

Schlitten

Schnee

Schnee

Schwerter

Schwerter

Schwan

Schwan

Schwamm

Schwamm

1. Die Reihen fortsetzen und Verben mit zwei Farben schreiben
2. Nomen: die Reihen fortsetzen und mit zwei Farben schreiben

Teil A

Ei ei

zu S. 36/37

1.

Ei

Ei

Eis

Eis

Eile

Eile

Eimer

Eimer

2.

ei

ei

ein

ein

eine

eine

leise

leise

meine

meine

deine

deine

1. Nomen: die Reihen fortsetzen und mit zwei Farben schreiben
2. Die Reihen fortsetzen und Wörter mit zwei Farben schreiben

1.

kna

kna

kle

kle

krei

krei

knallen

knallen

klettern

klettern

kreischen

kreischen

2.

Kakadu

Kakadu

Karten

Karten

Kleider

Kleider

Krokodil

Krokodil

1. Die Reihen fortsetzen und Verben mit zwei Farben schreiben
2. Nomen: die Reihen fortsetzen und mit zwei Farben schreiben

1.

Schnecke

Schnecke

Dackel

Dackel

Wecker

Wecker

Rücken

Rücken

2.

ticken

ticken

schmecken

schmecken

wecken

wecken

knacken

knacken

lecken

lecken

nicken

nicken

1. Nomen: die Reihen fortsetzen und mit zwei Farben schreiben
2. Verben: die Reihen fortsetzen und mit zwei Farben schreiben

1.

bla

bla

bra

bra

bro

bro

blu

blu

blasen

blasen

braten

braten

bluten

bluten

2.

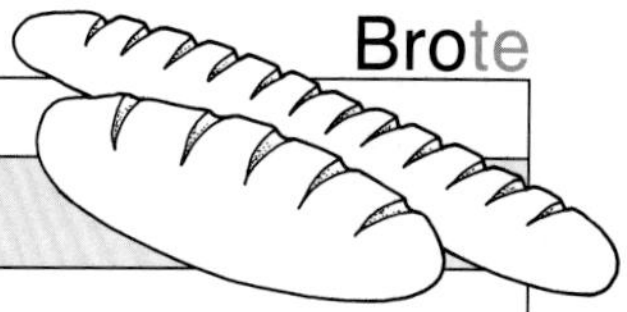

Brote

Brote

Blumen

Blumen

Brei

Brei

1. Die Reihen fortsetzen und Verben mit zwei Farben schreiben
2. Nomen: die Reihen fortsetzen und mit zwei Farben schreiben

F f

zu S. 42/43

1.

fla

fri

fei

feiern

fischen

frisch

Feder

Reifen

Fische

Flasche

Futter

Flamme

Tafel

1. Die Reihen fortsetzen und Wörter mit zwei Farben schreiben

Au au

zu S. 44/45

1. ✎

Au au

Auto

Klaus

Daumen

Schraube

Maus

laut

braun

blau

sausen

schaukeln

kaufen

laufen

1. Die Reihen fortsetzen und Wörter mit zwei Farben schreiben

G g

1.

gla

gla

grau

grau

grün

grün

gelb

gelb

Glas

Glas

Gras

Gras

Garten

Garten

Geister

Geister

Gurke

Gurke

Geige

Geige

Gabel

Gabel

Tiger

Tiger

Nagel

Nagel

1. Die Reihen fortsetzen und Wörter mit zwei Farben schreiben

1. 

der Riese

der Riese

riesig

riesig

sieben

sieben

sie

sie

wir siegen

wir siegen

der Sieger

der Sieger

wir liegen

wir liegen

die Liege

die Liege

die Lieder

die Lieder

die Tiere

die Tiere

die Wiese

die Wiese

die Biene

die Biene

wir fliegen

wir fliegen

1. Die Reihen fortsetzen und mit zwei Farben schreiben

  · Bestell-Nr. 1403-70

P p

1.

Papa

Papa

Panne

Panne

Paula

Paula

Panda

Panda

Raupe

Raupe

Peter

Peter

Pudel

Pudel

Puma

Puma

Wespe

Wespe

Ampel

Ampel

Lampe

Lampe

Papagei

Papagei

parken

parken

1. Die Reihen fortsetzen und mit zwei Farben schreiben

1.

Pf pf

die Pferde

der Pfau

die Pfeife

die Pfeile

die Pfanne

der Topf

der Kopf

der Apfel

wir hüpfen

wir knüpfen

wir klopfen

wir pflücken

1. Die Reihen fortsetzen und Wörter mit zwei Farben schreiben

Teil B

H h

zu S. 52/53

1.

der Hase
der Hase

die Hose
die Hose

die Hunde
die Hunde

der Himmel
der Himmel

die Hummel
die Hummel

die Henne
die Henne

die Harfe
die Harfe

der Hecht
der Hecht

das Nashorn
das Nashorn

der Hut
der Hut

wir hüpfen
wir hüpfen

wir halten
wir halten

wir holen
wir holen

1. Die Reihen fortsetzen und mit zwei Farben schreiben

1.

der Ruß

der Ruß

großer Fuß

großer Fuß

weiße Farbe

weiße Farbe

heiße Soße

heiße Soße

süßer Saft

süßer Saft

heißer Ofen

heißer Ofen

fleißig

fleißig

draußen

draußen

kalt – heiß

kalt – heiß

innen – außen

innen – außen

klein – groß

klein – groß

wir heißen

wir heißen

wir grüßen

wir grüßen

1. Die Reihen fortsetzen und mit zwei Farben schreiben

Teil B

ch

1. 

ich

ich

acht

acht

auch

auch

der Drache

der Drache

der Bauch

der Bauch

der Rauch

der Rauch

der Schlauch

der Schlauch

der Bach

der Bach

wir fauchen

wir fauchen

der tauchen

wir tauchen

wir lachen

wir lachen

wir schleichen

wir schleichen

wir rechnen

wir rechnen

1. Die Reihen fortsetzen und mit zwei Farben schreiben

Ä ä

zu S. 56/57

1.

der Bär

Bärbel

das Häslein

die Äpfel

die Blätter

der Käfer

der Käfig

der Käse

der Säbel

die Säge

das Märchen

das Mädchen

die Träne

1. Die Reihen fortsetzen und mit zwei Farben schreiben

St st

1. 

der Storch
der Storch

der Strom
der Strom

der Stier
der Stier

die Steine
die Steine

der Stern
der Stern

der Stift
der Stift

die Straße
die Straße

der Streifen
der Streifen

der Stiefel
der Stiefel

wir staunen
wir staunen

wir steigen
wir steigen

wir streiten
wir streiten

wir stoppen
wir stoppen

1. Die Reihen fortsetzen und mit zwei Farben schreiben

1.

Spanien

Spanien

der Specht

der Specht

der Spiegel

der Spiegel

die Spinne

die Spinne

der Sport

der Sport

spät

spät

die Spiele

die Spiele

wir spielen

wir spielen

die Speisekarte

die Speisekarte

wir speisen

wir speisen

die Spardose

die Spardose

wir sparen

wir sparen

Lamas spucken

Lamas spucken

1. Die Reihen fortsetzen und mit zwei Farben schreiben

Ö ö

1.

der König

der König

die Frösche

die Frösche

die Störche

die Störche

die Möwe

die Möwe

die Töne

die Töne

die Flöte

die Flöte

der Löwe

der Löwe

der Löffel

der Löffel

die Wörter

die Wörter

das Öl

das Öl

die Kröte

die Kröte

schön

schön

wir hören

wir hören

1. Die Reihen fortsetzen und mit zwei Farben schreiben

1.

zehn

zehn

zwei

zwei

schwarz

schwarz

die Ziege

die Ziege

das Zebra

das Zebra

die Zitrone

die Zitrone

die Kerze

die Kerze

die Zelte

die Zelte

der Zucker

der Zucker

der Zauberer

der Zauberer

die Zwerge

die Zwerge

wir zählen

wir zählen

wir zeigen

wir zeigen

1. Die Reihen fortsetzen und mit zwei Farben schreiben

Teil B

tz

1.

die Katze

die Katze

die Tatze

die Tatze

die Hitze

die Hitze

die Spritze

die Spritze

das Schnitzel

das Schnitzel

die Spatzen

die Spatzen

Moritz

Moritz

wir sitzen

wir sitzen

wir putzen

wir putzen

wir flitzen

wir flitzen

wir kitzeln

wir kitzeln

wir kratzen

wir kratzen

wir schwitzen

wir schwitzen

1. Die Reihen fortsetzen und mit zwei Farben schreiben

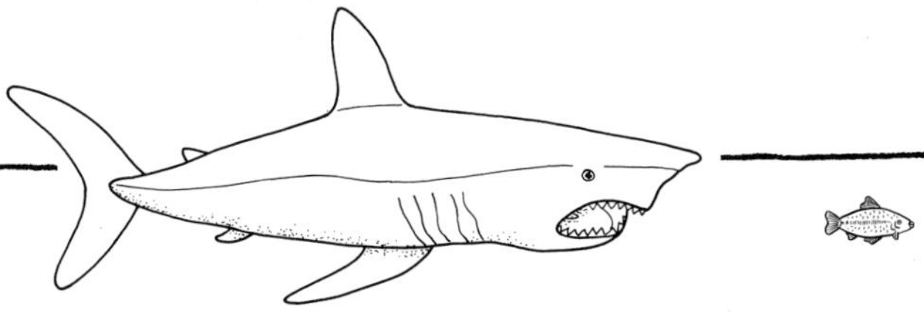

1.

der Hai

der Hai

die Haifischflosse

die Haifischflosse

der Mai

der Mai

der Maikäfer

der Maikäfer

der Maibaum

der Maibaum

der Maitanz

der Maitanz

der Mais

der Mais

das Maisbrot

das Maisbrot

die Kaimauer

die Kaimauer

der Kaiser

der Kaiser

die Kaiserin

die Kaiserin

die Kaiserkrone

die Kaiserkrone

die Saite

die Saite

1. Die Reihen fortsetzen und mit zwei Farben schreiben

Teil B

1. 

der Enkel

der Enkel

der Onkel

der Onkel

der Anker

der Anker

die Punkte

die Punkte

der Schrank

der Schrank

die Funken

die Funken

wir tanken

wir tanken

wir trinken

wir trinken

wir winken

wir winken

wir danken

wir danken

wir lenken

wir lenken

sie denken

sie denken

sie blinken

sie blinken

1. Die Reihen fortsetzen und mit zwei Farben schreiben

1.

die Schlange

die Schlange

die Engel

die Engel

der Ring

der Ring

der Finger

der Finger

die Angel

die Angel

die Zange

die Zange

der Schmetterling

der Schmetterling

die Rechnung

die Rechnung

der Gong

der Gong

der Klang

der Klang

die Klingel

die Klingel

wir klingeln

wir klingeln

wir singen

wir singen

1. Die Reihen fortsetzen und mit zwei Farben schreiben

Ü ü

1.

Ü ü

Ü ü

früh

früh

fünf

fünf

grün

grün

süß

süß

kühl

kühl

die Tüte

die Tüte

die Tür

die Tür

die Überraschung

die Überraschung

die Schüssel

die Schüssel

wir rühren

wir rühren

wir wünschen

wir wünschen

sie brüllen

sie brüllen

1. Die Reihen fortsetzen und Wörter mit zwei Farben schreiben

1.

Jakob
Jakob

der Jäger
der Jäger

die Jacke
die Jacke

der Junge
der Junge

der Jaguar
der Jaguar

Januar
Januar

Juni
Juni

Juli
Juli

Japan
Japan

Judo
Judo

ja
ja

wir jubeln
wir jubeln

wir jagen
wir jagen

1. Die Reihen fortsetzen und mit zwei Farben schreiben

Eu eu

1.

die Eule

die Eule

neu

neu

neun

neun

heute

heute

teuer

teuer

treu

treu

das Heu

das Heu

die Scheune

die Scheune

die Freude

die Freude

der Beutel

der Beutel

der Teufel

der Teufel

wir leuchten

wir leuchten

wir heulen

wir heulen

1. Die Reihen fortsetzen und mit zwei Farben schreiben

1. 

vor

vor

die Vögel

die Vögel

das Vogelnest

das Vogelnest

die Vase

die Vase

Eva

Eva

der Vater

der Vater

der Amselvater

der Amselvater

voll

voll

viel

viel

vier

vier

die Kurve

die Kurve

die Lokomotive

die Lokomotive

wir verlassen

wir verlassen

1. Die Reihen fortsetzen und mit zwei Farben schreiben

Äu äu

zu S. 72/73

1.

eine Maus

eine Maus

viele Mäuse

viele Mäuse

ein Baum

ein Baum

viele Bäume

viele Bäume

der Traum

der Traum

wir träumen

wir träumen

das Haus

das Haus

viele Häuser

viele Häuser

der Zaun

der Zaun

viele Zäune

viele Zäune

der Strauß

der Strauß

viele Sträuße

viele Sträuße

der Läufer

der Läufer

1. Die Reihen fortsetzen und mit zwei Farben schreiben

Qu qu

zu S. 74/75

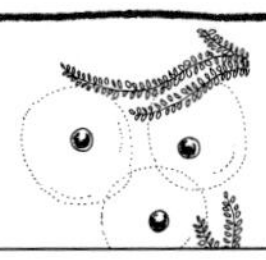

1.

die Quelle

die Qualle

der Quatsch

die Kaulquappe

das Aquarium

der Qualm

das Quadrat

der Quark

das Quartett

sie quietschen

sie quaken

sie quatschen

sie quengeln

1. Die Reihen fortsetzen und mit zwei Farben schreiben

  · Bestell-Nr. 1403-70

Teil B

Y y

1.

das Pony
das Pony

der Ponyhof
der Ponyhof

Yvonne
Yvonne

Sylvia
Sylvia

die Party
die Party

das Hobby
das Hobby

der Teddy
der Teddy

der Zylinder
der Zylinder

der Dynamo
der Dynamo

die Gymnastik
die Gymnastik

das Handy
das Handy

die Pyramide
die Pyramide

das Labyrinth
das Labyrinth

1. Die Reihen fortsetzen und mit zwei Farben schreiben

1.

der Clown

der Clown

Piccolo

Piccolo

Nico

Nico

der Cowboy

der Cowboy

das Chamäleon

das Chamäleon

der Computer

der Computer

Christian

Christian

Christine

Christine

Cornelia

Cornelia

Claudia

Claudia

der Chor

der Chor

China

China

Cent

Cent

1. Die Reihen fortsetzen und mit zwei Farben schreiben

1.

die Hexe

die Hexe

Trixi

Trixi

Abraxas

Abraxas

Xaver

Xaver

das Lexikon

das Lexikon

wir mixen

wir mixen

die Nixe

die Nixe

der Boxer

der Boxer

das Xylofon

das Xylofon

das Saxofon

das Saxofon

Max

Max

die Axt

die Axt

das Taxi

das Taxi

1. Die Reihen fortsetzen und mit zwei Farben schreiben

1.

der Fuchs

der Fuchs

der Dachs

der Dachs

der Luchs

der Luchs

der Lachs

der Lachs

der Ochse

der Ochse

die Eidechse

die Eidechse

der Nachwuchs

der Nachwuchs

die Deichsel

die Deichsel

der Sachse

der Sachse

urwüchsig

urwüchsig

wir wachsen

wir wachsen

wir wechseln

wir wechseln

sechs

sechs

1. Die Reihen fortsetzen und mit zwei Farben schreiben

Inhalt Lieder

Lied	zu Silbenfibel-seite	Kopiervorlage Nr.	Handbuch-seite
Auf dem Bauernhof	2/3	75	364
A, a, a, die Schulzeit, die ist da!	4/5	76	365
Das Eichhörnchen	10/11	77/ 78	366
Ich bin ein kleiner Esel	14/15	79	368
Elefantenlied	16/17	80	369
Rirarutsch	18/19	81	370
Das Bienchen	20/21	82	371
Heißa Kathreinerle	24/25	83	372
Josef, lieber Josef mein	28/29	84	373
Sieben kleine Bären	30/31	85	374
A, a, a der Winter, der ist da!	32/33	86	375
Das Ei-Lied	36/37	87	376
Große Uhren schlagen ding, dong	38/39	88	377
Das Glitzerlied	42/43	89	378
Has', Has', Osterhas'	52/53	90	379
Häschen in der Grube	56/57	91	380
Der Klapper-schnabelstorch	58/59	92	381
Der Jaguar	66/67	93	382
Was träumen wohl die Mäuschen	72/73	94	383
Die Frösche quaken	74/75	95	384
Pony-Song	76/77	96	385
Trixi heißt die Hexe	80/81	97	386

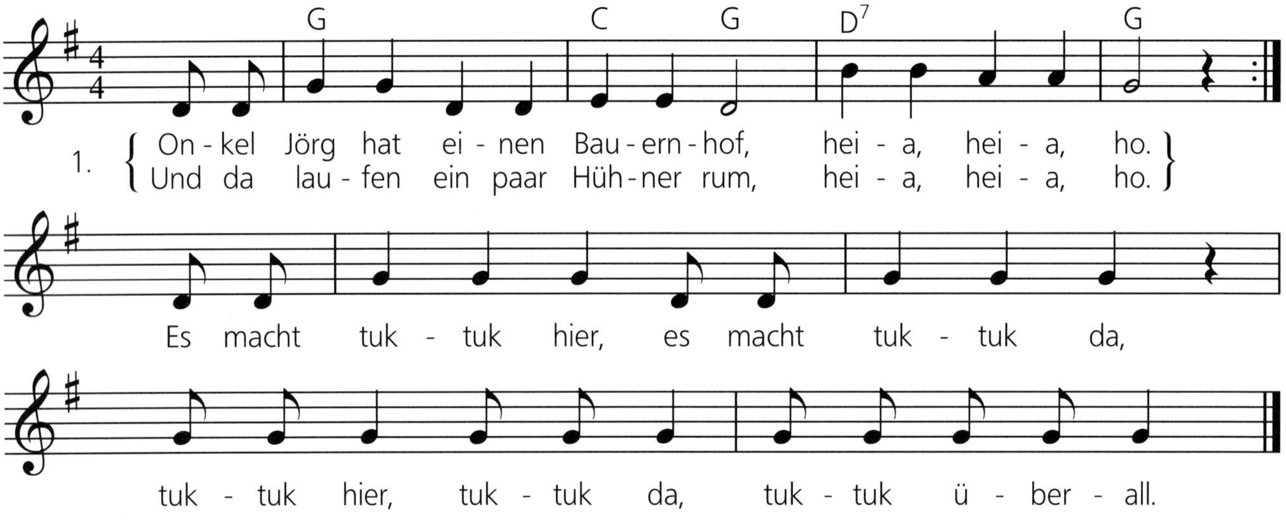

2. Onkel Jörg hat einen Bauernhof, heia, heia, ho.
Und da laufen ein paar Gänse rum, heia, heia, ho.
Es macht ga – gak hier, es macht ga – gak da,
ga – gak hier, ga – gak überall.

3. … Schweine … oi – oi …

4. … Ziegen … mek – mek …

5. … Kühe … mu – mu …

Kinderlied aus England
Original: Old Mc Donald had a farm
dt. Text: unbekannter Verfasser

CD A Lied-Nr. 1 (vokal)
CD A Lied-Nr. 2 (instrumental)

Lied: „A, a, a, die Schulzeit, die ist da!“ zu Seite 4/5

2. E, e, e, jetzt geht es los, ole!
3. I, i, i, vergiss das Lesen nie!
4. O, o, o, wir machen alle so!
5. U, u, u, die Zeit vergeht im Nu!

Melodie: traditionell
Text: unbekannter Verfasser

CD A Lied-Nr. 3 (vokal)
CD A Lied-Nr. 4 (instrumental)

Text & Musik: Susanne Peter/Uli Führe

Begleitung beim Refrain:

Klanghölzer:

Xylofon/Klangstäbe

CD A Lied-Nr. 5 (vokal)
CD A Lied-Nr. 6 (instrumental)

2. Wer wird in kalter Winterszeit an diesen Plätzen sein?
Das kann ja nur das Eichhörnchen mit seinem Schwänzlein sein!
Refrain: Es springt behänd im Baum herum von Ast zu Ast,
tanzt hoch hinauf und weit hinab und macht nun Rast.

3. Wer nagt mit seinen Zähnen und beißt in die Nüsse rein?
Das kann ja nur das Eichhörnchen mit seinem Schwänzlein sein!
Refrain: Es springt behänd im Baum herum von Ast zu Ast,
tanzt hoch hinauf und weit hinab und macht nun Rast.

4. Wer spitzt die Ohren und horcht wachsam in den Wald hinein?
Das kann ja nur das Eichhörnchen mit seinem Schwänzlein sein!
Refrain: Es springt behänd im Baum herum von Ast zu Ast,
tanzt hoch hinauf und weit hinab und macht nun Rast.

5. Wer baut sich in den Tannenwipfeln Nester rund und klein?
Das kann ja nur das Eichhörnchen mit seinem Schwänzlein sein!
Refrain: Es springt behänd im Baum herum von Ast zu Ast,
tanzt hoch hinauf und weit hinab und macht nun Rast.

Bewegungsspiel im Klassenzimmer:

1. „Bewege was du hörst“: Die Lehrerin/der Lehrer spielt auf den Klanghölzern, die Kinder bewegen sich zwischen den Bänken. Wenn die Lehrerin/der Lehrer stoppt, bleiben die Kinder stehen. Die Lehrerin/der Lehrer spielt mit unterschiedlichen längeren oder kürzeren Phrasen.

2. „Begleite was du siehst“: Alle Kinder haben Klanghölzer (alternativ: auf den Tischen trommeln). Ein Kind bewegt sich im Raum durch die Bankreihen hindurch, die anderen begleiten es. Wenn die Bewegung stoppt, stoppt auch die Musik!

Text: Susanne Peter

  · Bestell-Nr. 1403-70

Text und Melodie: volkstümlich

Teil A: Mit „Gepäck" auf dem Rücken gebückt im Kreis gehen.

Teil B: Mit dem Kopf nicken und dabei „i-a" rufen.

Teil C: Mir dem Hinterteil wackeln.

Aufstellung zum Tanz:

Die Kinder stellen sich hintereinander im Kreis auf. Sie gehen im Takt und führen die Bewegungen zu dem Kanon aus.

CD A Lied-Nr. 7 (vokal)
CD A Lied-Nr. 8 (instrumental)

Lied: „Elefantenlied“

zu Seite 16/17

2. Der Löwe da, der Löwe da,
   das ist ein Tier aus Afrika.
3. Der dicke Bär, der dicke Bär,
   der rennt im Käfig hin und her.
4. Der Affe hier, der Affe hier,
   der Affe ist ein lustig Tier.
5. Das Krokodil, das Krokodil,
   das ist sehr faul und tut nicht viel.
6. Der Papagei, der Papagei,
   der schaukelt viel und schreit dabei.

Text: Rudolf Schröter
Melodie: Richard Rudolf Klein
aus: Richard Rudolf Klein, „Willkommen, lieber Tag“

CD A Lied-Nr. 9 (vokal)
CD A Lied-Nr. 10 (instrumental)

2. Rirarittten! Wir fahren in dem Schlitten.
Wir fahren übern tiefen See,
da bricht der Schlitten ein, o weh.
Rirarittten! Da liegt im See der Schlitten.

3. Riraromnibus! Wir fahren mit dem Omnibus.
Der Kutscher schläft. Da macht es bum!
Da fällt der alte Kasten um.
Riraromnibus! Da liegt der dumme Omnibus.

4. Riraruß! Jetzt gehn wir fein zu Fuß.
Da bricht uns auch kein Schimmelbein,
da bricht uns auch kein Schlitten ein.
Riraruß! Fällt um kein Omnibus.

Text und Melodie: volkstümlich

CD A Lied-Nr. 11 (vokal)
CD A Lied-Nr. 12 (instrumental)

Lied: „Das Bienchen“ zu Seite 20/21

2. Sum, sum, sum, Bienchen, summ herum!
Such in Blumen, such in Blümchen
dir ein Tröpfchen, dir ein Krümchen!
Sum, sum, sum, Bienchen, summ herum!

3. Sum, sum, sum, Bienchen, summ herum!
Kehre heim mit reicher Habe,
bau uns manche volle Wabe!
Sum, sum, sum, Bienchen, summ herum!

Text und Melodie: Heinrich Hoffmann von Fallersleben, August Heinrich

CD A Lied-Nr. 13 (vokal)
CD A Lied-Nr. 14 (instrumental)

Lied: „Heißa, Kathreinerle“ zu Seite 24/25

1. Heißa, Kathreinerle, schnür dir die Schuh,
   schürz dir dein Röckele, gönn dir kein Ruh.
   Di-del, du-del, da-del, schrumm, schrumm, schrumm,
   Geht schon der Hopser rum,
   heißa Kathreinerle, frisch immerzu!

2. Dreh wie ein Rädele flink dich im Tanz!
   Fliegen die Zöpfele, wirbelt der Kranz.
   Di-del, du-del, da-del, schrumm, schrumm, schrumm,
   lustig im Kreis herum.
   Dreh dich, mein Mädel, im festlichen Glanz.

3. Heute heißt's lustig sein, morgen ist's aus.
   Sinket der Lichter Schein, geh'n wir nach Haus.
   Di-del, du-del, da-del, schrumm, schrumm, schrumm,
   morgen mit viel Gebrumm,
   fegt die Frau Wirtin den Tanzboden aus.

Text und Melodie: volkstümlich (aus dem Elsass)

CD A Lied-Nr. 15 (vokal)
CD A Lied-Nr. 16 (instrumental)

Lied: „Josef, lieber Josef mein“

zu Seite 28/29

2. Gerne, liebe Maria mein,
helf ich dir wiegen dein Kindelein!
Gott, der wird mein Lohner sein
im Himmelreich, der Jungfrau Kind Maria.

Text und Melodie: volkstümlich

CD A Lied-Nr. 17 (vokal)
CD A Lied-Nr. 18 (instrumental)

Lied: „Sieben kleine Bären“

zu Seite 30/31

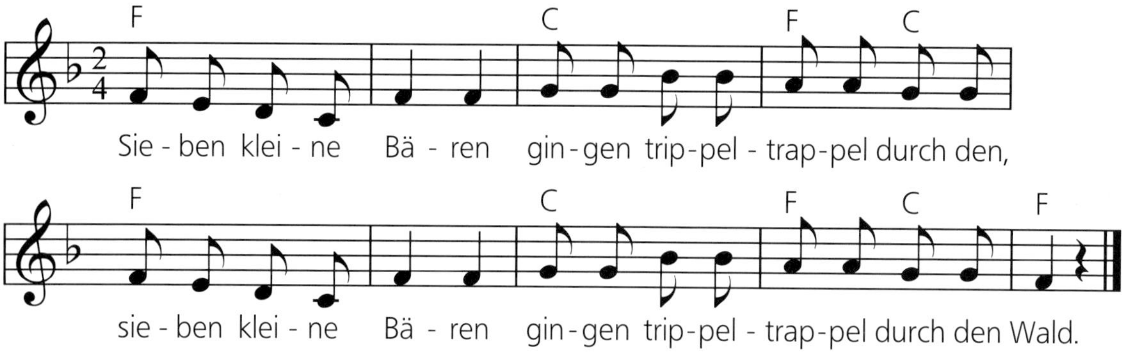

Gesprochen: Und hielten sich brav bei den Vordertatzen.
Da standen sieben kleine Katzen
bei einer Pappel am Bach.
Und sagten: „Ach! Wären wir drüben, miau!“

Gesungen: Sieben kleine Bären …

Gesprochen: Da nahmen die sieben kleinen Bären
die sieben kleinen Katzen auf ihren Rücken
und sagten: „Wir sind stark, es wird uns schon glücken.“
Die Katzen machten die Augen zu vor Ängsten.
Und der kleinsten war es am bängsten.

Gesungen: Sieben kleine Bären …

Gesprochen: Als sie am anderen Ufer waren,
sagten die sieben kleinen Kätzlein artig das Sätzlein:
„Wir danken schön!“
„Es ist gern geschehn!“, erklärten die Bären
und meinten auch: „Ja, wenn wir nicht wären!“

Gesungen: Sieben kleine Bären …

Text: Josef Guggenmoos
Melodie und Satz: Heinz Lemmermann
aus: DIE ZUGABE Band 3, Fidula-Verlag, Boppard/Rhein

CD A Lied-Nr. 19 (vokal)
CD A Lied-Nr. 26 (instrumental)

Lied: „A, a, a, der Winter, der ist da!“

2. E, e, e, er bringt uns Eis und Schnee,
malt uns gar zum Zeitvertreiben
Blumen an die Fensterscheiben.
E, e, e, er bringt uns Eis und Schnee.

3. I, i, i, vergiss die Armen nie!
Wenn du liegst im warmen Kissen,
denk an die, die frieren müssen!
I, i, i, vergiss die Armen nie!

4. O, o, o, wie sind die Kinder froh!
Sehen jede Nacht im Traume
sich schon unterm Weihnachtsbaume.
O, o, o, wie sind die Kinder froh!

5. U, u, u, jetzt weiß ich, was ich tu!
Hol den Schlitten aus dem Keller
und dann geht er schnell und schneller.
U, u, u, jetzt weiß ich was ich tu!

Text und Melodie: traditionell

CD A Lied-Nr. 27 (vokal)
CD A Lied-Nr. 28 (instrumental)

2. „Ei“, sagt die Tanja, „das geht ja toll,
bald hab’ ich eine ganze Seite voll,
vielleicht schreib ich gleich 2
oder auch gleich 3,
dann freu ich mich und sing: Ei, ei, ei.“

aus: Iris Mann/Lisa Wittmann, Lesen lernen ohne Angst, Buch und Tonkassette, extrabuch/PRO Extrabuch Verlag, 1985

CD A Lied-Nr. 29 (vokal)
CD A Lied-Nr. 30 (instrumental)

Lied: „Große Uhren schlagen ding, dong“ zu Seite 38/39

Text: Heidi Köhler Melodie: Karl Karow

CD A Lied-Nr. 31 (vokal)
CD A Lied-Nr. 32 (instrumental)

Refrain:
Lieber Regenbogenfisch,
ein jeder kommt zu dir.
Schenkst uns eine Glitzerschuppe,
dafür danken wir.
Viele kleine Fische
schwimmen überall umher
und ein Funkeln und ein Glitzern
strahlt durch's ganze Meer.

2. Strophe:
Hörst du, wie hier jeder singt,
wenn die Glitzerschuppe blinkt.

3. Strophe:
Fühlst du, was hier jeder denkt,
du hast uns ganz toll beschenkt.

Text: Marcus Pfister, Detlef Jöcker Musik: Detlef Jöcker
Aus: Der Regenbogenfisch

CD A Lied-Nr. 33 (vokal)
CD A Lied-Nr. 34 (instrumental)

Ostinato

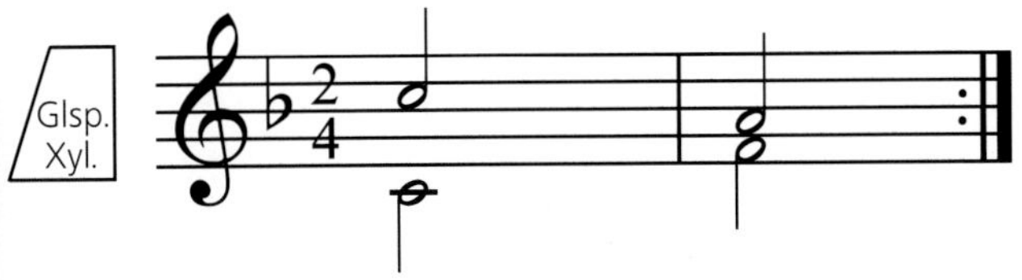

2. Has', Has', Osterhas',
mit deinen bunten Eiern!
Der Star lugt aus dem Kasten raus,
Blühkätzchen sitzen um sein Haus.
Wann kommst du Frühling feiern?

3. Has', Has', Osterhas',
ich wünsche mir das Beste;
ein großes Ei, ein kleines Ei,
dazu ein lustig Dideldumdei.
Und alles in dem Neste.

Text: Paula Dehmel
Melodie: Richard Rudolf Klein
aus: DAS LIEDERNEST Band 1, Fidula-Verlag, Boppard/Rhein

CD A Lied-Nr. 35 (vokal)
CD A Lied-Nr. 36 (instrumental)

Lied: „Häschen in der Grube“ zu Seite 56/57

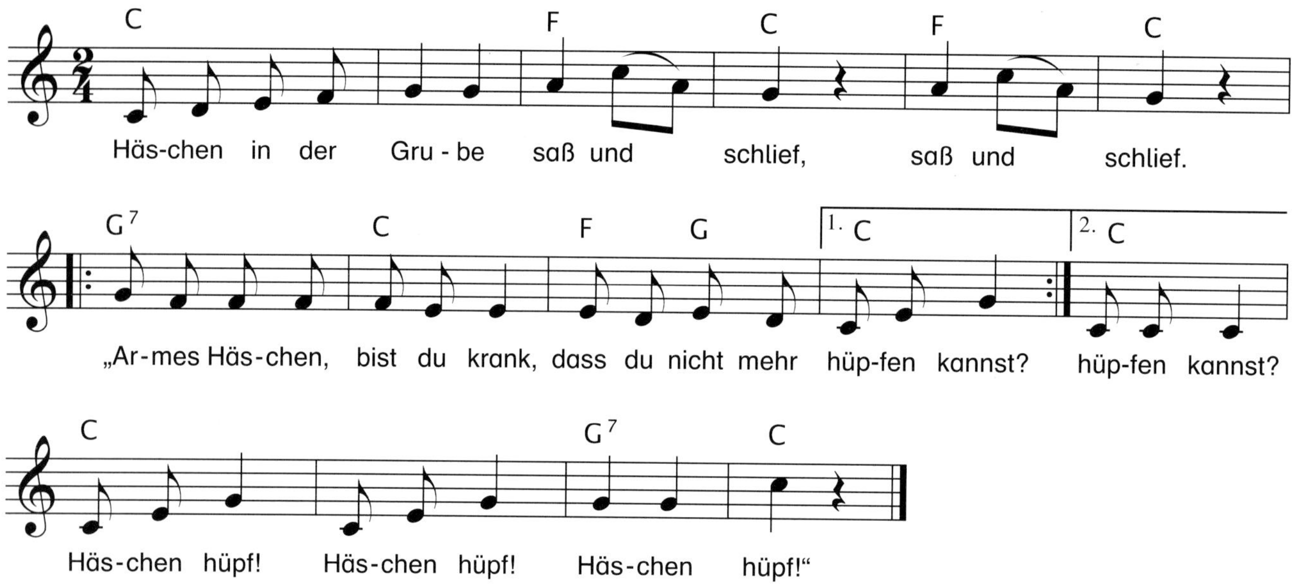

Text: Friedrich Fröbel (1840) Melodie: volkstümlich

CD A Lied-Nr. 37 (vokal)
CD A Lied-Nr. 38 (instrumental)

Lied: „Der Klapperschnabelstorch“

Text: Frantz Wittkamp
Melodie: Dorothée Kreusch-Jakob (www.dorotheekreusch-jacob.com)
Verlag: MUSICJUSTMUSIC® (www.musicjustmusic.com)
Aus: „Liedmobil“ von Dorothée Kreusch-Jakob im Ellermann Verlag

CD A Lied-Nr. 39 (vokal)
CD A Lied-Nr. 40 (instrumental)

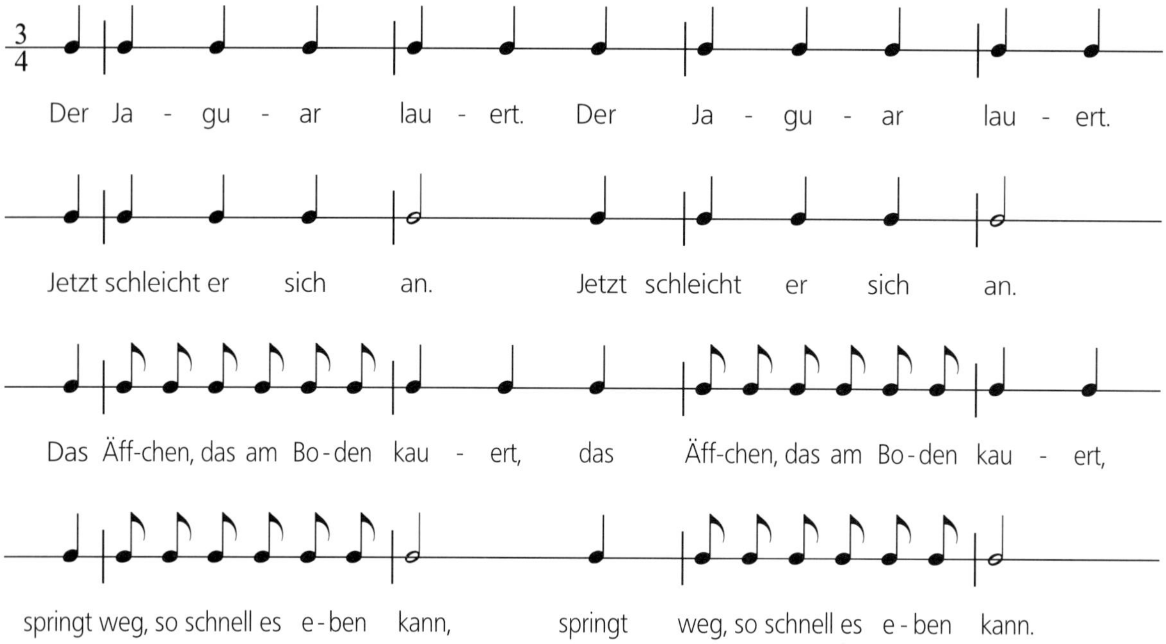

Text: Martin Geck
Aus: ABC-Tierlieder zum Mitmachen, Cornelsen Verlag, Berlin

CD A Lied-Nr. 41 (vokal)
CD A Lied-Nr. 42 (instrumental)

Text: James Krüss Melodie: Hans Joachim Scheurlen
Aus: Der wohltemperierte Leierkasten, Bertelsmann Verlag 1997

CD A Lied-Nr. 43 (vokal)
CD A Lied-Nr. 44 (instrumental)

Lied: „Die Frösche quaken“ zu Seite 74/75

2. Und kommt der Storch, und kommt der Storch, dann schlüpfen sie ins Rohr.
   Quak, quak …
3. Und ist er fort, und ist er fort, dann kommen sie wieder hervor.
   Quak, quak …

Text und Melodie: volkstümlich

CD A Lied-Nr. 45 (vokal)
CD A Lied-Nr. 46 (instrumental)

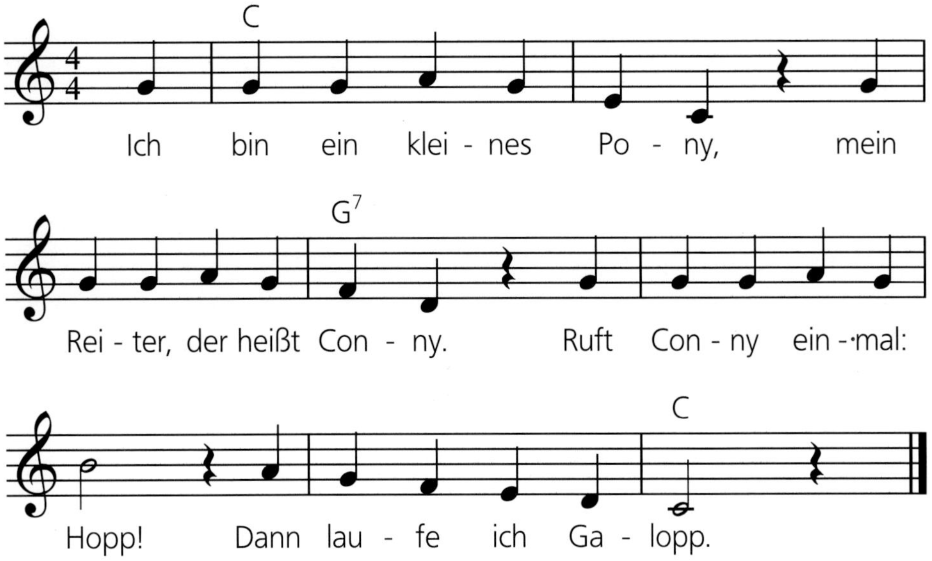

1. Ich bin ein kleines Pony,
   mein Reiter, der heißt Conny.
   Wird mir die Puste knapp,
   dann laufe ich im Trab.
2. Ich bin ein kleines Pony,
   mein Reiter, der heißt Conny.
   Und komm' ich nicht mehr mit,
   dann laufe ich im Schritt.
3. Ich bin ein kleines Pony,
   mein Reiter, der heißt Conny.
   Und bin ich richtig schlapp,
   dann werf ich Conny ab.

Text und Musik: Klaus W. Hoffmann

(Hinweis: Je langsamer das Pony läuft, desto langsamer wird auch das Tempo des Liedes.)

CD A Lied-Nr. 47 (vokal)
CD A Lied-Nr. 48 (instrumental)

Textfassung: Rosmarie Handt, Klaus Kuhn
Originaltext und Melodie: „Eine alte Hexe“, Ulrike Berger, © Gustav Bosse Verlag, Kassel

CD A Lied-Nr. 49 (vokal)
CD A Lied-Nr. 50 (instrumental)

zu Lernstandserhebung	ab Silbenfibelseite	Kopiervorlage Nr.	Handbuch-seite
1	10/11	98 – 101	389
2	18/19	102 – 105	393
3	26/27	106 – 109	397
4	34/35	110 – 113	401
5	44/45	114 – 117	405
6	50/51	118 – 121	409
7	58/59	122 – 125	413
8	66/67	126 – 129	417
9	76/77	130 – 133	421

„Mein Silbenbüchlein“

Vorbereitung Lernstandserhebung

Die Silbenbüchlein mit je 8 Seiten enthalten den Lernstoff bis zur jeweiligen Lernstandserhebung. Sie haben mehrere Funktionen. In erster Linie sind sie eine Vorbereitung auf die Lernstandserhebungen. Eine Woche vor jeder Lernstandserhebung werden die entsprechenden Silbenbüchlein ausgeteilt.
Impuls: „Ihr könnt jeden Tag zwei Seiten als Hausaufgabe bearbeiten.“ Die Bedeutungen der Bildwörter werden geklärt.
Die Schülerin, der Schüler soll selbstständig das Pensum erarbeiten. Das vermittelt den Kindern die Erfahrung, dass eine gezielte und gewissenhafte Vorbereitung zu einer guten Leistung führt. Dies wiederum hilft Kindern, Zutrauen in die eigenen Fähigkeiten zu gewinnen. Die so gewonnene Selbstsicherheit führt in Verbindung mit dem geübten Wortmaterial zu einer anwachsenden Rechtschreibkompetenz, zumal neben den zeitnahen Übungseffekten vor allem strukturelle Strategien zur korrekten Schreibung bemüht werden.

Die Symbole ☺ 😐 ☹ ermöglichen die Selbsteinschätzung des Schülers oder die Rückmeldung des Lehrers.

Nachbereitung Förderung

Die Silbenbüchlein können aber auch nach der jeweiligen Lernstandserhebung zur gezielten Förderung eingesetzt werden.

Motivation

Darüber hinaus macht es den Kindern große Freude, die kleinen Büchlein immer wieder neu zu bekommen und zu gestalten. Die Silbenbüchlein erhöhen die Motivation und den Lernerfolg.

Silbenbüchlein erstellen

Die Silbenbüchlein können ganz einfach erstellt werden:
Nehmen Sie die 2 Seiten eines Büchleins aus dem Ordner. Legen Sie diese in den Schnelleinzug und kopieren Sie beidseitig mit der Funktion „Seiten sortieren“.
Schneiden Sie den oberen Rand mit der Seitenzahl, KV-Nummer und eventuellen Spuren der Lochung ab. Falten Sie die Blätter in der Mitte zu einem Büchlein.

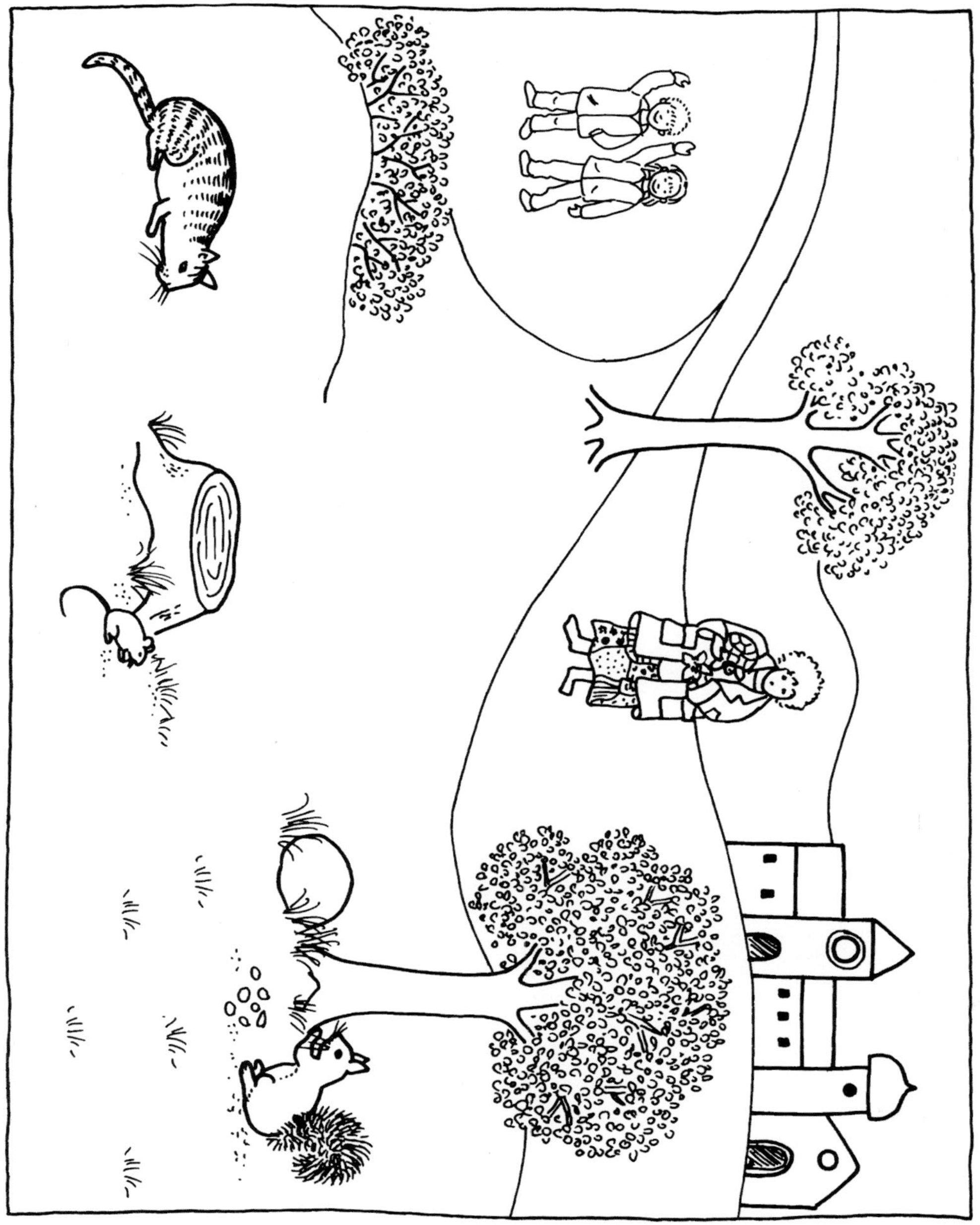

Silbenbüchlein 1 · © Mildenberger Verlag · Bestell-Nr. 1403-70

Mein Silbenbüchlein

1

Mildenberger

Name: ____________________

1. 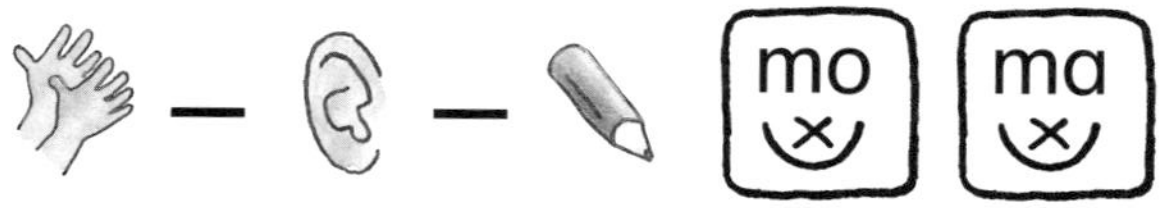

1. Die Bildwörter synchron sprechen und klatschen, auf **Mo**/**mo** und **Ma**/**ma** abhören und im passenden Silbenbogen ankreuzen bzw. nicht zutreffendes Bild streichen: Motorroller, Mama, Mobile, Muli, Waschmaschine, Oma, Tomate, Lama, Momo

6.

6. Namen mit zwei Farben schreiben: Mama, Mia, Memo, Momo, Mio, Mimi

5. – – mu mi

5. Die Bildwörter synchron sprechen und klatschen, auf **Mu/mu** und **Mi/mi** abhören und im passenden Silbenbogen ankreuzen bzw. nicht zutreffendes Bild streichen: Salami, Emu, Domino, Mikado, Telefon, Kamine, Minigolf, Mimi, Mumie

2.

2. Zu den Gebärden schreiben: mu, a, me, mo, e, mi, i, ma, u

3.  – –

4.

Mi
Me
Mu

Mu
Ma
Mi

Mo
Mi
Mu

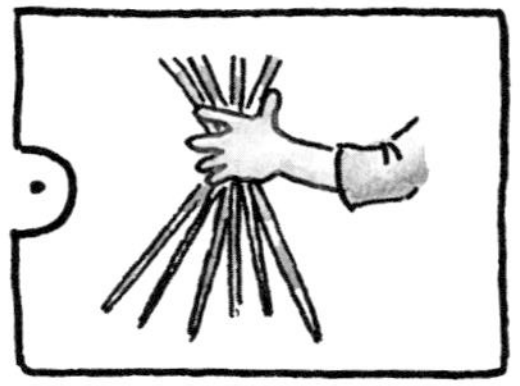

Mo
Ma
Me

Mu
Mo
Mi

Mi
Ma
Mo

Ma
Mu
Mi

Mo
Mu
Ma

3. Die Bildwörter synchron sprechen und klatschen, auf **Me/me** und **Mu/mu** abhören und im passenden Silbenbogen ankreuzen bzw. nicht zutreffendes Bild streichen: Museum, Melone, Lama, Medaille, Musikanten, Muli, Mumie, Memo, Thermometer

4. Mit der passenden Anfangssilbe verbinden: Memo, Mimi, Mikado, Maler, Musikanten, Mofa, Mama, Mobile

Mein Silbenbüchlein

2

Mildenberger

Silbenbüchlein 2 · © Mildenberger Verlag · Bestell-Nr. 1403-70

Name: ____________________________

1.

2.

1. Zu den Gebärden schreiben: lu, la, le
2. Die Bildwörter synchron sprechen und klatschen, auf **La/la**, **Le/le**, **Li/li**, **Lo/lo**, **Lu/lu** abhören und schreiben: Melone, Limo, Libelle, Lama, Laterne, Lilo

9.

9. Namen mit zwei Farben schreiben: Ria, Oma/Omi, Lilo, Tila, Toto, Lama

8.

8. Mit der passenden Anfangssilbe verbinden: Limo, Emu, Tube, Laterne, Igel, Radio, Rose, Tiger/Tila

3. – –

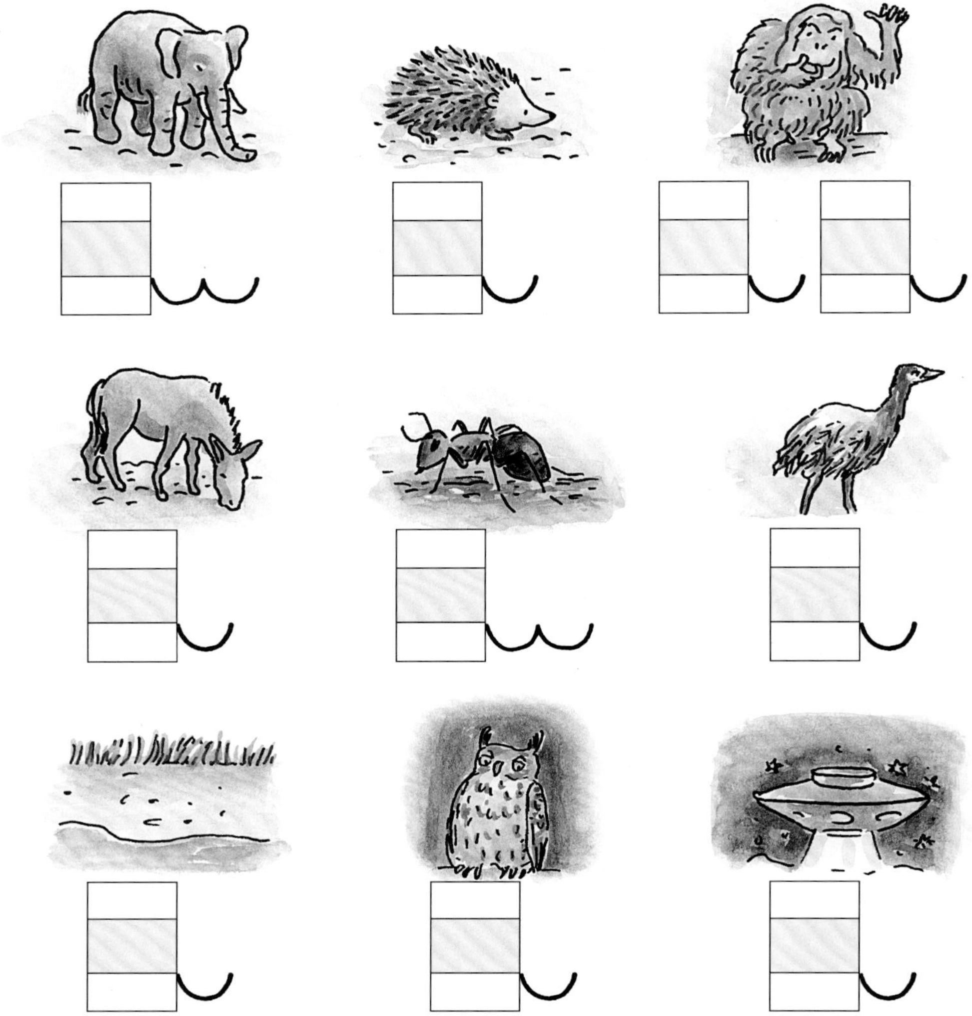

3. Die Bildwörter synchron sprechen und klatschen, auf **A, E, I, O, U** abhören und schreiben: Elefant, Igel, Orang-Utan, Esel, Ameise, Emu, Ufer, Uhu, Ufo

4. 

5. 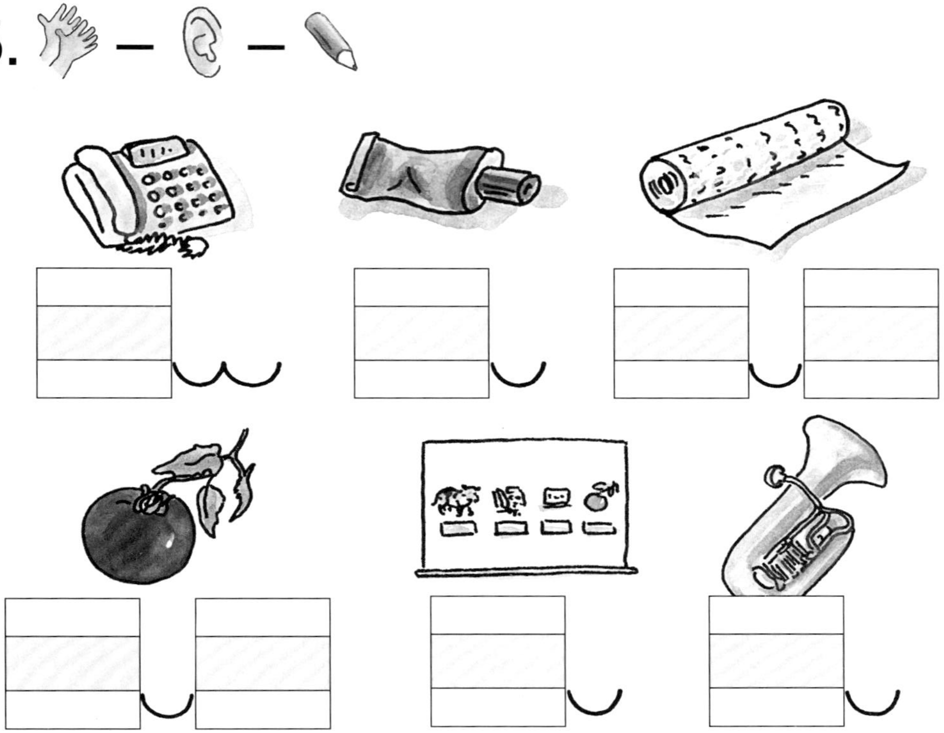

4. Zu den Gebärden schreiben: to, ti, tu
5. Die Bildwörter synchron sprechen und klatschen, auf **Ta/ta**, **Te/te**, **Ti/ti**, **To/to**, **Tu/tu** abhören und schreiben: Telefon, Tube, Tapete, Tomate, Tafel, Tuba

6. 

7. 

6. Zu den Gebärden schreiben: ra, ru, ri
7. Die Bildwörter synchron sprechen und klatschen, auf **Ra**, **Re**, **Ri**, **Ro**, **Ru** abhören und schreiben: Rabe, Rakete, Regen, Rosinen, Rose, Regal

12.

12. Bildwörter mit zwei Farben in Häuschen schreiben: Winter, Nase, Nadel, Tinte, Mantel, Rose

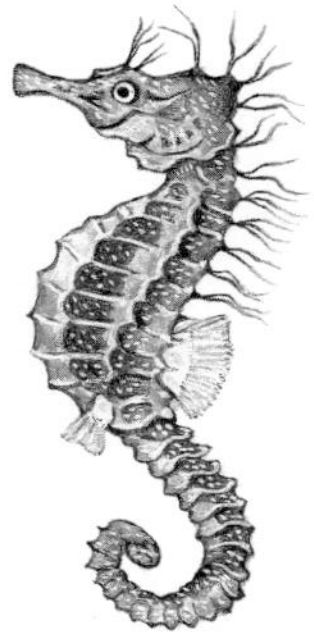

Mein Silbenbüchlein

3

Mildenberger

Name: ____________________

1.

2.

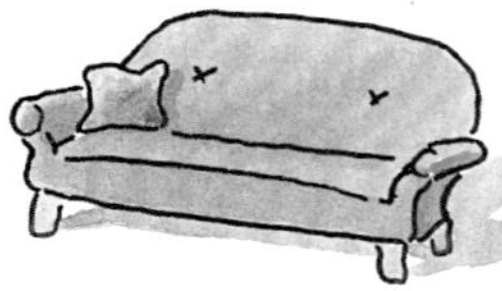

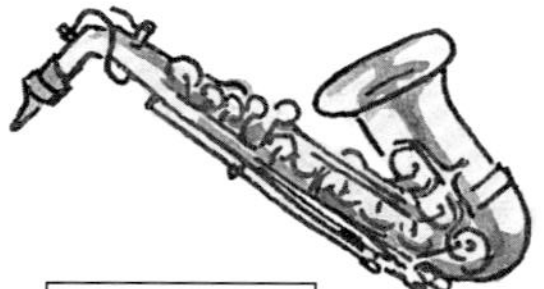

1. Zu den Gebärden schreiben: se, sa, su
2. Die Bildwörter synchron sprechen und klatschen, auf alle bis jetzt bekannten Silben abhören und schreiben: Sofa, Segel, Rosinen, Saxofon, Lisa, Soße

11.

11. Namen mit zwei Farben schreiben: Timo, Lisa, Tilo, Wito, Uwe, Doris

9.

10.

9. Mit der passenden Endsilbe verbinden: Riese, Möwe, Wunde, Wiese
10. Mit der passenden Anfangssilbe verbinden: Tinte, Mantel, Winter, Wolke

3.

4.

3. Zu den Gebärden schreiben: wo, wi, wa
4. Die Bildwörter synchron sprechen und klatschen, auf alle bis jetzt bekannten Silben abhören und schreiben: Wagen, Wale, Uwe, Wikinger, Wito, Lawine

5.

6.

5. Zu den Gebärden schreiben: di, del, do
6. Die Bildwörter synchron sprechen und klatschen, auf alle bis jetzt bekannten Silben abhören und schreiben: Pudel, Dame, Gardine, Dino, Dose, Nadel

7.

8.

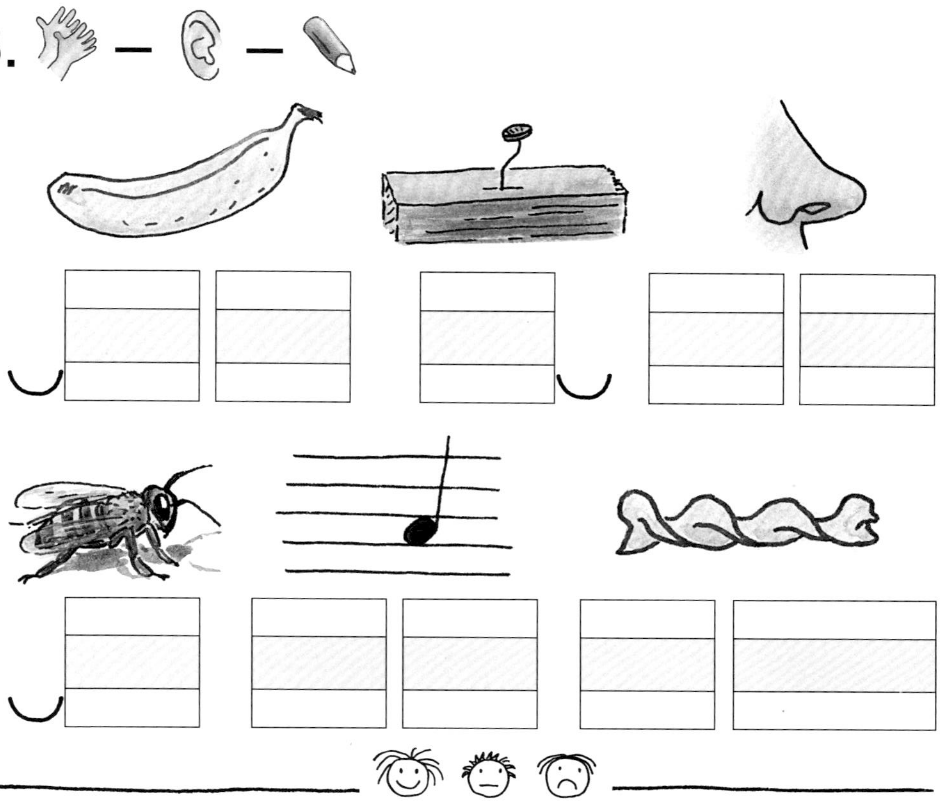

7. Zu den Gebärden schreiben: nis, men
8. Die Bildwörter synchron sprechen und klatschen, auf alle bis jetzt bekannten Silben abhören und schreiben: Banane, Nagel, Nase, Biene, Note, Nudel

10.

10. Nomen und Verben mit zwei Farben schreiben: Tasche, weinen, schneiden, Schweine, Muschel, waschen

Mein Silbenbüchlein 4

Mildenberger

Name:

1.

2.

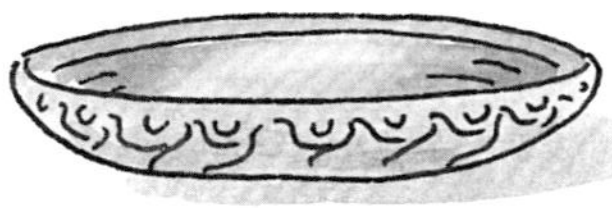

1. Zu den Gebärden schreiben: sche, schi, scho
2. Die Bildwörter synchron sprechen und klatschen, auf alle bis jetzt bekannten Silben abhören und schreiben: Schere, Schemel, Schule, Schale

9. ein oder eine

9. Unbestimmten Artikel **ein**/**eine** passend zu den Abbildungen schreiben: Auto, Eis, Lampe, Flasche, Schere, Stuhl, Apfel, Leiter, Tisch, Tomate, Haus, Banane

8.

8. Bildwörter mit zwei Farben in Häuschen schreiben: Leine, Reiter, Meise, Eimer, Schweine, Leiter

3.

3. Bildwörter mit zwei Farben in Häuschen schreiben: Schirme, Schule, Schale, Schulter, Schere, Schilder

4.

5.

Schnil
Schnal
Schnul

Schmor
Schlor
Schnor

Schrul
Schnul
Schmul

Schnit
Schlit
Schrit

4. Zu den Gebärden schreiben: schnu, Schnee, Schnur, schla
5. Mit der passenden Anfangssilbe verbinden: Schnalle, Schnorchel, Schnuller, Schlitten

6.

7.

6. Zu den Gebärden schreiben: dei, schei, mei
7. Die Bildwörter synchron sprechen und klatschen, auf alle bis jetzt bekannten Silben abhören und schreiben: Eisbär, Eidechse, Reifen, Seife, Eichel, Schleife

13.

13. Nomen und Verben mit zwei Farben schreiben: schlafen, Ofen, Fische, Reifen, laufen, schauen, Maus, Auto

Mein Silbenbüchlein 5

Mildenberger

Name:

1.

2.

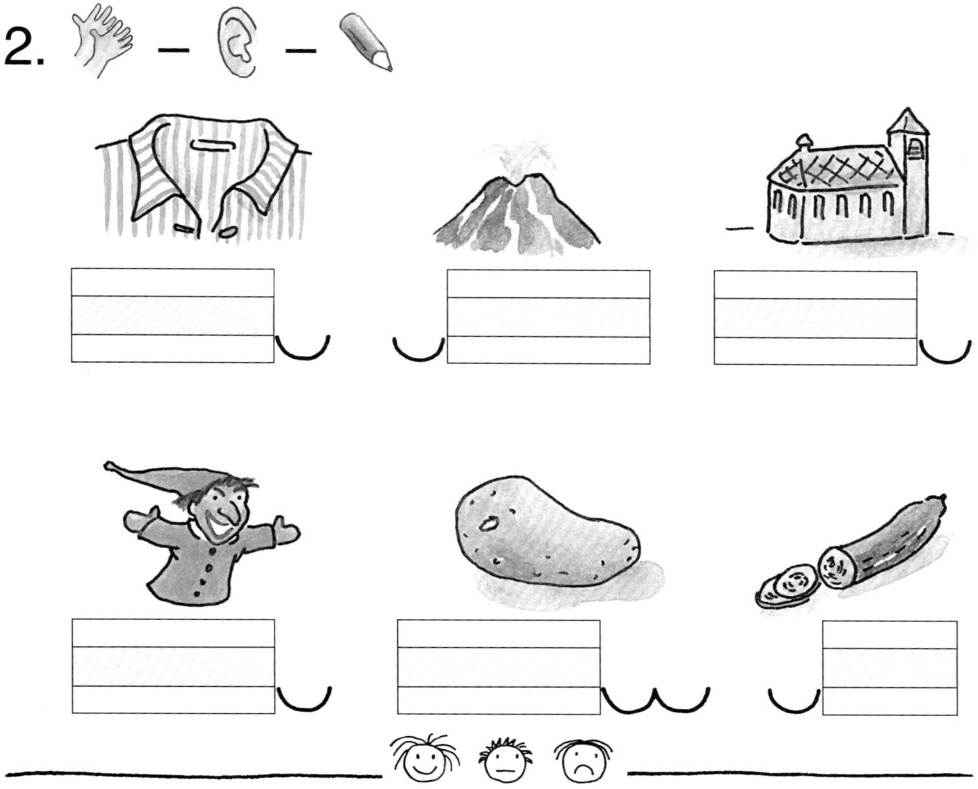

1. Zu den Gebärden schreiben: ko, kni, kla
2. Die Bildwörter synchron sprechen und klatschen, auf alle bis jetzt bekannten Silben abhören und schreiben: Kragen, Vulkan, Kirche, Kasper, Kartoffel, Gurke

11.

12.

11. Zu den Gebärden schreiben: au, aus, Maus
12. Bildwörter mit zwei Farben in Häuschen schreiben: Taube, Schaufel, Schraube, Daumen

Silbenbüchlein 5 · © Mildenberger Verlag · Bestell-Nr. 1403-70

9.

10.

9. Zu den Gebärden schreiben: fe, flo, Fisch
10. Bildwörter mit zwei Farben in Häuschen schreiben: Schafe, Feder, Seife, Tafel

3.

4.

3. Bildwörter mit zwei Farben in Häuschen schreiben: Kabel, Krone, Kleider, Karten
4. Nomen mit zwei Farben schreiben: Kinder, Kakadu, Schnecke, Wecker

5.

6.

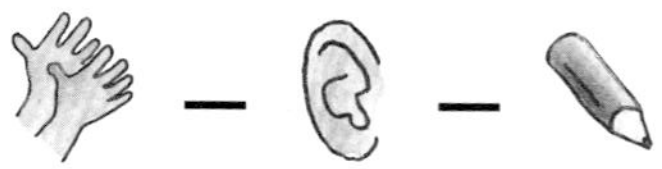

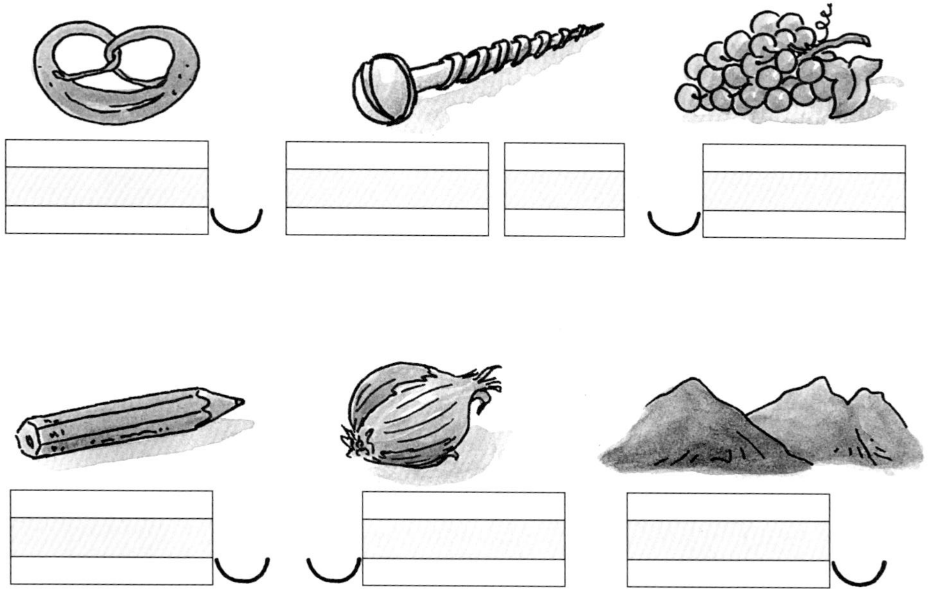

5. Zu den Gebärden schreiben: bei, bla, bo
6. Die Bildwörter synchron sprechen und klatschen, auf alle bis jetzt bekannten Silben abhören und schreiben: Brezel, Schraube, Trauben, Bleistift, Zwiebel, Berge

7.

8.

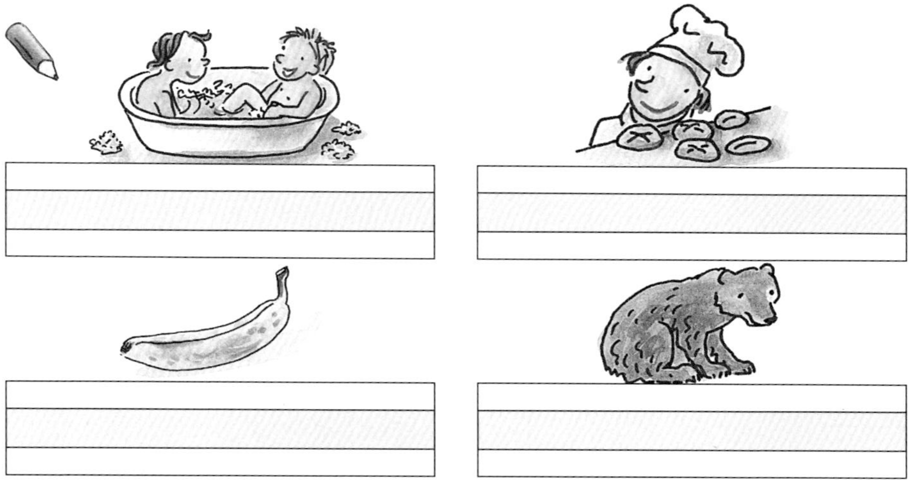

7. Bildwörter mit zwei Farben in Häuschen schreiben: Braten, Blume, Raben, Brote
8. Nomen mit zwei Farben schreiben: baden, Bäcker, Banane, Bär

10.

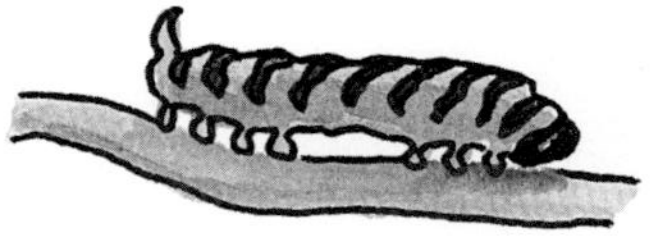

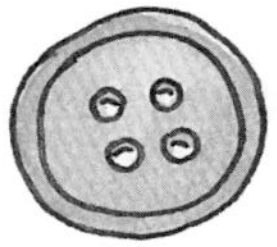

10. Nomen mit zwei Farben schreiben: Wiege, Dieter, Papagei, Lampe, Raupe, Rabe, Knopf, Topf

Mein Silbenbüchlein 6

Mildenberger

Name:

1.

2.

1. Zu den Gebärden schreiben: grau, Geist
2. Bildwörter mit zwei Farben in Häuschen schreiben: Gurke, Auge, Geige, Nagel

8.

9.

8. Nomen mit zwei Farben schreiben: Pfau, Kopf, Pflaume
9. Bildwörter mit zwei Farben in Häuschen schreiben: Pfeife, Pferde, Pfeile, Apfel

6.

7.

6. Zu den Gebärden schreiben: Paula, Puma
7. Bildwörter mit zwei Farben in Häuschen schreiben: Pudel, Wespe, Ampel, Raupe

3. G oder K – g oder k

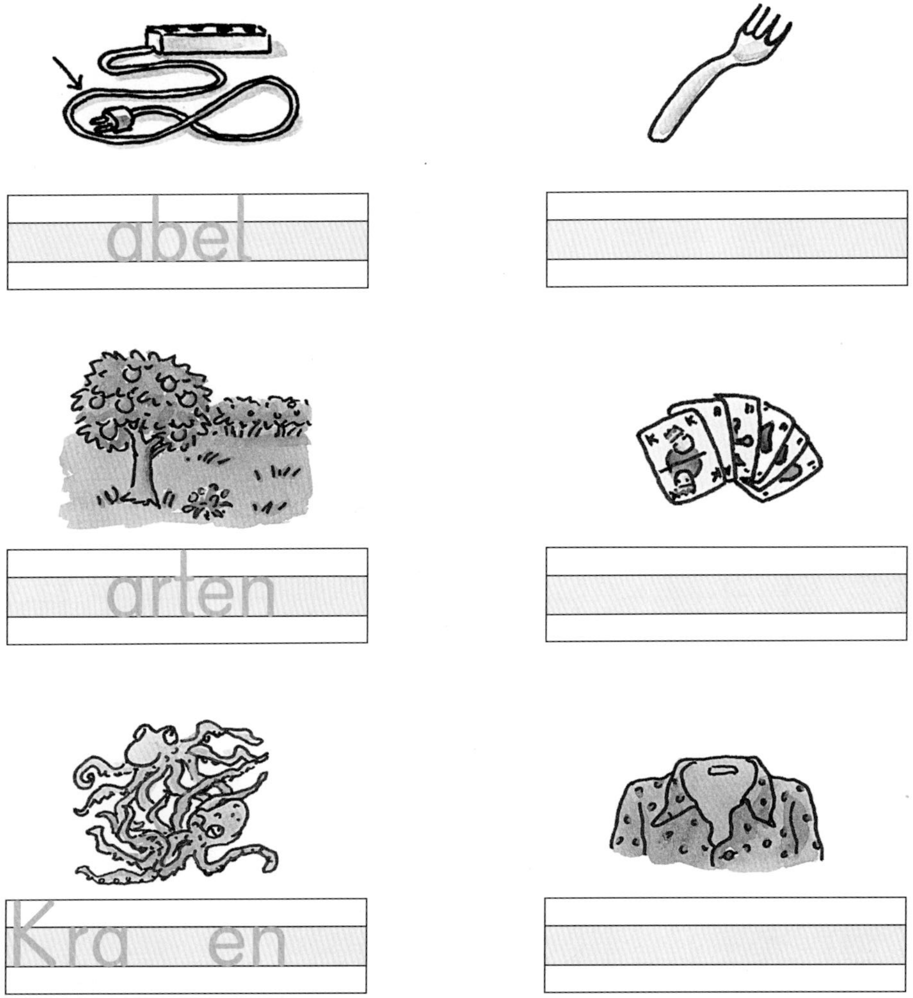

3. **G/g** oder **K/k** einfügen und Wörter mit zwei Farben schreiben

4.

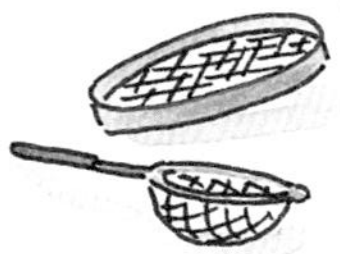

4. Bildwörter mit zwei Farben in Häuschen schreiben: Riese, Wiese, Schiene, Biene, Fliege, Siebe

5.

S	Siebe	sch	schiefe
D		T	
N	Niete	W	Wiesel
M		K	
l	lieber	W	Wiese
F		R	

5. Reimwörter mit zwei Farben schreiben

10.

11. Simsalabim, aus groß wird klein.

10. Nomen mit zwei Farben schreiben: Kröte, Öl
11. Nomen und Verkleinerungsform mit zwei Farben schreiben: Rose/Röschen, Topf/Töpfchen, Kopf/Köpfchen, Dose/Döschen

Mein Silbenbüchlein

7

Mildenberger

Name:

1.

2.

1. Zu den Gebärden schreiben: Haus, Hase
2. Bildwörter mit zwei Farben in Häuschen schreiben: Haufen, Hose, Hasen, Hunde

9. St oder Sp?

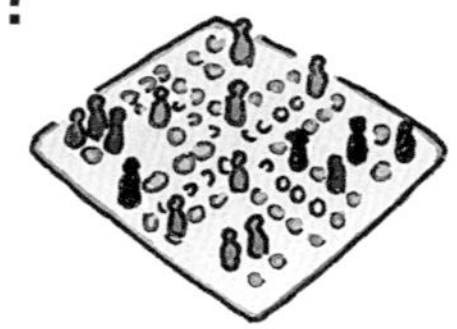

9. Nomen mit zwei Farben schreiben: Stempel, Spiel, Speiche, Stern, Strom, Sport, Spinnen, Storch

8. St oder Sp?

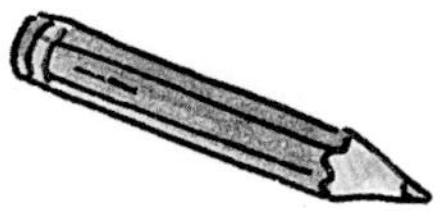

8. Wörter mit zwei Farben schreiben: Stuhl, Specht, Sprudel, Stift, Stein, Spiegel, Spanien, still

3.

4.

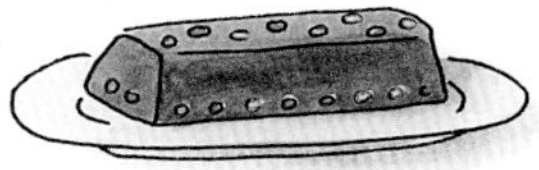

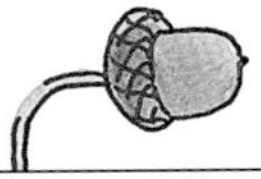

5.

m machen

Sch Schach

l

D

3. Zu den Gebärden schreiben: fauchen, Licht
4. Nomen mit zwei Farben schreiben: Kuchen, Kirche, Eichel, Nacht
5. Reimwörter mit zwei Farben schreiben

6. Simsalabim, aus 1 mach 2.

6. Nomen und Plural bilden, mit zwei Farben schreiben: Lamm/Lämmer, Schwan/Schwäne, Ball/Bälle, Glas/Gläser, Blatt/Blätter, Nagel/Nägel

7. Simsalabim, aus groß wird klein.

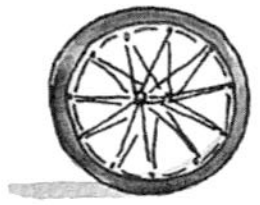 

7. Nomen und Verkleinerungsform mit zwei Farben schreiben: Gans/Gänschen, Kalb/Kälbchen, Affe/Äffchen, Rad/Rädchen, Blatt/Blättchen, Hase/Häschen

9.

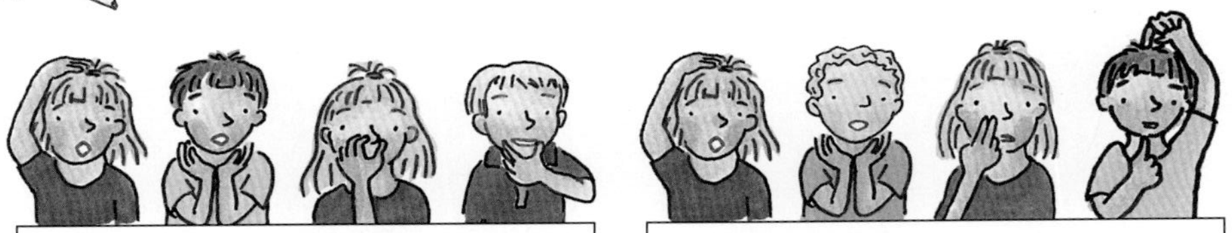

10.

9. Zu den Gebärden schreiben: Junge, Juni
10. Nomen mit zwei Farben schreiben: Januar, Judo, Jäger, Juli, Jaguar, Jacke

Mein Silbenbüchlein 8

Mildenberger

Name:

1.

2.

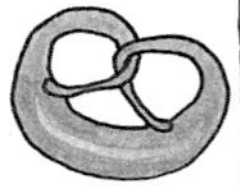

1. Zu den Gebärden schreiben: Pilze, Zoo
2. Bildwörter mit zwei Farben in Häuschen schreiben: Zwiebel, Ziege, Brezel, Kerze

7. Simsalabim, aus groß wird klein.

8. Simsalabim, aus 1 mach 2.

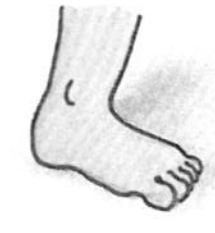

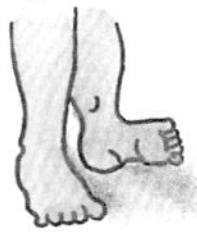

7. Nomen und Verkleinerungsform mit zwei Farben schreiben: Turm/Türmchen, Hund/Hündchen, Hut/Hütchen
8. Nomen und Plural bilden, mit zwei Farben schreiben: Buch/Bücher, Fuß/Füße, Kuh/Kühe

6. nk oder ng?

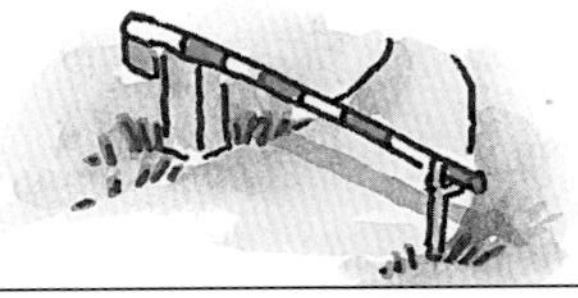

6. Wörter mit zwei Farben schreiben: Schranke, Schlange, Engel, Finken, Anker, Angel, springen, schenken

3.

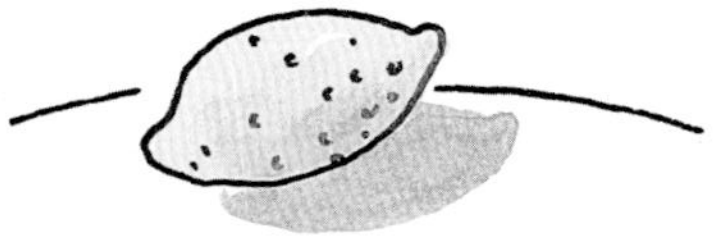

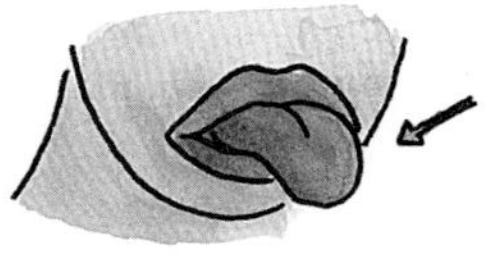

3. Wörter mit zwei Farben schreiben: Zaun, Zebra, Zucker, schwarz, zehn, Zitrone, Zunge, zwei

4.

4. Nomen und Verben mit zwei Farben schreiben: Hitze, Moritz, Spatzen, Katze, kratzen, schnitzen, ritzen, sitzen

5.

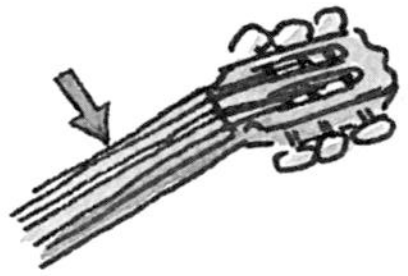

5. Nomen mit zwei Farben schreiben: Saite, Kaiser, Laib, Hai, Kai, Samurai, Mais, Laich

13.

	Räuber	kaufen
	Käufer	aufräumen
	Läufer	schäumen
	Raum	rauben
	Traum	laufen
	Schaum	träumen

13. Nomen und Verben verbinden

Mein Silbenbüchlein

9

Mildenberger

Name:

1.

2.

1. Zu den Gebärden schreiben: Freunde, Eule
2. Bildwörter mit zwei Farben in Häuschen schreiben: Beutel, Scheune, Teufel, Leute

11.

12.

11. Zu den Gebärden schreiben: Quelle, Quiz
12. Nomen mit zwei Farben schreiben: Qualm, Aquarium, Quadrat, Qualle, Quark, Quartett

9. Simsalabim, aus groß wird klein.

10. Simsalabim, aus 1 mach 2.

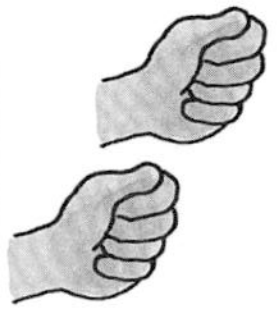
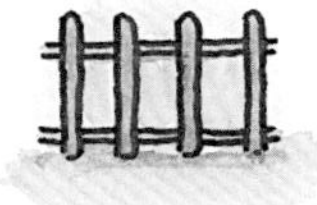

9. Nomen und Verkleinerungsform mit zwei Farben schreiben: Baum/Bäumchen, Haus/Häuschen, Maus/Mäuschen
10. Nomen und Plural bilden, mit zwei Farben schreiben: Faust/Fäuste, Zaun/Zäune, Maus/Mäuse

3.

4. Simsalabim, aus ei mach eu.

Feier

nein

heilen

3. Nomen mit zwei Farben schreiben: Beute, Eule, Euro, Heu
4. Nomen nachspuren, ei durch eu ersetzen und mit zwei Farben schreiben

5.

6.

7. V wie F

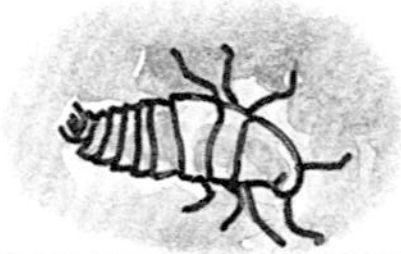

8. V wie W

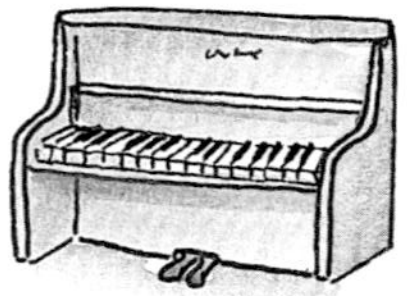

5. Zu den Gebärden schreiben: Eva, Vulkan
6. Bildwörter mit zwei Farben in Häuschen schreiben: Vogel, Vase, Vater, Kurve

7. Nomen mit zwei Farben schreiben: Veilchen, Vögel, Vogelnest, Larve
8. Nomen mit zwei Farben schreiben: Vasen, Klavier, Vampir, Vulkan

Inhalt Lernstandserhebung

Lernstandserhebung	Themen	ab Fibelseite	Kopiervorlagen Nr.	Handbuchseite
1	mu, Mi, mi, Mo, mo, Ma, ma, O, Me, me	10 / 11	134 – 137	429
2	La, la ..., A, E, I, O, U, Ti, ti ..., Ri, ri ...	18 / 19	138 – 141	433
3	Sa, sa ..., Wi, wi ..., Da, da ..., , Na, na ...	26 / 27	142 – 145	437
4	Sch, sch, ü, Ei, ei	36 / 37	146 – 149	441
5	K, k, ck, B, b, ä, Au, au	44 / 45	150 – 153	445
6	G, g, h, ie, ö, P, p, Pf, pf	50 / 51	154 – 157	449
7	H, h, ß, ch, Ä, ä, St, st, Sp, sp	58 / 59	158 – 161	453
8	Z, z, ai, tz, ng, J, j	66 / 67	162 – 165	457
9	Eu, eu, V, v, äu, Qu, qu	74 / 75	166 – 169	461

Insgesamt 9 Lernstandserhebungen sind im Verlauf des Schuljahres in den Stoffverteilungsplan integriert. Die Lernstandserhebungen prüfen den Stoff bis zur jeweils genannten Silbenfibelseite. In den Kommentarseiten sind die Lernstandserhebungen in der jeweiligen Woche genannt. Die Silbenbüchlein (Kapitel V.) üben den Stoff der jeweiligen Lernstandserhebung und dienen in dieser Woche als Hausaufgabe zur Vorbereitung.

Motivation Förderung Die Lernstandserhebungen sichern den jeweiligen Lernstand und unterstützen bei erfolgreicher Bearbeitung die Motivation der Kinder. Deshalb sind die Lernstandserhebungen so in den Stoffverteilungsplan integriert, dass alle Kinder eine optimale Vorbereitung erfahren haben. Fehler, die dennoch auftreten, sind dann ein guter Hinweis auf notwendigen Förderbedarf. Mit 9 Lernstandserhebungen im Schuljahr wird ein eventueller Förderbedarf rechtzeitig sichtbar.

Klassenliste Allen Lernstandserhebungen liegt eine Klassenliste bei, auf der detailliert für jedes Kind die Fehlertypen dokumentiert werden können.

Lösungen Zu jeder Lernstandserhebung liegt ein Lösungsblatt vor.

2 Versionen Die Lernstandserhebungen liegen in 2 Versionen vor. **Version A** enthält Punkteangaben. **Version B** enthält keine Punkteangaben. Die Symbole ☺ 😐 ☹ ermöglichen die Selbsteinschätzung des Schülers oder die Rückmeldung des Lehrers.

Durchführung Die Durchführung der Lernstandserhebungen dauert ca. 20 Minuten. Alle Aufgaben und Aufgabentypen sind bis zur jeweiligen Silbenfibelseite im Arbeitsheft oder im Schreiblehrgang bearbeitet worden.
Falls nötig, können die Aufgabenstellungen nochmals erklärt werden. Sollten die Begriffe der Bildwörter nicht mehr bekannt sein, können auch diese erklärt werden.
Bei „Klatschübungen" empfiehlt es sich, vorab mit den Kindern leises Klatschen oder – stattdessen – Fingertippen auf den Tisch zu üben.

Fehlertypen

Bildwörter Wenn ein Kind für ein Bildwort nicht das passende Wort schreibt, so gelten richtige Schreibungen dennoch als korrekt.

Farbfehler Die Kinder schreiben mit „zwei Farben" und kennzeichnen dadurch die Silbenfuge der Sprech-Silbe. Wird das Wort richtig geschrieben, aber die Silbenfuge falsch markiert (Farbfehler), so wird dies nicht als Fehler gewertet. Diese Fehler können aber ein wichtiger Hinweis auf Förderbedarf sein. Deshalb müssen die Ursachen für solche Fehler ermittelt werden (z.B. mangelnde Konzentration oder mangelnde Kenntnis des Silbenschnittes).

e in 2. Silbe Viele Schreibfehler können durch die einfache Regel vermieden werden, dass der 2. Buchstabe in der 2. Silbe immer ein „e" sein muss. Dies wird durch die Häuschenschreibweise auch verdeutlicht.

Umlaute Die Umlautableitung A/a – Ä/ä, z.B. Glas – Gläser und au – äu, z.B. Baum – Bäume, wird angezeigt.

Sparschreibweise Durch die fehlerhafte Schreibweise „Schtreifen“ statt Streifen oder „schprechen“ statt sprechen würden fünf Konsonanten im Anfangsrand stehen. Das wird durch die „Einsparung“ von -ch- vermieden. Es können maximal 4 Konsonanten vor dem 1. Vokal in der 1. Silbe stehen.

Merkwörter Die Schreibung aller Wörter, die bis zu diesem Zeitpunkt noch nicht systematisch im Unterricht erarbeitet wurden: V-v-Wörter, ß-Wörter, Zahlwörter und h-Wörter sind über Merkwortplakate gesichert (vgl. Kapitel II, S. 117).

Wortart und Satzbau Es gilt die allgemeine Großschreibung der Nomen und Kleinschreibung der Verben und Adjektive. Der Satzanfang wird durch Großschreibung und das Satzende durch einen Punkt markiert.

Vorbereitung und Förderung

Silbenbüchlein Nachdem die Lernstandserhebungen mit den Silbenbüchlein ausführlich vorbereitet sind, weist eine überdurchschnittliche Fehleranzahl auf eine ungenügende Vorbereitung hin. Zur Förderung sollte eine erneute Bearbeitung des Silbenbüchleins durchgeführt werden. Farbfehler weisen darauf hin, dass das Kind den Silbenschnitt noch nicht findet. Diese elementare Kompetenz muss mit entsprechenden Übungen (Silbenklatschen usw.) zuerst aufgebaut werden.

	Klasse: ___ Jahr: ___ Name	Aufgabe: Bildwörter auf Silben abhören und markieren 1	Zu Gebärden schreiben 2	Bildwörter mit passender Anfangssilbe verbinden 3	Nomen mit zwei Farben schreiben 4	Gesamtpunktzahl	
1.							
2.							
3.							
4.							
5.							
6.							
7.							
8.							
9.							
10.							
11.							
12.							
13.							
14.							
15.							
16.							
17.							
18.							
19.							
20.							
21.							
22.							
23.							
24.							
25.							
26.							
27.							
28.							
29.							
30.							
31.							
32.							
33.							
34.							
35.							
36.							
	Gesamtdurchschnitt						

 Name: Datum:

1. 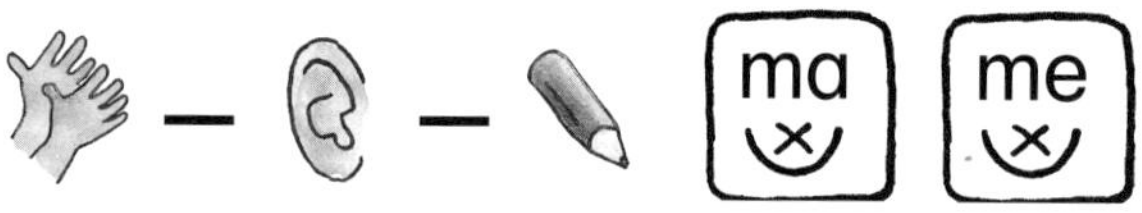

  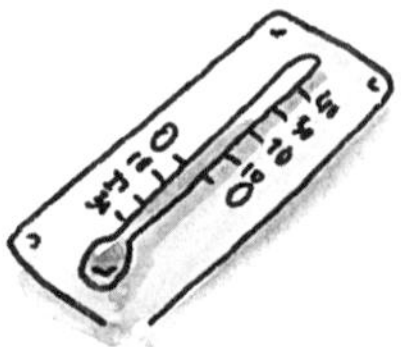 

___ P
4

2. 

___ P
4

3. 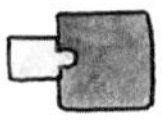

___ P
3

4. 

___ P
3

Du hast ______ von 14 Punkten erreicht.

 Name: Datum:

1\.

ma me

___ P
4

2\.

mo

e

mi

a

___ P
4

3\.

Mi
Mo
Mu

Mo
Mi
Mu

Mu
Mi
Mo

___ P
3

4\.

Mio

Mama

Memo

___ P
3

Du hast [ ] von 14 Punkten erreicht.

  · Bestell-Nr. 1403-70

Lernstandserhebung 1
nach S. 10/11 Name: Datum:

1. – – ma me

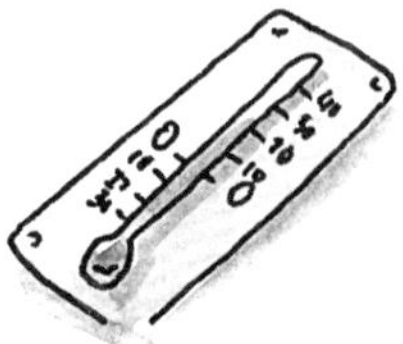

2.

3.

Mi Mo Mu

Mo Mi Mu

Mu Mi Mo

4.

	Klasse: ____ Jahr: ____ Name	Aufgabe Bildwörter auf Silben abhören und schreiben 1	Zu Gebärden schreiben 2	Nomen mit zwei Farben schreiben 3	Gesamt-punktzahl	
1.						
2.						
3.						
4.						
5.						
6.						
7.						
8.						
9.						
10.						
11.						
12.						
13.						
14.						
15.						
16.						
17.						
18.						
19.						
20.						
21.						
22.						
23.						
24.						
25.						
26.						
27.						
28.						
29.						
30.						
31.						
32.						
33.						
34.						
35.						
36.						
	Gesamtdurchschnitt					

Lernstandserhebung 2
nach S. 18/19

Name: Datum:

1. 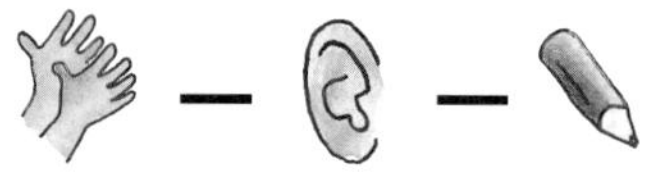

   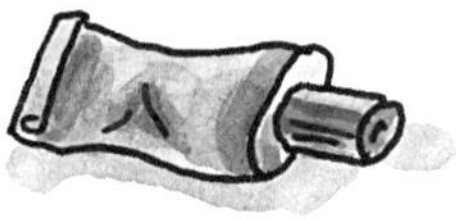

___ P
9

2. 

___ P
4

3. 

___ P
3

Du hast ☐ von 16 Punkten erreicht.

Lernstandserhebung 2 – Lösung
nach Seite 18/19

Name: Datum:

1. 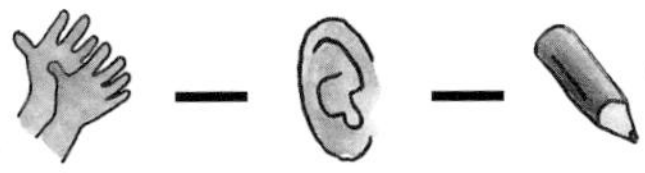

La

Li

lo

Tu

Ta

Ra

Ro

U

__ P
9

2. 

le

ti

ru

a

__ P
4

3. 

Lama

Tila

Toto

__ P
3

Du hast von 16 Punkten erreicht.

Lernstandserhebung 2
nach S. 18/19

Name:

Datum:

1. 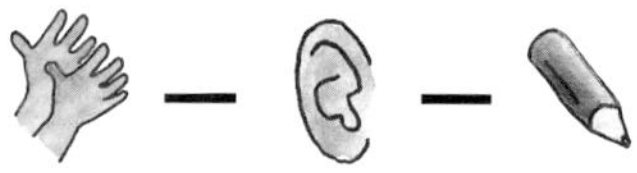

   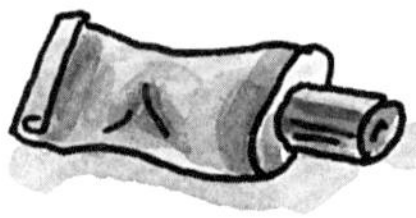

2. 

3. 

Klasse: ____ Jahr: ____ Name	Aufgabe: Zu Gebärden schreiben 1	Aufgabe: Nomen mit zwei Farben schreiben 2	Aufgabe: Bildwörter mit zwei Farben in Häuschen schreiben 3	Gesamt-punktzahl	
1.					
2.					
3.					
4.					
5.					
6.					
7.					
8.					
9.					
10.					
11.					
12.					
13.					
14.					
15.					
16.					
17.					
18.					
19.					
20.					
21.					
22.					
23.					
24.					
25.					
26.					
27.					
28.					
29.					
30.					
31.					
32.					
33.					
34.					
35.					
36.					
Gesamtdurchschnitt					

Lernstandserhebung 3
nach S. 26/27

Name: Datum:

1.

/4

2.

/3

3.

/4 P

Du hast [ ] von 11 Punkten erreicht.

1.

sa

wo

del

u

— P
4

2.

Wito

Timo

Tilo

— P
3

3.

Na | del

Tin | te

Man | tel

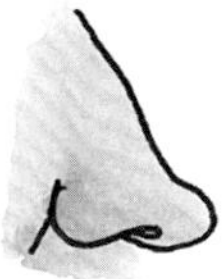
Na | se

— P
4

Du hast ☐ von 11 Punkten erreicht.

Name:

Datum:

1.

2.

3.

	Klasse: ____ Jahr: ____ Name	Aufgabe: Zu Gebärden schreiben 1	Bildwörter mit zwei Farben in Häuschen schreiben 2	Unbestimmter Artikel ein/eine passend zu Bildwörtern schreiben 3	Verben mit zwei Farben schreiben 4	Gesamtpunktzahl	
1.							
2.							
3.							
4.							
5.							
6.							
7.							
8.							
9.							
10.							
11.							
12.							
13.							
14.							
15.							
16.							
17.							
18.							
19.							
20.							
21.							
22.							
23.							
24.							
25.							
26.							
27.							
28.							
29.							
30.							
31.							
32.							
33.							
34.							
35.							
36.							
	Gesamtdurchschnitt						

Lernstandserhebung 4
nach S. 36/37

Name:

Datum:

1.

___ 3

2.

___ 4 P

3. ein oder eine

___ 3 P

4. Was alle tun :

___ 2 P

Du hast ☐ von 12 Punkten erreicht.

 Name: Datum:

1.

schi | mei | schnu

— P
3

2.

L ei t e r

Sch i r m e

R ei t e r

Sch e r e

— P
4

3. ein oder eine

eine  ein  eine 

— P
3

4. Was alle tun :

waschen

weinen

— P
2

Du hast ☐ von 12 Punkten erreicht.

Name:

Datum:

1\.

2\.

3\. ein oder eine

4\. Was alle tun :

	Klasse: ____ Jahr: ____ Name	Aufgabe: Zu Gebärden schreiben 1	Bildwörter mit zwei Farben in Häuschen schreiben 2	Nomen mit zwei Farben schreiben 3	Gesamtpunktzahl	
1.						
2.						
3.						
4.						
5.						
6.						
7.						
8.						
9.						
10.						
11.						
12.						
13.						
14.						
15.						
16.						
17.						
18.						
19.						
20.						
21.						
22.						
23.						
24.						
25.						
26.						
27.						
28.						
29.						
30.						
31.						
32.						
33.						
34.						
35.						
36.						
	Gesamtdurchschnitt					

Lernstandserhebung 5
nach S. 44/45

Name: Datum:

1.

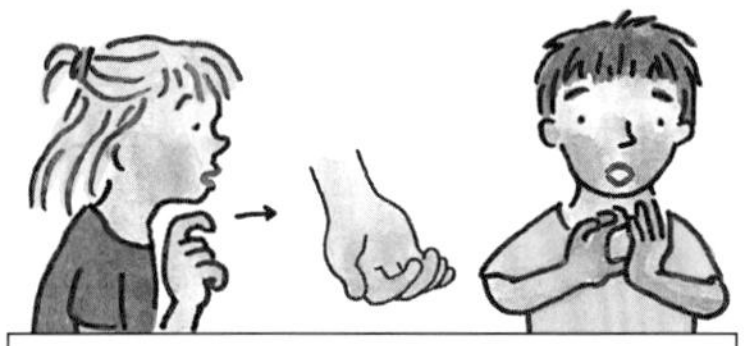
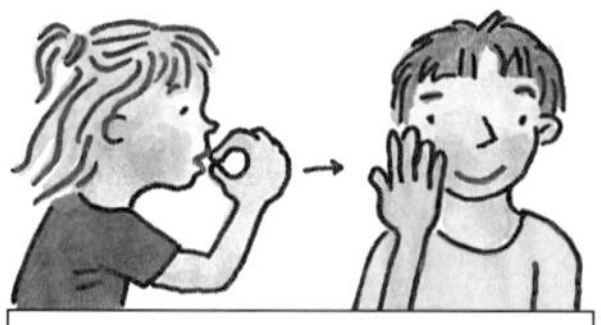

— 3

2.

— 4 P

3.

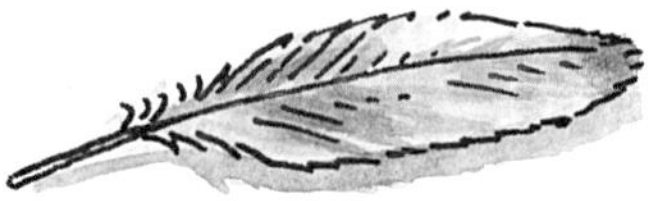

— 6 P

Du hast ☐ von 13 Punkten erreicht.

Lernstandserhebung 5 – Lösung
nach S. 44/45

Name: Datum:

1. ✎

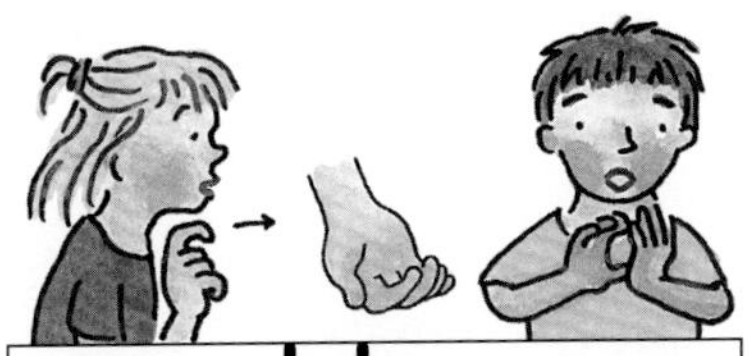
kla

bei

aus

— P
3

2. ✎

D | au | men

Bl | u | me

T | a | fel

Kr | o | ne

— P
4

3. ✎

Reifen

Feder

Fische

Auto

Schraube

Maus

— P
6

Du hast ____ von 13 Punkten erreicht.

Lernstandserhebung 5
nach S. 44/45

Name:

Datum:

1.

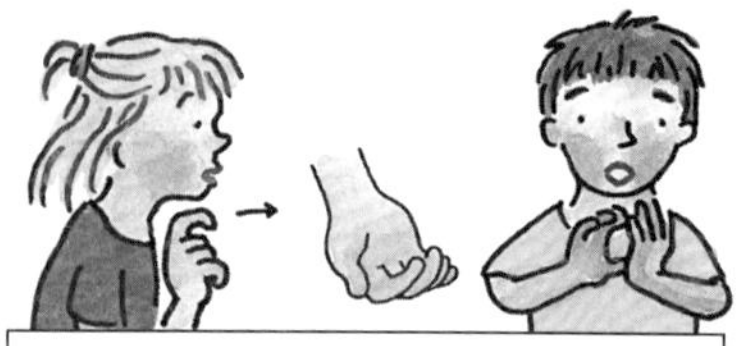

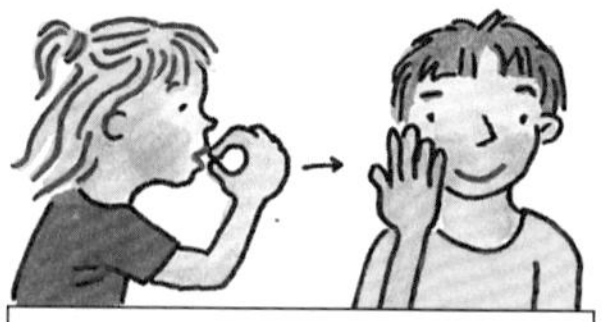

2.

3.

	Klasse: ____ Jahr: ____ Name	Aufgabe: Zu Gebärden schreiben 1	Aufgabe: Bildwörter mit zwei Farben in Häuschen schreiben 2	Aufgabe: Nomen mit zwei Farben schreiben 3	Gesamtpunktzahl	
1.						
2.						
3.						
4.						
5.						
6.						
7.						
8.						
9.						
10.						
11.						
12.						
13.						
14.						
15.						
16.						
17.						
18.						
19.						
20.						
21.						
22.						
23.						
24.						
25.						
26.						
27.						
28.						
29.						
30.						
31.						
32.						
33.						
34.						
35.						
36.						
	Gesamtdurchschnitt					

Lernstandserhebung 6
nach S. 50/51

Name: Datum:

1.

2

2.

4 P

3.

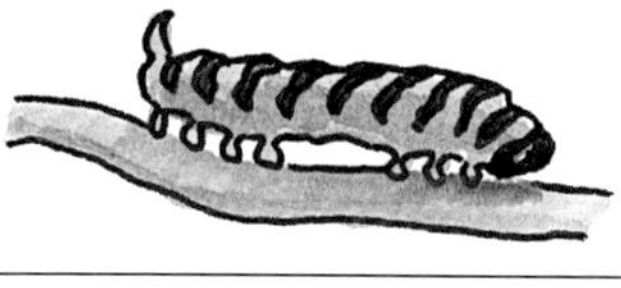

4 P

Du hast von 10 Punkten erreicht.

Lernstandserhebung 6 – Lösung

nach S. 50/51 Name: Datum:

1.

Geist

Paula

— P
2

2.

G ei ge

W ie se

Pf ei le

Pf ei fe

— P
4

3.

Gabel

Karten

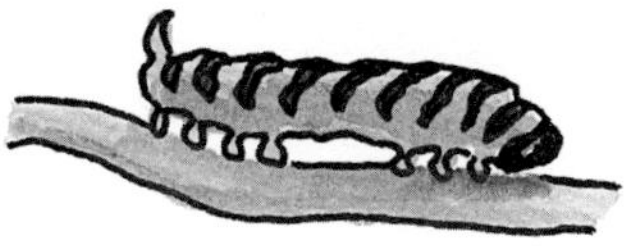

Raupe

Rabe

— P
4

Du hast ___ von 10 Punkten erreicht.

Lernstandserhebung 6
nach S. 50/51

Name:

Datum:

1.

2.

3.

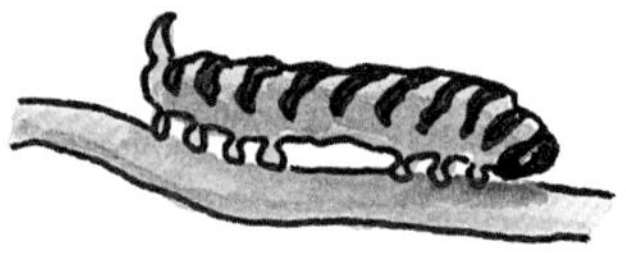

	Klasse: ___ Jahr: ___ Name	Aufgabe: Zu Gebärden schreiben 1	Bildwörter mit zwei Farben in Häuschen schreiben 2	Plural: a → ä Nomen mit zwei Farben schreiben 3	St oder Sp? Nomen mit zwei Farben schreiben 4	Gesamt-punktzahl	
1.							
2.							
3.							
4.							
5.							
6.							
7.							
8.							
9.							
10.							
11.							
12.							
13.							
14.							
15.							
16.							
17.							
18.							
19.							
20.							
21.							
22.							
23.							
24.							
25.							
26.							
27.							
28.							
29.							
30.							
31.							
32.							
33.							
34.							
35.							
36.							
	Gesamtdurchschnitt						

 Name: Datum:

1.

2

2.

2 P

3. Simsalabim, aus 1 mach 2.

4 P

4. St oder Sp?

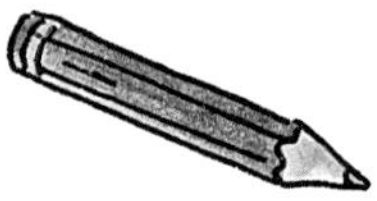

4 P

Du hast von 12 Punkten erreicht.

Lernstandserhebung 7 – Lösung
nach S. 58/59

Name: Datum:

1.

Haus

Licht

— P
2

2.

Hun | de

H o | se

— P
2

3. Simsalabim, aus 1 mach 2.

Schwan

Schwäne

Glas

Gläser

— P
4

4. St oder Sp?

Stern

Storch

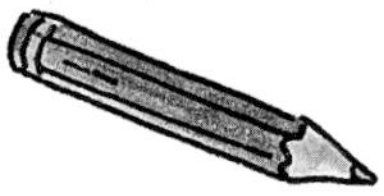

Stift

Spiegel

— P
4

Du hast von 12 Punkten erreicht.

 Name: Datum:

1.

2.

3. Simsalabim, aus 1 mach 2.

4. St oder Sp?

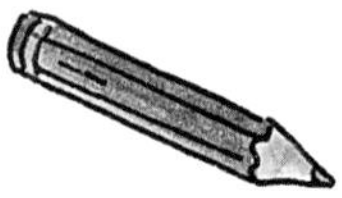

	Klasse: ______ Jahr: ______ Name	Aufgabe Zu Gebärden schreiben 1	Bildwörter mit zwei Farben in Häuschen schreiben 2	nk oder ng? Nomen mit zwei Farben schreiben 3	Nomen mit zwei Farben schreiben 4	Gesamt-punktzahl	
1.							
2.							
3.							
4.							
5.							
6.							
7.							
8.							
9.							
10.							
11.							
12.							
13.							
14.							
15.							
16.							
17.							
18.							
19.							
20.							
21.							
22.							
23.							
24.							
25.							
26.							
27.							
28.							
29.							
30.							
31.							
32.							
33.							
34.							
35.							
36.							
	Gesamtdurchschnitt						

Lernstandserhebung 8
nach S. 66/67

Name: Datum:

1.

2

2.

2

3.

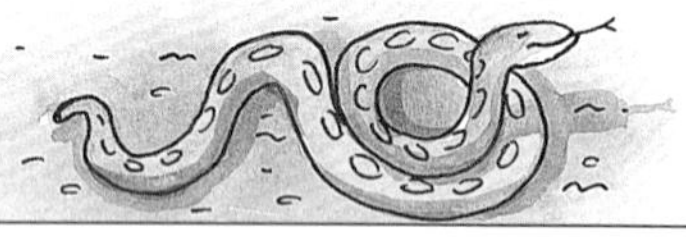

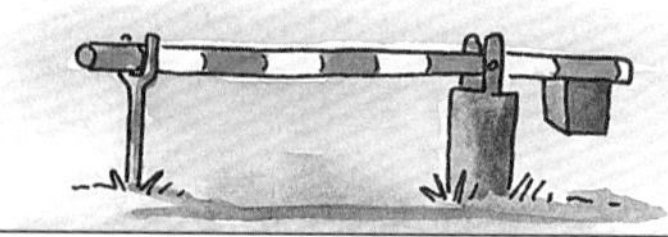

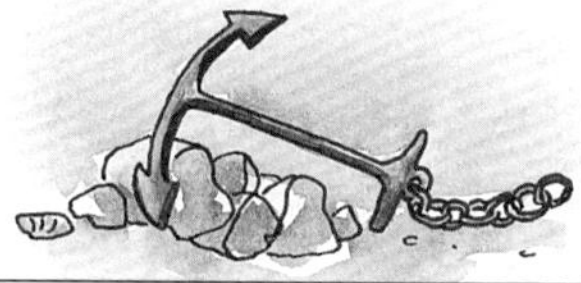

4

4.

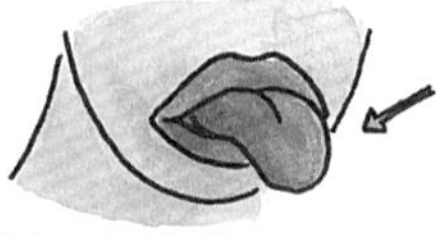

6

Du hast ____ von 14 Punkten erreicht.

Lernstandserhebung 8 – Lösung
nach S. 66/67

Name: Datum:

1.

Zoo

Junge

— P
2

2.

Z | ie | g | e

K | e | r | z | e

— P
2

3.

Schlange

Schranke

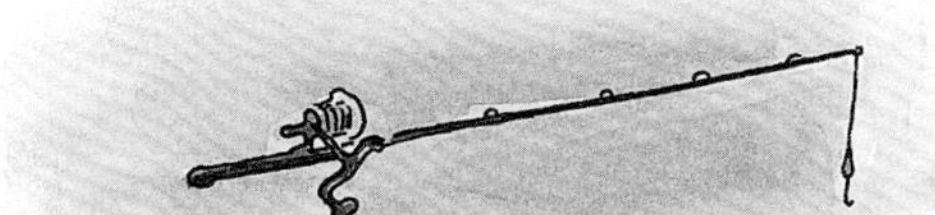

Angel

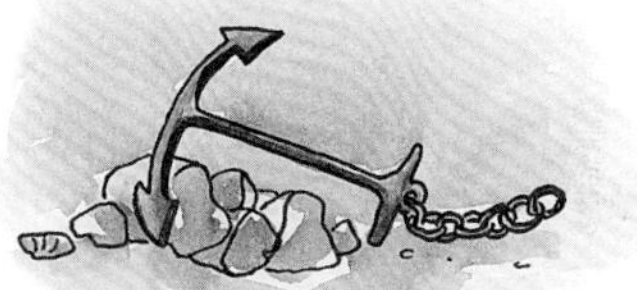

Anker

— P
4

4.

Zitrone

Zebra

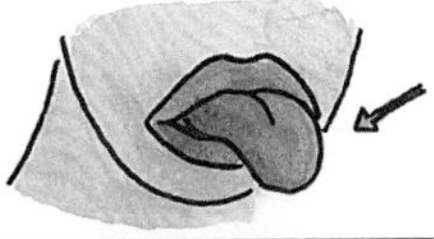

Zunge

Jäger

Jaguar

Judo

— P
6

Du hast ☐ von 14 Punkten erreicht.

Lernstandserhebung 8
nach S. 66/67

Name:

Datum:

1.

2.

3.

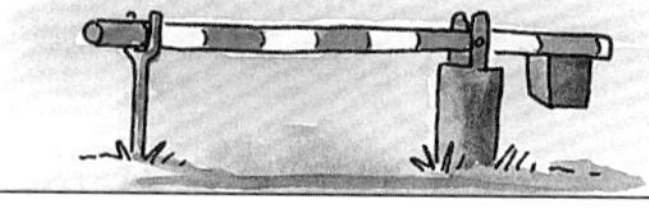

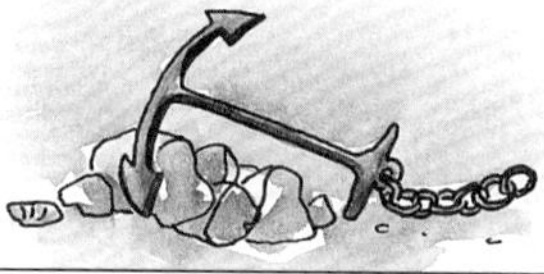

4.

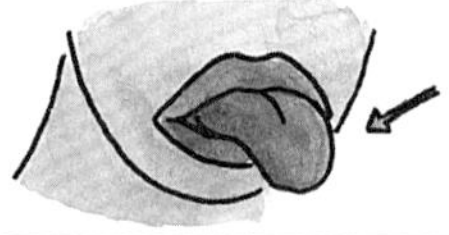

	Klasse: ______ Jahr: ______ Name	Aufgabe: Zu Gebärden schreiben 1	Bildwörter mit zwei Farben in Häuschen schreiben 2	Verkleinerungsform: au ⇢ äu Nomen mit zwei Farben schreiben 3	Nomen mit zwei Farben schreiben 4	Gesamtpunktzahl	
1.							
2.							
3.							
4.							
5.							
6.							
7.							
8.							
9.							
10.							
11.							
12.							
13.							
14.							
15.							
16.							
17.							
18.							
19.							
20.							
21.							
22.							
23.							
24.							
25.							
26.							
27.							
28.							
29.							
30.							
31.							
32.							
33.							
34.							
35.							
36.							
	Gesamtdurchschnitt						

 Name: Datum:

1.

__ P
2

2.

__ P
2

3. Simsalabim, aus groß mach klein.

__ P
4

4.

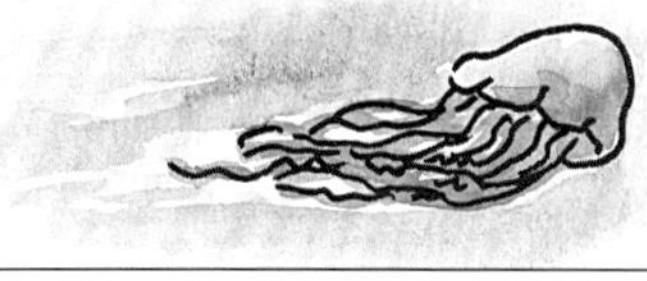

__ P
4

Du hast ___ von 12 Punkten erreicht.

Lernstandserhebung 9 – Lösung
nach S. 74/75

Name: Datum:

1.

Freund

Eva

— P
2

2.

Teu | fel

Vo | gel

— P
2

3. Simsalabim, aus groß mach klein.

Haus

Häuschen

Baum

Bäumchen

— P
4

4.

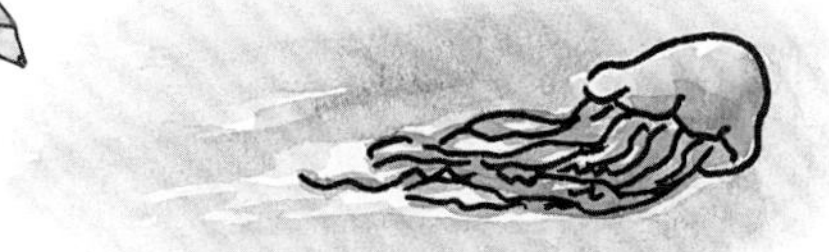

Qualle

Quark

Quartett

Aquarium

— P
4

Du hast ____ von 12 Punkten erreicht.

Lernstandserhebung 9
nach S. 74/75 Name: Datum:

1.

2.

3. Simsalabim, aus groß mach klein.

4.

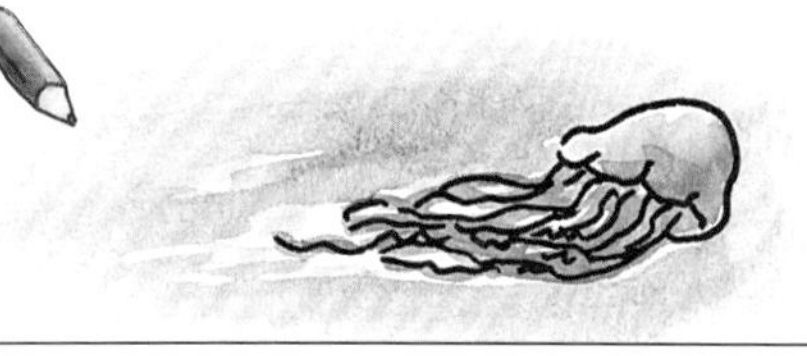

Inhalt	zu Silbenfibel-seite	Kopiervorlage Nr.	Handbuch-seite
Lauttabelle mit Ankertieren		170	466
Lautgebärden			
Lautgebärde zu u	4/5	171	467
Lautgebärde zu i	4/5	172	468
Lautgebärde zu o	6/7	173	469
Lautgebärde zu a	8/9	174	470
Lautgebärde zu e	10/11	175	471
Lautgebärde zu m	26/27	176	472
Lautgebärde zu l	12/13	177	473
Lautgebärde zu t	16/17	178	474
Lautgebärde zu r	18/19	179	475
Lautgebärde zu s	20/21	180	476
Lautgebärde zu w	22/23	181	477
Lautgebärde zu d	24/25	182	478
Lautgebärde zu n	26/27	183	479
Lautgebärde zu sch	34/35	184	480
Lautgebärde zu ei	36/37	185	481
Lautgebärde zu k	38/39	186	482
Lautgebärde zu b	40/41	187	483
Lautgebärde zu f	42/43	188	484
Lautgebärde zu au	44/45	189	485
Lautgebärde zu g	46/47	190	486
Lautgebärde zu p	50/51	191	487
Lautgebärde zu h	52/53	192	488
Lautgebärde zu ch	54/55	193	489
Lautgebärde zu z	60/61	194	490
Lautgebärde zu ng	64/65	195	491
Lautgebärde zu j	66/67	196	492
Lautgebärde zu eu	68/69	197	493
Lautgebärde zu v	70/71	198	494
Lautgebärde zu qu	74/75	199	495
Lautgebärde zu y	76/77	200	496
Lautgebärde zu x	80/81	201	497

Lauttabelle mit Ankertieren

A a  Affe	Au au  Auerhahn	Ä ä  Känguru	B b  Bär	C c  Chamäleon	ch  Katze (fauchen)
D d  Delfin	E e  Elefant	Ei ei  Eichhörnchen	Eu eu  Eule	F f  Fisch	G g  Gans
H h  Hase	I i  Igel	J j  Jaguar	K k  Kakadu	L l  Löwe	M m  Maus
N n  Nashorn	ng  Schlange	O o  Orang-Utan	Ö ö  Kröte	P p  Papagei	Pf pf  Pfau
Qu qu 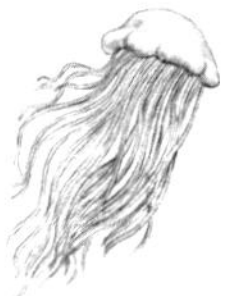 Qualle	R r  Reh	S s  Seepferdchen	Sch sch  Schildkröte	Sp sp 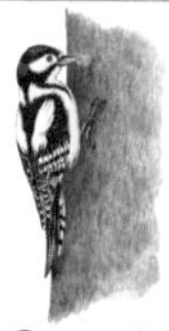 Specht	St st  Storch
T t  Tiger	U u  Uhu	Ü ü  Kühe	V v  Vogel	W w  Wal	X x  Boxer
Y y  Yak	Z z  Zebra				

u

Beide Hände bilden
den U-Schwung nach.

Assoziation:
oben offen

© Mildenberger Verlag · Bestell-Nr. 1403-70

i

Zeigefinger unter das Kinn –
Zeigefinger tippt auf den Kopf.

Assoziation:
Das i hat ein Pünktchen.

© Mildenberger Verlag · Bestell-Nr. 1403-70

o

Daumen und Zeigefinger
bilden einen Kreis.

Assoziation:
Das o ist rund.
O, der schöne Mond …

a

Beide Hände bilden ein a.
Rechte Hand ist der Balken.

Assoziation:
Schreibrichtung von
links nach rechts
Das a hat den Balken rechts.
(Lehrer spiegelbildlich)

e

Daumen und Zeigefinger werden an die Mundwinkel angelegt.

Assoziation:

Daumen-Zeigefinger-Spanne greift den Querstrich des e ab.

© Mildenberger Verlag · Bestell-Nr. 1403-70

m

3 Finger auf die geschlossenen Lippen.

Assoziation:
3 Beinchen von m

© Mildenberger Verlag · Bestell-Nr. 1403-70

l

Handfläche und Finger
sind nach oben gekrümmt.

Assoziation:
Zungenstellung
wird nachgeahmt.

t

Handrücken gegen
den Mund halten.

Assoziation:
Luftstoß wird wahrgenommen;
Unterarm bildet den
Querstrich nach.

© Mildenberger Verlag · Bestell-Nr. 1403-70

r

Zeigefinger kreisen
vor Kehle umeinander.

Assoziation:
Da rrrrrollt es.

© Mildenberger Verlag · Bestell-Nr. 1403-70

s

Zeigefinger bewegt sich
s-förmig vom Mund fort.

Assoziation:
züngelnde Schlange;
S-Kurve

© Mildenberger Verlag · Bestell-Nr. 1403-70

W

Flache Hand an die
Unterlippe legen.

Assoziation:
Wind bläst über die Kante.

© Mildenberger Verlag · Bestell-Nr. 1403-70

d

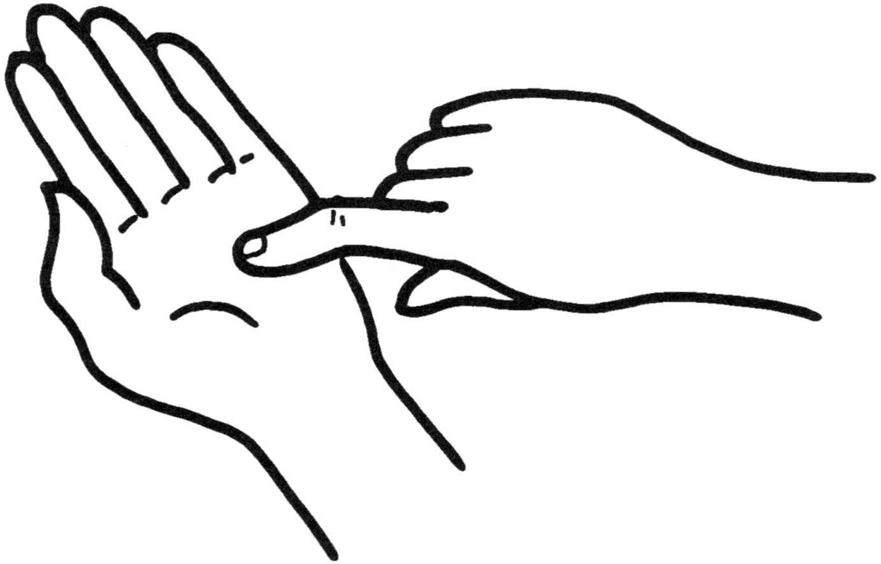

Zeigefinger tippt leicht
in den Handteller.

Assoziation:
Zunge drückt leicht
gegen den Gaumen.

© Mildenberger Verlag · Bestell-Nr. 1403-70

n

2 Finger an die Nase.

Assoziation:

Nashorn;

2 Beinchen von n.

© Mildenberger Verlag · Bestell-Nr. 1403-70

sch

Beide Fäuste drücken
auf die Wangen.

Assoziation:
Luft wird kräftig
herausgestoßen.

© Mildenberger Verlag · Bestell-Nr. 1403-70

ei

Streichelbewegung
an der Wange.

Assoziation:
Ein Baby streicheln:
„ei – ei!“

© Mildenberger Verlag · Bestell-Nr. 1403-70

k

Faust mit abgewinkeltem
Zeigefinger.

Assoziation:
Wir klopfen an.

© Mildenberger Verlag · Bestell-Nr. 1403-70

b

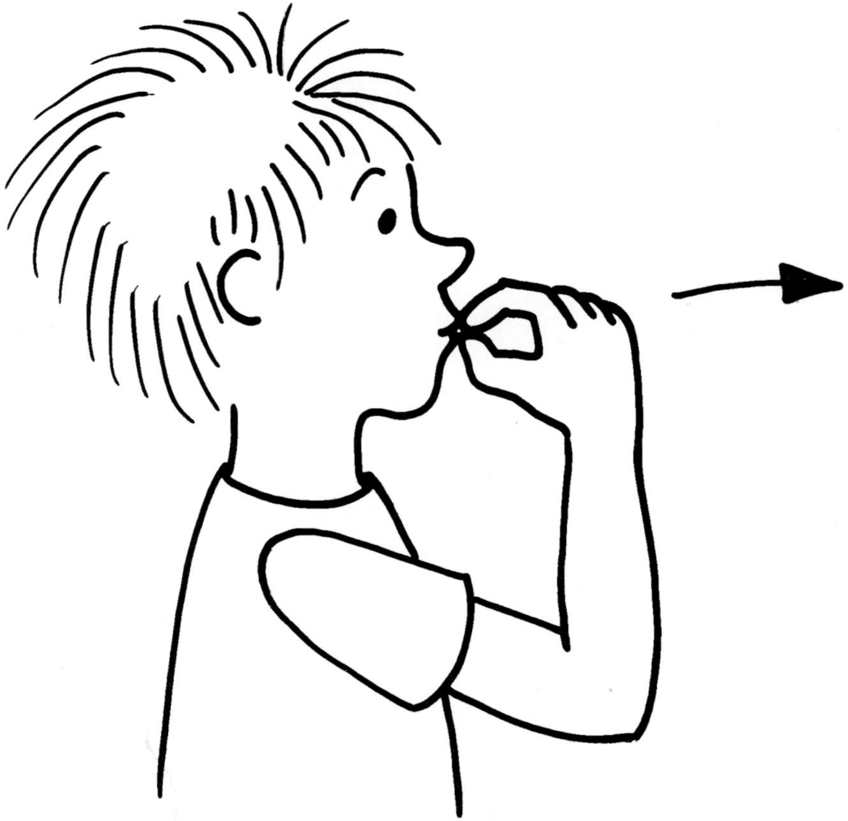

Finger und Daumen
berühren sich vor den
geschlossenen Lippen.
Beim Sprechen bewegen sie
sich leicht vom Mund weg.

f

Zeigefinger wird gegen
die Unterlippe gedrückt.

Assoziation:
Das f wird über den
Finger gepustet.

© Mildenberger Verlag · Bestell-Nr. 1403-70

au

Eine Hand umschließt den Daumen der anderen Hand.

Assoziation:

„Au, mein Daumen!“

g

Daumen und Zeigefinger
werden geschlossen
an den Kehlkopf gelegt.

Assoziation:

Hier entsteht das g;
Hand bildet den „Kopf“ des g.

© Mildenberger Verlag · Bestell-Nr. 1403-70

p

Daumen und Zeigefinger
werden geschlossen an
die Lippen gelegt und öffnen
sich explosiv nach vorne.

Assoziation:
Das p platzt auf!

© Mildenberger Verlag · Bestell-Nr. 1403-70

h

Innere Handfläche
wird angehaucht.

Assoziation:
h wie hauchen.

© Mildenberger Verlag · Bestell-Nr. 1403-70

ch

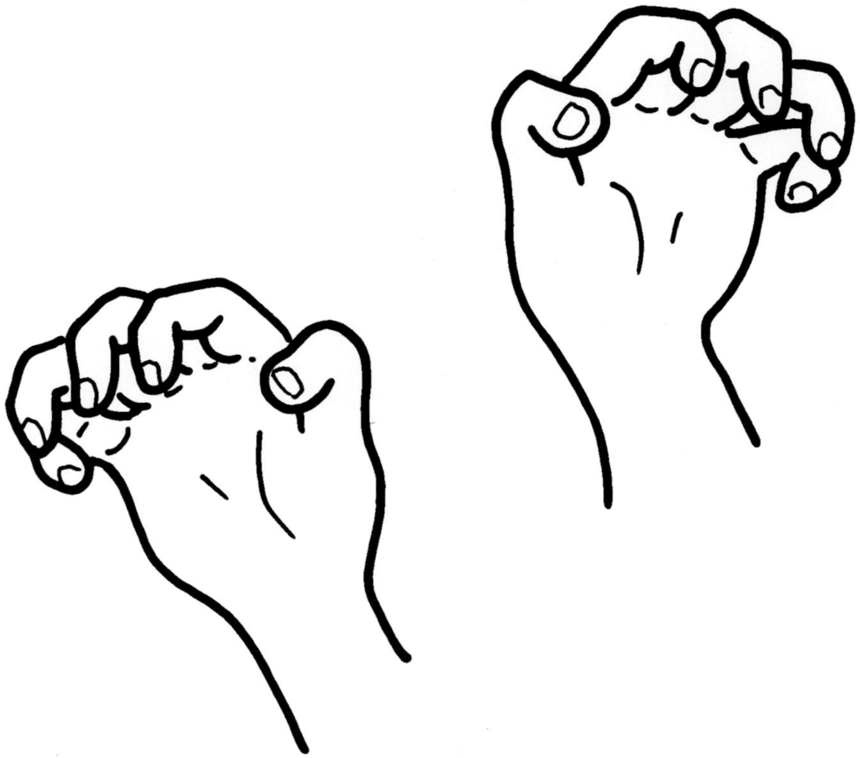

Hand wird zur Katzenkralle
gekrümmt.
Assoziation:
ch fauchen die Katzen.

© Mildenberger Verlag · Bestell-Nr. 1403-70

Z

Zeigefinger zeichnet eine
Zickzack-Bewegung.

Assoziation:
Blitze zucken!

© Mildenberger Verlag · Bestell-Nr. 1403-70

ng

Daumen und Zeigefinger
drücken gegen die Nasenflügel.

Assoziation:
So entsteht der Nasallaut.

© Mildenberger Verlag · Bestell-Nr. 1403-70

j

Arm über den Kopf strecken
und Hand abwinkeln.

Assoziation:
großer Junge

© Mildenberger Verlag · Bestell-Nr. 1403-70

/ 197
93

eu

Hände wie ein Fernglas
vor den Augen.

Assoziation:
So schaut die Eule.

© Mildenberger Verlag · Bestell-Nr. 1403-70

v

Finger bilden ein v
vor dem Mund.

Assoziation:
v wie Vogel

qu

Beide Hände bilden das
Quakmaul mit den Schallblasen
(wie bei u, aber mit
gekrümmten Fingern).

Assoziation:
So quaken Frösche.

y

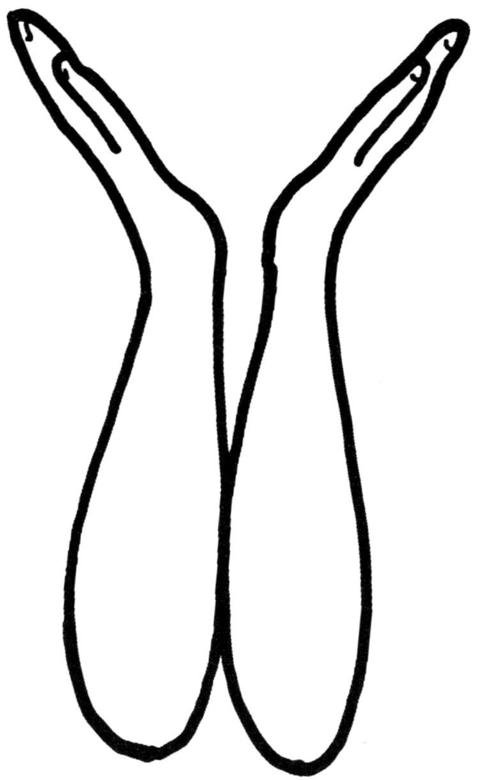

Beide Unterarme und die
Hände bilden das y nach.

© Mildenberger Verlag · Bestell-Nr. 1403-70

x

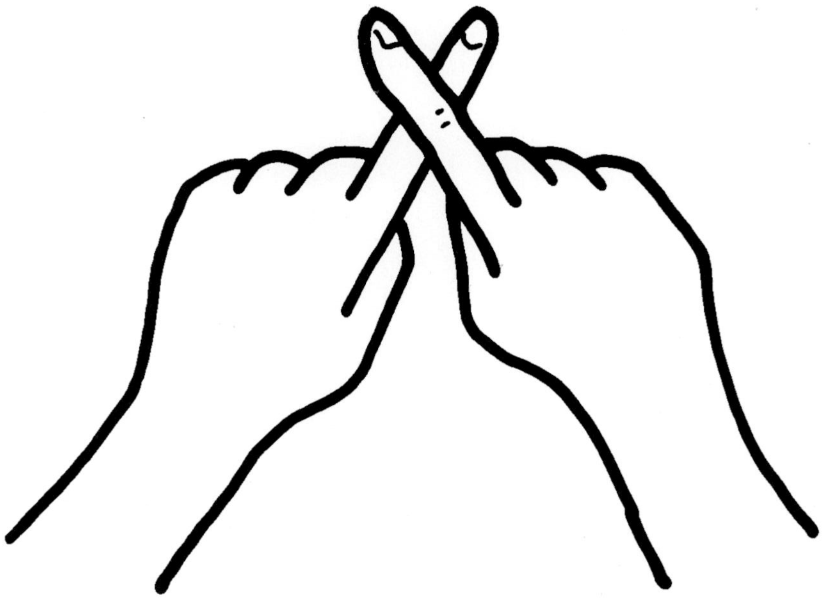

Übereinander gekreuzte Zeigefinger bilden ein x.

Assoziation:

Hexenkreuz.

© Mildenberger Verlag · Bestell-Nr. 1403-70

Inhalt Wochenpläne

Die Wochenpläne orientieren sich immer an der Silbenfibel-Doppelseite. Es beginnt mit Wochenplan 2 für die 2. Woche (vgl. Kapitel II, S. 111). Auf den Wochenplänen sind alle Materialien aufgeführt, die in den Kommentaren für diese Doppelseite genannt werden.
Der Wochenplan zeigt die zeitliche Abfolge für den Einsatz der Silbenfibel, des Schreiblehrgangs und des Arbeitsheftes. Diese drei Materialien müssen von allen Kindern bearbeitet werden. Jede Woche startet mit der Bildbetrachtung der Silbenfibel-Doppelseite und bis S. 25 mit der Silbenschule. Die anderen genannten Materialien können individuell zur Differenzierung eingesetzt werden.

Bei den weiteren Materialien werden genannt:

- Arbeitsblätter zur Differenzierung
  Hier kann die entsprechende Seitenzahl aus der Ausgabe mit der Bestell-Nr. 1402-77 oder der Bestell-Nr. 1403-77 eingetragen werden.
- Mini-Silbenschieber / Silbenschieber / Wortautomat
- Silbenkärtchen mit Nummer
- Leseteppich mit Nummer
- ABC der Tiere CD-ROM
- Hexe Trixi Basic
- Lesezirkus
  Hier sind die Seitenzahlen der jeweiligen Geschichte mit den Fragen zum Leseverständnis aus dem Buch (Bestell-Nr. 1403-92) und die Nummern der Kopiervorlage aus den Arbeitsblättern zum Lesezirkus (Bestell-Nr. 1403-74) aufgeführt.
- Tiergeschichten
  Hier sind passend zum Ankertier jeweils der Band und die Seitenzahl aufgeführt sowie die Kopiervorlagen aus den Arbeitsblättern zu den Tiergeschichten (Bestell-Nr. 1402-51). Zusätzlich sind die jeweiligen Bände der Tiergeschichten genannt, sobald alle Buchstaben, die im jeweiligen Band verwendet werden, eingeführt sind.
- Silben-Sudoku
  Hier sind die Seitenzahlen der Kopiervorlagen zu den jeweiligen Silbenfibelseiten aufgeführt.
- Silbenbüchlein
  Die Silbenbüchlein dienen als Hausaufgabe zur Vorbereitung der Lernstandserhebung der jeweiligen Woche.

Der Kreis und die Smileys in jedem Feld können von der Lehrerin / dem Lehrer zur Markierung des Arbeitsauftrags und -bewertung oder von den Kindern als Markierung der Erledigung und der Selbsteinschätzung verwendet werden.
Die freien Felder können mit weiteren Arbeitsaufträgen gefüllt werden.

Wochenplan 2

Name: ______________________ Datum: ____________

Mimi, S. 4/5

	Montag	Dienstag	Mittwoch	Donnerstag	Freitag
Silbenfibel 	S. 5: mi	S. 4/5			
Schreiblehrgang Teil A 	S. 5	S. 6	S. 7	S. 8	
Arbeitsheft Teil A 		S. 4	S. 5	S. 6	S. 7
Arbeitsblätter zur Differenzierung  S. ______		 Nr. 1			 Band 1, S. 8 – 11, KV 4, 5, 6, 7
 Band 1, S. 12 – 15, KV 8, 9, 10	 Band 4, S. 18 – 23, KV 66, 67, 68, 69				

ABC der Tiere 1

Wochenplan 3

Momo, S. 6/7

Name: ____________________ Datum: ____________

	Montag	Dienstag	Mittwoch	Donnerstag	Freitag
Silbenfibel 	S. 7: Momo	S. 6/7			
Schreiblehrgang Teil A 	S. 9	S. 10	S. 11	S. 12	
Arbeitsheft Teil A 		S. 8	S. 9	S. 10	S. 11
Arbeitsblätter zur Differenzierung  S. ______		 Nr. 1			 Band 7, S. 21 – 28, KV 100, 101, 102, 103

ABC der Tiere 1

Wochenplan 4

Name: ______________________ **Datum:** ______________

Mama, S. 8/9

ABC der Tiere 1

	Montag	Dienstag	Mittwoch	Donnerstag	Freitag
Silbenfibel 	S. 9: ma mu mi ◯ ☺ 😐 ☹	S. 8/9 ◯ ☺ 😐 ☹			
Schreiblehrgang Teil A 	S. 13 ◯ ☺ 😐 ☹	S. 14 ◯ ☺ 😐 ☹	S. 15 ◯ ☺ 😐 ☹	S. 16 ◯ ☺ 😐 ☹	
Arbeitsheft Teil A 		S. 12 ◯ ☺ 😐 ☹	S. 13 ◯ ☺ 😐 ☹	S. 14 ◯ ☺ 😐 ☹	S. 15 ◯ ☺ 😐 ☹
Arbeitsblätter zur Differenzierung 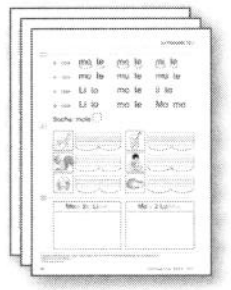 S. ______ ☺ 😐 ☹	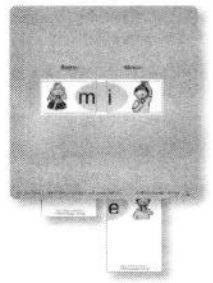 ◯ ☺ 😐 ☹	 ◯ Nr. 1 ☺ 😐 ☹	 ◯ ☺ 😐 ☹	 ◯ ☺ 😐 ☹	 ◯ Band 1, S. 20 – 24, KV 14, 15, 16, 17 ☺ 😐 ☹

Wochenplan 5

Memo, S. 10/11

Name: ______________________ Datum: ______________

	Montag	Dienstag	Mittwoch	Donnerstag	Freitag
Silbenfibel 	S. 11: me mu me	S. 10/11		S. 10	S. 10
Schreiblehrgang Teil A 	S. 17	S. 18			S. 19
Arbeitsheft Teil A 		S. 16	S. 17, 18.1	S. 18	S. 19
Arbeitsblätter zur Differenzierung 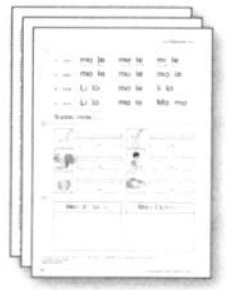 S. ______	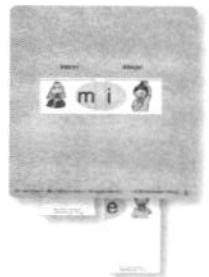	 Nr. 1			 Band 1, S. 4 – 7, KV 1, 2, 3
 Nr. 1					

ABC der Tiere 1

Wochenplan 6

Lama, S. 12/13

Name: ______________________ Datum: ______________

	Montag	Dienstag	Mittwoch	Donnerstag	Freitag
Silbenfibel 	S. 13: la li le	S. 12/13		S. 12	S. 12
Schreiblehrgang Teil A 	S. 20	S. 21			S. 22
Arbeitsheft Teil A 		S. 20	S. 21, 22.1	S. 22	S. 23
Arbeitsblätter zur Differenzierung 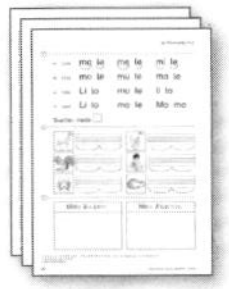 S. ______		 Nr. 1, 2	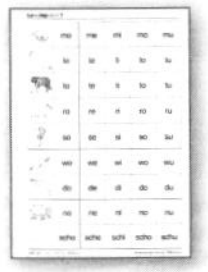 Nr. 1, 2		
 Band 3, S. 19 – 23, KV 49, 50, 51	 S. 4/5				

ABC der Tiere 1

Wochenplan 7

A, E, I, O, U, S. 14/15

Name: ____________________ Datum: ____________________

	Montag	Dienstag	Mittwoch	Donnerstag	Freitag
Silbenfibel 	S. 14/15		S. 14	S. 14	
Schreiblehrgang Teil A 	S. 23	S. 24	S. 25		
Arbeitsheft Teil A 		S. 24	S. 25	S. 26	S. 27
Arbeitsblätter zur Differenzierung  S. ______		 Nr. 1, 2	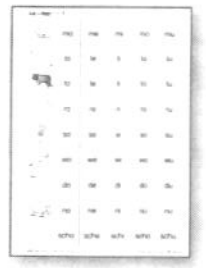 Nr. 1, 2		
 S. 6/7					

ABC der Tiere 1

Wochenplan 8

Tila und Toto, S. 16/17

Name: ____________________ Datum: ____________

ABC der Tiere 1

	Montag	Dienstag	Mittwoch	Donnerstag	Freitag
Silbenfibel	S. 17: tu tu ○ ☺ 😐 ☹	S. 16/17 ○ ☺ 😐 ☹		S. 16/17 ○ ☺ 😐 ☹	S. 16/17 ○ ☺ 😐 ☹
Schreiblehrgang Teil A	S. 26 ○ ☺ 😐 ☹	S. 27 ○ ☺ 😐 ☹			S. 28 ○ ☺ 😐 ☹
Arbeitsheft Teil A		S. 28 ○ ☺ 😐 ☹	S. 29, 30.1 ○ ☺ 😐 ☹	S. 30 ○ ☺ 😐 ☹	S. 31 ○ ☺ 😐 ☹
Arbeitsblätter zur Differenzierung S. ______ ☺ 😐 ☹	○ ☺ 😐 ☹	Ma Me Mi Mo Mu ○ Nr. 1, 2 ☺ 😐 ☹	○ Nr. 1, 2 ☺ 😐 ☹	○ ☺ 😐 ☹	○ Band 1, S. 16 – 19, KV 11, 12, 13 ☺ 😐 ☹
Sudoku ○ S. 8/9 ☺ 😐 ☹					

Wochenplan 9

Ria ruft ia, S. 18/19

Name: ____________________ **Datum:** ____________________

ABC der Tiere 1

	Montag	Dienstag	Mittwoch	Donnerstag	Freitag
Silbenfibel 	S. 18: ri ra ru ◯ ☺ 😐 ☹	S. 18/19 ◯ ☺ 😐 ☹		S. 18/19 ◯ ☺ 😐 ☹	S. 18/19 ◯ ☺ 😐 ☹
Schreiblehrgang Teil A 	S. 29 ◯ ☺ 😐 ☹	S. 30 ◯ ☺ 😐 ☹			S. 31 ◯ ☺ 😐 ☹
Arbeitsheft Teil A 		S. 32 ◯ ☺ 😐 ☹	S. 33, 34.1 ◯ ☺ 😐 ☹	S. 34 ◯ ☺ 😐 ☹	S. 35 ◯ ☺ 😐 ☹
Arbeitsblätter zur Differenzierung  S. ______ ☺ 😐 ☹	 ◯ ☺ 😐 ☹	 ◯ Nr. 1, 2 ☺ 😐 ☹	 ◯ Nr. 1, 2 ☺ 😐 ☹	 ◯ ☺ 😐 ☹	 ◯ Band 4, S. 13 – 17, KV 63, 64, 65 ☺ 😐 ☹
 ◯ S. 10/11 ☺ 😐 ☹	 ◯ Nr. 2 ☺ 😐 ☹				

Wochenplan 10

Sum, sum, sum S. 20/21

Name: ______________________ Datum: ______________

	Montag	Dienstag	Mittwoch	Donnerstag	Freitag
Silbenfibel 	S. 21: sa so su se si ◯ ☺ 😐 ☹	S. 20/21 ◯ ☺ 😐 ☹		S. 20/21 ◯ ☺ 😐 ☹	S. 20/21 ◯ ☺ 😐 ☹
Schreiblehrgang Teil A 	S. 32 ◯ ☺ 😐 ☹	S. 33 ◯ ☺ 😐 ☹			S. 34 ◯ ☺ 😐 ☹
Arbeitsheft Teil A 		S. 36 ◯ ☺ 😐 ☹	S. 37, 38.1 ◯ ☺ 😐 ☹	S. 38 ◯ ☺ 😐 ☹	S. 39 ◯ ☺ 😐 ☹
Arbeitsblätter zur Differenzierung  S. ______ ☺ 😐 ☹	 ◯ ☺ 😐 ☹	 Nr. 1, 2, 3 ◯ ☺ 😐 ☹	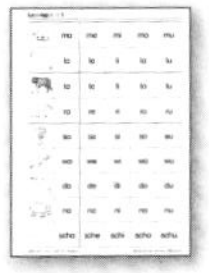 Nr. 1, 2 ◯ ☺ 😐 ☹	 ◯ ☺ 😐 ☹	 Band 5, S. 4 – 11, KV 73, 74, 75, 76 ◯ ☺ 😐 ☹
 S. 12/13 ◯ ☺ 😐 ☹					

ABC der Tiere 1

Wochenplan 11

Name: ______________________ Datum: ____________

Wito, S. 22/23

ABC der Tiere 1

	Montag	Dienstag	Mittwoch	Donnerstag	Freitag
Silbenfibel	S. 23: wau wau	S. 22/23		S. 22/23	S. 22/23
Schreiblehrgang Teil A	S. 35	S. 36			S. 37
Arbeitsheft Teil A		S. 40	S. 41, 42.1	S. 42/43	
Arbeitsblätter zur Differenzierung S. ______		Ma, Me, Mi, Mo, Mu Nr. 1, 2, 3	Nr. 1, 2	ABC der Tiere	Band 1, S. 25 – 29, KV 18, 19, 20, 21
S. 26 – 29, 71 KV 15, 16, 17	Sudoku S. 14/15				

Wochenplan 12

Di del da del du del, S. 24/25

Name: ______________________ Datum: ______________

	Montag	Dienstag	Mittwoch	Donnerstag	Freitag
Silbenfibel 	S. 25: da du da ◯ ☺ 😐 ☹	S. 24/25 ◯ ☺ 😐 ☹		S. 24/25 ◯ ☺ 😐 ☹	S. 24/25 ◯ ☺ 😐 ☹
Schreiblehrgang Teil A 	S. 38 ◯ ☺ 😐 ☹	S. 39 ◯ ☺ 😐 ☹		S. 40 ◯ ☺ 😐 ☹	
Arbeitsheft Teil A 		S. 44 ◯ ☺ 😐 ☹	S. 45, 46.1 ◯ ☺ 😐 ☹	S. 46 ◯ ☺ 😐 ☹	S. 47 ◯ ☺ 😐 ☹
Arbeitsblätter zur Differenzierung  S. ______ ☺ 😐 ☹	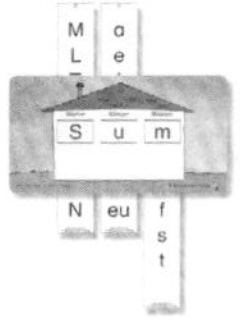 ◯ ☺ 😐 ☹	 Nr. 1, 2, 3 ◯ ☺ 😐 ☹	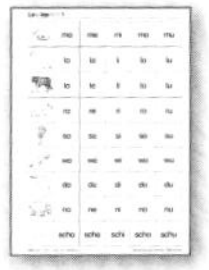 Nr. 1, 2 ◯ ☺ 😐 ☹	 ◯ ☺ 😐 ☹	 Band 2, S. 13 – 17, KV 29, 30, 31 ◯ ☺ 😐 ☹
 S. 30 – 33, 72 KV 18 ◯ ☺ 😐 ☹	 S. 16/17 ◯ ☺ 😐 ☹				

ABC der Tiere 1

Wochenplan 13

Nina und Nena, S. 26/27

Name: ____________ Datum: ____________

ABC der Tiere 1

	Montag	Dienstag	Mittwoch	Donnerstag	Freitag
Silbenfibel	S. 26/27 ◯ ☺ 😐 ☹	S. 26/27 ◯ ☺ 😐 ☹			
Schreiblehrgang Teil A	S. 41 ◯ ☺ 😐 ☹	S. 42 ◯ ☺ 😐 ☹	S. 43 ◯ ☺ 😐 ☹		S. 44 ◯ ☺ 😐 ☹
Arbeitsheft Teil A		S. 48 ◯ ☺ 😐 ☹	S. 49, 50.1 ◯ ☺ 😐 ☹	S. 50 ◯ ☺ 😐 ☹	S. 51 ◯ ☺ 😐 ☹
Arbeitsblätter zur Differenzierung S. ______ ☺ 😐 ☹	◯ ☺ 😐 ☹	Ma Me Mi Mo Mu Nr. 1, 2, 3, 4 ◯ ☺ 😐 ☹	Nr. 1, 2 ◯ ☺ 😐 ☹	◯ ☺ 😐 ☹	Band 3, S. 14 – 18, KV 45, 46, 47, 48 ◯ ☺ 😐 ☹
S. 18/19 ◯ ☺ 😐 ☹	Nr. 3 ◯ ☺ 😐 ☹				

Wochenplan 14

Weihnachten, S. 28/29

Name: ______________________ Datum: ______________

ABC der Tiere 1

	Montag	Dienstag	Mittwoch	Donnerstag	Freitag
Silbenfibel 	S. 28/29 ◯ ☺ 😐 ☹	S. 28/29 ◯ ☺ 😐 ☹			
Arbeitsheft Teil A 		S. 52 ◯ ☺ 😐 ☹	S. 53 ◯ ☺ 😐 ☹		
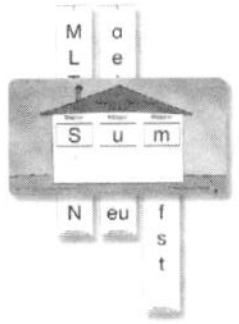 ◯ ☺ 😐 ☹	 Nr. 1, 2, 3, 4 ◯ ☺ 😐 ☹	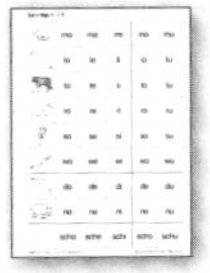 Nr. 1, 2 ◯ ☺ 😐 ☹	 ◯ ☺ 😐 ☹	 S. 20/21 ◯ ☺ 😐 ☹	

Wochenplan 15

Name: ______________________ Datum: ______________

Wir essen in der Schule, S. 30/31

	Montag	Dienstag	Mittwoch	Donnerstag	Freitag
Silbenfibel 	S. 30/31	S. 30/31	S. 30/31		
Schreiblehrgang Teil A 	S. 45			S. 46	S. 47
Arbeitsheft Teil A 		S. 54	S. 55	S. 56	S. 57
Arbeitsblätter zur Differenzierung  S. ______	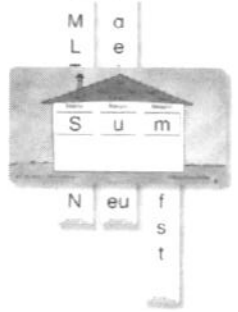	 Nr. 1, 2, 3, 4	 Nr. 1, 2		 Band 2, S. 24 – 29, KV 36, 37, 38
 S. 22/23					

Wochenplan 16

Im Winter, S. 32/33

Name: ____________________ Datum: ____________

ABC der Tiere 1

	Montag	Dienstag	Mittwoch	Donnerstag	Freitag
Silbenfibel 	S. 32/33	S. 32/33	S. 32/33		
Schreiblehrgang Teil A 	S. 48			S. 49	
Arbeitsheft Teil A 		S. 58	S. 59	S. 60	S. 61
Arbeitsblätter zur Differenzierung 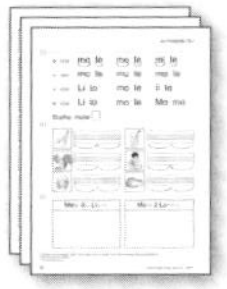 S. ______	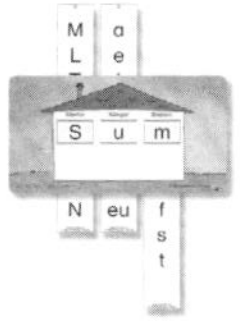	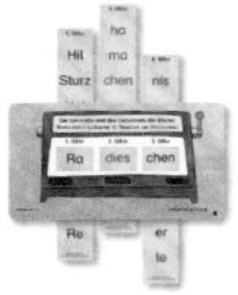	 Nr. 1, 2, 3, 4	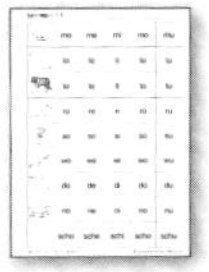 Nr. 1, 2	
 S. 4 – 7, 64 KV 1, 2	 S. 24/25				

Wochenplan 17

Der erste Schnee, S. 34/35

Name: ____________________ **Datum:** ____________

ABC der Tiere 1

	Montag	Dienstag	Mittwoch	Donnerstag	Freitag
Silbenfibel 	S. 34/35	S. 34/35	S. 34/35		
Schreiblehrgang Teil A 	S. 50	S. 51		S. 52	
Arbeitsheft Teil A 		S. 62	S. 63	S. 64	S. 65
Arbeitsblätter zur Differenzierung  S. ______	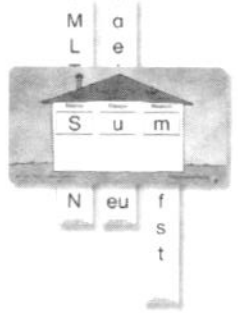	 Nr. 1, 2, 3, 4	 Nr. 1, 2		 S. 8 – 9, 65 KV 3
 S. 26/27	 Nr. 4				

Wochenplan 18

Name: ____________ Datum: ____________

Lisa und Reiner reimen, S. 36/37

	Montag	Dienstag	Mittwoch	Donnerstag	Freitag
Silbenfibel	S. 36/37 ◯ ☺ 😐 ☹	S. 36/37 ◯ ☺ 😐 ☹	S. 36/37 ◯ ☺ 😐 ☹		
Schreiblehrgang Teil A	S. 53 ◯ ☺ 😐 ☹	S. 54 ◯ ☺ 😐 ☹		S. 55 ◯ ☺ 😐 ☹	
Arbeitsheft Teil A		S. 66 ◯ ☺ 😐 ☹	S. 67 ◯ ☺ 😐 ☹	S. 68 ◯ ☺ 😐 ☹	S. 69 ◯ ☺ 😐 ☹
Arbeitsblätter zur Differenzierung S. ______ ☺ 😐 ☹	◯ ☺ 😐 ☹	Nr. 5 ◯ ☺ 😐 ☹	◯ ☺ 😐 ☹	Band 5, S. 12 – 20, KV 77, 78, 79, 80 ◯ ☺ 😐 ☹	S. 4 – 7, 64, KV 1, 2 S. 8 – 9, 65, KV 3 ◯ ☺ 😐 ☹
S. 28/29 ◯ ☺ 😐 ☹					

Wochenplan 19

In der Schule, S. 38 / 39

Name: ____________________ Datum: ____________

	Montag	Dienstag	Mittwoch	Donnerstag	Freitag
Silbenfibel 	S. 38 / 39	S. 38 / 39	S. 38 / 39		
Schreiblehrgang Teil A 	S. 56	S. 57	S. 58	S. 59	
Arbeitsheft Teil A 		S. 70	S. 71.1, 71.2	S. 71.3, 72	S. 73
Arbeitsblätter zur Differenzierung  S. ______	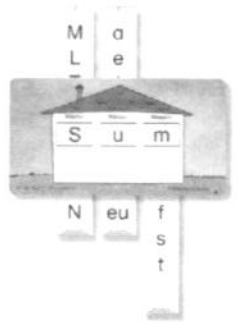		 Nr. 1, 2, 3, 4	 Nr. 3, 4, 5	
 Band 2, S. 4 – 7, KV 22, 23, 24, 25	 S. 30 / 31				

ABC der Tiere 1

Wochenplan 20

Name: ______________________ Datum: ______________

Am Abend, S. 40/41

ABC der Tiere 1

	Montag	Dienstag	Mittwoch	Donnerstag	Freitag
Silbenfibel 	S. 40/41	S. 40/41	S. 40/41		
Schreiblehrgang Teil A 	S. 60	S. 61		S. 62	
Arbeitsheft Teil A 		S. 74	S. 75	S. 76	S. 77, 78
Arbeitsblätter zur Differenzierung  S. ______	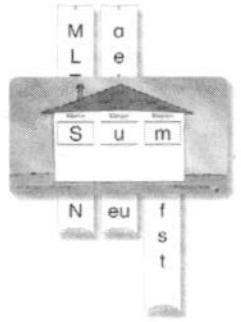	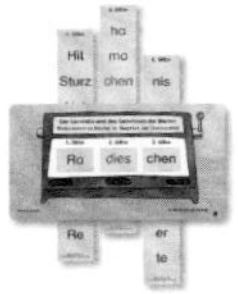	 Nr. 1, 2, 3, 4, 5	 Nr. 3, 4, 5	
 Band 5, S. 21 – 29, KV 81, 82, 83	 S. 32/33				

Wochenplan 21

Bei den Eskimos, S. 42/43

Name: ______________________ Datum: ____________

	Montag	Dienstag	Mittwoch	Donnerstag	Freitag
Silbenfibel 	S. 42/43	S. 42/43	S. 42/43		
Schreiblehrgang Teil B 	S. 5			S. 6	S. 7
Arbeitsheft Teil B 		S. 4	S. 5	S. 6	S. 7
Arbeitsblätter zur Differenzierung  S. ______	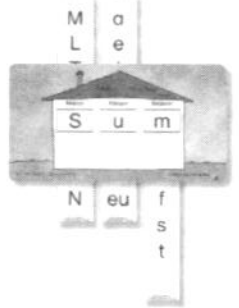	 Nr. 1, 2, 3, 4, 5	 Nr. 3, 4, 5		 S. 10 – 11, 66 KV 4, 5
 Band 2, S. 8 – 12, KV 26, 27, 28	 S. 34/35				

ABC der Tiere 1

Wochenplan 22

Schule ist aus, S. 44/45

Name: ______________________ Datum: ______________

	Montag	Dienstag	Mittwoch	Donnerstag	Freitag
Silbenfibel	S. 44/45 ☺ 😐 ☹	S. 44/45 ☺ 😐 ☹	S. 44/45 ☺ 😐 ☹		
Schreiblehrgang Teil B	S. 8 ☺ 😐 ☹	S. 9 ☺ 😐 ☹		S. 10 ☺ 😐 ☹	
Arbeitsheft Teil B		S. 8 ☺ 😐 ☹	S. 9 ☺ 😐 ☹	S. 10 ☺ 😐 ☹	S. 11 ☺ 😐 ☹
Arbeitsblätter zur Differenzierung S. ____ ☺ 😐 ☹	☺ 😐 ☹	Nr. 1, 2, 3, 4, 5 ☺ 😐 ☹	Nr. 3, 4, 5 ☺ 😐 ☹	☺ 😐 ☹	Band 4, S. 4 – 7, KV 56, 57, 58, 59 ☺ 😐 ☹
S. 36/37 ☺ 😐 ☹	Nr. 5 ☺ 😐 ☹				

Wochenplan 23

Geister im Turm, S. 46/47

Name: ____________ Datum: ____________

ABC der Tiere 1

	Montag	Dienstag	Mittwoch	Donnerstag	Freitag
Silbenfibel	S. 46/47 ○ ☺ 😐 ☹	S. 46/47 ○ ☺ 😐 ☹	S. 46/47 ○ ☺ 😐 ☹		
Schreiblehrgang Teil B	S. 11 ○ ☺ 😐 ☹	S. 12 ○ ☺ 😐 ☹		S. 13 ○ ☺ 😐 ☹	
Arbeitsheft Teil B		S. 12 ○ ☺ 😐 ☹	S. 13 ○ ☺ 😐 ☹	S. 14 ○ ☺ 😐 ☹	S. 15 ○ ☺ 😐 ☹
Arbeitsblätter zur Differenzierung S. ____ ☺ 😐 ☹	○ ☺ 😐 ☹	Nr. 1, 2, 3, 4, 5 ○ ☺ 😐 ☹	Nr. 3, 4, 5 ○ ☺ 😐 ☹	○ ☺ 😐 ☹	○ ☺ 😐 ☹
Band 2, S. 18 – 23, KV 32, 33, 34, 35 ○ ☺ 😐 ☹	S. 12 – 13, 67 KV 6, 7 ○ ☺ 😐 ☹	S. 38/39 ○ ☺ 😐 ☹	Band 1 ○ ☺ 😐 ☹		

Wochenplan 24

Im Riesenland, S. 48/49

Name: ______________________ **Datum:** ______________

	Montag	Dienstag	Mittwoch	Donnerstag	Freitag
Silbenfibel 	S. 48/49	S. 48/49	S. 48/49		
Schreiblehrgang Teil B 	S. 14	S. 15		S. 16	
Arbeitsheft Teil B 		S. 16	S. 17	S. 18	S. 19
Arbeitsblätter zur Differenzierung  S. ______	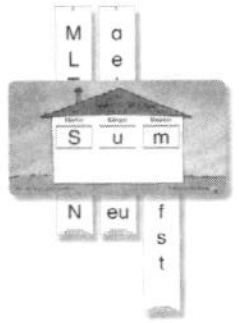	 Nr. 1, 2, 3, 4, 5	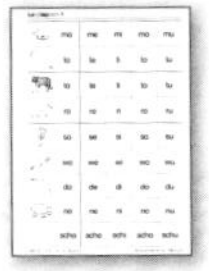 Nr. 3, 4, 5		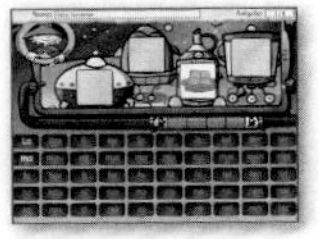
 S. 14 – 17, 68 KV 8, 9	 S. 40/41	 Band 2			

Wochenplan 25

Panne, S. 50/51

Name: ______________________ Datum: ______________

ABC der Tiere 1

	Montag	Dienstag	Mittwoch	Donnerstag	Freitag
Silbenfibel	S. 50/51	S. 50/51	S. 50/51		
Schreiblehrgang Teil B	S. 17	S. 18		S. 19	
Arbeitsheft Teil B		S. 20	S. 21	S. 22	S. 23
Arbeitsblätter zur Differenzierung S. ______	Nr. 3, 4, 6			Band 3, S. 9 – 13, KV 42, 43, 44	Band 3, S. 24 – 29, KV 52, 53, 54, 55
S. 42/43	Nr. 6	Band 3			

Wochenplan 26

Bald ist Ostern, S. 52/53

Name: ____________ Datum: ____________

	Montag	Dienstag	Mittwoch	Donnerstag	Freitag
Silbenfibel	S. 52/53 ☺ 😐 ☹	S. 52/53 ☺ 😐 ☹	S. 52/53 ☺ 😐 ☹		
Schreiblehrgang Teil B	S. 20 ☺ 😐 ☹	S. 21 ☺ 😐 ☹		S. 22 ☺ 😐 ☹	
Arbeitsheft Teil B		S. 24 ☺ 😐 ☹	S. 25 ☺ 😐 ☹	S. 26 ☺ 😐 ☹	S. 27 ☺ 😐 ☹
Arbeitsblätter zur Differenzierung S. ____ ☺ 😐 ☹	Nr. 3, 4, 6 ☺ 😐 ☹	☺ 😐 ☹	☺ 😐 ☹	Band 4, S. 8 – 12, KV 60, 61, 62 ☺ 😐 ☹	S. 18 – 19, 69 KV 10, 11 ☺ 😐 ☹
S. 44/45 ☺ 😐 ☹	Band 4 ☺ 😐 ☹				

Wochenplan 27

Tiger in Indien, S. 54/55

Name: ______________________ **Datum:** ____________

	Montag	Dienstag	Mittwoch	Donnerstag	Freitag
Silbenfibel 	S. 54/55 ○ ☺ 😐 ☹	S. 54/55 ○ ☺ 😐 ☹	S. 54/55 ○ ☺ 😐 ☹		
Schreiblehrgang Teil B 	S. 23 ○ ☺ 😐 ☹	S. 24 ○ ☺ 😐 ☹		S. 25 ○ ☺ 😐 ☹	
Arbeitsheft Teil B 		S. 28 ○ ☺ 😐 ☹	S. 29 ○ ☺ 😐 ☹	S. 30 ○ ☺ 😐 ☹	S. 31 ○ ☺ 😐 ☹
Arbeitsblätter zur Differenzierung  S. ______ ☺ 😐 ☹	 ○ ☺ 😐 ☹	 ○ Band 8, S. 20 – 28, KV 110, 111, 112, 113 ☺ 😐 ☹	 ○ S. 20 – 21, 70 KV 12 ☺ 😐 ☹	 ○ S. 46/47 ☺ 😐 ☹	

Wochenplan 28

Auf dem Bauernhof, S. 56/57

Name: ______________________ **Datum:** ______________

	Montag	Dienstag	Mittwoch	Donnerstag	Freitag
Silbenfibel 	S. 56/57	S. 56/57	S. 56/57		
Schreiblehrgang Teil B 	S. 26	S. 27		S. 28	
Arbeitsheft Teil B 		S. 32	S. 33	S. 34	S. 35
Arbeitsblätter zur Differenzierung  S. ______		 Band 7, S. 4 – 11, KV 94, 95, 96	 S. 22 – 23 KV 12, 13, 14	 S. 48/49	 Band 5

ABC der Tiere 1

Wochenplan 29

Name: ______________________ Datum: __________

Störche, S. 58/59

	Montag	Dienstag	Mittwoch	Donnerstag	Freitag
Silbenfibel	S. 58/59	S. 58/59	S. 58/59		
Schreiblehrgang Teil B	S. 29	S. 30		S. 31	
Arbeitsheft Teil B		S. 36	S. 37	S. 38	S. 39
Arbeitsblätter zur Differenzierung S. ____		Band 6, S. 4 – 11, KV 84, 85, 86	Band 6, S. 20 – 28, KV 91, 92, 93	S. 24 – 25 KV 12, 13, 14	S. 50/51
Nr. 7					

ABC der Tiere 1

Wochenplan 30

Zoo, S. 60/61

Name: ____________________ Datum: ____________________

	Montag	Dienstag	Mittwoch	Donnerstag	Freitag
Silbenfibel	S. 60/61	S. 60/61	S. 60/61		
Schreiblehrgang Teil B	S. 32	S. 33		S. 34	
Arbeitsheft Teil B		S. 40	S. 41	S. 42	S. 43
Arbeitsblätter zur Differenzierung S. ______		Band 6, S. 12 – 19, KV 87, 88, 89, 90	S. 26 – 29, 71 KV 15, 16, 17	S. 52/53	Band 6

ABC der Tiere 1

Wochenplan 31

Max und Moritz, S. 62/63

Name: ____________________ Datum: ____________

	Montag	Dienstag	Mittwoch	Donnerstag	Freitag
Silbenfibel 	S. 62/63	S. 62/63	S. 62/63		
Schreiblehrgang Teil B 	S. 35	S. 36		S. 37	
Arbeitsheft Teil B 		S. 44	S. 45	S. 46	S. 47
Arbeitsblätter zur Differenzierung  S. ______		 S. 34 – 39, 73 KV 19, 20, 21	 S. 54/55		

ABC der Tiere 1

Wochenplan 32

Der letzte Streich, S. 64/65

Name: ______________________ Datum: ______________

	Montag	Dienstag	Mittwoch	Donnerstag	Freitag
Silbenfibel	S. 64/65	S. 64/65	S. 64/65		
Schreiblehrgang Teil B	S. 38	S. 39		S. 40	
Arbeitsheft Teil B		S. 48	S. 49		
Arbeitsblätter zur Differenzierung S. ______		Band 4, S. 24 – 29, KV 70, 71, 72	Band 7, S. 12 – 20, KV 97, 98, 99	S. 34 – 39, 73 KV 19, 20, 21	S. 56/57
Band 7					

Wochenplan 33

Die Geschichte vom Raben Jakob, S. 66/67

Name: ____________ Datum: ____________

	Montag	Dienstag	Mittwoch	Donnerstag	Freitag
Silbenfibel	S. 66/67 ◯ ☺ 😐 ☹	S. 66/67 ◯ ☺ 😐 ☹	S. 66/67 ◯ ☺ 😐 ☹		
Schreiblehrgang Teil B	S. 41 ◯ ☺ 😐 ☹	S. 42 ◯ ☺ 😐 ☹		S. 43 ◯ ☺ 😐 ☹	
Arbeitsheft Teil B		S. 50 ◯ ☺ 😐 ☹	S. 51 ◯ ☺ 😐 ☹	S. 52 ◯ ☺ 😐 ☹	S. 53 ◯ ☺ 😐 ☹
Arbeitsblätter zur Differenzierung S. ______ ☺ 😐 ☹	◯ ☺ 😐 ☹	Band 8, S. 4 – 11, KV 104, 105, 106 ◯ ☺ 😐 ☹	S. 40 – 47, 74 KV 22, 23 ◯ ☺ 😐 ☹	S. 58/59 ◯ ☺ 😐 ☹	Nr. 8 ◯ ☺ 😐 ☹

Wochenplan 34

Eulen jagen in der Nacht, S. 68/69

Name: ____________________ **Datum:** ____________

ABC der Tiere 1

	Montag	Dienstag	Mittwoch	Donnerstag	Freitag
Silbenfibel 	S. 68/69 ◯ ☺ 😐 ☹	S. 68/69 ◯ ☺ 😐 ☹	S. 68/69 ◯ ☺ 😐 ☹		
Schreiblehrgang Teil B 	S. 44 ◯ ☺ 😐 ☹	S. 45 ◯ ☺ 😐 ☹		S. 46 ◯ ☺ 😐 ☹	
Arbeitsheft Teil B 		S. 54 ◯ ☺ 😐 ☹	S. 55 ◯ ☺ 😐 ☹	S. 56 ◯ ☺ 😐 ☹	S. 57 ◯ ☺ 😐 ☹
Arbeitsblätter zur Differenzierung  S. ______ ☺ 😐 ☹	 ◯ ☺ 😐 ☹	 ◯ Band 8, S. 12 – 19, KV 107, 108, 109 ☺ 😐 ☹	 ◯ S. 60/61 ☺ 😐 ☹	 ◯ Band 8 ☺ 😐 ☹	

Wochenplan 35

Vogelnest im Garten, S. 70/71

Name: ____________________ Datum: ____________

	Montag	Dienstag	Mittwoch	Donnerstag	Freitag
Silbenfibel 	S. 70/71	S. 70/71	S. 70/71		
Schreiblehrgang Teil B 	S. 47	S. 48		S. 49	
Arbeitsheft Teil B 		S. 58	S. 59	S. 60	S. 61
Arbeitsblätter zur Differenzierung  S. ______		 Band 9, S. 4 – 11, KV 114, 115, 116	 S. 62/63		

ABC der Tiere 1

Wochenplan 36

Was Tiere träumen, S. 72/73

Name: ______________________ Datum: ______________

	Montag	Dienstag	Mittwoch	Donnerstag	Freitag
Silbenfibel	S. 72/73 ◯ ☺ 😐 ☹	S. 72/73 ◯ ☺ 😐 ☹	S. 72/73 ◯ ☺ 😐 ☹		
Schreiblehrgang Teil B	S. 50 ◯ ☺ 😐 ☹	S. 51 ◯ ☺ 😐 ☹		S. 52 ◯ ☺ 😐 ☹	
Arbeitsheft Teil B		S. 62 ◯ ☺ 😐 ☹	S. 63 ◯ ☺ 😐 ☹	S. 64 ◯ ☺ 😐 ☹	S. 65 ◯ ☺ 😐 ☹
Arbeitsblätter zur Differenzierung S. ______ ☺ 😐 ☹	◯ ☺ 😐 ☹	Band 4, S. 4 – 7, KV 56, 57, 58, 59 ◯ ☺ 😐 ☹	S. 65/65 ◯ ☺ 😐 ☹		

Wochenplan 37

Die Frösche quaken, S. 74/75

Name: ______________________ Datum: ____________

	Montag	Dienstag	Mittwoch	Donnerstag	Freitag
Silbenfibel	S. 74/75 ○ ☺ 😐 ☹	S. 74/75 ○ ☺ 😐 ☹	S. 74/75 ○ ☺ 😐 ☹		
Schreiblehrgang Teil B	S. 53 ○ ☺ 😐 ☹	S. 54 ○ ☺ 😐 ☹		S. 55 ○ ☺ 😐 ☹	
Arbeitsheft Teil B		S. 66 ○ ☺ 😐 ☹	S. 67 ○ ☺ 😐 ☹	S. 68 ○ ☺ 😐 ☹	S. 69 ○ ☺ 😐 ☹
Arbeitsblätter zur Differenzierung S. ______ ☺ 😐 ☹	○ ☺ 😐 ☹	Band 9, S. 12 – 19, KV 117, 118, 119 ○ ☺ 😐 ☹	S. 66/67 ○ ☺ 😐 ☹		

ABC der Tiere 1

Wochenplan 38

Auf dem Ponyhof, S. 76/77

Name: ______________________ Datum: __________

	Montag	Dienstag	Mittwoch	Donnerstag	Freitag
Silbenfibel 	S. 76/77	S. 76/77	S. 76/77		
Schreiblehrgang Teil B 	S. 56	S. 57			
Arbeitsheft Teil B 		S. 70	S. 71	S. 72	S. 73
Arbeitsblätter zur Differenzierung 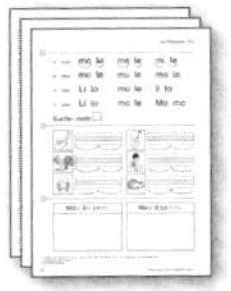 S. ______		 Band 9, S. 20 – 28, KV 120, 121, 122, 123	 S. 68/69	 Nr. 9	 Band 9

Wochenplan 39

Clowns im Zirkus, S. 78/79

Name: ____________________ Datum: __________

ABC der Tiere 1

	Montag	Dienstag	Mittwoch	Donnerstag	Freitag
Silbenfibel 	S. 78/79	S. 78/79	S. 78/79		
Schreiblehrgang Teil B 	S. 58	S. 59			
Arbeitsheft Teil B 		S. 74	S. 75	S. 76	S. 77
Arbeitsblätter zur Differenzierung 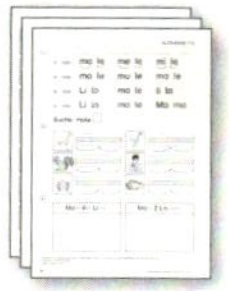 S. ______		 Band 10, S. 4 – 15, KV 124, 125, 126, 127	 S. 56 – 63, 78/79 KV 29, 30, 31, 32	 S. 70/71	